Frauen dichten anders

181 GEDICHTE
MIT INTERPRETATIONEN
HERAUSGEGEBEN VON
MARCEL REICH-RANICKI

INSEL VERLAG

Erste Auflage 1998
© Insel Verlag Frankfurt am Main und Leipzig 1998
Alle Rechte vorbehalten
Quellenverzeichnis am Schluß des Bandes
Druck: Pustet, Regensburg
Printed in Germany

In memoriam
Ingeborg Bachmann

Schöner als der beachtliche Mond und sein geadeltes Licht,
Schöner als die Sterne, die berühmten Orden der Nacht,
Viel schöner als der feurige Auftritt eines Kometen
Und zu weit Schönrem berufen als jedes andre Gestirn,
Weil dein und mein Leben jeden Tag an ihr hängt, ist die
    Sonne.

. . . .

Nichts Schönres unter der Sonne als unter der Sonne zu
    sein...

Ingeborg Bachmann

INHALT

VORWORT

Frauenliteratur – was ist das eigentlich? Literatur über, für oder von? Das soll heißen: über Frauen, also über »Iphigenie auf Tauris«, »Maria Stuart« oder das »Käthchen von Heilbronn«, über »Madame Bovary«, »Anna Karenina« oder »Effi Briest«, über »Judith«, »Nora« oder »Hedda Gabler«? Nein, das kann mit der Vokabel »Frauenliteratur« schon deshalb schwerlich gemeint sein, weil die Zahl der Werke der Weltliteratur, in deren Mittelpunkt Frauen stehen, so enorm ist, daß sich – ob diese Werke den Frauen gefallen oder nicht – ein eigener Ordnungsbegriff erübrigt.

Geht es vielleicht um eine Literatur, die sich, welches Thema sie auch behandelt, in erster Linie für Leserinnen eignet? Solche Bücher mag es geben, aber sie gehören wohl eher in den Bereich der Trivialliteratur. Noch nie habe ich von einem Autor, sei es männlichen, sei es weiblichen Geschlechts, gehört, dem es daran gelegen wäre, ausschließlich von Frauen oder ausschließlich von Männern gelesen zu werden. So bleibt nur eine einzige und tatsächlich einleuchtende Möglichkeit: Nicht die Themen oder die Adressaten sind gemeint, sondern die Urheber. Kurz: Was wir »Frauenliteratur« nennen, ist Literatur, die von Frauen verfaßt wird.

Aber unterscheidet sie sich wirklich von jener, die aus der Feder von Männern stammt? Im Jahre 1996 hat die Literaturwissenschaftlerin Ruth Klüger ein Buch mit einem erstaunlichen Titel veröffentlicht. Er lautet: »Frauen lesen anders«. Doch verblüffend ist nicht etwa die als Titel die-

nende Behauptung oder These, verblüffend scheint mir
vielmehr die Tatsache, daß hier die Autorin etwas, was sich
von selbst versteht – und was, mit Verlaub, so banal ist, wie
es die Entdeckung wäre, daß man im Regen naß wird –, mit
einiger Entschiedenheit verkündet. Indes ist bisweilen ge-
rade das Banale nicht überflüssig.

Frauen empfinden, erleben und erleiden die Welt anders
als Männer – und ich kann mir beim besten Willen den
Mann oder die Frau nicht vorstellen, die dieses Faktum,
die diese banale Feststellung anzweifeln wollten. Romeo
ist jung und liebt Julia, Julia ist ebenfalls jung und liebt Ro-
meo. Nur darf man nicht vergessen, daß er eine andere
Vergangenheit hat als sie und ein anderes Temperament: Er
sieht sie anders als sie ihn. Sie reagieren auf das Leben un-
terschiedlich.

Da Frauen also die Welt anders fühlen und anders erfassen,
müssen sie auch anders als die Männer lesen, anders als sie
die Literatur zur Kenntnis nehmen. Wenn aber Frauen an-
ders lesen, dann versteht es sich von selbst, daß sie auch an-
ders schreiben. Das gilt mehr oder weniger für alle Gattun-
gen der Literatur, doch wohl am stärksten für jene, die die
persönlichste, die intimste ist – für die Lyrik. Kurz und
gut: Frauen dichten anders.

Wer jedoch die Frage nach der Eigenart und der Besonder-
heit der Literatur von Frauen stellt, der begibt sich auf ein
leider nach wie vor riskantes, ein von Fallen umstelltes Ge-
lände. Um allen Mißverständnissen vorzubeugen, mag er,
die Banalitäten fortsetzend, lauthals erklären: Glückli-
cherweise dichten Frauen anders. Gleichwohl gerät er in
den Verdacht, den schreibenden Frauen am Zeuge flicken
zu wollen: Denn er rede nur vorgeblich von der Eigenart
und der Besonderheit dieser Literatur, insgeheim aber ziele

er auf deren Grenzen und Schwächen ab, wenn nicht gar
auf deren Minderwertigkeit.

Sind denn Literatur und Kunst ausschließlich männliche
Domänen? Nein, natürlich nicht. Aber war es immer so?
Wir sollten nicht übersehen, daß jene, die im Laufe der
Jahrhunderte und der Jahrtausende die Frauen im Bereich
der Literatur bestenfalls als Leserinnen dulden wollten,
sich auf allerlei Fakten und Erfahrungen berufen konnten.
Ob es uns gefällt oder nicht: Die Zahl der Frauen, die, im
Altertum ebenso wie im Mittelalter, zur Poesie beigetragen
haben oder, um es vorsichtiger zu formulieren, von denen
nennenswerte dichterische Arbeiten erhalten geblieben
sind – diese Zahl ist verschwindend klein. Nur beweist der
minimale Beitrag der Frauen zur Literatur und zur Kunst
der Vergangenheit noch keineswegs, daß Kreativität und
Genie nicht Sache des weiblichen Geschlechts seien.

Es wurde schon oft gesagt und kann nicht oft genug wie-
derholt werden: Die den Frauen in der von Männern be-
herrschten Welt zugewiesene Rolle hat ihnen die Beschäf-
tigung mit allem Geistigen und Künstlerischen in hohem
Maße erschwert, ja unmöglich gemacht. Im ersten Brief
des Paulus an die Korinther heißt es mit nicht zu überbie-
tender Deutlichkeit, der Mann sei »Gottes Bild und Ab-
glanz«. Die Frau hingegen sei des Mannes Abglanz, ja, sie
sei geschaffen um des Mannes willen. Ebendeshalb habe
die Frau – und das ist nur eine von vielen Folgen dieser
Anschauung – in der Öffentlichkeit (Paulus spricht von
der »Gemeindeversammlung«) zu schweigen. Das galt
Jahrtausende hindurch. Aber Literatur ist keine männliche
Domäne, war es aber mindestens bis zum achtzehnten
Jahrhundert.

Noch in der Goethe-Zeit wurde die Aufgabe der Frau in

der Familie und ihre Stellung in der Gesellschaft mit aller
Entschiedenheit eingeschränkt. In Schillers »Lied von der
Glocke« lesen wir:

> Und drinnen waltet
> Die züchtige Hausfrau,
> Die Mutter der Kinder,
> Und herrschet weise
> Im häuslichen Kreise ...

Die Voraussetzungen für die literarische (und sei es die be-
scheidenste) Betätigung von Frauen waren viel ungünsti-
ger als die für ihre männlichen Zeitgenossen, jedenfalls so
ungünstig, daß im Mittelalter und in der frühen Neuzeit
deutschen Dichterinnen, deren Talent unzweifelhaft ist,
überaus seltene Ausnahmen blieben – wie im siebzehnten
Jahrhundert Sibylla Schwarz und Catharina Regina von
Greiffenberg.
Im deutschen Sprachraum erfolgt erst erheblich später,
nach der Aufklärung und nach der Französischen Revolu-
tion, mit der Emanzipation der Frau endlich deren (zu-
nächst zögernde und sehr begrenzte) Teilnahme an der Li-
teratur. Ich denke an Caroline von Schelling und Bettina
von Arnim, an Rahel Varnhagen, geborene Levin, und an
Dorothea Schlegel, die Tochter Moses Mendelssohns.
Diese viel diskutierenden und noch mehr korrespondie-
renden Frauen der deutschen Romantik – sie sind unver-
geßlich. Unter ihren zahllosen Briefen finden sich auch
Glanzstücke deutscher Prosa.
Aber, wage ich zu fragen, würden wir uns noch an diese
Frauen erinnern, wenn es nicht die bedeutenden Männer
gegeben hätte, mit denen sie befreundet und bisweilen

auch verheiratet waren? Nein, ich unterschätze diese Romantikerinnen keineswegs, nur glaube ich, daß sie hervorragende Figuren weniger der Literatur als vor allem des literarischen Lebens waren.

Anders verhält es sich mit Annette von Droste-Hülshoff, dieser stillen und schwermütigen, dieser düsteren und dämonischen, dieser wunderlichen und letztlich wunderbaren Dichterin. Doch ist sie im neunzehnten Jahrhundert eine einsame Poetin, eine in der Geschichte der deutschen Literatur isolierte Erscheinung. Auch hier haben wir es also mit einer großen Ausnahme zu tun.

Erst gegen Ende des Jahrhunderts machen bemerkenswerte und talentvolle Autorinnen wie Marie von Ebner-Eschenbach, Ricarda Huch oder Else Lasker-Schüler auf sich aufmerksam und werden, wenn auch meist mit einiger Verwunderung, anerkannt und auch geachtet. Aber die fatale Situation der Frauen in der Gesellschaft dieser Epoche macht schon der Umstand deutlich, daß in Deutschland für Mädchen das Abitur bis zu den neunziger Jahren unerreichbar blieb – und sie somit auch zum Universitätsstudium nicht zugelassen waren. Ricarda Huch begann das Studium der Geschichte und der Philologie im Jahre 1888 – freilich in Zürich, wo sie zunächst einmal mit Hilfe von Privatstunden das Abitur nachholen mußte.

Es hat in Deutschland – anders als in England, Frankreich oder Polen – ziemlich lange gedauert, bis die literarische Öffentlichkeit die wenigen dichtenden Frauen ohne Vorbehalt akzeptiert hat. Die 1920 erschienene große Anthologie der expressionistischen Lyrik, die »Menschheitsdämmerung«, vereint Gedichte von 23 Autoren. Unter ihnen ist nur eine einzige Frau: Else Lasker-Schüler, der wir herrliche Verse verdanken.

Ist diese so originelle wie unabhängige, diese so exaltierte wie extravagante Poetin, die einst eher angestaunt als ganz ernst genommen wurde, beispielhaft für die Frauen in der Geschichte der deutschen Literatur der letzten hundert Jahre? Nein, das wäre gewiß übertrieben. Doch schon Else Lasker-Schüler, die sich standhaft weigerte, die Welt zur Kenntnis zu nehmen, und stets in einem orientalischen Märchenreich lebte, war, wie viele ihrer Nachfolgerinnen, eine Sachwalterin des Seelischen und des Traumhaften, des Schwärmerischen. In den Werken natürlich nicht aller, doch mit Sicherheit zahlreicher deutscher Autorinnen unseres Jahrhunderts dominiert ebenfalls das Unbewußte, das Irrationale.

Goethe meinte im Gespräch mit Eckermann: »Je inkommensurabler und für den Verstand unfaßlicher eine poetische Produktion, desto besser.« Gerade Frauen haben diese fatale Äußerung gern und oft beherzigt. Nicht das Intellektuelle steht also im Vordergrund ihrer Bücher, sondern das Emotionale, das Gemüt. Und das Fundament ist meist die metaphysische Weltsicht: von Agnes Miegel, die Hitler huldigte, über Nelly Sachs, die von Hitler vertrieben, bis zu Gertrud Kolmar, die von Hitler ermordet wurde – es sind immer gläubige Schriftstellerinnen. Sie glauben, ob protestantisch oder katholisch, an Gott wie Gertrud von le Fort und Regina Ullmann, wie Ina Seidel, Elisabeth Langgässer und Christine Lavant. Oder sie glauben an die Revolution – wie Anna Seghers, die Kommunistin.

Und wie Anna Seghers, die Hochgebildete, in ihren Romanen und Erzählungen am liebsten einfache Leute zeigte, die wenig denken und wenig verstehen und um so mehr fühlen und die, ohne viel zu fragen und ohne je zu zwei-

feln, immer für ihre Partei zu Opfern bereit sind, so er-
zählte die um ein Vierteljahrhundert jüngere und aus einer
völlig anderen Welt kommende Ingeborg Bachmann, die
lyrische Sprecherin einer ganzen Generation, von Men-
schen, die an Angstzuständen und Ohnmachtsanfällen lei-
den, die mit dem Kopf gegen Glastüren prallen und den
Boden unter ihren Füßen verlieren.

Aber sind für die deutsche Dichtung unserer Zeit Autorin-
nen wie Ingeborg Bachmann und Ilse Aichinger typisch,
diese scheuen und schüchternen Österreicherinnen, die
verwirrt und hilfsbedürftig durchs Leben gingen, oder
sind es eher Ricarda Huch und Marie Luise Kaschnitz, die
mit beiden Beinen auf dieser Erde standen, oder Hilde Do-
min, deren Poesie, vom Exil geprägt, Widerspruch und
Widerstand ist? Oder Sarah Kirsch, die große Panerotike-
rin, deren Verse stets auf Selbstbekenntnis und Selbstdar-
stellung hinauslaufen?

Man sollte sich hüten, die Poesie der Frauen auf bestimmte
Typen und Tendenzen festzulegen. Aber man sollte auch
nicht darauf verzichten, die vorherrschenden Merkmale
und charakteristischen Kennzeichen dieser Poesie zu er-
mitteln und zu erkennen. Ist das etwa die Quadratur eines
Kreises? Nicht unbedingt. Doch angesichts solcher Fragen
ist man gut beraten, sich an das Konkrete zu halten. An-
ders ausgedrückt: Vielfalt und Reichtum der deutschen
Frauendichtung zeigt man am besten an einzelnen Gedich-
ten. Und es empfiehlt sich, Bertolt Brecht zu folgen, der
einmal meinte: »Wer das Gedicht für unnahbar hält,
kommt ihm wirklich nicht nahe. In der Anwendung von
Kriterien liegt ein Hauptteil des Genusses. Zerpflücke eine
Rose und jedes Blatt ist schön.«

Damit ist zugleich gesagt, was unsere Sammlung im Sinne

hat: 181 Gedichte aus der Feder von Frauen werden hier
vorgestellt und kommentiert, gedeutet und interpretiert.
Ganz zuverlässig ist diese Zahl allerdings nicht, denn wer
die im 12. Jahrhundert entstandenen Verse geschrieben
hat, die an der Spitze des Bandes stehen, wissen wir nicht.
Ein Mann oder eine Frau? Die Forschung vermutet, daß es
eine Nonne war. Ja, das Gedicht »Dû bist mîn«, das zu den
schönsten in deutscher Sprache gehört, hat eine Frau ge-
schrieben. Ich jedenfalls bin dessen ganz sicher – und bis
zum Gegenbeweis bleibe ich bei meiner Meinung. Daher
eröffnen diese Verse unsere Sammlung.
Die 181 Gedichte stammen von 54 Autorinnen. Das sind,
wird man zugeben, stattliche Ziffern. Dennoch kann von
Vollständigkeit, in welchem Sinne auch immer, nicht die
Rede sein. Das gilt für die ausgewählten Gedichte eben-
falls: Sie sollten lediglich als Beispiele verstanden werden.
Groß ist auch die Zahl der Interpreten, der Schriftsteller,
Wissenschaftler und Journalisten, der Lyriker, Literar-
historiker und Kritiker, die hier am Werk waren. Sie be-
trägt 91.
Die Leser aber, die vielleicht diesen oder jenen Vers oder
auch dieses oder jenes Gedicht anders lesen, anders begrei-
fen als der jeweilige Kommentator, sollten wissen, daß es
in manchen Fällen auch dem Herausgeber des Bandes so
ergeht. Ein Gedicht beginnt nicht mit seinem ersten Wort
und schließt nicht mit seinem letzten. Denn zu ihm gehö-
ren auch die Gefühle und die Gedanken, die es ausgelöst
hat und die es auslöst.
In dieser Anthologie werden also Interpretationen gebo-
ten, die (nicht immer, doch häufig) die wissenschaftliche
Analyse, die literarische Stellungnahme und das persönli-
che Bekenntnis miteinander verbinden. Vorschläge sind es

und Angebote, es sind individuelle Offerten. Deutungen, die darauf bestehen, die einzig richtigen, die einzig zulässigen zu sein, wird man hier vergeblich suchen.

Aber gibt es solche Deutungen überhaupt? Es will mir scheinen, daß es nicht die schlechtesten Gedichte sind, die sich durch keinen Kommentar erschöpfen lassen, die vielmehr zu unterschiedlichen, ja zu subjektiven Deutungen führen, wenn nicht verführen. Es sind bestimmt auch die schlechtesten Leser nicht, die sich von Interpretationen zu abweichenden, zu eigenen Ansichten anregen lassen.

Auch das Ganze sollte in diesem Sinne verstanden werden – also als Vorschlag und Angebot, als Plädoyer. Für das Gedicht? Selbstverständlich. Aber zugleich und vor allem als ein Plädoyer für die Poesie der Frauen – und nicht obwohl, sondern weil sie anders dichten.

Jochen Hieber sei für seine Mitarbeit an diesem Buch herzlichst gedankt.

Marcel Reich-Ranicki

UNBEKANNTE DICHTERIN
DÛ BIST MÎN

Dû bist mîn, ich bin dîn.
des solt dû gewis sîn.
dû bist beslozzen
in mînem herzen,
verlorn ist daz sluzzelîn:
dû muost ouch immêr darinne sîn.

PETER WAPNEWSKI
ANFANG UND ENDE ALLER LYRIK

Ferner Klang aus frühester Zeit. Man hat diesen Versen
den Titel der ältesten deutschsprachigen Liebeslyrik ver-
liehen, und hat es mit Grund getan. Sie sind überliefert in
einer Handschrift des Klosters Tegernsee und wohl um die
Mitte des 12. Jahrhunderts entstanden. Zu jener Zeit, da im
Donauraum der erste namentlich bekannte deutsche Lyri-
ker seine Strophen singt: Der von Kürenberg.

Mit diesen schlichten und spröden, ebendarum eindrucks-
voll und archaisch wirkenden Versen hat es indes seine
Schwierigkeit. Sie liegt im Kontext. Denn die deutschen
Liebesworte sind die wunderlichen Einsprengsel in dem
größeren Zusammenhang einer Sammlung von Briefen in
lateinischer Sprache. Geschrieben aus weiblicher Sicht und
weiblich sich offenbarendem Gefühl.

So hat man denn gemutmaßt, daß hier eine verliebte
Nonne der Lust ihres Herzens Luft machte, die ihren Ovid
kannte und die der lateinischen Prosa und den nach dem
Muster der Rhetorik zierlich aufgeputzten Reimen
schließlich auch ein paar Zeilen in der Volkssprache bei-
gab. Die nach einer langvertrauten Weise klingen – und in
der Tat mag es sich so verhalten, daß sie alt sind und
wahr.

Die Wissenschaft freilich hat sich nicht zufriedengeben
können mit romantischem Einfühlen und zartem Nach-
empfinden, sondern ist zu der Überzeugung gekommen
(zuletzt mit Hilfe des Germanisten Jürgen Kühnel), daß

diese Briefe lediglich Fiktion sind, Musterstücke zum Zwecke der Erlernung und Demonstration der Stillehre und ihrer Kunst. Da fassen denn die deutschen *wortelîn* nur zusammen auf freilich unübertrefflich knappe Weise, was zuvor und hernach in dekorativ-ausladender Prosa auf Latein gesagt wird. Am Ende des ersten Briefes fügen die Worte sich dann zu Klängen in sogenannter Reimprosa: *esto securus, successor nemo futurus / est tibi, sed nec erit; mihi ne tu nemo placebit...* (»Sei dessen sicher, es gibt für dich keinen Nachfolger, noch wird es ihn je geben; Niemand wenn nicht du wird mir gefallen...«).

Esto securus: des solt du gewis sîn. Und der Zukunftsschwur in der letzten deutschen Zeile nimmt auf, was das *erit* und *placebit* der lateinischen Rede vorschreibt, zuvor schreibt – und was an die strenge Formelhaftigkeit eines Verlobungsgelübdes erinnert. Stillehre und Rhetorik sind eines, das Herzensgefühl ist ein anderes, aber es liegt kein Grund vor, nicht auch aus den lateinischen Mustersätzen die innige »private« Neigung der Schreibenden herauszuhören, die ihre Schulaufgabe zum Anlaß und erwünschten Vorwand nimmt, inmitten der neutral sich gebenden Verlautbarung von der eigenen Liebe zu sprechen und ihr Ausdruck in vielleicht schon damals altertümlich oder doch altvertraut klingenden Versen zu geben. Deren Wesen exemplarisch vorweist, was man die Leistung von Lyrik nennen kann. Die niemals in dem Gesagten allein, sondern in dem durch das Gesagte erzeugten Mehrwert besteht.

Das Bild vom Herzensschlüssel ist so simpel wie in alter und neuer Lyrik weit verbreitet. Wie aber diese sechs Verse es durch sich selbst, nämlich in ihrer Architektur verwirklichen, das gibt ihrer kargen Einfachheit wahrlich Glanz.

Denn vier Verse mit dem -*în*-Reim umarmen die beiden mittleren Verse (auch sie reimen sich, und zwar kraft der damals noch deutlich gehörten Nebensilbenreime auf -*en*). Umschließen sie, wie der Schrein des Herzens den geliebten anderen umschließt. Die Strophe als Bild des durch ihre Worte Gesagten. Das ist Anfang und Ende aller Lyrik.

SIBYLLA SCHWARZ

ISt Lieb ein Feur / und kan das Eisen schmiegen /
bin ich voll Feur / und voller Liebes Pein /
wohrvohn mag doch der Liebsten Hertze seyn?
wans eisern wår / so wůrd eß mir erliegen /
wans gůlden wår / so wůrd ichs kőnnen biegen
durch meine Gluht; solls aber fleischern seyn /
so schließ ich fort: Eß ist ein fleischern Stein:
doch kan mich nicht ein Stein / wie sie / betriegen.
Ists dan wie Frost / wie kalter Schnee und Eiß /
wie presst sie dann auß mir den Liebesschweiß?
Mich deucht: Ihr Herz ist wie die Loorberblåtter /
die nicht berůhrt ein starcker Donnerkeil /
sie / sie verlacht / Cupido / deine Pfeil;
und ist befreyt fůr deinem Donnerwetter.

WULF SEGEBRECHT
DONNERWETTER!

Wer bis zum Ende dieses von keiner Orthographiereform
nivellierten Sonetts vorgedrungen ist, wird kaum zögern,
dem Gedicht sein letztes Wort mit dem Ausdruck der Be-
wunderung zurückzugeben: »Donnerwetter«! Wie routi-
niert wird hier gereimt und geredet, versifiziert und vergli-
chen! Eine Meisterin ihres Fachs war hier offensichtlich
am Werk. Die Liebe ist eine hitzige Angelegenheit; von
dieser Allerweltsweisheit geht sie aus. Die Liebe glüht und
brennt wie Feuer; vor ihr müßte eigentlich schlechterdings
alles hinschmelzen, also auch das geliebte Herz. Doch ge-
rade daran scheint es hier zu fehlen. Denn in diesem Fall ist
das geliebte Herz vom Feuer der Liebe offenbar nicht zu
erreichen. Was für ein Herz muß das sein, das diesen Lie-
besflammen widersteht? Das ist das Thema des Gedichts.
Es ist auf der Suche nach dem zutreffenden Vergleich für
ein Herz, das geliebt wird, sich aber selbst von der Liebe
nicht entflammen läßt.
In einer geradezu experimentellen Testreihe werden ver-
schiedene Vergleichsmöglichkeiten erwogen und sogleich
wieder verworfen: Aus Eisen und sogar aus Gold kann
dieses Herz nicht sein, denn dann hätte es sich vom Feuer
der Liebe schmelzen lassen müssen. Aus Fleisch und Blut
kann es ebenfalls nicht bestehen, weil es sich tatsächlich als
ein unerweichlicher Stein erwiesen hat; aber steinern kann
es auch wieder nicht sein, weil es sich trügerisch verhält.
Ein Vergleich des kalten Herzens mit Eis und Schnee

kommt schließlich ebenfalls nicht in Frage, weil dann nicht
zu erklären wäre, wie es einem Eisblock gelingen kann,
dem Liebenden die Schweißperlen der Liebeshitze abzu-
pressen. So bleibt nur noch der abschließende Vergleich
des unerreichbaren Herzens mit den Lorbeerblättern üb-
rig. Gerade dieser Vergleich kommt uns heute einigerma-
ßen rätselhaft vor; ausgerechnet Lorbeerblätter sollen un-
berührt bleiben von den Donnerschlägen des Gewitters
und von den Blitzpfeilen des Liebesgottes?
Spätestens hier zeigt sich, daß wir es nicht nur mit einem
sehr gelungenen, sondern zugleich auch mit einem sehr ge-
lehrten Gedicht zu tun haben. Denn der Vergleich des un-
berührbaren Herzens mit den Lorbeerblättern bezieht sich
auf eine sinnbildliche Deutung des Lorbeerbaums, die bis
in die Antike zurückreicht, von Plinius in seiner enzyklo-
pädischen »Naturgeschichte« überliefert wurde und in den
Emblembüchern des 16. und 17. Jahrhunderts wiederbe-
gegnet. So zeigt ein Emblem des Gelehrten Joachim Ca-
merarius unter dem Motto »Unantastbare Tugend« ein
Bildchen, auf dem zu sehen ist, wie aus schwerem Gewit-
terhimmel zackige Blitze rechts und links an einem Baum
vorbeizischen und in die Landschaft einschlagen. Die Er-
läuterung bringt das unter dem Bild stehende lateinische
Distichon, das zu deutsch lauten könnte: »So wie die
schönste Tugend unverletzt bleibt vom Übel / So vom
Blitz unberührt steht der Lorbeerbaum da«.
Daß unter solchen Umständen auch das Gewitter der
Pfeile des Liebesgottes nichts auszurichten und die Tu-
gendhaftigkeit der Geliebten nicht ernsthaft in Gefahr zu
bringen vermag, versteht sich schon fast von selbst. Über
so konventionelle Liebesmühen und über ein solches my-
thologisches Donnerwetter kann die Geliebte nur spotten.

Wünscht sie sich insgeheim eine andere als eine nur ge-
lehrte Liebe, die, wie das Gedicht zeigt, mit dem Inventar
herkömmlicher petrarkistischer Liebeslyrik, mit den
Kenntnissen einer verbreiteten Sinnbild-Kunst und mit
der allgegenwärtigen Mythologie trefflich umzugehen
versteht?

Das Gedicht, von einer Frau verfaßt, bedient sich der Per-
spektive des Mannes: Seine Schwierigkeiten, den zutref-
fenden Vergleich für das offensichtlich nicht zu erobernde
Herz der Geliebten zu finden, stehen im Zentrum. Aber
im Verlaufe des Gedichtes wird immer deutlicher, daß sich
die Dichterin keineswegs damit begnügt, den männlichen
Part nur zu imitieren, sondern daß sie es unternimmt, diese
Rolle als ungenügend zu qualifizieren. Die gespreizte Ge-
lehrsamkeit der Annäherungsversuche des Mannes wird
letzten Endes als ein Bildungs- oder Theater-Donnerwet-
ter entlarvt. So, beim besten Willen, kann das Herz einer
Frau nicht gewonnen werden!

Wer mag die Frau gewesen sein, die im 17. Jahrhundert, als
Ausbildung, Gelehrsamkeit und Poesie noch fast aus-
schließlich Privilegien der Männer waren, ein so kunst-
und kenntnisreiches, raffiniertes und gewitztes Gedicht
geschrieben hat? Sie, die Tochter eines Greifswalder Bür-
germeisters, war »traun ein Wunder ihrer Zeit«, wie der
Kieler Polyhistor und Poet Daniel Georg Morhof 1682 be-
geistert schrieb. Im Alter von nur 17 Jahren ist sie 1638 ge-
storben. Ihre postum publizierten Gedichte warten unbe-
greiflicherweise bis heute auf ihre Wiederentdeckung.

SIBYLLA SCHWARZ
LIEBE SCHONT DER GÖTTER NICHT

LIebe schont der Götter nicht /
sie kan alles überwinden /
sie kan alle Herzen binden /
durch der Augen klahres Licht.
   Selbst des Phebus Hertze bricht /
seine Klahrheit muß verschwinden /
er kan keine Ruhe finden /
weil der Pfeil noch in ihm sticht.
   Jupiter ist selbst gebunden /
   Hercules ist überwunden
   durch die bittersüsse Pein;
wie dan können doch die Herzen
bloßer Menschen dieser Schmerzen
gantz und gahr entübrigt seyn?

WALTER HINCK
DAS SONETT LERNT TANZEN

Unter allen Meteoren der deutschen Literatur verglüht einer besonders rasch: die Lyrikerin Sibylla Schwarz. Ihr Leben erreicht nicht einmal die Dauer des Kriegs, der ihre Epoche überschattet – gerade siebzehneinhalb Jahre wird sie alt. Wer aber ist diese Sibylla Schwarz? Die Literaturgeschichten, auch die der Frauenliteratur, haben, wenn überhaupt, nur einen Nebensatz für sie; ganzer Gedichte nehmen sich erfreulicherweise neuere Anthologien an. Sie lebte von 1621 bis 1638 in der Seestadt Greifswald, die ihr Vater eine Zeitlang als Bürgermeister durch den Dreißigjährigen Krieg steuerte, und es paßt in das unglückliche Bild ihres kurzen Daseins, daß sie am Hochzeitstag ihrer Schwester starb. Sie hat Poetiken und Dichtungen ihrer Zeit studiert und ist offenbar bei dem Versmeister Martin Opitz in die Schule gegangen. Kann dabei überhaupt mehr herausgekommen sein als Gymnasiastenpoesie?

Und ob! Zwölf Jahre nach ihrem Tod erscheint in Danzig, aus den Handschriften herausgegeben, »Sibyllen Schwarzin Vohn Greiffswald aus Pommern / Ander Teil Deutscher Poëtischer Gedichten«. Deren bester Teil braucht den Vergleich mit Versen der gerühmten Zeitgenossen nicht zu scheuen. Die junge Dichterin hält sich an bevorzugte Formen des Jahrhunderts wie Sonett und Ode und an Lieblingsthemen wie Liebe, Freundschaft oder Geselligkeit. *ISt Lieb ein Feur / und kan das Eisen schmiegen / bin ich voll Feur / und voller Liebes Pein*, beginnt eines ih-

rer Sonette; *Wahre Freundschafft ist beständig* lautet der
Titel eines Gedichts in Reimpaarversen. Vieles entrichtet
den Konventionen der Poetik seinen Tribut. Ein kleines
Formwunder unter den Texten der Zeit aber ist das hier
ausgewählte Gedicht.

Oft sind Barockgedichte vollgepfropft mit gelehrten An-
spielungen. In unserem Gedicht bleibt die Bildungsfracht
verhältnismäßig leicht. Die Beispielreihe für die Allmacht
der Liebe umfaßt drei römische Götternamen, hinter de-
nen man sich die griechischen denken muß: Phöbus (Apol-
lon), Jupiter (Zeus) und Hercules (Herakles). Selbst den
Göttern und Heroen widerfährt die »bittersüße Pein« der
Liebe. Mit seiner nicht eben erfolgreichen Leidenschaft
verfolgt Phöbus Daphne, die Liebesobsessionen Jupiters/
Zeus' sind geradezu sprichwörtlich, und Hercules/Hera-
kles bekommt die Liebespein unmittelbar zu spüren, als er
sich mit dem Gewand, das Deianeira mit einem Liebeszau-
ber bestrichen hat, das Fleisch vom Leibe reißt. Warum
also klagen, wenn auch die Götter mit der Liebe gesegnet
und geschlagen sind?

Nicht diese tröstlich-heitere Botschaft selbst aber ent-
zückt uns so sehr, sondern die geschmeidige Form, in der
sie uns geboten wird. Das im siebzehnten Jahrhundert
beliebte Sonett ist mit seinen zwei Quartetten und zwei
Terzetten eine überaus strenge Form. Der von Opitz in
Deutschland eingebürgerte sechshebige Alexandrinervers
mit einem festen Einschnitt nach der dritten Hebung sorgt
für ein zusätzliches Reglement: Vers und Sonett kommen
geschnürt und im Stiefelschritt der Antithesen daher. Auch
unser vierzehnzeiliges Gedicht fügt sich der Sonettform,
allerdings hat es die Korsettstange des Alexandriners abge-
worfen, schreitet in den vierhebigen Versen viel freier ein-

her und greift im letzten Terzett über die Versschlüsse hin-
weg in einen größeren grammatischen und rhythmischen
Bogen aus. Das Liebesthema bekommt Luft, es atmet
frei.

Hier entsteht im schweifenden Rhythmus und in der fast
spielerischen Reimfolge der Terzette eine lebendige Gang-
art der Verse, die wir erst ein gutes Jahrhundert später in
der Liebesdichtung eines Friedrich von Hagedorn und na-
türlich dann beim jungen Goethe wiederfinden. Wirklich
ein Ereignis: In der Dichtung eines nicht einmal achtzehn-
jährigen Mädchens hat das Sonett tanzen gelernt.

CATHARINA REGINA VON GREIFFENBERG
ÜBER DAS UNAUSSPRECHLICHE
HEILIGE GEISTES-EINGEBEN!

Du ungeseh'ner Blitz du dunkel-helles Licht
du Herzerfüllte Kraft doch unbegreiflichs Wesen.
Es ist was Göttliches in meinem Geist gewesen
das mich bewegt und regt: Ich spür ein seltnes Licht.

Die Seel ist von sich selbst nicht also löblich licht.
Es ist ein Wunder-Wind ein Geist ein webend Wesen
die ewig' Atem-Kraft das Erz-Sein selbst gewesen
das ihm in mir entzünd dies Himmel-flammend Licht.

Du Farben-Spiegel-Blick du wunderbuntes Glänzen!
du schimmerst hin und her bist unbegreiflich klar
die Geistes Taubenflüg' in Wahrheits-Sonne glänzen.

Der Gott-bewegte Teich ist auch getrübet klar!
es will erst gegen ihr die Geistes-Sonn beglänzen
den Mond dann dreht er sich wird Erden-ab auch klar.

RUTH KLÜGER

EIN SELTNES LICHT

Worüber man nicht reden könne, darüber möge man tunlichst schweigen, empfahl der Philosoph Ludwig Wittgenstein. Die Verfasserin unseres Gedichts verkündet indessen schon in der Überschrift, daß sie von »Unaussprechlichem« sprechen werde. So sind die Dichter: Daß sich eine Sache der Sprache entziehe, geben sie nicht ungern zu, um sie, froh über das Paradox, desto wortgewandter zu besprechen. Es geht um ein Erlebnis, das frommen Menschen seit je als Offenbarung gilt, das aber auch Ungläubige nicht bestreiten. Sigmund Freud nannte es das »ozeanische« Gefühl, während Wittgenstein es lakonisch als »das Mystische« bezeichnete, das sich »zeige«. Unbeschreiblichkeit hier wie dort.

Mystische Lyrik gebraucht als Stützpunkte oft überraschende Anekdoten, griffige Bibelzitate und sublimierte Erotik. Bei unserem Gedicht fällt dagegen ein hoher Grad von Abstraktion auf. Kosmische und Naturkräfte werden herangezogen, von Menschlichem ist nur indirekt die Rede. Die beherrschende Metapher ist das Licht, dem Himmel und Erde, Sonne und Mond zugeordnet sind.

Wir lesen ein Sonett, doch wo wir die Musik des Reims erwarten, treffen wir auf den Gleichklang der Wiederholung. Die Sprache schlägt Kreise, kommt an ihre Grenzen und kann nicht über sich hinaus. Bewegung findet nur innerhalb dieses Gleichklangs statt, ein Wasser, das nicht melodisch von einem Becken ins andere plätschert, wie in den berühmten Brunnen von Conrad Ferdinand Meyer und Rilke, sondern im geschlossenen Rhythmus auf sich selbst zurückfällt. Die Endworte »Licht« und »Wesen« der ersten acht Zeilen, »klar« und »glänzen« der letzten sechs sind Motive und Stichworte. »Licht« ist sowohl Substantiv wie Adjektiv. Das Partizipium »gewesen«, das den Gleichlaut zum Substantiv »Wesen« abgibt, ist grammatisch abhängig von »sein«, und beide beziehen ihren Sinn vom »Erz-Sein« der siebenten Zeile.

Der Text deutet den transzendenten Zustand als eine von außen kommende Eingebung. Es sei etwas Göttliches in ihrem Geist gewesen, bekennt die Dichterin, das nicht von ihr selbst stammen könne, weil es lichter als die menschliche Seele sei. Diese Seele ist der gottbewegte Teich des zwölften Verses, der, physischen Gesetzen zum Trotz, im Wind, nämlich im Wunderwind der ewigen Atemkraft, klar bleibt und im neunten Vers das Farbenspektrum spiegelt. In den beiden letzten Versen beleuchtet die göttliche Sonne den mondähnlichen menschlichen Geist, der das geborgte Licht an die Erde weitergibt. So wirkt der Moment der Erleuchtung, als Abglanz der göttlichen Bestrahlung, im irdischen Alltag fort. Diese physikalischen Gleichnisse für die Mensch-Gott-Beziehung erinnern daran, daß im siebzehnten Jahrhundert nicht nur große religiöse Dichtung (in England: Milton und Donne), sondern auch die Grundlagen der modernen Wissenschaft entstanden.

Welche Frau verfügte damals über die Bildung, die diesem Gedicht zugrunde liegt? Und welchen Preis zahlte sie dafür? Das Fräulein von Greiffenberg, früh verwaist, wird von einem Halbbruder ihres Vaters erzogen. Dieser, dreißig Jahre älter als sie, will seinen begabten Zögling heiraten. Sie weigert sich lange, gibt schließlich nach. Der On-

kel und Ehemann muß wegen Blutschande eine Gefäng-
nisstrafe absitzen. Im Jahre 1662, noch vor der Heirat, er-
schien das Werk, das lesenswert geblieben ist, die »Geistli-
chen Sonette, Lieder und Gedichte«. Ich stelle mir vor, daß
der Hochdruck der inzestuösen Bedrängnis der Dichterin
diese Leistung abforderte und daß die vollzogene Verbin-
dung ihr die hart erworbene Folgerichtigkeit und Intensi-
tät der Sprache wieder raubte. Zwar schrieb sie noch viel
und versuchte sogar, mittels alexandrinischer Verse den
Kaiser zum Luthertum zu bekehren. Doch der Höhenflug
war vorbei. Für die deutsche Literatur blieb Catharina Re-
gina von Greiffenbergs Ehe unfruchtbar. Vielleicht war sie
glücklich, man darf es bezweifeln.

ANNA LOUISA KARSCH
AN DEN DOMHERRN VON ROCHOW,

als er gesagt hatte,
die Liebe müsse sie gelehret haben,
so schöne Verse zu machen

Kenner von dem saphischen Gesange!
Unter deinem weißen Überhange
Klopft ein Herze, voller Gluth in dir!
Von der Liebe war es unterrichtet,
Dieses Herze, aber ganz erdichtet
Nennst du sie die Lehrerin von mir!

Meine Jugend war gedrückt von Sorgen,
Seufzend sang an manchem Sommermorgen
Meine Einfalt ihr gestammelt Lied;
Nicht dem Jüngling thöneten Gesänge,
Nein, dem Gott, der auf der Menschen Menge,
Wie auf Ameishaufen niedersieht!

Ohne Regung, die ich oft beschreibe,
Ohne Zärtlichkeit ward ich zum Weibe,
Ward zur Mutter! Wie im wilden Krieg,
Unverliebt ein Mädchen werden müßte,
Die ein Krieger halb gezwungen küßte,
Der die Mauer einer Stadt erstieg.

Sing ich Lieder für der Liebe Kenner:
Dann denk ich den zärtlichsten der Männer,
Den ich immer wünschte, nie erhielt;
Keine Gattin küßte je getreuer,
Als ich in der Sapho sanftem Feuer
Lippen küßte, die ich nie gefühlt.

Was wir heftig lange wünschen müssen,
Und was wir nicht zu erhalten wissen,
Drückt sich tiefer unserm Herzen ein;
Rebensaft verschwendet der Gesunde,
Und erquickend schmeckt des Kranken Munde
Auch im Traum der ungetrunkne Wein.

RENATE SCHOSTACK
DAS TRAUMGLÜCK DES DICHTERS

Wenn es den Begriff Arbeiter- und Bauernliteratur schon im 18. Jahrhundert gegeben hätte, Anna Louisa Karsch (1722-1791) – »die Karschin«, wie sie in den meisten Nachschlagewerken bis heute genannt wird – hätte ihr zugerechnet werden müssen. Ihre Vita klingt, als sei sie den Annalen der Sozialgeschichte entnommen. Die Tochter eines armen Gastwirts, die bei einem Onkel lesen und schreiben gelernt hatte, diente nach dem frühen Tod des Vaters im Haus des Stiefvaters als Magd und Viehhirtin. Mit sechzehn heiratete sie einen Tuchweber, der sich von ihr, als sie gerade das dritte Kind erwartete, scheiden ließ. Der zweite Mann, von dem sie vier Kinder hatte, war ein versoffener Schneider.

Wie sie zur Dichterin wurde, der am Ende der preußische König Friedrich Wilhelm II. in Berlin ein kleines Haus bauen ließ, ist eine andere Geschichte. Reich war sie nie (trotzdem schickte sie einmal Friedrich II., der sich ihr gegenüber nicht als der Große benahm, ein schäbiges Almosen von zwei Talern hochmütig zurück), anerkannt nur als Curiosum (»die aus dem Stegreif dichtende Bäuerin«), und glücklich? Davon handelt das Gedicht.

Es ist an Friedrich Eberhard von Rochow gerichtet, einen reichen, glücklich verheirateten Landbesitzer und schriftstellernden Aufklärungspädagogen, der seit 1762 Domherr in Halberstadt war. Sie beantwortet die hingeworfene, höflich-gesellschaftliche Bemerkung des Herrn von Welt,

so wie es einfache Leute oft zu tun pflegen, nämlich ernst-
haft. Sie legt ein Bekenntnis ab. Anna Louisa Karsch, die
ihre dichtenden Zeitgenossen überschwenglich die »deut-
sche Sappho« nannten (womit zu jener Zeit nichts Lesbi-
sches gemeint war), gesteht, daß sie erfüllte Liebe nicht
kenne.

Das Geständnis sprengt den Rahmen der anakreontischen
Lyrik ihrer Zeit, die Wein, Weib, Gesang in griechischen
Versformen rühmte. Gewiß, da findet sich noch ein Nach-
hall in Wörtern und Wendungen wie »Sommermorgen«,
»Rebensaft« und »Gesänge«, die dem »Jüngling« hätten
»tönen« müssen. Doch sie sind ganz ins Gegenteil ver-
kehrt, so wie der gütige Gott der Erbauungsliteratur mit
dem düsteren Satz durchgestrichen wird: Daß er auf die
Menschen wie auf Ameisen herabblicke. Die Dichterin
zeigt das kleine, alltägliche Elend der Frauen, die heiraten
mußten, um ihr Dasein zu fristen. Sie weiß, wovon sie
spricht: die Ehe als Herrschafts- und Gewaltverhältnis, in
dem die Vergewaltigung durch das Gesetz gebilligt wird.
Herzzerreißender kann man davon kaum sprechen als in
diesen Bildern des Krieges, der Eroberung, des Beutema-
chens. Man möchte diese Verse jenen entgegenhalten, die
heute noch zynisch fragen, warum Frauen in der Geistes-
geschichte eine so geringe Rolle spielen. Der Aufstieg der
Karsch als Dichterin begann erst, nachdem ihr Mann, der
Säufer, in der Armee verschwunden war.

Dem Leben wird die Dichtung, jenen finsteren Realien ein
Traumglück gegenübergestellt, das die Mängel der Wirk-
lichkeit wettmachen soll. Denn da ist noch eine Ge-
schichte. Der »zärtlichste der Männer«, den die Dichterin
»nie erhielt«, ist J. W. Ludwig Gleim, Poet und Canonicus
in Halberstadt, Förderer vieler junger Talente der Dicht-

kunst. Fast ein Jahr lang – 1761/62 – beherbergte er die
Karsch in seinem Haus. Dort muß sie den Domherrn von
Rochow kennengelernt haben. Gleim war Junggeselle und
vierundvierzig Jahre alt. Doch es wurde nichts daraus. Er
liebte sie nicht.

Die Überführung des Lebens ins Gedicht ist kein schmerz-
loser Vorgang. Auch der Dichter sehnt sich nach den »Won-
nen der Gewöhnlichkeit«. In allzu makellos geglätteten
Versen besingt Anna Louisa Karsch in einer frühen Vor-
wegnahme freudianischer Erkenntnisse die heilende Funk-
tion des Traums. Doch durch die Negativwörter der letzten
beiden Zeilen (»krank«, »Traum«, »ungetrunken«) dringt
wie durch schlecht abgedichtete Ritzen der verdrängte
Schmerz der Seele, die sich nach Liebe sehnt, nicht nach
geträumter, sondern nach gelebter.

KAROLINE VON GÜNDERODE
DER KUSS IM TRAUME

Es hat ein Kuß mir Leben eingehaucht,
Gestillet meines Busens tiefstes Schmachten.
Komm, Dunkelheit! mich traulich zu umnachten,
Daß neue Wonne meine Lippe saugt.

In Träume war solch Leben eingetaucht,
Drum leb' ich, ewig Träume zu betrachten,
Kann aller andern Freuden Glanz verachten,
Weil nur die Nacht so süßen Balsam haucht.

Der Tag ist karg an liebesüßen Wonnen,
Es schmerzt mich seines Lichtes eitles Prangen
Und mich verzehren seiner Sonne Gluthen.

Drum birg dich Aug' dem Glanze irrd'scher Sonnen!
Hüll dich in Nacht, sie stillet dein Verlangen
Und heilt den Schmerz, wie Lethes kühle Fluthen.

FRANZ JOSEF GÖRTZ
LIEBESLIED AN DEN TOD

Caroline von Günderode, die Dichterin, geboren in Carlsruhe 1780, endete ihr Leben 1806. Der Grabstein auf dem Friedhof in Winkel am Rhein verschweigt den Freitod nicht. Mit eigener Hand hat sie ihrem Leben ein Ende gesetzt, sich den Dolch ins Herz gestoßen, den sie ständig bei sich trug. »Eine tiefe Wunde, nicht ganz ein Zoll lang«, vermerkt das ärztliche Bulletin ungerührt, »der Stich zwischen 4. und 5. Rippe in die linke Herzkammer eingedrungen.«
Von einem ungewöhnlichen Tod gibt es allemal Zeugnisse genug. Was wir dagegen vom Leben dieser Frau wissen, verliert sich oft im Ungefähren und ist nicht frei von Widersprüchen, auch nicht frei von Retuschen, Verfälschungen und Verklärungen, wie sie, viele Jahre später, nicht nur in den Romanen ihrer Freundin Bettina von Arnim anzutreffen sind. Dort tritt sie uns »sanft und weich in allen Zügen« entgegen, Bettinas Schwager Friedrich Karl von Savigny indes schildert sie als »Narzißnatur«: launisch und spröde, unnahbar und unvorstellbar eitel.
So verbindlich, so liebenswürdig der Ton ihrer Briefe, so kühl und so abweisend gibt sie sich mitunter im persönlichen Umgang. Aus Angst davor, mißverstanden und enttäuscht zu werden? Was sie fürchtet, hat die Günderode ihren Gedichten anvertraut, von denen sie unter dem Pseudonym Tian 1804 eine schmale Auswahl (»Gedichte und Phantasien«) drucken läßt. Aus dem nachfolgenden Bändchen (»Poetische Fragmente«), im Jahr darauf mit der

gleichen Verfasserangabe veröffentlicht, stammt das nebenstehende Sonett. Die Autorin hat es, nicht ohne listigen Bedacht, in der Erstausgabe mit dem Zusatz *aus einem ungedruckten Romane* versehen.

Wir wissen, daß sie es für Savigny geschrieben und ihm wenige Wochen vor seiner Heirat mit Gunda Brentano geschickt hat – als Abschiedsgruß. Mit Savigny mag es ihr ähnlich ergangen sein wie zuvor mit Clemens Brentano und danach mit dem Heidelberger Altertumsforscher Friedrich Creuzer: sie alle fühlen sich angezogen von dieser Frau, suchen ihre Nähe, tauschen mit ihr sehr vertrauliche Billetts und verschwiegene Zärtlichkeiten aus – und verbinden sich mit einer anderen, ohne gleichwohl von ihr, dem »lieben Günderödchen«, völlig lassen zu wollen.

Auch davon spricht dieses Gedicht. Es verhehlt nicht, was allein die unerfüllbare Sehnsucht nach *Harmonie*, wie die Günderode es in ihren Briefen nennt, das Verlangen nach Liebe zu stillen, den Schmerz des endgültigen Verzichts zu heilen vermag: *Lethes kühle Fluthen*, der Tod. Doch dies erfahren wir erst in der allerletzten Zeile – und sind ebenso überrascht wie betroffen. Kein Liebeslied also? Des *Busens tiefstes Schmachten* nicht dem fernen Geliebten geltend, der Kuß nicht von seinen Lippen, der Hauch, so kühl wie die Nacht, in Wahrheit vom Fluß Lethe herüberwehend, an dessen Ufern, der griechischen Sage nach, die Verstorbenen sitzen und Vergessen finden?

Kein Liebeslied, sondern ein Hymnus auf den Tod, gelassen im Ton, ein unaufgeregtes Parlando in durchaus regelmäßigen Rhythmen, konventionell gereimt – und seiner Sache sicher auf eine Weise, die uns schaudern macht, auch wenn wir vom Leben seiner Verfasserin und ihrem ungewöhnlichen Tod nichts wissen.

KAROLINE VON GÜNDERODE
DER LUFTSCHIFFER

Gefahren bin ich in schwankendem Kahne,
Auf dem blauligten Ozeane
Der die leuchtenden Sterne umfließt,
Habe die himmlischen Mächte gegrüßt
War in ihrer Betrachtung versunken
Habe den ewigen Aether getrunken
Habe dem Irdischen ganz mich entwandt
Droben die Schriften der Sterne erkannt
Und in ihrem Kreißen und Drehen
Bildlich den heiligen Rhythmus gesehen.
Der gewaltig auch jeglichen Klang
Reißt zu des Wohllauts wogendem Drang.
Aber ach! es ziehet mich hernieder
Nebel überschleiert meinen Blick
Und der Erde Gränzen seh ich wieder.
Wolken treiben mich zu ihr zurück.
Wehe! Das Gesetz der Schwere
Es behauptet neu sein Recht
Keiner darf sich ihr entziehen
Von dem irdischen Geschlecht.

WOLFGANG KOEPPEN
DAS WAISENKIND DER ROMANTIK

Karoline von Günderode war das Waisenkind der Romantik, obwohl selbst die Romantik sie verstieß. Sie gilt der Literaturgeschichte als eine Figur am Rande der Bewegung. Erst ihr Selbstmord und Gespräche und Briefe berühmter Zeitgenossen sicherten ihr ein Andenken. Selbst Goethe gedachte ihrer an der Stätte ihres Todes. Danach beschrieb er die Schönheit des Rheingaus.

Sie war die Tochter herabgekommener Adliger. Der Vater hatte die Familie verlassen, um sich »schriftstellerischen Neigungen« zu widmen. Karoline war ein Mädchen ohne Mitgift. Die Siebzehnjährige brachte man in das Cronstettensche evangelische Damenstift in Frankfurt, das sonst nur Frauen über Dreißig und ehrbarer Herkunft aufnahm. Wie es da wohl zuging? Karoline wurde Leserin und schützte sich mit Goethe, Jean Paul und Hölderlin.

Durch Sophie La Roche lernte sie Bettina, die Enkelin, kennen. Bettina Brentano war sechs Jahre jünger, wild, aktiv, reich und zunächst die Werbende. Das arme Stiftsfräulein geriet in den Kreis einer poetisch engagierten Jeunesse dorée. Dies war die deutsche Romantik in ihrem begabtesten Kern – mit einigen bitterarmen Genossen. Karoline wurde von Friedrich Carl von Savigny geliebt, dem späteren Minister. Er heiratete eine Schwester Bettinas. Den Bruder, Clemens Brentano, wies Karoline erschreckt ab. 1804, vierundzwanzig Jahre alt, veröffentlichte sie ihr erstes Buch, »Gedichte und Phantasien«. Es fand wenig Beachtung. Die Dichterin verliebte sich in einen verheirateten Professor, neun Jahre älter, Altertumsforscher, Friedrich Creuzer, wohl eine Vaterfigur. Er kehrte zu seiner Frau zurück, die er nicht ausstehen konnte.

Savigny und Creuzer waren Karrieremenschen. Die Günderode vermählte sich den Luftgeistern. Der Brentano-Vater war Bankier in Frankfurt und kaufte in Winkel am Rhein ein prächtiges Haus. Savigny und Clemens Brentano entdeckten den romantischen Rhein. Karoline, das Stiftsfräulein, gab sich in der Nähe des Brentano-Hauses mit einem Messer den Tod. Sie waren alle sehr erschüttert. Achim von Arnim sah eine »Musenheilige« wie einen Bergschatten in der Tiefe des Rheins verlöschen.

Waren ihre Gedichte romantisch? Sie lebten aus der Stimmung der Zeit und einer beschwingten, sehr individuellen Melancholie. Sinn und Form sind flüchtig. Der Gedanke eilt voraus und verflüchtet. Dies rührt und entzückt. – Wie ihre Verfasserin waren die Gedichte nicht fest verbunden dieser Erde. Sie erhoben sich gern in die Lüfte. Schwebten davon. Orientalische Märchen und Legenden, der Günderode durch Herder vermittelt, hatten sich in ihre Sinne gesetzt, halfen ihr in den Tod und schmückten, zu eigenem Zauberspruch geworden, das Grab.

»Der Luftschiffer« ist ein Scherz- und Sterbelied. Wahrscheinlich angeregt durch den Flug einer Montgolfiere. Kühne Männer und mißbrauchte Tiere hielten Himmelfahrt, trunken vom ewigen Äther, zu des Wohllauts wogendem Drang. Landeten wieder oder stürzten in der Erde Grenzen. »Der Luftschiffer« war keine Klage gegen das Gesetz der Schwere. Die Dichterin fühlte sich mit ihrer Phantasie als gefesselter Cherub. Flügel hoben sie himmlisch; Tierfüße krallten sie im Boden ihres Nichtgedeihens fest.

Am 26. Juli 1806 hat Karoline von Günderode dem Irdi-
schen ganz sich entwandt. Achim von Arnim ließ sie wei-
terleben als »Isabella von Ägypten« und »Melück Baria
Blainville«.

KAROLINE VON GÜNDERODE
DIE TÖNE

Ihr tiefen Seelen, die im Stoff gefangen,
Nach Lebensodem, nach Befreiung ringt;
Wer löset eure Bande dem Verlangen,
Das gern melodisch aus der Stummheit dringt?
Wer Töne öffnet eurer Kerker Riegel?
Und wer entfesselt eure Ätherflügel?

Einst, da Gewalt den Widerstand berühret,
Zersprang der Töne alte Kerkernacht;
Im weiten Raume hier und da verirret
Entflohen sie, der Stummheit nun erwacht,
Und sie durchwandelten den blauen Bogen
Und jauchzten in den Sturm der wilden Wogen.

Sie schlüpften flüsternd durch der Bäume Wipfel
Und hauchten aus der Nachtigallen Brust,
Mit mutigen Strömen stürzten sie vom Gipfel
Der Felsen sich in wilder Freiheitslust.
Sie rauschten an des Menschen Ohr vorüber,
Er zog sie in sein Innerstes hinüber.

Und da er unterm Herzen sie getragen,
Heißt er sie wandeln auf der Lüfte Pfad
Und allen den verwandten Seelen sagen,
Wie liebend sie sein Geist gepfleget hat.
Harmonisch schweben sie aus ihrer Wiege
und wandlen fort und tragen Menschenzüge.

GERTRUD FUSSENEGGER
UND TRAGEN MENSCHENZÜGE

Karoline Günderode ist *die* Selbstmörderin in der deutschen Literatur. Während sich die dichtenden Männer reihenweise aus dem Leben davonmachten, zeigten die dichtenden Frauen eine weit stabilere Anhänglichkeit an das Dasein, auch wenn sie sich – ihren eigenen Aussagen zufolge – gewiß nicht glücklicher und vielfach nicht weniger weltverdrossen fühlten als die männlichen Kollegen. So wurde die Günderode die große Ausnahme; als ihr *alles stumm und leer* wurde, als sie *alles öd und hin* empfand, setzte sie ihrem Dasein entschlossen ein Ende. Dieses Ende hat sie berühmt gemacht. Vermutlich werden ihre Verse nur deshalb heute noch gelesen – als mehr oder minder deutliche Vorankündigungen der selbstgewählten Katastrophe.

Doch unter ihren Gedichten ist eins, das ganz anders ist, das nicht Lebens-Unmut, sondern Staunen und Entzücken ausdrückt, also ein für die Günderode ganz untypischer Text. Dennoch bin ich froh, daß es ihn gibt. Hier jubelt die Autorin über das Wunder, das ihre Epoche hervorgebracht hat. War's doch die Epoche der großen klassischen Musik.

Die Günderode ist 1780 geboren. So hatte sie ganze elf Jahre mit Mozarts gesegneter Lebenszeit gemeinsam. Sie war zwanzig, als Beethoven die »Pathétique« schrieb. Noch lebte Haydn. Jedes Jahr brachte neue Meisterwerke hervor. Es stand den Zeitgenossen wohl an, die immer neuen Wunder, die sich vor ihren Ohren begaben, zu bestaunen und zu feiern. Unwillkürlich mußte sich ihnen die Frage aufdrängen, woher all die Herrlichkeit käme; auf welcher Grundwoge des Daseins sie herangetragen werde: *Wer Töne öffnet eurer Kerker Riegel? / Und wer entfesselt eure Ätherflügel?*

Für die Günderode, ein Kind der Goethezeit, war es klar, daß die Natur hier Pate gestanden hat. Sie greift weit zurück: *Einst, da Gewalt den Widerstand berühret, / Zersprang der Töne alte Kerkernacht* ... Hat sie in der Tat etwas davon erfaßt, daß es noch keine Töne geben konnte, solange kein Ohr da war, sie zu hören? Und daß die »Stummheit« erst ein Ende fand, als der »Widerstand« besiegt war, der Widerstand nämlich der nur langsam erwachenden Sinne? Erst dann kann die Natur die Register ihrer »Töne« ziehen – im Flüstern des Windes, Brausen des Sturmes, Gesang der Nachtigall. *Sie rauschten an des Menschen Ohr vorüber, / Er zog sie in sein Innerstes hinüber.* Das ist schön gesagt – und zutreffend, denn nur in des Menschen »Innerstem« lagen die Fähigkeiten bereit, aus Naturgeräuschen Töne, Klänge, Klangfolgen auszufiltern und die Konstrukte zu entwerfen, die als Harmonien empfunden werden konnten.

Noch schöner aber scheint mir die letzte Zeile: *Und wandlen fort und tragen Menschenzüge.* Gewiß, Menschenzüge! Sie sind es, in denen wir uns selbst wiedererkennen, wiederzuerkennen versuchen, wenn wir Musik hören, seit Cherubino und Sarastro, Don Giovanni und Leonore.

ANNETTE VON DROSTE-HÜLSHOFF
AM TURME

Ich steh' auf hohem Balkone am Turm,
Umstrichen vom schreienden Stare,
Und lass' gleich einer Mänade den Sturm
Mir wühlen im flatternden Haare;
O wilder Geselle, o toller Fant,
Ich möchte dich kräftig umschlingen,
Und, Sehne an Sehne, zwei Schritte vom Rand
Auf Tod und Leben dann ringen.

Und drunten seh' ich am Strand, so frisch
Wie spielende Doggen, die Wellen
Sich tummeln rings mit Geklaff und Gezisch,
Und glänzende Flocken schnellen.
O, springen möcht' ich hinein alsbald,
Recht in die tobende Meute,
Und jagen durch den korallenen Wald
Das Walroß, die lustige Beute!

Und drüben seh' ich ein Wimpel wehn
So keck wie eine Standarte,
Seh' auf und nieder den Kiel sich drehn
Von meiner luftigen Warte;
O, sitzen möcht' ich im kämpfenden Schiff,
Das Steuerruder ergreifen,
Und zischend über das brandende Riff
Wie eine Seemöve streifen.

Wär ich ein Jäger auf freier Flur,
Ein Stück nur von einem Soldaten,
Wär ich ein Mann doch mindestens nur,
So würde der Himmel mir raten;
Nun muß ich sitzen so fein und klar,
Gleich einem artigen Kinde,
Und darf nur heimlich lösen mein Haar,
Und lassen es flattern im Winde!

RUTH KLÜGER
EIN MANN, MINDESTENS

Haare, Frauenhaare, rahmen in den ersten und letzten vier
Versen das Gedicht ein. Haare unterliegen in hohem Maße
nicht nur der Mode, sondern auch der Sitte. Sie bedeuten
Freiheit oder Unterwerfung, je nachdem, Haare unter der
Haube für die Matrone, geschorene Haare für die Nonne
oder als Strafe für die Hure, geknotete Haare als Zeichen
von Zurückhaltung, lose Haare – aber da sind wir schon
bei unserem Gedicht, in dem sie unerlaubt wild im Winde
flattern. Eine umständliche Frisur besagt auch heute noch,
daß ihre Trägerin über Geld und Zeit verfügt. Auf allen
überlieferten Porträts trägt Droste-Hülshoff ihr Haar auf
so komplizierte Weise gewickelt und aufgesteckt, daß je-
der gleich weiß, was für eine feine Dame und klare, an-
ständige Frau er da anschaut. So aber, meint sie im Ge-
dicht, putzt man artige Kinder heraus.

»Am Turme« stammt aus Meersburg am Bodensee, in dem
die Dichterin, nach der zweiten Strophe zu schließen,
nicht ungern gebadet hätte. Sie war damals, im Jahr 1842,
Mitte Vierzig, eine unverheiratete, also unabhängige, pri-
vilegierte Frau, soweit man als Frau unabhängig und privi-
legiert sein konnte. Ebendas bestreitet sie: Die Erwachsene
sieht sich zum Kind erniedrigt, fein und klar, nur Männer
werden mündig.

Doch die Gedanken sind frei, gerade im Turm, im Gefäng-
nis. Es beginnt mit einer kaum verhüllten erotischen Phan-
tasie, worin das weibliche Ich einen »wilden Gesellen«,

wenn er auch nur der Wind ist, »kräftig umschlingt«. Auf-
fallend ist die aktive Rolle, die die Frau sich dabei er-
träumt. Die Betonung liegt deutlich auf der Gleichheit bei
einem Körperkontakt, der sich ja nicht umsonst als Män-
nersport, als Ringkampf, gibt, den sie sogar gewinnen
könnte, wenn auch unter Einsatz ihres Lebens.
Ich denke dabei an das Märchen von Rapunzel, die, gefan-
gen im Turm, auch ihr Haar für einen Mann löst. Man
kann unser Gedicht als moderne Umkehrung des Mär-
chens lesen, denn Rapunzel wünscht sich nur den Gelieb-
ten, der an ihren Haaren hochklettert, während Drostes
»Mänade« sich in kein passives Frauenschicksal retten,
sondern kämpfend aus einem solchen hinaus in einen akti-
ven Beruf, wie Steuermann, Jäger, Soldat, treten möchte.
Drunten am Strand ist Freiheit, der Bodensee weitet sich
zum Weltmeer, mit Walroß und Korallen. Die zwei mittle-
ren Strophen sind ein Schrei nach körperlicher Betätigung.
Die Sprecherin möchte mitjagen, handeln, eingreifen in ein
Leben, das sie jetzt nur aus der Distanz beobachtet.
Der Steuermann hat es ihr besonders angetan: selbst steu-
ern hieße fliegen können. Schließlich kommt das eigentli-
che Problem unverblümt zur Sprache: Sogar der Himmel
hält's mit den Männern, das mindeste, was man sein
müßte, wäre ein Mann. An dieser Stelle sackt ihre Lebens-
kraft zusammen, die Frau schrumpft zum kleinen Mäd-
chen, das mit seinen Haaren spielt, das Gedicht endet in
Betrübnis, in einem Rückzug aus der Phantasie in die
Wirklichkeit.
Annette von Droste-Hülshoff war politisch konservativ
und konnte, wie die meisten Menschen, nicht über ihren
Schatten, sprich Erziehung und Stand, springen. Bevor-
mundet von ihrer Familie, ließ sie sich diese Bevormun-

dung auch weitgehend gefallen und hat doch die unsinni-
gen Beschränkungen, die den Frauen auferlegt wurden, die
der geistigen wie die der Bewegungsfreiheit, immer als
Last und als ungerecht empfunden.

Schon als Neunzehnjährige hatte sie geschrieben: *Fesseln
will man uns am eignen Herde! / Unsre Sehnsucht nennt
man Wahn und Traum, / Und das Herz, dies kleine
Klümpchen Erde, / Hat doch für die ganze Schöpfung
Raum!* In »Am Turme« fand sie Bild und Ausdruck für
diese Fesseln und diese Sehnsucht. Existentiell empfunden
statt ideologisch angehaucht, gelang ihr so das erste und
vielleicht das beste feministische Gedicht in deutscher
Sprache.

ANNETTE VON DROSTE-HÜLSHOFF
AN ***

O frage nicht was mich so tief bewegt;
Seh ich dein junges Blut so freudig wallen,
Warum, an deine klare Stirn gelegt,
Mir schwere Tropfen aus den Wimpern fallen.

Mich träumte einst, ich sei ein albern Kind,
Sich emsig mühend an des Tisches Borden;
Wie übermächtig die Vokabeln sind,
Die wieder Hieroglyphen mir geworden!

Und als ich dann erwacht, da weint' ich heiß,
Daß mir so klar und nüchtern jetzt zu Mute,
Daß ich so schrankenlos und überweis',
So ohne Furcht vor Schelten und vor Rute.

So, wenn ich schaue in dein Antlitz mild,
Wo tausend frische Lebenskeime walten,
Da ist es mir, als ob Natur mein Bild
Mir aus dem Zauberspiegel vorgehalten;

Und all mein Hoffen, meiner Seele Brand,
Und meiner Liebessonne dämmernd Scheinen,
Was noch entschwinden wird und was entschwand,
Das muß ich Alles dann in dir beweinen.

HARALD HARTUNG
DOPPELTE SPIEGELUNG

Ein junger hoffnungsvoller, umtriebiger Literat und ein
ältliches, kränkelndes adliges Fräulein – was zwischen Le-
vin Schücking und der Droste war, darüber ist gerätselt
und spekuliert worden. Eines ist gewiß. Levins Ermuti-
gung der Dichterin verdanken wir viel: die Vollendung der
»Judenbuche«, die Zeit- und die Heidebilder; überhaupt
ein paar wahrhaft große Gedichte. Dieses rechnet nicht zu
ihnen. Es scheint, bei flüchtigem Blick, kaum mehr als ein
Gelegenheitsgedicht zu sein; ein recht sprödes dazu. Darin
verwahrt es sein Geheimnis.

»O frage nicht ...« – Wer so inständig den Frageverzicht
erbittet, möchte gefragt werden – und antworten, antwor-
ten auf eine wirkliche oder fingierte Frage. Die scheinbare
Abwehr gibt den Anlaß zum Bekenntnis. Die Dichterin
bekennt sich zu ihrem tiefsten Gefühl: dem Ineinander
von Hingerissensein und Trauer. Zu welcher Trauer die
blühende Jugend des Geliebten sie führt, will sie nicht di-
rekt heraus sagen. Ein Umweg führt zum Ziel. Sie erzählt
einen Traum, den sie »einst«, also wohl vor der gemeinsa-
men Bekanntschaft, geträumt hat. Man glaubt derlei zu
kennen: Man sitzt (wieder) in der Schulbank, und was man
lesen zu können meinte, ist nicht zu entziffern. Was An-
nette träumt, ist kein Albtraum vom schlichten Leistungs-
versagen. Es ist die traumhafte Rückkehr ins Vorrationale.
Aus den »Vokabeln«, den Einzelworten, sind plötzlich
»wieder Hieroglyphen« geworden, Zeichen, die auf ein
übermächtiges Geheimnis verweisen.

So weit die Rückkehr, so tief die Erschütterung. Das macht
die Reaktion der Erwachten begreiflich: Sie weint über den
Verlust des kindlichen Geheimnisstandes und trauert über
die taghelle Aufgeklärtheit und Sicherheit des Erwachsen-
seins, die ihr – »so schrankenlos und überweis'« – als Hy-
bris vorkommt.

Wer so trauert, ist nicht verhärtet und erloschen. Die Lie-
bende weiß, was sie verlor; und das Verlorene glüht um so
stärker auf, als es im Geliebten wiederkehrt – und im vor-
aus aufs neue verloren ist. In dem geliebten lebensvollen
jungen Menschen tritt sie sich selbst entgegen – in jenem
»Zauberspiegel«, von dem das Grimmsche Wörterbuch
sagt, daß man mit ihm »geister bannen und zukünftiges
oder verborgenes schauen kann«. Das ist kein Spiegel, der
einer alternden Frau zur Selbsttäuschung dient. Sie nimmt
ihn an, gerade weil er ihr den Verzicht nahelegt: die Klage
um das, was nicht mehr zu halten ist und »was noch ent-
schwinden wird und was uns entschwand«.

Der Kreis hat sich geschlossen. In dem groß gedachten
(und großgeschriebenen) »Alles« der Klage ist auch der
Geliebte überwunden. Die Tränen haben eine Form gefun-
den. Das Gedicht – »heilig-öffentlich Geheimnis« in Goe-
thes Sinn – läßt die Konvention hinter sich. Als es ans Pu-
blizieren ging, forderte die Konvention doch ihr Recht.

Die Droste hatte das wohl Winter 1841/42 geschriebene
Gedicht im Konzept »An L.« überschrieben. Die Rein-
schrift »An Elise« lenkte auf eine andere (verharmlosende)
Fährte: auf die Freundin Elise Rüdiger. Der Druck in der
Ausgabe von 1844 verrätselte zu »An ***«. Dort war
ebendiesem Anonymus ein titelgleiches Gedicht zuge-
dacht. Darin sieht sich die Droste mit dem Angeredeten als
verbündetes Zwillingspaar, als Kastor und Pollux, und be-

schwört den Bund: »So reiche mir die Hand, mein Dios-
kur!« Beide Gedichte, Triumph wie Klage, stehen auf Vor-
der- und Rückseite desselben Manuskriptblättchens.
Nur *einen* gab es, dem die Droste den Zwillingsbund an-
bieten und in dem sie ihr Spiegelbild sehen wollte. Als un-
ser Gedicht erschien, war Schücking bereits mit der jungen
und schönen Luise von Gall verheiratet. Daher die Diskre-
tion des Titels. Nach dem Tod beider Frauen – Annette
starb 1848, Luise 1855 – gab Schücking dem Gedicht ei-
genmächtig, doch nicht unzutreffend den Titel: »Spiege-
lung. An Levin Schücking«.

ANNETTE VON DROSTE-HÜLSHOFF
AN MEINE MUTTER

So gern hätt ich ein schönes Lied gemacht
Von deiner Liebe, deiner treuen Weise,
Die Gabe, die für andre immer wacht,
Hätt ich so gern geweckt zu deinem Preise.

Doch wie ich auch gesonnen mehr und mehr,
Und wie ich auch die Reime mochte stellen,
Des Herzens Fluten wallten drüber her,
Zerstörten mir des Liedes zarte Wellen.

So nimm die einfach schlichte Gabe hin,
Von einfach ungeschmücktem Wort getragen,
Und meine ganze Seele nimm darin;
Wo man am meisten fühlt, weiß man nicht viel zu
                              sagen.

ROLF SCHNEIDER
TRAURIG-BÖSES ENTGELT

Es gibt nicht sehr viele (oder doch nicht sehr viele be-
rühmte) Gedichte, mit denen Lyriker ihre Mutter beden-
ken. Die früheste, die selbstverständliche Gefühlsbindung,
die jedermann eingeht, scheint sich auf sonderbare Weise
der ernsthaften Versbildung zu entziehen, um derart fast
zu einem Monopol der trivialen Reimer zu werden; kindli-
che Gesangesstimmen plärren die Mama an, die Streicher
jubilieren, der gemeinten und disponierten Zuhörerin
feuchtet die Träne das Aug'.
Warum der Zustand so ist? Vielleicht, weil jene Bindung
am innigsten ist, wenn sie zugleich, von der Natur her, be-
sonders wortlos ist; wie dies aber nun mit Worten belegen?
Vielleicht aber auch, weil nicht das Selbstverständliche,
sondern das Ungewöhnliche üblicher Gegenstand des Li-
terarischen ist. Ungewöhnlich im Verhältnis des Kindes
zur Mutter wäre die Irritation; dies aber lieferte den Anlaß
für jenes hartnäckige Grübeln, das sich gerne der Strophik
verweigert und angemessener in erzählender oder diskur-
siver Prosa aufgehoben ist. Wo man es dann auch antreffen
kann, in Storms »Viola tricolor«, in schwülen Geschichten
des deutschen Expressionismus und in Freuds Theorien
über den Ödipus-Komplex.
Von dieser Regel, wenn es denn eine ist (jedenfalls klänge
sie recht plausibel), gibt es, so hat es den Anschein, die er-
hebliche Ausnahme der Lyrikerin Annette von Droste-
Hülshoff.

»Wo man am meisten fühlt, weiß man nicht viel zu sagen.«
Es klingt überzeugend. Aber ist es das denn? Gilt denn
nicht, mit Goethes Tasso, daß ein Dichter ist, dem ein Gott
sein Gefühl zu artikulieren gab? Die Wahrheit ist, in den
Worten der Droste, daß die Dichterin diese Gabe, die für
andere immer und bereitwillig zur Verfügung steht, zum
Preise der Mutter jedenfalls nicht mobilisieren kann.

Anna Elisabeth, genannt, Annette, von Droste-Hülshoff
war ein Acht-Monats-Kind. Die riskanten Umstände der
zu frühen Geburt haben das Verhältnis der Mutter zu die-
sem Kind nicht erwärmen können. Der Vater stand dem
Mädchen immer sehr viel näher. Jene Gefühle, die man
üblicherweise für die eigene Mutter hegt, richtete die
kleine Annette auf jene Frau, die sich mütterlich um sie be-
mühte: eine Amme, Katharina Plettendorf. Die Droste hat
diese Frau geliebt, wie Kinder ihre Mutter lieben: wort-
los.

Gestalt und Schatten der leiblichen Mutter waren dann
nochmals düster über sie gebeugt, als sie Verse und Komö-
dien zu verfassen anfing. Aus heftiger Besorgnis, durch
solch liederliches Tun könne der ständische Komment be-
schädigt werden, hatte die Mutter ihre Tochter veranlaßt,
ihr jede verfaßte poetische Zeile vorzulegen. Es war dies
eine kleine, ständige, grausame Zensur. In einer Ballade,
»Das erste Gedicht«, hat die Droste erzählt, wie sie im
Schloß ihrer Eltern, einem Ort von wahrhaft gotischer
Düsternis, das Blatt mit ihren Versen in den Dachsparren
des Turmes versteckt hat, für eine unbekannte Nachwelt.
Es sei ihr Kletterausflug höchst gefährlich gewesen, versi-
chert die Autorin, und wir werden ihr zu glauben haben.
Wir ahnen die Drohung, die sie trieb, das Resultat ihrer ly-
rischen Evokation auf so abenteuerliche Art zu verbergen.

So will es denn nicht verwundern, wenn die Urheberin all dessen nur die kunstvollsten Beschreibungen der Sprachlosigkeit zu erregen vermag, die angebotene »ganze Seele« wohl ein wenig giftig und das »ungeschmückte Wort« das traurig-böse Entgelt ist, mit dem hier jemand eine lange ertragene Deformation zurückzahlt. Indem alles verschwiegen werden soll, wird alles offenbar.

ANNETTE VON DROSTE-HÜLSHOFF
AUF HOHEM FELSEN LIEG' ICH HIER

(An Bertha Arndts)

Auf hohem Felsen lieg' ich hier,
Der Krankheit Nebel über mir
Und unter mir der tiefe See
Mit seiner nächt'gen Klage Weh,
Mit seinem Jubel, seiner Lust,
Wenn buntgeschmückte Wimpel fliegen,
Mit seinem Dräun aus hohler Brust,
Wenn Sturm und Welle sich bekriegen.

Mir ist er gar ein trauter Freund,
Der mit mir lächelt, mit mir weint,
Ist, wenn er grünlich golden ruht,
Mir eine sanfte Zauberflut,
Aus deren tiefen, klaren Grund
Gestalten meines Lebens steigen,
Geliebte Augen, süßer Mund
Sich lächelnd winkend zu mir neigen.

Wie hab' ich gar so manche Nacht
Des Mondes Widerschein bewacht,
Die klare Bahn auf dunklem Grün,
Wo meiner Toten Schatten ziehn,
Wie manchen Tag den lichten Hang,
Bewegt von hüpfend leichten Schritten,

Auf dem mit leisem Geistergang
Meiner Lebend'gen Bilder glitten.

Und als *dein* Bild vorüber schwand,
Da streckte ich nach dir die Hand,
Und meiner Seele ward es weh,
Daß dir verborgen ihre Näh';
So nimm denn meine Lieder nun,
Sie sind aus tiefer Brust erklungen,
Laß sie an deinem Busen ruhn
Und denk, ich hab' sie dir gesungen.

JOSEPH ANTON KRUSE
LYRISCHE ERSATZGESPRÄCHE

Da scheint mir das Maß an Einsamkeit und Verlassenheit
denn doch voll, selbst wenn es der Lyrik eigen sein sollte,
besonders solche Gefühle krasser auf den Punkt zu brin-
gen, als das im wirklichen Leben üblich ist: krank, in wei-
ter Ferne und nebliger Höhe, nicht in der Lage, bei der ver-
trauten Busenfreundin sein zu können, sondern nur durch
Verse eine Nähe stiftend, die obendrein vorher in der erin-
nernden Phantasie als sehr einseitige Vergegenwärtigung
erlitten wurde. Das Lied von den zwei Königskindern, die
nicht zueinander gelangen, hier von der Droste als Gele-
genheitsstrophen bei Übersendung ihres Gedicht-Bandes
neu erfunden, eben aus Mangel an Gelegenheit realer, leib-
licher Begegnung.
Die Absenderin könnte einem leid tun, wäre nicht gerade
das zerquälte Alleinsein, die tragische Rolle der Entrück-
ten im hochgelegenen »grauen Schlosse«, wie es in einer
Vorstufe zur ersten Zeile heißt, der sie offenbar befriedi-
gende Grund für diese melancholische, aber ungemein
wohlklingende Botschaft. Eine Brücke voll reicher Vokale,
der Brückenschlag aus »tiefer Brust« der Dichterin zum
ruhigen »Busen« der Freundin. Wird ein solcher Versuch
die unterbrochene oder gar gestörte Kommunikation ret-
ten? Kann die Lektüre der Busengedichte die gemeinsame
Rede, die zärtliche Geste ersetzen? Die Droste hat sehr
vernehmlich aus der Not die sprechendste Tugend ge-
macht, indem sie Naturbilder zu Abbildern ihres Selbstge-

sprächs entwarf, eines Selbstgesprächs, das gleichzeitig
den Umgang mit ihren Menschen, den Lebenden wie den
Verstorbenen, bildet.

Und wie sie die Natur beschreibt und sich in ihr wieder-
entdeckt! Da ist die Droste ganz die erfahrene Beschwöre-
rin eines lyrischen Präsens: der See mit seinen Tag- und
Nachtfarben, mit »Klage« und »Jubel«, mit Lächeln und
Weinen ist für sie das Spiegelkabinett ihrer Seele, ist ihr
»Freund«, ist Archiv, Gedenkstätte und Begegnungszen-
trum aller Menschen, die ihr etwas bedeuten, ist sogar das
erotisch anmutende Repertorium von deren Augen und
Mündern.

Für die Empfängerin des Widmungsgedichtes muß aller-
dings dieses Bilderalbum aus wäßrigen Schattenrissen von
Toten und unruhigen Reflexen der lebenden Freunde am
»lichten Hang« irritierend gewesen sein. Denn die Grenze
zwischen dem Reich des Todes und der Sphäre des Lebens
wird trotz der jeweils zugewiesenen Tages- und Nachtzeit
im gemeinsamen psychischen Element des grüngoldenen
Sees durchlässig, ja überwunden. Die Gedichte als Ge-
sprächs- und Besuchsersatz geraten zum Menetekel, wohl
mahnend, aber nicht bedrohlich, sondern eher ein sanfter
Hinweis auf unseren Bruder, den Tod. Der »tiefe See« und
die »tiefe Brust« sind ein und dasselbe. In ihnen sind der
»Toten Schatten« und das schwindende »Bild« der Freun-
din innig verschwistert.

Die Drostesche Form der Freundschaftserklärung muß
andererseits jener Bertha Arndts, wenn sie denn die tat-
sächlich ausgemachte Adressatin ist, zur größten Genug-
tuung gereicht haben. Alle poetischen Schöpfungen wer-
den zur Anrede an die Freundin erklärt, das lyrische
Selbstgespräch zum Zwiegespräch ernannt – allerdings

nur, wenn die lesende Freundin dazu bereit ist, die Früchte der Drosteschen Einsamkeit als individuelle Ansprache für sich gelten zu lassen. Die Dichterin will ihrer Leserin auf die Sprünge helfen: »Und denk, ich hab' sie dir gesungen.« Durch diese Bitte und Aufforderung erhält die merklich hilflos angehängte und wie nach schwacher Entschuldigung schmeckende letzte Strophe ihr ganz persönliches, sprödes Finale. Man kann es zugleich als allgemeine Belehrung von Lesern begreifen. Nur wenn wir die literarischen Texte als an uns gerichtete Botschaften anerkennen, als Briefe, die uns erreichen, nur dann ist es uns möglich, Dichtung und damit die Geheimnisse zwischen Himmel und Erde zu verstehen.

ANNETTE VON DROSTE-HÜLSHOFF
DAS SPIEGELBILD

Schaust du mich an aus dem Kristall,
Mit deiner Augen Nebelball,
Kometen gleich die im Verbleichen;
Mit Zügen, worin wunderlich
Zwei Seelen wie Spione sich
Umschleichen, ja, dann flüstre ich:
Phantom, du bist nicht meines Gleichen!

Bist nur entschlüpft der Träume Hut,
Zu eisen mir das warme Blut,
Die dunkle Locke mir zu blassen;
Und dennoch, dämmerndes Gesicht,
Drin seltsam spielt ein Doppellicht,
Trätest du vor, ich weiß es nicht,
Würd' ich dich lieben oder hassen?

Zu deiner Stirne Herrscherthron,
Wo die Gedanken leisten Fron
Wie Knechte, würd ich schüchtern blicken;
Doch von des Auges kaltem Glast,
Voll toten Lichts, gebrochen fast,
Gespenstig, würd, ein scheuer Gast,
Weit, weit ich meinen Schemel rücken.

Und was den Mund umspielt so lind,
So weich und hülflos wie ein Kind,
Das möcht in treue Hut ich bergen;
Und wieder, wenn er höhnend spielt,
Wie von gespanntem Bogen zielt,
Wenn leis' es durch die Züge wühlt,
Dann möcht ich fliehen wie vor Schergen.

Es ist gewiß, du bist nicht Ich,
Ein fremdes Dasein, dem ich mich
Wie Moses nahe, unbeschuhet,
Voll Kräfte die mir nicht bewußt,
Voll fremden Leides, fremder Lust;
Gnade mir Gott, wenn in der Brust
Mir schlummernd deine Seele ruhet!

Und dennoch fühl ich, wie verwandt,
Zu deinen Schauern mich gebannt,
Und Liebe muß der Furcht sich einen.
Ja, trätest aus Kristalles Rund,
Phantom, du lebend auf den Grund,
Nur leise zittern würd ich, und
Mich dunkt – ich würde um dich weinen!

DIETER BORCHMEYER
DAS ICH UND SEIN DOPPELGÄNGER

Heiner Müller pflegte gern den Witz zu erzählen: »Ein Mann geht morgens ins Bad, tritt vor den Spiegel und sagt: ›Kenn' ich nicht, wasch' ich nicht.‹« In Ferdinand Raimunds Zauberspiel »Der Alpenkönig und der Menschenfeind« erblickt der Misanthrop Rappelkopf sein Spiegelbild, und angewidert von dem Gesicht, das ihm da entgegenstarrt, zerschlägt er den Spiegel. Der sich selbst Betrachtende will sich in seinem Spiegelbild nicht erkennen. Ein Motiv, das in der Weltliteratur nicht selten wiederkehrt; aber kaum je hat ein Dichter seine Tiefe so ausgelotet, die Selbstspaltung in der Selbstbetrachtung abgründiger zum Ausdruck gebracht als Annette von Droste-Hülshoff. Die grauenvolle Erfahrung, in Traum, Halluzination oder Phantasie sich selbst als einem anderen, ja Fremden zu begegnen, zieht sich leitmotivisch durch ihre ganze Dichtung.

Es fällt oft schwer – gerade in einem so stark autobiographisch geprägten Werk –, das Lebens-Ich der Droste mit ihrem Dichter-Ich zu vermitteln. Da ist auf der einen Seite die katholische Landadlige, deren äußeres Leben sich ganz in den Schlössern ihrer Familie abspielt, weithin festgelegt durch die religiösen, karitativen und sonstigen sozialen Verpflichtungen eines unverheirateten adligen Fräuleins; nie begehrt sie ernsthaft gegen die Überlieferung ihres Glaubens und die Konventionen ihres Standes auf, ihre Dichtung bleibt das Werk von zusammengegeizten Nebenstunden.

Auf der anderen Seite aber diese Dichtung selber mit ihren weit in die Moderne vorausweisenden Kühnheiten, Finsternissen und existentiellen Grenzerfahrungen. Nichts bezeichnender für die Droste als ihr Zyklus »Geistliches Jahr«, der, als fromme Gelegenheitsdichtung begonnen, sich immer tiefer in die radikale Selbstbefragung einer zerquälten Seele verstrickt, die sich grauend am Abgrund des Nichts stehen sieht.

Das Grauen vor sich selbst ist auch das Thema ihres Gedichts »Das Spiegelbild«. Das lyrische Ich will nicht wahrhaben, daß das unheimliche Gegenüber mit seinen kometenhaften Augen und den von tiefer Selbstwidersprüchlichkeit geprägten Gesichtszügen – den faustischen »zwei Seelen«, die sich wechselseitig ausspionieren, der Doppelheit von Herrscherkälte und kindlicher Weichheit – etwas anderes ist als ein Phantom, alptraumhafte Projektion, ein Nachtmahr, der wie in der Drosteschen Ballade »Der Graue« einen jungen Menschen in einer Nacht in einen weißhaarigen Greis verwandeln kann.

Und doch ist dieses bezweifelte Ich im Spiegel, dieses »fremde Dasein« mit seinen Gemütsabgründen, die das betrachtende Ich in sein Unterbewußtsein hinabdrängt, nicht nur ein *Mysterium tremendum*, vor dem es entsetzt fliehen möchte, sondern auch ein *Mysterium fascinosum*, zu dem es sich liebend hingebannt fühlt, das gewissermaßen wie der Engel spricht: »Fürchte dich nicht!«

Diese Assoziation ist durchaus angebracht, denn das Eigentümliche, Befremdliche an diesem Gedicht ist ja, daß es das Spiegel-Ich mit den Attributen des Heiligen, den beiden Erscheinungs- und Wirkungsweisen des Numinosen – Schauder und Liebe – ausstattet, es gar zu Jahwe im brennenden Dornbusch steigert, vor dem das betrachtende Ich wie Moses zum Zeichen der Ehrfurcht die Schuhe ablegt. Noch befremdlicher: Das andere Ich verwandelt sich in einen Dämon, dessen Seele zu besitzen für das lyrische Ich ein so grauenvoller Gedanke ist, daß es angstvoll um Gnade ruft. Es würde um den verlorenen Gnadenstand dieses »Phantoms« weinen, träte es als Doppelgänger aus dem Spiegel ins wirkliche Leben.

Das Spiegel-Ich ist ein gefallener Engel – und der gefallene Engel ist der moderne Dichter: der *poète maudit*. Das fromme Edelfräulein mit der Seele Luzifers, das ist der tiefe Riß durch ihr Wesen, den Annette von Droste-Hülshoff im »Spiegelbild« schaudernd erahnt und doch nicht in ihr Selbstbildnis aufnehmen will.

ANNETTE VON DROSTE-HÜLSHOFF
DIE STEPPE

Standest du je am Strande,
Wenn Tag und Nacht sich gleichen,
Und sahst aus Lehm und Sande
Die Regenrinnen schleichen –
Zahllose Schmugglerquellen,
Und dann, so weit das Auge
Nur reicht, des Meeres Wellen
Gefärbt mit gelber Lauge? –

Hier ist die Dün' und drunten
Das Meer; Kanonen gleichend
Stehn Schäferkarren, die Lunten
Verlöscht am Boden streichend.
Gilts etwa dem Korsaren
Im flatternden Kaftane,
Den dort ich kann gewahren
Im gelben Ozeane?

Er scheint das Tau zu schlagen,
Sein Schiff verdeckt die Düne,
Doch sieht den Mast man ragen,
Ein dürrer Fichtenhüne;
Von seines Toppes Kunkel
Die Seile stramm wie Äste,
Der Mastkorb, rauh und dunkel,
Gleicht einem Weihenneste!

WOLFGANG KOEPPEN
SCHON DAS WÜSTE LAND

In den Augen der Annette von Droste-Hülshoff, so auf
dem Gemälde von Johannes Sprick oder ihrem Jugendpor-
trät von Oppermann, war immer ihr Spiegelbild, das Phan-
tom, vor dem sie erschrak, sie selbst, die sie faszinierte, eine
Besessene, gegen deren Dämon sie aufbegehrte, die Dichte-
rin, die sich, uradlig, erzkatholisch, standesbewußt, streng-
gläubig, immerfort bespiegelte und nicht begriff. Sie dich-
tet: »Mich dünkt – ich würde um dich weinen!«
Ihre weit aufgerissenen, die Welt einladenden, saugen-
den, nie herausfordernden Augen wirken wie blind, das
Schauen, das Staunen, das Entsetzen ist nach innen gerich-
tet. Herkunft und Sitte bestimmten die Freiin zur Ehe oder
zur eingeschränkten, frömmelnden Existenz eines Stift-
fräuleins. Die Poesie in ihr verwandelte sie aber aus einem
demütigen in ein männliches Wesen, geheimnisvoll kräftig
und völlig vereinsamt. Sie konnte sich nur noch schreibend
den Menschen mitteilen, in ihren Gedichten, ihrer bei-
spielhaften deutschen Prosa, in der »Judenbuche« Kleist
ebenbürtig, in den ungehobenen Schätzen ihrer Briefe an
unbedeutende Zeitgenossen.
Sie mochte die Literatur ihrer Generation nicht. Die Lite-
raten wollten Gott absetzen und die gute Ordnung auf den
Kopf stellen. Das schmerzte die Annette sehr. Sie fürchtete
die Welt und war in ihrem Kopf so verführt, daß sie sich
hineinstürzen wollte. Die Phantasien blühten. »Meine
Lieblingsgegenden sind Spanien, Italien, China, Amerika,

Afrika, dahingegen die Schweiz und Otaheite, diese Paradiese, auf mich wenig Eindruck machen.« Das teilte die Zwanzigjährige, aus der Heimat, der Adelsclique, dem Kirchspiel nicht hinausgekommen, einem alten Professor in Münster mit.

Reifer geworden, bewohnte sie, zurückgezogen, drei Zimmer in der Meersburg am Bodensee. Die Burg gehörte einem Verwandten. So kam die nicht zur Ehe Geführte da hin. Sie nannte die Räume ihrer Eremitage »die Spiegelei«. Das Außen und das Innen wiederholten sich im Glas der Fenster und Spiegel und verschmolzen unentwirrbar im Spiel des Lichts. Annette von Droste-Hülshoff blickte auf sich und den See mit ihren großen, wie erstarrten Augen.

Das Wasser blieb nicht der Bodensee, kein Binnenmeer, es war der Ozean, »gefärbt mit gelber Lauge«. Es ist keine friedliche, bukolische oder romantische Landschaft; sie ist schon gestört. Um Seelenfrieden ringt zwar noch das Gedicht; doch sicher vergebens. Kanonen stehen in den Dünen, wachsen aus Schäferkarren, dem Harmlosesten, Lunten, alles in Brand zu setzen, schleichen am Boden, und ach, es ist gar nicht Meer und Ferne, es ist die Heimat, die westfälische Heide, die sich gegen den Korsaren »im flatternden Kaftane« wehren muß, allein von ihr, Annette, so bedrohlich nah schon erkannt »im gelben Ozeane«. Sie nennt die Angst »Die Steppe«. Das Meer, die Heide wären zu freundliche Titel gewesen für diese Vision.

Versteppung sah die Dichterin kommen, schon vor beinahe zweihundert Jahren »The Waste Land«, das wüste Land. Allein noch Raubvögel hausen in zerfallenen Spinnrocken.

Die Droste, das war nicht die Löwen- und Giraffenballade

des Ferdinand Freiligrath. Der war im »Bund der Kommunisten« gewesen, doch Lehrer und Schüler liebten seine Exotik heiß. Annette von Droste-Hülshoff hat nie gewagt, das Wort Revolution auch nur zu denken. Aber ihre Lyrik hatte schon die Farben des Delacroix und zugleich den artistischen Kniff, das starke Rot verblassen zu lassen zu nichts. Darum erschrecken die Lehrer und Schüler beim Lesen solcher Gedichte und stecken den Kopf in den Sand, der zu Hause und nicht in der fernen Wüste liegt.

ANNETTE VON DROSTE-HÜLSHOFF
DIE TAXUSWAND

Ich stehe gern vor dir,
Du Fläche schwarz und rauh,
Du schartiges Visier
Vor meines Liebsten Brau,
Gern mag ich vor dir stehen,
Wie vor grundiertem Tuch,
Und drübergleiten sehen
Den bleichen Krönungszug;

Als mein die Krone hier,
Von Händen, die nun kalt;
Als man gesungen mir
In Weisen, die nun alt;
Vorhang am Heiligtume,
Mein Paradiesestor,
Dahinter alles Blume
Und alles Dorn davor!

Denn jenseits weiß ich sie,
Die grüne Gartenbank,
Wo ich das Leben früh
Mit glühen Lippen trank,
Als mich mein Haar umwallte
Noch golden wie ein Strahl,
Als noch mein Ruf erschallte,
Ein Hornstoß, durch das Tal.

Das zarte Efeureis,
So Liebe pflegte dort,
Sechs Schritte – und ich weiß,
Ich weiß dann, daß es fort.
So will ich immer schleichen
Nur an dein dunkles Tuch
Und achtzehn Jahre streichen
Aus meinem Lebensbuch.

Du starrtest damals schon
So düster treu wie heut,
Du, unsrer Liebe Thron
Und Wächter manche Zeit;
Man sagt, daß Schlaf, ein schlimmer,
Dir aus den Nadeln raucht –
Ach, wacher war ich nimmer,
Als rings von dir umhaucht!

Nun aber bin ich matt
Und möcht an deinem Saum
Vergleiten wie ein Blatt,
Geweht vom nächsten Baum;
Du lockst mich wie ein Hafen,
Wo alle Stürme stumm:
Oh, schlafen möcht ich, schlafen,
Bis meine Zeit herum!

ULLA HAHN
AUF DER SEITE DES GESTERN

Wie an der Klagemauer steht die Dichterin bei der Eiben-
hecke und begrüßt sie als Zeugin, als Mitwisserin um Er-
lebnisse vergangener Tage. Doch dieses Gedicht ist kein
elegischer Rückblick, der das Vergangene vergegenwärtigt,
um es noch einmal genießen zu können. »Und was ver-
schwand, wird mir zu Wirklichkeiten«, hatte sich Goethe
in der »Zueignung« noch trösten können.
Nichts davon hier. »Die Taxuswand« ist ein Gedicht über
die Zeit. Der Ort ruft das Erlebnis der Zeit hervor, Raum
wird zur Zeit. Doch ist er nicht dreidimensional, keine
Halle, kein Garten, und die Zeit wird auch nicht als flie-
ßende Bewegung wahrgenommen. Auf den grausamen
Gegensatz von Jetzt und Vorbei ist die Zeit reduziert, der
Raum auf eine Wand. Als scharfer schwarzer Trennschnitt
steht sie da, undurchdringlich, keine Hecke wie vor Dorn-
röschens Märchenschloß.
Die Taxuswand ist die Zeitmauer, die gestern von heute
scheidet, die Jugend vom Alter. Vorbei ist vorbei. Das Ver-
gangene wird nicht wieder lebendig, es bleibt als Vergan-
genes schmerzlich bewußt. Alle Verben der Erinnerung
stehen in der Vergangenheitsform, alle Bewegung, innere
und äußere, ist abgeschlossen. Erinnerungen aber, denen
der Gedanke des Vergangenen, des einstmals Wirklichen,
des Verlustes immer schon innewohnt, sind leere Erinne-
rungen, tot. Wie mit einem Leichengift infizieren sie die
Gegenwart und versperren den Blick in die Zukunft. In

der Gegenwart steht das Ich reglos und starr wie die Wand, die es von der bewegten Vergangenheit trennt. Es stellt sich tot.

Aus dieser Erstarrung bricht der Wunsch hervor, die Zeit zum Einsturz zu bringen, sie zusammenstürzen zu lassen wie ein »schwarzes Loch«: *Und achtzehn Jahre streichen / Aus meinem Lebensbuch* – ein ewiger Traum der Menschheit. Streicht man die Zahl, streicht man vergangene Zeit, sagt Platon im Timaios.

Warum achtzehn Jahre? Das Entstehungsjahr des Gedichts ist nicht dokumentiert, die achtzehn Jahre legen jedoch nahe, daß es um 1840 geschrieben wurde, in jener glücklichen Zeitspanne, als Leben und Schreiben für die Droste zusammenfielen, als sie einmal »sein statt gelten« durfte: in der Nähe eines geliebten Menschen, des Sohnes ihrer verstorbenen Freundin, Lewin Schücking. Nun wagt sie es, eine alte, noch immer schmerzende Wunde zu schließen. Durch ein Mißverständnis, das in den erzkatholischen, adligen Kreisen der Droste allerdings als Skandal angesehen worden war, hatte sie einst ihre Jugendliebe verloren und damit auch jede Aussicht auf eine Heirat. Jetzt muß sie erkennen: Von der Seligkeit der alten Liebe trennt sie fast soviel Zeit wie vom Geburtstag des jungen Freundes: achtzehn Jahre. Die Droste ist etwa Mitte Vierzig, als sie dieses Gedicht schreibt, der siebenundzwanzigjährige Schücking nennt sie »Mütterchen«. Doppelt schwer wiegt die verlorene Zeit, lasten die Jahre.

Bleibt nur, sich der Zeit zu entziehen, jeden Widerstand, jede Selbstbehauptung – »Ich stehe gern«, »Gern mag ich stehen« – aufzugeben, um sich im Vegetativen aufzulösen, »vergleiten wie ein Blatt« – und »schlafen« bis zur endgültigen Erstarrung in Zeitlosigkeit, im Tod. Zukünftige

Zeit ist zukunftslose Zeit, gewünschte Zeit ist gelöschte Zeit.

Doch die Verzweiflung gilt wohl nicht nur individuellem Verlust. Die Epoche, in der ihre Gesellschaftsschicht den Ton angab, geht zu Ende, auch das hat die Droste gespürt. Kein Zweifel, daß die »Blume« des standesbewußten, konservativen Edelfräuleins auf der Seite des Gestern blühte. Als Künstlerin aber läßt sie weder Kompromisse noch Illusionen zu. Zeit wird als Katastrophe erlebt, Vergänglichkeiten als Verhängnis, mit dem kein klassisches »ewiges Gesetz« mehr noch christliche Verheißung eines besseren Lebens über den Wolken versöhnt. Die Verzweiflung bleibt nackt. Einige wenige Gedichte wie dieses haben die »Droste« gemacht.

ANNETTE VON DROSTE-HÜLSHOFF
GUTEN WILLENS UNGESCHICK

Du scheuchst den frommen Freund von mir,
Weil krank ich sei und sehr bewegt,
Mein hell und blühend Lustrevier
Hast du mit Dornen mir umhegt;
Wohl weiß ich, daß der Wille rein,
Daß eure Sorge immer wach,
Doch was ihn labt, was hindert, auch,
Ein Jeder weiß es nur allein.

Ich denke, wie ich einstens saß
An eines Hügels schroffem Rain,
Und sah ein schönes Kind, das las
Sich Schreckenhäuschen im Gestein;
Dann glitt es aus, ich sprang hinzu,
Es hatte sich am Strauch gedrückt;
Ich griff es an gar ungeschickt,
Und abwärts rollte es im Nu;

Auf hob ich es, das weinend lag,
Und grimmig weinend um sich fuhr,
Und freilich, was es stieß vom Hag,
Mein schlimmes Helfen war es nur. –
Und an der Klippe stand ich auch,
Bei Vogelbrut mit Flaumenhaar,
Und drüber pfiff wie ein Korsar
Eine Weihe hoch im Nebelrauch.

Nun blitzte wie ein Strahl heran
Und immer näher schoß der Weih,
Ich schwang das Tuch, den Mantel dann,
Die jungen Vögel duckten scheu;
Und aufwärts funkelnd, angstgepreßt,
Wie Marder pfiffen sie so klar;
Da ward mir endlich offenbar,
Dies sei des Weihen eignes Nest.

So hab' ich hundertmal gefühlt,
Und tausendmal hab' ich gesehn,
Daß Nichts so hart am Herzen wühlt
Wo seine tiefsten Adern gehn,
Als – zürne nicht, die Lippen drück'
Ich sühnend auf der Lippen Rand –
Als eine liebe rasche Hand
In guten Willens Ungeschick.

JÜRGEN JACOBS
ZUR WOHLTAT GEHÖRT DER TAKT

Oft zu hören ist der aus Ovids Elegien stammende Spruch, daß der gute Wille auch dann zu loben sei, wenn ihm die Kräfte zur handelnden Verwirklichung seiner Absichten fehlen. Nicht weniger wahr, aber nicht ganz so verbreitet ist der Gedanke, daß der gute Wille, auch wenn er zur Tat findet, nicht selten Unheil anrichtet, weil er die Zusammenhänge, in die er eingreift, nicht übersieht oder weil er sich in blindem Eifer über die Freiheit anderer hinwegsetzt. Goethe hat diese Erfahrung in der denkwürdigen Figur des Mittler aus den »Wahlverwandtschaften« geschildert. Dieser von guten Absichten strotzende Mensch, ein ehemaliger Geistlicher, hat die Gewohnheit, »in keinem Hause zu verweilen, wo nichts zu schlichten und nichts zu helfen wäre«. Aber in der Geschichte von Goethes Roman führt dieser ungebetene Friedensstifter und Wohltäter mit seinem Übereifer und seiner Plumpheit immer nur die fatalsten Situationen herbei.

Von solchem Fehlgehen frommer Absichten handelt auch das Gedicht der Droste über das »Ungeschick« des guten Willens. Es geht aus von einer einfachen Lebenssituation: Da liegt einer krank darnieder, und wohlmeinende Angehörige halten Besuch fern, um den Leidenden vor Störung zu bewahren. Doch dieser empfindet die Fürsorge als Bevormundung und als Abtrennung von Menschen, deren Umgang ihm wichtig wäre. Dies ist ein Beispiel für die Ungeschicklichkeit, die Blindheit des guten Willens, dem das Ich, das sich hier lyrisch ausspricht, analoge Fälle aus der eigenen Erfahrung anfügt: Beim Versuch, ein Kind vor einem Unfall zu bewahren, hat es mit seinem »schlimmen Helfen« die Gefahr nur vergrößert; und als es ein Nest mit jungen Vögeln vor dem Angriff eines Raubvogels schützen wollte, hat es nur das Muttertier von seiner Brut ferngehalten.

Zwar ist die Kritik an den fürsorglichen Bewachern des Krankenbettes dadurch gemildert, daß deren Fehler sich auch im eigenen früheren Handeln entdecken läßt. Aber in der letzten Strophe des Gedichts wird dann doch mit erstaunlicher Entschiedenheit, ja fast mit Bitterkeit festgestellt, *Daß Nichts so hart am Herzen wühlt / ... / Als eine liebe rasche Hand / In guten Willens Ungeschick.* Eine solche Erfahrung verursacht deshalb Ärger und ein Gefühl der Hilflosigkeit, weil man sich gegen die auf linkische Weise gutgemeinten Taten kaum auflehnen kann. Denn ihre edlen Motive entziehen die schlimmen Helfer doch aller Kritik, ja sie fordern noch Dankbarkeit.

Der von der Droste lyrisch formulierte Gedanke legt eine Modifizierung von Kants Ausspruch nahe, es sei »überall nichts in der Welt, ja überhaupt auch außer derselben zu denken möglich, was ohne Einschränkung für gut könnte gehalten werden, als allein ein guter Wille«. Ein solcher Satz mag in einer »Metaphysik der Sitten« seinen Platz haben. Aber in der Wirklichkeit unserer alltäglichen Erfahrung, das heißt in den prekären, der Gefahr des Mißverständnisses ausgelieferten Verhältnissen, in denen die Menschen miteinander leben müssen, erweisen sich die Wirkungen auch des besten Willens keineswegs immer als segensreich. Ja es kann sich zeigen, daß gerade die nach ihrem eigenen Empfinden durchaus guten Menschen in der

Selbstgewißheit ihrer moralischen Unanfechtbarkeit bisweilen schlimmes Unheil anrichten.

Was das Gedicht diskreterweise nicht mehr ausspricht, was es aber dem Leser nahelegt, ist der zu Unaufdringlichkeit und Selbstzweifel mahnende Gedanke, daß zur Wohltat auch der Takt gehört, mit dem sie erwiesen wird, und daß der gute Wille allein noch nicht garantieren kann, daß sich das Gute auch realisiert. Das ändert allerdings nichts daran, daß ohne den guten Willen das Gute nie zustande käme.

ANNETTE VON DROSTE-HÜLSHOFF
IM GRASE

Süße Ruh, süßer Taumel im Gras,
Von des Krautes Arome umhaucht,
Tiefe Flut, tief tief trunkne Flut,
Wenn die Wolk am Azure verraucht,
Wenn aufs müde, schwimmende Haupt
Süßes Lachen gaukelt herab,
Liebe Stimme säuselt und träuft
Wie die Lindenblüt auf ein Grab.

Wenn im Busen die Toten dann,
Jede Leiche sich streckt und regt,
Leise, leise den Odem zieht,
Die geschloßne Wimper bewegt,
Tote Lieb, tote Lust, tote Zeit,
All die Schätze, im Schutt verwühlt,
Sich berühren mit schüchternem Klang
Gleich den Glöckchen, vom Winde umspielt.

Stunden, flüchtger ihr als der Kuß
Eines Strahls auf den trauernden See,
Als des ziehenden Vogels Lied,
Das mir nieder perlt aus der Höh,
Als des schillernden Käfers Blitz,
Wenn den Sonnenpfad er durcheilt,
Als der heiße Druck einer Hand,
Die zum letzten Male verweilt.

Dennoch, Himmel, immer mir nur
Dieses eine mir: für das Lied
Jedes freien Vogels im Blau
Eine Seele, die mit ihm zieht,
Nur für jeden kärglichen Strahl
Meinen farbig schillernden Saum,
Jeder warmen Hand meinen Druck,
Und für jedes Glück meinen Traum.

GÜNTER BLÖCKER
LIEBE, LUST UND ZEIT

Es beginnt ganz diesseitig mit einem tiefen, beinahe wollü-
stigen Seufzer, mit dem entspannten Ausatmen und seligen
Gliederstrecken eines Menschen, der sich – und sei es auch
nur für Augenblicke – eins weiß mit der Natur. Wer ruhe-
voll im Grase ausgestreckt liegt, lebt in einer anderen
Dimension. Düfte schlagen über ihm zusammen, eine
Art Betäubung ergreift von ihm Besitz, die Welt ver-
schwimmt.

Immer wieder hat man bewundert, mit welcher Sicherheit
die Droste das Konkrete benennt und ihm gleichzeitig eine
poetische Aura zu geben versteht. Allein schon die Wen-
dung »Von des Krautes Arome umhaucht« mit der unver-
kennbar narkotischen Qualität des Terminus »Arom«
macht das überwältigend deutlich. In dieser Eingangsstro-
phe wird der »süße Taumel« der vorbehaltlosen Hingabe
an das Natürliche, des Versinkens in ihm zum lyrischen
Ereignis – sinnennah und spirituell zugleich. Die Sprache
geht in sanften Stößen, in Wellen über uns hin.

Indes, das bukolische Glück wird durch ein unerwartetes
Wort getrübt, das Wort »Grab«, mit dem die Strophe über-
raschend und in scheinbarem Widerspruch zu sich selbst
schließt. In Wahrheit ist auch dies konsequent aus der Si-
tuation und ihrer besonderen Perspektive entwickelt. Das
Dichter-Ich scheint der Erde entrückt, aber es ist ihr auch
näher. Nur eine dünne Schicht trennt es vom Unterirdi-
schen: oben die Wolke, die »am Azure verraucht«, unten

das Raunen der Verstorbenen, ihr Anspruch an uns. Die Preisgegebenheit des im Grase hingestreckten sterblichen Menschen gibt ihnen neue Macht, sie kehren ins Bewußtsein der Oberwelt zurück (»Wenn im Busen die Toten dann…«) und erfüllen es mit dem Schmerz des Unwiederbringlichen.

Diese Erfahrung, die mit dem schneidenden »Tote Lieb, tote Lust, tote Zeit« in der Mitte der zweiten Strophe charakteristische Schärfe erlangt, wird in der dritten gedanklich weitergeführt. Doch wie stets bei der Droste kommt das Gedankliche aus der Intensität der sinnlichen Wahrnehmung. Die Flüchtigkeit von Liebe, Lust und Zeit wird gemessen an anderen Flüchtigkeiten, die im Vergleich dazu den Anschein der Dauer haben: an einem jähen Sonnenstrahl, »eines schillernden Käfers Blitz«, einem letzten Händedruck.

Damit ist der Übergang zur menschlichen Sphäre hergestellt. Für die Droste selbst freilich bedurfte es solcher Ausdrücklichkeit kaum. In ihrem Weltverständnis sind menschliche und außermenschliche Wirklichkeit zauberisch ineinander verwoben. Aus diesem Einssein gewinnt die letzte Strophe, die wie die vorangegangenen aus einem einzigen großbogigen Satzfragment besteht, Aufschwung und Hoffnung. Vogelflug und Himmelslicht sollen, so bittet die Dichterin, für immer mehr sein als bloße Naturphänomene, nämlich Beweger auch unseres Inneren, Seelenereignisse.

In dieser gebethaften Hinwendung wird der religiöse Untergrund der Drosteschen Lyrik erkennbar. Doch anders als in manchen ihrer geistlichen Gedichte ist hier nichts von Glaubensnot, kein verzagtes »Herr, gib mir, daß ich sehe!«, sondern die Gewißheit, in den Dingen selbst Geborgenheit zu finden. Jeder »kärgliche Strahl« kann ein Anruf des Glücks sein, und der Traum, der es begleitet, hat seinen Ursprung im Irdischen, in einer der Wirklichkeit zugeneigten Frömmigkeit, von der diese Verse in ihrer eigentümlichen Verschränkung von Herbheit und Überschwang lebendiges Zeugnis ablegen.

ANNETTE VON DROSTE-HÜLSHOFF
LOCKE NICHT

Locke nicht, du Strahl aus der Höh',
Noch lebt des Prometheus Geier,
Stille, still, du buhlender See,
Noch wachen die Ungeheuer
Neben deines Hortes kristallnem Schrein,
Senk die Hand, mein fürstlicher Zecher,
Dort drunten bleicht das morsche Gebein
Des, der getaucht nach dem Becher.

Und du, flatternder Fadenstrauß,
Du der Distel mystische Rose,
Strecke nicht deine Fäden aus
Mich umschlingend so lind und lose,
Flüstern oft hör' ich dein Würmlein klein,
Das dir heilend im Schoß mag weilen,
Ach, soll ich denn die Rose sein,
Die zernagte, um andre zu heilen?

WILHELM GÖSSMANN
DER DISTEL MYSTISCHE ROSE

Wem kommen nicht beim Lesen eines Gedichts Einfälle?
Die Dichterin Annette von Droste-Hülshoff gibt sie in
diesem Gedicht-Fragment (1844) in der ersten Strophe
selbst. Anspielungen auf Goethe, Schiller und den Nibe-
lungenstoff. Es sind Bilder poetischer Anmaßung und
einer moralischen Desillusionierung. Diese Strophe er-
scheint mir jedoch nur wie ein germanistisches Vorspiel,
das ich, wenn ich an dieses Gedicht denke, immer ver-
gesse.
Anders die darauf folgenden Verse. Sie haben mein eigenes
Dichtungsverständnis seit der Studienzeit entscheidend
mitgeprägt. Literatur, Kunst, Dichtung – als heilende
Kraft. Meist verschlinge ich mich selbst in den Fängen der
Algengewächse, die unter der Wasseroberfläche ziehen
und die Vorstellungen nicht mehr loslassen. Im Augen-
blick der Freude über die Blüte, die blüht, wo man es nicht
erwartet, kommt es zu der unheimlichen Feststellung, daß
in ihr eine kleine Raupe schlummert, die die Rose zer-
nagt.
Das aus der Natur übernommene Phänomen, es soll solche
Distelblüten geben, umgewandelt in eine vegetative Meta-
pher, macht Mühe, zu erschließen. Fadenstrauß und Blüte
stehen in verschiedenen Gedichten der Droste für die Be-
deutung der Poesie. Hier ist dieses Bild mit dem Tod und
Zerstörung ankündigenden Bild des Wurmes in Beziehung
gebracht. »An solcher Blüte, o warum der Wurm«, fragt

die Droste in einem späteren Gedicht (»Im Keim des Da-
seins...«). Das Schönste, das die Dichterin kennt, die auf-
geblühte Blume, fällt der Zerstörung anheim, und sie, die
das Schönste hervorbringen kann, das Gedicht, spürt die
Paradoxie.

Nicht das Gesunde, nicht schon das poetisch Schöne gibt
eine vollkommene Auskunft über unser Dasein, sondern
erst die Erfahrung der Vergänglichkeit von allem Lebendi-
gen. Nicht die romantische Verschmelzung mit der Natur,
sondern die Rückverwiesenheit auf die eigene Person führt
zur Heilung. Heilung ist Illusionszerstörung, der Verweis
auf eine Gnade oder innere Kraft, die es ermöglicht, die
Todesgefährdung und Vergänglichkeit anzunehmen und
mit dieser Einsicht glücklich leben zu können. Erotik
schwingt in das Verständnis des Schönen ein, weibliche
Erotik durch das Bild des Schoßes für das Innerste der
Rose. Die zweite Strophe wird getragen von einem weibli-
chen lyrischen Ich, das die selbsterschaffene vielbezügliche
vegetative Metapher anzusprechen wagt und darin ein-
kehrt wie in ein »Schneckenhäuschen«. Die Medizin der
Dichterin ist Poesie und die darin sich vollziehende Refle-
xion. Eine solche Poesie redet nicht laut, sie flüstert, sagt
leise, worum es im Grunde geht: eine Naturmystik, der
sich das Gedicht in einer einprägsamen Meditation nähert.
Wie in dem berühmten Gedicht »Im Grase« wird auch in
der Strophe mit dem Bild der mystischen Rose die Natur-
trunkenheit aufgeschreckt von Vergänglichkeitssymbolen.
Das Rollen-Ich des Dichters (die Droste spricht noch mas-
kulin) wird von der Dichterin reflektiert. Sie mystifiziert
sich nicht selbst.

MARIANNE VON WILLEMER

Ach um deine feuchten Schwingen
West wie sehr ich dich beneide,
Denn du kannst ihm Kunde bringen,
Was ich durch die Trennung leide.

Die Bewegung deiner Flügel
Weckt im Busen stilles Sehnen,
Blumen, Augen, Wald und Hügel
Stehn bei deinem Hauch in Thränen.

Doch dein mildes sanftes Wehen
Kühlt die wunden Augenlider;
Ach, für Leid müßt ich vergehen,
Hofft ich nicht, wir sehn uns wieder.

Geh denn hin zu meinem Lieben,
Spreche sanft zu seinem Herzen,
Doch vermeid ihn zu betrüben
Und verschweig ihm meine Schmerzen.

Sag ihm nur, doch sags bescheiden,
Seine Liebe sei mein Leben,
Freudiges Gefühl von beiden
Wird mir seine Nähe geben.

CHRISTOPH PERELS
LANDSCHAFT IN TRÄNEN

Marianne von Willemer, das Theaterkind aus Österreich, das es nach Frankfurt am Main verschlagen hatte, beherrschte viele Künste: Schauspielerin war sie, Sängerin und Gitarrenvirtuosin, als Dichterin aber tritt sie nur ganz kurz in Erscheinung, im Herbst 1815, als sie sich mit ihren Beiträgen zu Goethes »West-östlichem Divan« in die Weltliteratur einschreibt. Drei, vielleicht auch vier oder fünf Gedichte im »Buch Suleika« gehen auf Texte von ihr zurück, und nur von zweien kennen wir den ursprünglichen Wortlaut. Wenige Striche genügten Goethe, um sie in Lieder Suleikas zu verwandeln, die sogleich zu den berühmtesten und meistvertonten des großen Zyklus gehörten.

Das Lied an den Westwind ist eines von ihnen. Wie Goethe viele Anregungen dem Werk des persischen Dichters Hafis verdankte, so fand auch Marianne bei ihm das Bild vom Wind als dem Boten zwischen den Liebenden. Was sie daraus macht, wie sie es mit Sinnlichkeit und Seele erfüllt, das zeugt von mehr als dem bloß liebenswürdigen Geschick einer dichtenden Dilettantin. Geschrieben hat sie das Lied bald nach dem 26. September 1815, dem Tag des Abschieds von Goethe in Heidelberg. Keiner von beiden ahnte damals, daß sie sich nie wieder sehen sollten. Mariannes Text bewahrt den schmerzlichen Lebensaugenblick getreuer auf als Goethes Version, und nur sie hält im »wir« der dritten Strophe die Erinnerung gemeinsamen Empfindens

fest. Sie verbleibt damit – zu stark für Goethes poetische
Suleika-Gestalt – in der Tradition empfindsam-elegischer
Poesie, einer westlich-europäischen, ganz unorientali-
schen Tradition.

Man überliest es beinahe, so leicht und diskret webt sie
Landschaft und Empfinden in eins, in der schlichten Auf-
reihung der »Augen« unter Blumen, Wald und Hügel.
Und man bemerkt es kaum, wie die Tropfen des taubrin-
genden Zephir zu Tränen werden und damit der ganzen
Natur Anteil an der Trauer der Liebenden geben. Der Ze-
phir ist als Begleiter gaukelnder Amoretten ein altes In-
ventarstück europäischer Liebesdichtung seit der Renais-
sance. Mariannes Gedicht aber ruft ein weit älteres Bild in
der Erinnerung auf: in der klassischen Mythologie sind der
Westwind und die tauige Iris die Eltern des Eros, und ist
»des Busens stilles Sehnen« nicht ein Werk des Eros? Zwi-
schen Mariannes Gedicht an den Ostwind und dem an den
Westwind hat Goethe die Verse von der unglücklichen
Liebe zwischen dem Sonnengott Helios und der Iris einge-
reiht und ein geistvolles Spiel mit den Motiven Träne, Tau
und Perle getrieben.

Mariannes Strophen kennen die Leidenschaft nur als
Schmerz und wundgeweinte Augen. Um so elementarer
und eindeutiger ist in der letzten Strophe die Botschaft an
den Geliebten formuliert, und bescheiden ist hier nur die
Intonation: »Seine Liebe sei mein Leben«. Sogleich ver-
schleiert sie sich wieder, und das »stille Sehnen« findet
seine Erfüllung im »freudigen Gefühl« seiner Nähe.

Sosehr die Empfindungskultur der klassisch-romanti-
schen Epoche die Geselligkeit allgemein prägte und ihre
Teilnehmer zu kleinen künstlerischen, auch poetischen
Arbeiten disponierte, die das Leben zu schmücken be-

stimmt waren – Mariannes Lied an den Westwind ist ein weit über alles damals jedem Talentierteren Erreichbare hinausragendes Meisterwerk. Goethe wußte es, und Marianne wußte es auch. Darum hat sie es auch dem geselligen Spiel nicht preisgegeben. Vielmehr hielt sie ihre Verfasserschaft vierzig Jahre lang verborgen, bis sie dem Kind einer neuen Zeit und Erben eines großen Namens, Herman Grimm, dem Sohn Wilhelm und Neffen Jacob Grimms, den wahren Sachverhalt aufdeckte. Seitdem wissen wir, daß unter den Mädchen und Frauen, mit denen Goethe mehr als Freundschaft verband, auch eine wirkliche Dichterin gewesen ist.

MARIANNE VON WILLEMER
SULEIKA

Hochbeglückt in deiner Liebe
Schelt ich nicht Gelegenheit;
Ward sie auch an dir zum Diebe,
Wie mich solch ein Raub erfreut!

Und wozu denn auch berauben?
Gib dich mir aus freier Wahl;
Gar zu gerne möcht ich glauben –
Ja, ich bins, die dich bestahl.

Was so willig du gegeben,
Bringt dir herrlichen Gewinn;
Meine Ruh, mein reiches Leben
Geb ich freudig, nimm es hin!

Scherze nicht! Nichts von Verarmen!
Macht uns nicht die Liebe reich?
Halt ich dich in meinen Armen,
Jedem Glück ist meines gleich.

EVA DEMSKI
DAS ANMUTIGE SPIEL

Den Beginn vermerkt Goethe im August 1814 mit den
Worten: »Geh. Rat Willemer. Dlle. Jung.« Nur wenige
Tage später nennt er sie an gleicher Stelle »Willemers kleine
Gefährtin«. Am 18. September beschließt er einen Besuch
in der Gerbermühle, dem schönen Anwesen, das der Ban-
kier Willemer, ein Witwer, für seine fünf Kinder und das
sechste, angenommene Kind, die arme kleine Komödian-
tin aus Österreich, gekauft hat.
Goethe trifft die »liebe Kleine« allein mit ihrer Stiefschwe-
ster an, die bald ihre Stieftochter werden würde. In diesem
September des Jahres 1814, der auf der Höhe von Ruhm
und Schaffensfreude stehende Dichter ist fünfundsechzig,
beginnt die Verwandlung der Demoiselle Jung in Suleika,
die für kurze Zeit ebenbürtige weibliche Stimme im
»West-östlichen Divan«. Was war geschehen?
Wir wissen, daß Willemer, dem die liebe Kleine schon län-
ger mehr hatte sein müssen als eine Ziehtochter, sie in die-
sem Schicksalsjahr Hals über Kopf geheiratet hat, in einer
ganz zeitunüblichen Nacht- und Nebelaktion. Hat er ge-
spürt, was sich da zwischen seinem Gott, seinem angebete-
ten Goethe, und seiner Mätresse, die alle wegen ihrer
Niedlichkeit mochten und auf die sie ein bißchen herun-
terguckten, machtvoll aufbaute?
Im Juni 1814 beginnt Goethe mit dem »Divan«, ein gutes
Jahr später wird sein Geburtstag groß und schön am Main,
in der spätsommerlichen Heiterkeit der Gerbermühle ge-

feiert. Hatem klagt beglückt: »Nicht Gelegenheit macht Diebe / sie ist selbst der größte Dieb, / Denn sie stahl den Rest der Liebe, / Die mir noch im Herzen blieb.« Als er Mariannes Gedicht als Antwort empfängt, begreift er schnell, daß es eine Künstlerin ist, in die er sich verliebt hat. In Augenhöhe repliziert sie, greift Motive auf, bekundet selbstbewußt Glück und Leidenschaft. Weit hat sie sich entfernt von dem bemüht kindlichen Mäuschen aus Goethes Stammbuch im Jahr zuvor: »Zu den Kleinen zähl ich mich; / Liebe Kleine nennst Du mich...« Nichts mehr davon. Es beginnt zwischen den beiden ein anmutiges Spiel, Liebe auf höchster Stufe der Kultur gleichsam, aber fast unsichtbar bleiben Wünsche und Ängste für uns Nachfahren.

Goethe wußte um die Gefahren der Rollenprosa, und wenn Brentano schreibt, er lasse seine neuen Geständnisse »In geschweiften Pantoffeln auftreten... einen Turban auf dem Kopf«, spüren wir, daß die Wirklichkeit Suleikas und ihre Bedingungslosigkeit Hatem und das ganze Unternehmen »Divan« vor den immer drohenden folkloristischen Untiefen kostümierter Poesie gerettet haben könnte. »Meine Ruh, mein reiches Leben / Geb ich freudig, nimm es hin!« Nein, sie hat damals nicht wissen können, daß ihre Ruh so gründlich und grausam hin sein würde und erst das Alter ihren Schmerz vernarben lassen wird.

Es ist September 1815, sie hat Goethe in Heidelberg besucht, weil sie die Trennung nicht aushält. Ihr schönstes Gedicht entsteht, und sie wird ihn nie wiedersehen. Die Wissenschaft hat ihr lang keine eigene Stimme zugebilligt, der Dichter hatte ihre Verse in die seinen verschmolzen, als wären sie nur durch seine Strahlung entstanden.

Er läßt sich nicht mehr blicken, der hartnäckige Flücht-

ling. Es kommen Jahre der Depression für Marianne, des
brieflichen Werbens und Flehens, sie versteht nicht: Zeug-
nisse seiner Liebe hat sie doch in Händen, die schönsten,
die man sich denken kann. Im Jahr 1818 bittet der Bankier
von Willemer den Verehrten, Angebeteten, um Hilfe für
seine so sehr sich quälende junge Frau, um einen Besuch
bei ihr. Goethe kommt nicht.

Niemand weiß, ob die Dichterin Marianne von Willemer
wirklich aufgehört hat, zu existieren – sie hat vernichtet:
Spuren, Briefe, vielleicht auch Werke. Einen Monat vor
seinem Tod schickt Goethe ihr ihren Anteil am »Divan«
zurück – »zu den Fingern, die's geschrieben…«.

MATHILDE WESENDONK
IM TREIBHAUS

Hochgewölbte Blätterkronen,
Baldachine von Smaragd,
Kinder ihr aus fernen Zonen,
saget mir, warum ihr klagt?

Schweigend neiget ihr die Zweige,
malet Zeichen in die Luft,
und der Leiden stummer Zeuge,
steiget aufwärts süßer Duft.

Weit in sehnendem Verlangen
breitet ihr die Arme aus,
und umschlinget wahnbefangen
öde Leere nicht'gen Graus.

Wohl, ich weiß es, arme Pflanze:
ein Geschicke teilen wir,
ob umstrahlt von Licht und Glanze,
unsre Heimat ist nicht hier!

Und wie froh die Sonne scheidet,
von des Tages leerem Schein,
hüllet, der, der wahrhaft leidet,
sich in Schweigens Dunkel ein.

Stille wird's, ein säuselnd Weben
füllet bang den dunklen Raum:
schwere Tropfen seh' ich schweben
an der Blätter grünem Saum.

H. H. STUCKENSCHMIDT
RAFFINIERTE POETIK

Unter den »Fünf Gedichten für eine Frauenstimme in Musik gesetzt von Richard Wagner« steht »Im Treibhaus« an dritter Stelle. Der königlich sächsische Kapellmeister und Freund des Anarchisten Michael Bakunin, steckbrieflich verfolgt wegen Beteiligung am Dresdner Mai-Aufstand 1849 und in die Schweiz emigriert, hatte Anfang 1857 ein Asyl gefunden. Otto Wesendonk, Kaufmann aus Düsseldorf, stellte dem bewunderten Komponisten ein Häuschen nahe der eigenen Villa am Zürichsee billig zur Verfügung. An so willkommener Hilfe hatte die wachsende Neigung Mathilde Wesendonks zu Wagner teil. In dem Briefwechsel der beiden, der von 1853 bis 1875 dauerte, finden sich Reflexe der »Fünf Gedichte« und ihrer Vertonungen.
So schrieb Wagner der Freundin am 1. Mai 1858: »...Deine schönen, edlen Verse...« Es war der Tag, als Mathilde ihm das Treibhausgedicht hinübergeschickt hatte. Er arbeitete an der »Ring«-Partitur; seit dem Sommer 1857 beschäftigte ihn auch der »Tristan«-Stoff.
Die schöne Mathilde, 1828 in Elberfeld geboren, schrieb schon als junges Mädchen Gedichte, Märchen und Schauspiele. Von den Dichtungen, die sie Wagner schenkte, hat er zwei als »Studien zu Tristan« vertont: »Träume« und »Im Treibhaus«, das im Juni 1858 als letztes der Lieder komponiert wurde. Sein musikalischer Hauptgedanke, d-Moll, Sechsachtel, »langsam und schwer«, kehrt als Vorspiel zum dritten Aufzug von »Tristan und Isolde« wieder,

nach f-Moll transponiert, metrisch und rhythmisch leicht verändert. Die Töne streben aufwärts, in mehrfachem, chromatisch durchsetztem Gleiten, das mit einer hohen Quinte ätherisch endet.

Über Mathildens Versen hängt das zerstreute Licht botanischer Glaspaläste. Das Gedicht ist als Stimmungsbild suggestiv und dabei voll symbolischer Anspielungen, die in der vierten Strophe deutlich werden. Hier identifiziert sich die Verfasserin mit den Kindern aus fernen Zonen: »arme Pflanze: / ein Geschicke teilen wir, / ob umstrahlt von Licht und Glanze, / unsre Heimat ist nicht hier!«

Wer Wagners Texte der gleichen Zeit kennt, kann sich der Assoziationen nicht erwehren: die Dreiecke Hunding-Sieglinde-Siegmund und Marke-Isolde-Tristan reflektieren das Verhältnis der Freundnachbarn auf dem »grünen Hügel« am Zürichsee: Otto-Mathilde-Richard.

Im »Treibhaus« herrscht eine raffinierte Poetik. Mathilde verschränkt die Reime ihrer sechs Vierzeiler mit wagnerischen Alliterationen. Die zweite Strophe schwelgt in Gleichklängen des Doppellautes »ei«: »Schweigend neiget ihr die Zweige ... Zeichen ... Leiden ... Zeuge, steiget ...«. Aus der Schlußzeile mit dem aufsteigenden süßen Duft hat Wagner die Inspiration zu der himmelwärts gleitenden Figur seines Liedes empfangen.

Mathilde verstand sich auf höhere Formkünste als die gut erzogenen Reimerinnen von Stammbuchversen. Sie hat nicht nur Heine, sondern auch Platen gelesen. Ihre Wortwahl ist eindringlich vom ersten Einfall der »hochgewölbten Blätterkronen« an, und die »Baldachine von Smaragd« beschwören ein Bild, dem schon die Kombination italienisch-arabisch-griechischer Wurzeln die Aura des Absonderlichen gibt. An die Blätterkronen wird die letzte Stro-

phe mit »der Blätter grünem Saum« anknüpfen, während
als Gegenkraft des steigenden süßen Duftes »schwere
Tropfen ... schweben«. Die innere Komposition des Ge-
dichtes tritt auch in der Verwandtschaft von zweiter und
fünfter Strophe zutage; wie dort begegnen sich hier die
Doppellaute:... scheidet ... Schein ... leidet ... Schweigens
... ein«.

Seelenschmerz einer reichen, unbefriedigten Frau hat
dichterische Verklärung gefunden. Das etwas selbstgefäl-
lige Leiden, das sich einhüllt »in Schweigens Dunkel«, ge-
hört zu dem Bilde romantischer Sehnsucht, die ihr Ge-
dicht ausdrückt.

FRIEDERIKE KEMPNER
FROHE STUNDEN

Jedesmal, wenn frohe Stunden
Mir im Herzen stattgefunden,
Haben sich mir vorgestellt
Auch die Leiden dieser Welt.

Schon, daß gar so sehr verschieden
Unsre Lose sind hienieden –
Goethe zwar fand nichts dabei,
Doch mir scheint's nicht einwandfrei.

Pilz des Glücks ist dieser eine,
Jener Stiefpilz des Geschicks;
Einem sind als O die Beine,
Andern wuchsen sie als X.

Sorglos aalen sich die Reichen,
Andern sind die Gelder knapp,
Und noch ungestorb'ne Leichen
Senkt zum Orkus man hinab.

Wißt ihr nicht, wie weh das tut,
Wenn man wach im Grabe ruht?

RUDOLF KRÄMER-BADONI
DAS GLÜCK IST NICHT GEHEUER

Sie beginnt mit einer scharfen Antithese: ihre eigenen frohen Stunden rufen im Herzen der Dichterin das Gegenbild der Leiden anderer hervor. Sie ist sozial engagiert. Außerdem ist sie antiidealistisch, sogar in der Wortwahl: Frohe Stunden werden ihr nicht aus mystischer Höhe geschenkt, sondern sie finden schlicht und einfach statt.

Soziale Unterschiede sieht sie kritisch. Um die Leser aufzustören, bricht sie furchtlos das Tabu des damals unantastbaren Namens Goethe; sie tadelt seine soziale Indifferenz, ganz in der Nachfolge des ihr teuren Börne. Sie selbst nämlich findet die sozialen Verhältnisse keineswegs »einwandfrei«. Man beachte diese Wendung, die nicht aus sozialromantischem Gehabe, sondern aus der hier angebrachten sachlichen Sphäre des Geschäftsgebarens stammt.

Die Metapher »Pilz des Glücks« statt »Glückspilz« ist zwar ein Metaplasmus, rückt aber gleichzeitig die allegorische Funktion des rasch aufschießenden Pilzes scharf vors Auge. (Im Englischen genügt der Einzelbegriff »*mushroom*« für »Emporkömmling«). Auf der gleichen Grundlage folgt unmittelbar eine kühne Neuschöpfung: »Stiefpilz«, der gerade nicht hochschießt, ganz so wie Stiefkinder gewollt oder ungewollt niedergehalten werden. Im Altertum hätte man diese vollmundige Kühnheit als Asianismus bezeichnet. Doch ist ihr auch das Glück nicht geheuer, denn es folgt eine scheinbar parallele Figur über den Wuchs der Menschenpilze, die der Autorin in keinem Fall so richtig gerade gewachsen vorkommen, sondern immer nur in der Abweichung entweder in Richtung O- oder in Richtung X-Beine.

Noch einmal werden den Glückspilzen, den Reichen, die Stiefpilze gegenübergestellt, aber nicht als »Arme«, sondern wieder in registrierender Sprache als Leute, denen »die Gelder knapp« sind. (Denn überhaupt nichts hat ja wohl niemand.)

Jetzt aber mitten in der Strophe die eminent lyrische Wendung, Verzicht auf logische Deduktion, ruckartiger thematischer Umschwung. Stärker als alles andere rufen die im Grabe erstickenden Scheintoten das Engagement der Dichterin auf. Das geht alle an, ob ihnen die Gelder knapp und unknapp sind. Und dabei gelingt ihr eine große Redefigur, die bei den Alten Antiphrasis hieß: »Ungestorb'ne Leichen«. (Dieselbe Figur hat der zeitgenössische Volksdichter Philipp Keim benutzt, den ich in »Deutschland, deine Hessen« nicht umhinkonnte den Homer von Diedenbergen zu nennen. Über die Pulverexplosion in der Mainzer Zitadelle dichtete er: »Der oben lag, schien tot zu sein, / der unten lag, der war aus Bretzenheim. / Auch viele Tote grub man aus, / die noch lebendig waren.«)

Und hier muß vermerkt werden, daß die Dichterin nicht nur gegen alle Zeitübel insgesamt engagiert war, gegen Unsoziales, gegen Vivisektion, Alkohol, Luftverschmutzung, Jagd, Singvogelmord, Einzelhaft auf Lebenszeit, eilfertige Verscharrung der Toten und so weiter, sie hatte auch ganz im Gegensatz zu den heutigen engagierten Dichterinnen und Dichtern praktischen Erfolg! Mit ihren Gedichten und mit zahlreichen Denkschriften an den Kaiser erreichte sie die Abschaffung der lebenslänglichen Einzelhaft und die Errichtung von Leichenhäusern zwecks mehrtägiger

Aufbahrung zwischen Tod und Beerdigung. Wilhelm I.
nahm bei seiner Anordnung ausdrücklich Bezug auf die
Denkschrift der Dichterin.

Der Schluß unseres Gedichtes ist eine aggressive »Apostrophe« an den Leser: »Wißt ihr nicht, wie weh das tut« –
poetisch gemildert durch zierliche Alliterationen. Das
Wort »ruht« ist in diesem Zusammenhang ein Euthymema.

Wer das Gedicht trotz der poetologischen Analyse für einen verselbständigten Asteismos nimmt, begibt sich ins
Gebiet der Wirkungsästhetik, die hier außer acht bleibt. Er
erlebt dann das »Stattfinden« einer frohen Stunde.

RICARDA HUCH
NICHT ALLE SCHMERZEN

Nicht alle Schmerzen sind heilbar, denn manche
schleichen
Sich tiefer und tiefer ins Herz hinein,
Und während Tage und Jahre verstreichen,
Werden sie Stein.

Du sprichst und lachst, wie wenn nichts wäre,
Sie scheinen zerronnen wie Schaum.
Doch du spürst ihre lastende Schwere
Bis in den Traum.

Der Frühling kommt wieder mit Wärme und Helle,
Die Welt wird ein Blütenmeer.
Aber in meinem Herzen ist eine Stelle,
Da blüht nichts mehr.

WERNER FULD
GEGEN DAS VERGESSEN

Das Gedicht liest sich rasch. Es scheint alles schon bei der ersten Lektüre zu sagen, und was es sagt, ist für jeden sofort verständlich – und gleichzeitig sonderbar fremd. Denn Ricarda Huch widerspricht nachdrücklich den verbreiteten Maximen, daß die Zeit alle Wunden heile und das Leben weitergehe: Man muß schließlich auch vergessen können. Solcher Apologie des schlechten Gedächtnisses setzt das Gedicht eine Kontinuität der Trauer entgegen, die nicht durch die Zeit gestillt wird, sondern sich als Erfahrung verfestigt hat. Von ihr sprechen die drei Strophen mit einer Direktheit, die von keinem Trost mehr erreicht wird.

Es ist ein einfaches Gedicht. Der Schmerz zieht ins Innerste und läßt bis zur lakonischen Banalität abgebrannte Sätze hinter sich. Den Anlaß erfährt der Leser nicht. Doch der auch rhythmisch so betonte Antagonismus zwischen dem erstarrten Herzen und einer stets veränderlichen Welt deutet auf eine private Erschütterung, auf eine Verwunderung vielleicht, wie sie der unerwartete und unerklärte Verlust eines Menschen bedeutet, von dem man sich geliebt glaubte. Alltägliche Gewißheiten verlieren dadurch ihren Wert und werden ungültig. Nicht mehr beantwortete Fragen verdichten sich zu einem ungelebten Dialog, aber man kann nicht immer antwortlos ins Leere lieben; schließlich bleibt nur noch der bittere Monolog.

Als das Gedicht 1944 in der Sammlung »Herbstfeuer« er-

schien, war Ricarda Huch bereits achtzig Jahre alt. Zwei
vehement gescheiterte Ehen lagen lange hinter ihr. Die
Freundin und erste Biographin Marie Baum ordnete die
nicht datierten Verse in die Lebensdokumente der späten
zwanziger Jahre ein, wobei ungeklärt bleibt, ob sie mit die-
ser Festlegung die Niederschrift selbst oder einen damals
erlittenen, erst später in diesem Gedicht angesprochenen
Verlust meinte.

1927 war Ricarda Huchs erster Mann und Vater ihres ein-
zigen Kindes, der italienische Arzt Ermanno Ceconi, ge-
storben, mit dem sie sich Jahre nach der Scheidung auf ein
freundschaftliches Verhältnis einigen konnte. Bei seinem
Tod war sie bei ihm. Da war auch schon längst ihr Jugend-
traum, den Vetter Richard zu heiraten, durch seine Erfül-
lung zur Strafe geworden. Die Dokumente jener unglück-
lichen zweiten Ehe bleiben im Nachlaß noch auf Jahre der
Veröffentlichung entzogen.

Möglicherweise ausgelöst durch den Verlust Ceconis, sind
beide Erfahrungen des Scheiterns ihres privaten Glücks in
dieses Gedicht eingegangen. Ricarda Huch hat Männer ge-
liebt, die ihre Stärke nicht aushielten und ihre Treue nicht
ertrugen. Sie konnte sich nicht raschen Herzens entlieben,
also hielt sie noch dem Schmerz die Treue. Gegen das
Schweigen zu lieben verhärtete, weil mit jedem vergehen-
den Tag so viele Möglichkeiten ungelebt bleiben. Dennoch
sind auch diese unsentimentalen Strophen ein Liebesge-
dicht – gegen eine Zufriedenheit, die auf schlechtem Ge-
dächtnis beruht, gegen das Vergessen und Vergessenwer-
den.

RICARDA HUCH
URALTER WORTE KUNDIG

Uralter Worte kundig kommt die Nacht;
Sie löst den Dingen Rüstung ab und Bande,
Sie wechselt die Gestalten und Gewande
Und hüllt den Streit in gleiche braune Tracht.

Da rührt das steinerne Gebirg sich sacht
Und schwillt wie Meer hinüber in die Lande.
Der Abgrund kriecht verlangend bis zum Rande
Und trinkt der Sterne hingebeugte Pracht.

Ich halte dich und bin von dir umschlossen,
Erschöpfte Wandrer wiederum zu Haus;
So fühl ich dich in Fleisch und Blut gegossen,

Von deinem Leib und Leben meins umkleidet.
Die Seele ruht von langer Sehnsucht aus,
Die eins vom andern nicht mehr unterscheidet.

ULLA HAHN
IN FLEISCH UND BLUT

In der Stunde zwischen Tag und Nacht geht die Zeit der
Trennung vorbei. Die Grenzen der Dinge zerfließen, die
Gegensätze von Licht und Schatten versöhnen sich in der
Dämmerung, selbst die Naturgesetze werden in ihr Ge-
genteil verkehrt. Das Gebirge gibt sein Wesen preis und
vertraut sich dem Meer an, Abgrund und Rand ver-
schwimmen ineinander, heben sich selber auf. Alles ist
möglich. Weil alles menschlich ist.
Für den, der hier spricht, ist Natur nur als Widerpart sei-
ner Innenwelt vorhanden. Nicht die Logik kommt zu
Wort, sondern die Liebe. Genauer: die liebende Frau. Das
Gedicht freilich läßt das Geschlecht der Sprecherin nicht
erkennen. Im Gegenteil, wie in vielen Liebesgedichten
Ricarda Huchs sind die traditionellen Rollen, die dem
Mann die aktive Werbung, der Frau die passive Hingabe
zuschreiben, auch hier vertauscht: »Ich halte dich...«,
beginnt das erste der beiden Terzette, nicht »Du hältst
mich«. Die Frau sieht sich als Subjekt, als Handelnde, sie
ist der Kern, den der Mann umschließen darf, »umklei-
den« – welch ein enthüllendes Wort!
Verräterischer noch ist die Grammatik. »So fühl ich dich in
Fleisch und Blut gegossen«: ein Bild vollkommenen Eins-
seins? Nein. Selbst im Augenblick der Hingabe gibt Ri-
carda Huch sich nicht preis, macht sie sich nicht zum Ob-
jekt. Sie bleibt die reflektierende Herrin der Lage. Im gan-
zen Gedicht taucht der Mann nicht einmal als Subjekt auf,

nicht einmal faßt ein »wir« oder »uns« die beiden Lieben-
den zusammen. Die letzte Zeile mit ihrem »eins vom ande-
ren« – auch hier wieder die ausdrückliche Trennung – ist
nichts als eine flehentliche Behauptung.

Und die Naturbilder der beiden Quartette? Spiegeln sie
wirklich die Innenwelt der Sprecherin? Prägen diese Verse
nicht vielmehr der Natur das leidenschaftliche Verlangen
der Dichterin nach Erlösung vom eigenen Ich auf? In der
Tat findet in den Naturbildern jene Verschmelzung der
Gegensätze statt, die in der Vereinigung der Liebenden nur
behauptet wird. Die Frau geht nicht im Geliebten auf, ihr
Ich verlöscht nicht, sondern entzündet, erhöht sich an
ihm. Die Liebende gibt sich dem Geliebten nicht, sie er-
greift von ihm Besitz. Der Widerspruch zwischen dem
Wunsch der Frau nach Hingabe und der starken, ja stolzen
Persönlichkeit der Dichterin ist nicht in versöhnlichen Bil-
dern aufzulösen. Er mußte von Ricarda Huch gelebt wer-
den.

Ich glaube nicht, daß sie dieses Gedicht so hat schreiben
wollen. Sie wollte nur eines: ihren sehr viel älteren Gelieb-
ten, den Ehemannn ihrer Schwester, von ihrer grenzen-
und selbstlosen Liebe und Hingabe überzeugen. Aber sie
hat das Gedicht so schreiben *müssen.* Die Liebende konnte
sich zeitweise etwas vormachen – die Dichterin nicht.

RICARDA HUCH
WIEGENLIED

Aus dem Dreißigjährigen Krieg

Horch, Kind, horch, wie der Sturmwind weht
Und rüttelt am Erker!
Wenn der Braunschweiger draußen steht,
Der faßt uns noch stärker.
Lerne beten, Kind, und falten fein die Händ'
Damit Gott den tollen Christian von uns wend'!

Schlaf, Kind, schlaf, es ist Schlafens Zeit,
Ist Zeit auch zum Sterben.
Bist du groß, wird dich weit und breit
die Trommel anwerben.
Lauf ihr nach, mein Kind, hör deiner Mutter Rat;
Fällst du in der Schlacht, so würgt dich kein Soldat.

»Herr Soldat, tu mir nichts zu Leid,
Und laß mir mein Leben!«
»Herzog Christian führt uns zum Streit,
Kann kein Pardon geben.
Lassen muß der Bauer mir sein Gut und Hab.
Zahle nicht mit Geld, nur mit dem kühlen Grab.«

Schlaf, Kind, schlaf, werde stark und groß.
Die Jahre sie rollen;
Folgst bald selber auf stolzem Roß
Herzog Christian dem Tollen.
Wie erschrickt der Pfaff' und wirft sich auf die Knie –
»Für den Bauer nicht Pardon, den Pfaffen aber nie!«

Still, Kind, still, wenn Herr Christian kommt,
Der lehrt dich zu schweigen!
Sei fein still, bis dir selber frommt
Ein Roß zu besteigen.
Sei fein still, dann bringt der Vater bald dir Brot,
Wenn nach Rauch der Wind nicht schmeckt, und nicht der
                                        Himmel rot.

RUTH KLÜGER
DAS OPFER SOLL TÄTER WERDEN

In Ricarda Huchs Roman »Der große Krieg in Deutschland« ist Herzog Christian von Braunschweig eine schillernde Gestalt, abstoßend und faszinierend in seiner Tollheit, die den klinischen Wahnsinn nur streift, weichlich und verstört, meist grausam und manchmal ritterlich. In unserem Gedicht wird er mehrfach namentlich genannt. Er bringt entweder Sold oder den Tod und verkörpert den Geist eines Krieges, der die Nachwelt, von Schiller über Döblin und Brecht bis zu Golo Mann, zu immer neuen Inszenierungen gereizt hat.

Das »Wiegenlied«, 1917 geschrieben, ist eher ein Anti-Wiegenlied, wie das Märchen in Büchners »Woyzeck« eher ein Anti-Märchen ist, also kein Text, den ein Erwachsener einem Kind zur Belustigung oder gar zur Beruhigung vorsagt oder vorsingt. Die Sprecherin erweckt unsere Sympathie, doch gleichzeitig auch unser kritisches Befremden. Aus der Frau spricht die Unvernunft einer Mutter, die in der Ausweglosigkeit der allgemeinen Zerstörung ihr Schäfchen, das heißt ihr Kind, ins trockene bringen möchte. Wie Brechts »Mutter Courage«, die fast dreißig Jahre später entstand, hofft sie, das Kind vor dem Krieg zu retten, indem sie es in den Krieg schickt.

Ihr Denken ist sprunghaft, vom natürlichen Übel, dem Sturm, zum menschlichen Bösen, dem Wüterich, zu der zweifelhaften Hoffnung auf ein Kindergebet. Dann wieder vom Schlaf zum Tod: Schlafenszeit sei eigentlich Sterbenszeit. Und nun der rettende Gedanke: Wenn der Junge nur die Kindheit überlebt, so soll er dem Herzog dienen, also genau das Handwerk ergreifen, das der Mutter Furcht einflößt. Neben der Angst vor der Raub- und Mordsucht der Soldateska sieht sie das Militär als den einzig möglichen Beruf für ihren Sohn. Immer noch besser, in der Schlacht umzukommen, als wehrlos erdrosselt zu werden. Ein Kriegsende oder auch nur das Ende des Herzogs (der übrigens schon 1626 im Alter von 26 Jahren starb) übersteigt ihr Vorstellungsvermögen.

Vom würgenden Soldaten führt die dritte Strophe assoziierend zu einer dramatischen Szene, in der ein Soldat einem Unbewaffneten die Bitte um sein Leben abschlägt, weil – zwingender Grund! – Christian der Befehlshaber sei. Die Unvernunft pervertiert die Sprache, wenn es heißt, daß der Bauer seinen Besitz aufgeben muß und als »Zahlung« den Tod erhält. Hier also nicht mehr die Wahl zwischen Sold und Tod, sondern Tod als Sold. Wenn das Ironie ist, so geht sie von der Autorin aus, nicht von der Mutter, denn aus der letzteren spricht nur geistige und moralische Verwirrung und Verarmung.

Für diese Mutter gibt es Opfer und Täter und nichts dazwischen. Wer möchte seinem Kind da nicht eher das »stolze Roß« der letzteren wünschen? Nicht daß ihr Sohn barmherziger sein wird als andere Soldaten: *Für den Bauer nicht Pardon, den Pfaffen aber nie.* Das *nicht/aber* ist eine logische Sackgasse: es sollte »weder/noch« heißen. Doch der Text will ja gerade die Unlogik eines Menschen demonstrieren, der den Krieg erlebt und erleidet.

Das Kind muß nach diesen furchtbaren Szenen geweint haben, die Mutter beschwichtigt es, und so taucht in der letzten Strophe als Gegenbild zum tollen Christian der Vater, der Brotbringer, auf. Nur ist er leider nicht zu Hause, und wird auch nicht kommen, bis die Gefahr vorbei ist. Dieser abwesende Vater verstärkt nur den Eindruck der Hilflosigkeit von Frauen und Kindern in den brennenden Dörfern.

Das »Wiegenlied« ist ein Beispiel dafür, wie Lyrik den fließenden Übergang von Gefühl und Denken intensiver und direkter als die Prosa zu gestalten weiß. Reime haben es in sich, daß sie gerade »Ungereimtes« – hier ein von Angst geschütteltes Denken – veranschaulichen können. Das Kriegselend wird in diesem Lied intim. Es erschien während des Ersten Weltkriegs. Sein »historischer« Inhalt sollte im Laufe des Jahrhunderts immer aktueller werden.

RICARDA HUCH
WO HAST DU ALL DIE SCHÖNHEIT
HERGENOMMEN

Wo hast du all die Schönheit hergenommen,
Du Liebesangesicht, du Wohlgestalt!
Um dich ist alle Welt zu kurz gekommen.
Weil du die Jugend hast, wird alles alt,
Weil du das Leben hast, muß alles sterben,
Weil du die Kraft hast, ist die Welt kein Hort,
Weil du vollkommen bist, ist sie ein Scherben,
Weil du der Himmel bist, gibts keinen dort!

ELISABETH BORCHERS
ERSCHAFFEN, WAS ES NICHT GIBT

Ricarda Huch wurde 1864 geboren. Im Jahre 1907 – sie
war damals 43 Jahre alt – erschienen ihre »Neuen Ge-
dichte«, die 1913 – unter dem Titel »Liebesgedichte« – als
22. Band der Insel-Bücherei neu aufgelegt wurden. Sechzig
Gedichte; viel Gedichte für sehr viel Liebe. Der Band ent-
hält, selbstredend, kein Nachwort, das dies und jenes der
Nachwelt verraten könnte. Zum Beispiel, wie alt sie war,
als sie dermaßen entbrannte, und über welche Zeit sich die
Ekstase hinzog, und ob es immer nur *der eine* war, an den
wir, allen Erfahrungen zum Trotz, bereit wären zu glau-
ben. Die letztgenannte Neugier jedoch ist ohne Gewicht.
Vielleicht hätten Recherchen Erfolg, doch am Ende wozu.
Unser Gedicht gibt genug an die Hand.
Es ist das modernste von allen, von solcher Modernität,
daß wir nichts einzuwenden hätten, käme es als ein heuti-
ges, zur Feier der Liebe, in die Zeitung. Zu einer Zeit, als
die Autorin noch mit Feuer sprühendem Atem arbeitete,
um Liebe darzustellen, fällt in *diesem* Gedicht die Sprache
sozusagen in sich zusammen, läßt von »Göttern« und
»Dämonen« ab, um sich auf sich selbst zu besinnen, auf die
Kraft der einfachen Kombination. Was richtet ein »Ab-
gott«, ein »Olympier«, ein »Schoß des Glückes« aus gegen
ein »Liebesangesicht«. Aufgeputztes Theaterzeug, das
beim Anblick des Liebenangesichts beschämt hinter die
Kulissen zurückweichen muß.
Ricarda Huch kann die Jüngste nicht mehr gewesen sein,

als sie das Gedicht schrieb. Ein junger Mensch ist für die
Betrachtung von Jugend nicht geeignet. Um atemlose Lei-
denschaft geht es nicht. Hier wird mit der Erfahrung des-
sen gesehen, der nicht zum ersten Mal der Schönheit, der
Jugend, der Kraft begegnet. Hier erfährt – aus der Distanz,
dem Begreifen einer unmöglichen Erreichbarkeit – der
Gegenstand des Staunens eine objektive Einschätzung.
Von Steigerung zu Steigerung, bis zur allerletzten, und
ohne die Stimme zu erheben, im Gegenteil, im immer von
neuem sich bewußt werdenden Staunen scheint die
Stimme ruhiger zu werden. Wer begreift, was hier begrif-
fen wird, dem ist jede Chance genommen, selbst die, ver-
zweifelt zu sein.

Ungefährlich noch sind die beiden ersten Zeilen in ihrer
zärtlich bewundernden Anfechtung. Der nächste Schritt
wird kühner. Das Liebeangesicht wird über »alle Welt« ge-
setzt. Inmitten von Schönheiten setzt sich dies eine ab,
oder es reißt die Schönheit in solchem Maße an sich, daß
der Rest der Welt karg und kümmerlich zurückbleibt.
Nicht nur die Schönheit, nun wird ihm auch die Jugend
zugesprochen, ihm allein, und dem Rest der Welt abge-
sprochen. Nicht nur die Schönheit und Jugend, nein, nun
auch noch das Leben; und der Rest muß sterben. Also ver-
sammelt sich dort, und nur dort allein, die Kraft; was
bleibt, ist keine Wohnstatt mehr wert.

Weil sich alle Vollkommenheit auf das eine und einzige
Wesen konzentriert, sich in ihm versammelt und verkör-
pert, geht die Welt zu Bruch (man bedenke nur: all die
Kontinente und Berge, die Ozeane und Städte). Und
schließlich der den Menschen unmögliche letzte Schritt,
die letzte menschenmögliche Kühnheit: die Entäußerung
alles Lebenspendenden (wie da sind Sonne, Mond und

Sterne, ganz zu schweigen von dem, was darüber ist): Weil du der Himmel bist, gibt's keinen dort!
Ein ungeheuerlicher Vorgang. Ein sich bis zum Zerreißen spannender Bogen, der nicht zerreißt. Was gilt der Reichtum aller Schönheit und Jugend, gemessen an der Erhöhung, die sich dort abspielt, wo erlebt wird; und keinesfalls in dem, der gemeint ist. Der, der gemeint ist, was mag er taugen. Die, die es sagt, hat erschaffen, was es nicht gibt.

ELSE LASKER-SCHÜLER
DIE VERSCHEUCHTE

Es ist der Tag im Nebel völlig eingehüllt,
Entseelt begegnen alle Welten sich –
Kaum hingezeichnet wie auf einem Schattenbild.

Wie lange war kein Herz zu meinem mild ...
Die Welt erkaltet, der Mensch verblich.
– Komm bete mit mir – denn Gott tröstet mich.

Wo weilt der Odem, der aus meinem Leben wich?
Ich streife heimatlos zusammen mit dem Wild
Durch bleiche Zeiten träumend – ja ich liebte dich ...

Wo soll ich hin, wenn kalt der Nordsturm brüllt?
Die scheuen Tiere aus der Landschaft wagen sich
Und ich vor deine Tür, ein Bündel Wegerich.

Bald haben Tränen alle Himmel weggespült,
An deren Kelchen Dichter ihren Durst gestillt –
Auch du und ich.

HEINZ POLITZER
KABBALA DER LEIDENSCHAFT

Sie war aus dem Geschlecht der Hexen. Der Hexe von En-
Dor nämlich, die dem König Saul weissagte und den Geist
seines Vaters heraufrief. Wie in Trance ging sie durch die
Straßen von Jerusalem, eine alte Frau, ein einsamer, exoti-
scher Nachtvogel mit gebrochenen Flügeln. Ihr Alraunen-
gesicht trug schwer an der Last seiner Augen, die allzuviel
gesehen hatten. Ihre Lippen waren bitter; wenn sie aber
lächelten, wirkten sie kindlich und unschuldig.

Im Jahr vor ihrem Tod, 1943, erschien in Jerusalem, der da-
mals noch geteilten und von Terror zerrissenen Stadt, ein
schmaler Gedichtband, ihr letzter. Das Buch war auch in
politischem Sinn ein Ereignis: Es wurde mitten in einer um
Leben und Sprache ringenden jüdischen Gemeinschaft
veröffentlicht, zu einer Zeit, in der Hitler im Namen des
Deutschen die Welt mit Krieg überzog.

Das Gedicht »Die Verscheuchte« steht in diesem Buch. Es
war Jahre vor der Einwanderung der Lasker-Schüler nach
Jerusalem geschrieben, in Zürich, wo sie mit Schauspielern
des Pfauentheaters, vor allem mit Ernst Ginsberg, Freund-
schaft geschlossen hatte. Zuerst trugen die Verse den Titel
»Das Lied der Emigrantin«; die vierte Strophe, die wich-
tigste, fehlte noch.

Das Lied ist eine Litanei der Liebe: ungemein frei behan-
delte Terzinen, beschränkt jedoch auf zwei Reime; beide
Reimwörter auf einen einzigen Vokal, das schrille »i«, ge-
setzt, so daß die Unreinheiten im Reim, etwa gleich des er-

sten Verses, nicht störend, sondern mildernd wirken. Im
»Auch du und ich« der, verkürzten, letzten Zeile wird die
Leidenschaft der Verbannten einfache Versgestalt.

Diese Leidenschaft steht nur scheinbar in der Vergangen-
heit (»ja ich liebte dich ...«). So groß ist die Liebe gefaßt,
daß sich privates Schicksal mit dem der Welt zu decken
vermag. Entfremdet ist alles; der Gott, zu dem zu beten die
Liebende den Geliebten auffordert, ist, sie weiß es, tot,
auch er ein Schattenbild. Dennoch erhebt die Dichterin die
Hände zum Gebet: Die Milde der Liebe, die einmal war
und die, wie die letzte Zeile in verschlüsselter Kürze an-
deutet, noch immer ist und sein wird, sie spendet den
Trost, den Gott gewährt; er erlaubt den Liebenden, ihn im-
mer wieder in ihrer Liebe neu zu schaffen. Im Detail der
Bilder – des Wildes, das aus der Landschaft aufgescheucht
ist, des vor Kälte brüllenden Nordsturms auch, der feind-
lich den Liebenden droht – klingt das Gedicht an die Klage
des dem Wahnsinn verfallenen Hölderlin um Diotima an.
Wahn ist das Schicksal der Dichter, wenn die Verbannung
sie in der eigenen Heimat ereilt.

Auch der Pfeil, der bei Hölderlin das Wild, den klagenden
Menon, den Dichter selbst, getroffen hat, ist da, in Zeilen,
mit denen das Gedicht in einer Fassung endete, die Klaus
Mann schon 1934 in der Amsterdamer Emigranten-Zeit-
schrift »Die Sammlung« abdruckte: »Und deine Lippe, die
der meinen glich, / Ist wie ein Pfeil nun blind auf mich ge-
zielt –«. Mit Recht hat die Lasker-Schüler sie gestrichen;
sie führen die gültige Schlußzeile des Gedichts, wie es nun
vor uns liegt, weiter und enthüllen lediglich eine Intimität.
Am Ende der vierten Strophe fällt das Wort vom »Bündel
Wegerich«. Das Wort »Bündel« ist strikt autobiogra-
phisch. Wer je die Lasker-Schüler in Zürich oder Jerusalem

gesehen hat, erblickte ein Bündel – gelegentlich begeister-
ten – Elends. Das Wort »Wegerich« aber entspricht nicht
nur dem Kraut vom Stamme *Plantago*, der Bescheidenheit
seines niederen Wuchses, der Demut seiner unscheinbaren
Blüten; es zerfällt auch in die Silben »Weg« und »Er« und
»Ich«. Was dieses »Ich« mit jenem »Er« teilt, der eben erst,
am Ende der vorausgegangenen Strophe, als »Du« ange-
sprochen worden ist und in der letzten Zeile wiederkehren
und dem »Ich« vorangestellt sein wird, ist die Stammsilbe
des Blumennamens, der »Weg«, ein Weg des Exils und des
unerbittlichen Abschieds.

Das aber ist deutsche Sprache nicht mehr; es ist ein Zau-
berwort, wie es einer Besessenen und Beschwörerin wohl
zukommt, eine magische Chiffre, deren Bedeutung sich,
jenseits aller Semantik, in unauslotbare Tiefen verliert, eine
Kabbala der Leidenschaft, die sich die Dichterin der »He-
bräischen Balladen« erlauben durfte.

Als ein hebräischer Dichter ihr einmal vorschlug, ihre Ge-
dichte in die Sprache des Landes zu übersetzen, soll die
Lasker-Schüler geantwortet haben: »Aber sie *sind* doch
hebräisch.« Es war ihrem schöpferischen Unbewußten
nicht unbewußt geblieben, daß sie aus jenem Geschlecht
stammte, das einst einem biblischen König die Wahrheit
hinter dem Wort vermittelt hatte.

ELSE LASKER-SCHÜLER
EIN ALTER TIBETTEPPICH

Deine Seele, die die meine liebet,
Ist verwirkt mit ihr im Teppichtibet.

Strahl in Strahl, verliebte Farben,
Sterne, die sich himmellang umwarben.

Unsere Füße ruhen auf der Kostbarkeit,
Maschentausendabertausendweit.

Süßer Lamasohn auf Moschuspflanzenthron,
Wie lange küßt dein Mund den meinen wohl
Und Wang die Wange buntgeknüpfte Zeiten schon?

HORST RÜDIGER
IN ORIENTALISCHER VERKLEIDUNG

Diese Reime hat es nie zuvor gegeben; man soll sie sich
vorsprechen, um ihren Zauber zu hören: »liebet – Tep-
pichtibet«, »Kostbarkeit – Maschentausendabertausend-
weit«, »Lamasohn – Moschuspflanzenthron – Zeiten
schon«. Das klingt nicht wie »Herz – Schmerz« oder
»Liebe – Triebe«. Aber da ist auch nichts Preziöses, allen-
falls Fernweh und die Lust am Kostbaren, denn auf einer
»Kostbarkeit« ruhen und berühren sich wohl die Füße der
Liebenden. Auch »himmellang« und »buntgeknüpfte Zei-
ten« hat man noch nie vernommen. Ganz neu und un-er-
hört aber ist das Bild für die Verbindung der Liebenden:
der Teppich. Goethe hat es im »Divan« nicht gebraucht,
Rückert nicht in den »Östlichen Rosen«.
Erfunden hat es die jüdische Frau aus Elberfeld, »der
schwarze Schwan Israels, eine Sappho, der die Welt ent-
zweigegangen ist«. So nannte sie ihr Dichterfreund Peter
Hille, der ohne ihr Gedenkbuch wohl ganz vergessen
wäre. Er konnte nicht die Verse meinen, in denen der Welt-
schmerz der Lasker-Schüler Wort geworden ist: »Es ist
ein Weinen in der Welt, / Als ob der liebe Gott gestorben
wär…« Diese Verse sind 1906 entstanden, als Hille schon
tot und die Schreie der Sterbenden noch nicht zu hören
waren, welche ein Menschenalter später auch den Tauben
den Tod des Göttlichen unter Barbarenfäusten ins Ohr
dröhnten.
Wie es sich für ein Liebeslied schickt, werden die Sinne des

Hörers geweckt. Strahlen, Farben, Sterne entzücken das Auge; wenn es einen Teppich zu betrachten gilt, wird das Auge zuerst aufgerufen. Es nimmt auch die Mühe einer »maschentausendabertausendweiten« Verknüpfung wahr (ein Geviertmeter Buchara-Teppich soll bis zu vierhunderttausend Knoten enthalten). Dann ist es der Tastsinn, welcher den Eros weckt. Die auf dem Teppich ruhenden Füße erfüllen in der kostbaren Weichheit die gegenseitige Nähe, so wie die lustvolle Berührung im unendlichen Kuß und im zärtlichen Wange an Wange das Nahen des Gottes spüren läßt. Und endlich wird der sinnlichste Sinn, der Geruch, geweckt, denn er ruft am nachhaltigsten die Erinnerung an unvergessene Menschen und Situationen wach. Der Moschuspflanze entströmt ein Duft, der zu den verführerischsten Reizen des Orients zählt.

Die Knüpferin Liebe schafft im Teppich ein Zeichen des Ineinanderverknüpfens. Ihr Werk ist keine empfindsame, vom Geiste des Pietismus oder des Titanismus genährte Liebe; es ist ein erotisches Spiel wie das sinnlich reizende Ineinander der Teppichfarben und -formen, nicht fern dem süßen Unsinn der Verliebtheit. Der homo ludens, nicht der homo faber wendet den Tibetteppich zum Märchenlande »Teppichtibet«, bringt das liebliche Wortungeheuer von den tausendfach verknüpften Maschen hervor und genießt den betäubenden Moschusduft, der dem Thron des Priestersohnes entströmt. Mit dem Fabellande, der Fabelpflanze und dem Fabelgeliebten tritt der ferne, literarisch noch nicht erschlossene zentralasiatische Osten in die deutsche Dichtung ein, eigentümlich verwandt und doch ganz verschieden vom früheren deutschen Orientalismus seit Adam Olearius: durchaus unpolitisch, leidenschaftlicher und kunstgewerblicher, exotischer und intimer zugleich, berauschender und bescheidener.

Das geliebte Wesen, dem die Verse gelten, ist der Sohn eines Zauberpriesters, der wohl nur durch Fabelei und Zauberkünste zu gewinnen ist; das liebende Wesen ist eine Frau. Else Lasker-Schüler hat sich immer gern in orientalischer Verkleidung gefallen, als Tino von Bagdad oder Prinz Jussuf aus dem ägyptischen Theben, wo sie auch geboren zu sein vorgab. Gestorben ist sie in der Heimat ihres Herzens, in Jerusalem, eine Dichterin, der die Klangwerte der deutschen Sprache wie anderen Lyrikern fremder Herkunft – Brentano, Chamisso, Rilke – in seltener Vollkommenheit zu Gebote standen.

ELSE LASKER-SCHÜLER
EIN LIEBESLIED

Komm zu mir in der Nacht – wir schlafen
                engverschlungen.
Müde bin ich sehr, vom Wachen einsam.
Ein fremder Vogel hat in dunkler Frühe schon gesungen,
Als noch mein Traum mit sich und mir gerungen.

Es öffnen Blumen sich vor allen Quellen
Und färben sich mit deiner Augen Immortellen ...

Komm zu mir in der Nacht auf Siebensternenschuhen
Und Liebe eingehüllt spät in mein Zelt.
Es steigen Monde aus verstaubten Himmelstruhen.

Wir wollen wie zwei seltene Tiere liebesruhen
Im hohen Rohre hinter dieser Welt.

ECKHARD HEFTRICH
PRINZ VON DICHTERS GNADEN

Sie starb 1945 in Jerusalem, eine Fremde auch dort, wo sie
sich einst in der Phantasie eine von mehreren Heimatstäd-
ten erfunden und wo zuletzt die Verscheuchte eine Zu-
flucht gefunden hatte. Fünfzig Jahre danach ist nur noch
schwer nachvollziehbar, daß nach dem Ende der zwölf-
jährigen Fluchzeit mit Grund befürchtet wurde, ihre Verse
seien »halb vergessen«. So schrieb 1948 Friedhelm Kemp
im »Hochland«. Ein freundlicher Zufall habe eine Ab-
schrift des letzten, 1943 in Jerusalem erschienenen Ge-
dichtbandes, »Mein blaues Klavier«, in seine Hände gelan-
gen lassen und mahne, »der späten Schwester Deborahs
und der Sulamitin den Zoll der Liebe und des Dankes zu
entrichten«.
Der Dank bestand nicht nur aus einem kurzen Essay, in
dem doch bei aller Einfühlung noch deutlich zwischen
poetischem Gold und den Flittern kabarettistischer Surro-
gate unterschieden wurde; eine Unterscheidung, die man
bei späteren, vom Glanz des posthumen Ruhmes geblen-
deten Interpreten oft vermißt. 1947 durfte als Dank sogar
noch der Abdruck von vier Gedichten gelten. Eines davon
war dieses Lied. Was im Essay über die Dichterin mitge-
teilt wurde, die Kemp »mit vollem Bedacht eine jüdische«
oder »besser noch … eine hebräische nannte«, das allein
hätte ausgereicht, das Interesse des damals zwanzigjähri-
gen, leidenschaftlichen Lesers für die ihm ganz Unbe-
kannte zu wecken. Um so mehr, als dieser Leser gerade da-

bei war, staunend zu erkennen, daß die ab 1933 exilierte
oder verfemte Literatur, die in der unvordenklich fernen
Zeit des ersten Jahrhundertdrittels entstanden war, nach
dem Untergang von Hitlers Reich noch immer den bedeu-
tendsten Teil der Gegenwartsliteratur ausmachte.
Doch stärker als die Kunde vom Schicksal dieser Dichterin
wirkte der so unverhoffte Klang der Verse. Zumal die
Melodie des Liebesliedes berührte den Zwanzigjährigen
so stark, daß er sie ein Leben lang im Ohr behielt. Nach
Jahrzehnten dieser Melodie nachsinnend, begreift er,
warum sie ihn damals wie ein Zauber berührte. Das hebt
an mit der Unregelmäßigkeit der beiden ersten Versan-
fänge. Korrekt mit dem in neun der elf Zeilen dominieren-
den Metrum einsetzend, hätte das Gedicht beginnen müs-
sen: *Komm in der Nacht* ... Und ein ordentlicher Verse-
schmied hätte dann fortfahren können. *Vom Wachen ein-
sam* ... Aber selbst bei einem Eichendorff wäre danach die
Musik durch das Klappern des geschlagenen Taktes be-
droht worden. So aber hört man als erstes den Lockruf der
Sehnsucht, der von weit her kommt. Denn die dunkle
Frühe des Traums meint nicht nur die vergangene Nacht
und den Beginn des Wachens.
Nicht *im* Wachen, sondern *vom* Wachen einsam: darum
bleibt »einsam« als einziges aller Wörter am Ende der
Verszeilen ohne die Antwort des Reimes. Daß »Quellen«
das Echo »Immortellen« hervorrufen, mag auch ein wenig
auf Reimzwang beruhen. Aber wer von der Muse gesegnet
ist, braucht solchen Zwang nicht zu fürchten, sondern darf
sich ihm hingeben. Ihn braucht nicht zu irritieren, daß Im-
mortellen zwar haltbare, aber strohige Blumen sind; er
darf sich allein daran halten, daß sie, in Grabkränze ge-
flochten, für die Hoffnung auf Unsterblichkeit stehen.

Der Traum, der hier durchs Lied beschworen wird, ist ewiger Märchentraum der Liebe und nicht von dieser Welt. Das geliebte Wesen der zeitlosen Stunde hinter der Welt trägt nicht einmal die Siebenmeilenstiefel des Märchens, sondern Sternenschuhe; und keine Tarnkappe, sondern Liebe entzieht es den bösen Späherblicken. Wenn dieser Prinz von Dichters Gnaden kommt, werden die Truhen, auf denen der Staub der Jahre liegt, geöffnet für die Märchen, an die sonst keiner glaubt. Im mondenen Wunderreich solcher Nacht wäre Lieben nicht Ekstase und Erschöpfung, sondern die Ruhe des Paradieses vor dem Sündenfall. Die seltenen Tiere, die solchen Friedens teilhaftig werden, sind nicht Geschöpfe der Natur, sondern Wesen, wie sie der Freund Franz Marc, in jungen Jahren von Else Lasker-Schüler »goldblauer Reiter« genannt, geschaffen hatte.

ELSE LASKER-SCHÜLER
GISELHEER DEM TIGER

Über dein Gesicht schleichen die Dschungeln.
O, wie du bist!

Deine Tigeraugen sind süß geworden
In der Sonne.

Ich trag dich immer herum
Zwischen meinen Zähnen.

Du mein Indianerbuch,
Wild West,
Siouxhäuptling!

Im Zwielicht schmachte ich
Gebunden am Buxbaumstamm –

Ich kann nicht mehr sein
Ohne das Skalpspiel.

Rote Küsse malen deine Messer
Auf meine Brust –

Bis mein Haar an deinem Gürtel flattert.

PETER VON MATT
DSCHUNGELLIEBE IN BERLIN

1913 liebte Else Lasker-Schüler den jungen Dr. Benn und
er sie vielleicht auch. Man sprach davon in den intellektu-
ellen Kaffeehäusern Berlins und erwartete die Akteure ge-
gen Abend. Es war Europas letzter glücklicher Sommer. In
den Zeitschriften loderte der Expressionismus und ver-
sprach sich von der Zukunft, was sie nicht halten sollte.
700000 junge Männer hatten noch nie von Verdun gehört,
wo sie einander wenig später alle umbringen mußten.
Mit seinen 26 Jahren war Benn der jüngste Komet, Verfas-
ser der »Morgue«, Schöpfer einer neuen Verbindung von
Sentimentalität und Zynismus: Rotz, Eiter und Vergiß-
meinnicht. Ihm gegenüber erschien die vierundvierzig-
jährige Else Lasker-Schüler schon fast wie die *Grand Old
Lady* der Poesie. Das machte die Affäre für das »Café des
Westens« zusätzlich pikant. Doch was kümmerte sie selbst
ihr Jahrgang! Sie hatte sich entschlossen, nie älter zu sein
als ihre jungen Geliebten, und also war sie's nicht, war sie
jetzt um die 26, eher noch etwas jünger.
Kaum lagen die beiden zusammen, schrieben sie auch
schon darüber, öffentlich, in der »Aktion«, im »Neuen Pa-
thos«, in der »Schaubühne«, Verse und lyrische Prosa. Das
war weder indiskret noch anstößig, das war Berlin 1913.
Nichts wird dadurch falsch in den Gedichten der verlieb-
ten Frau, die in dieser Liebe hilflos die Stärkere war, ein
überlegenes Opfer. Zeichen dafür ist die Tatsache, daß sie
nie in den Ton Benns verfiel, während er den ihren zu imi-

tieren begann, nicht zuletzt in dem langen Gedicht »Drohungen«, in dem er sich die Freundin wieder vom Hals zu schaffen suchte: *Du, daß wir nicht an einem Ufer landen! / Du machst mir Liebe: blutigelhaft: / Ich will von dir.* – Die Metapher über ihre Art, zu lieben, ist abscheulich. Von solcher Häßlichkeit her offenbart sich erst die Schönheit in den Versen der Angesprochenen. Wie lieblich, wild und geistvoll, wie frei in aller Leidenschaft geht sie in dem Gedicht an Giselheer den Tiger mit Macht und Ohnmacht, Hingabe und Herrschaft in der Liebe zu Gottfried Benn um. Kaum ist er als Dschungelkönig eingesetzt, mit einem Gestus schaudernder Verehrung, verwandelt sie sich in die ältere, größere Tigermutter, die ihn als ihr Junges nach Katzenart in vorsichtigen Zähnen herumträgt.

Wie sehr sich auch die Frau an den Mann verloren haben mag, die Dichterin verliert die Gewalt über ihre Bilder nie. Entsetzlich ist die Marterwollust, in die sie das Beziehungsspiel taucht, gesteigert noch erscheint der Gestus schaudernder Verehrung im Schlußvers – der Mann als Täter, am meisten geliebt, wo er am grausamsten ist –, aber alles steht, genau besehen, doch nur in einem Indianerbuch, das sie auf- und zuschlägt nach Belieben. Unmittelbar an die matriarchale Vision von der wahren Dschungelherrin schließt sich die dreizeilige Strophe mit dem Buch. Über dieses verfügt sie wie über das Männerkätzchen. Wenn es aufgeblättert wird, Seite um Seite, bis der Siouxhäuptling erscheint und darauf alle brandigen Bilder für die gelebte Liebe, dann bleiben diese Bilder, bleibt am Ende auch das unerhörte Signal des flatternden Haars am Gürtel des Mannes ein Teil ebendieses Buches. Über ihm sitzt die Frau wie die Hexe über der Scharteke, in der ihre Rezepte stehen.

ELSE LASKER-SCHÜLER
HINGABE

Ich sehe mir die Bilderreihen der Wolken an,
Bis sie zerfließen und enthüllen ihre blaue Bahn.

Ich schwebte einsamlich die Welten all hinan,
Entzifferte die Sternoglyphen und die Mondeszeichen
um den Mann.

Und fragte selbst mich scheu, ob oder wann
Ich einst geboren wurde und gestorben dann?

Mit einem Kleid aus Zweifel war ich angetan,
Das greises Leid geweiht für mich am Zeitrad spann.

Und jedes Bild, das ich von dieser Welt gewann,
Verlor ich doppelt, und auch das was ich ersann.

FRIEDRICH CHRISTIAN DELIUS
EIN KLEID AUS ZWEIFEL

So gut wie alle Gedichte der Else Lasker-Schüler sind Lie-
besgedichte oder als Liebesgedichte zu lesen. Die meisten
sprechen ein Du an, viele richten sich, verschlüsselt oder
nicht, an bestimmte Personen. »Hingabe«, ein Gedicht aus
ihrem letzten, 1943 in Jerusalem publizierten Band »Mein
blaues Klavier«, scheint eine Ausnahme zu sein: kein Du,
und in jeder Strophe mindestens ein Ich. Und doch ist es
ein dialogisches, ein fragendes Gedicht, ein Selbstgespräch
mit dem Kosmos.
Wolken, Sterne, Mond, der kindliche Blick des Menschen
in das Weltall hinauf. Perspektiven in die Unendlichkeit,
Fragen, meditative Momente, die jeder erlebt hat und die
in Tausenden von Gedichten und Liedern abgehandelt
wurden. An diesen Zeilen läßt sich zeigen, was eine große
Dichterin aus einer trivialen Situation zu machen versteht.
Die Originalität liegt weniger in den Wörtern, Bildern und
Metaphern, obwohl ihr mit *einsamlich* und *Sternoglyphen*
starke Neuschöpfungen gelingen und die *Mondeszeichen
um den Mann* mit jenem diskreten Dadaismus bestechen,
der so viele Lasker-Schüler-Texte auszeichnet.
Die Originalität liegt in der Scheu, im Verzicht auf jede
staunende Kumpanei mit dem Kosmos. Statt dessen die
Beharrlichkeit des Blicks, die Radikalität: Sich selbst in
Frage stellen, ohne Triumph, ohne Sentimentalität, *ob oder
wann / Ich einst geboren wurde und gestorben dann?*
Nicht nur die Daten von Geburt und Tod werden unwich-

tig, sondern das Leben als ganzes rückt in schönste, fast glückliche Fragwürdigkeit auf.

Obwohl gerade die letzten Gedichte der Lasker-Schüler den Gestus der Glaubenden, Betenden haben, ist dieses nicht religiös gefärbt – trotz des Sujets Kosmos, das für viele Menschen ohne den Faktor Gott nicht denkbar ist. Hier werden keine Fragen an höhere Mächte delegiert. Das Schweben und die Versenkung des Blicks in *die Welten all hinan* machen demütig, aber nicht klein. Die Höhe ist die Tiefe ist die Höhe. Das relativiert alles und hat Konsequenzen für die Schreibende, die brutal wären, wenn sie auf feste Weltbilder angewiesen wäre: *Und jedes Bild, das ich von dieser Welt gewann, / Verlor ich doppelt, und auch das was ich ersann.* Da mag eine Anspielung auf das Bilderverbot der Juden verborgen sein, aber stärker ist wohl der selbstkritische Aspekt. Hier ist mehr ausgedrückt als die Gewißheit, keine Gewißheit zu haben und keine haben zu dürfen. Das einzige, was wärmt und eine gewisse Sicherheit verspricht, ist das *Kleid aus Zweifel.*

Dies wäre schon ein überragendes Gedicht, wenn es, sagen wir, den Titel »Sternenhimmel« oder »Der Blick ins All« trüge. Seine Qualität wird noch gesteigert durch die Titelwahl: »Hingabe«. Man kann sein Leben hingeben, sich einer Täuschung, einer Hoffnung hingeben oder sich einem geliebten Menschen hingeben. Alle diese Konnotationen passen und reichern das Gedicht an. Ich vermute, daß Else Lasker-Schüler das Wort gewählt hat, um einen Liebesakt anzudeuten. Nicht nur wegen der *Mondeszeichen um den Mann.* Hier geht es um mehr: um die Bejahung mitten im Zweifel, um Versöhnung mit dem Chaos, um Hingabe mit Selbstbewußtsein, ohne Angst vor dem Zerbrechen der Bilder.

Solch eine Hingabe ist keine harmonische Angelegenheit –
und ist nichts für harmonische Gedichte. Die fünf Doppelzeilen werden nicht von starrer Metrik gehoben, eigenwillig und rauh folgen die Worte einander. Der zehnfache
Reim auf -*an*, zweimal sogar ziemlich »unrein«, unterstreicht den Fortgang wie den Gleichklang des Spinnens:
das *Zeitrad* läuft weiter.

Auch Sterben ist Hingabe, im Liegen ist der Blick nach
oben gerichtet. Erst beim Schreiben dieser Zeilen dachte
ich an das Grab der Dichterin auf dem Ölberg in Jerusalem.

ELSE LASKER-SCHÜLER
IN MEINEM SCHOSSE

In meinem Schoße
Schlafen die dunkelen Wolken –
Darum bin ich so traurig, du Holdester.

Ich muß deinen Namen rufen
Mit der Stimme des Paradiesvogels
Wenn sich meine Lippen bunt färben.

Es schlafen schon alle Bäume im Garten –
Auch der nimmermüde
Vor meinem Fenster –

Er rauscht der Flügel des Geiers
Und trägt mich durch die Lüfte
Bis über dein Haus.

Meine Arme legen sich um deine Hüften,
Mich zu spiegeln
In deines Leibes Verklärtheit.

Lösche mein Herz nicht aus –
Du den Weg findest –
Immerdar.

ROLF SCHNEIDER
PARADIES- UND TODESVOGEL

Ein Liebesgedicht. Ein Gedicht von Trennung, von Sehn-
süchten, von Träumen und Beschwörungen. Die Strophen
sind dreizeilig; sehr entfernt erinnern sie an Terzinen, die
Strophen des Dante Alighieri, der in glühender Verehrung
der viel zu jungen Tochter des Folco Portinari anhing, die
er Beatrice nannte.

Sehr viel jünger als die Dichterin ist wohl auch jener ge-
wesen, der hier angeredet wird als »du Holdester«. Die
im Kontext unmittelbar vorausgehenden oder fehlenden
Verse sind überschrieben »Dem Holden« (»Ich suche ewig
dich – es bluten meine Füße«), sie heißen »Ich liebe dich«
und »Ihm eine Hymne«; hier wird vage angedeutet, um
wen es sich handelt: »Im ewigen Jerusalem-Eden, / Tröstet
sein Wort Jedweden«.

Die Gedichte stammen aus dem Band »Mein blaues Kla-
vier«, der 1943 erschien. Die Verfasserin war damals eine
vierundsiebzigjährige kranke Frau, ein »Bündel – gele-
gentlich begeisterten – Elends«, wie einer geschrieben hat,
der sie persönlich kannte, Heinz Politzer. Muß man, wenn
man dies weiß, noch das Eingangsbild dechiffrieren? Die
»dunkelen Wolken« sind Symbol für Unfruchtbarkeit und
Alter; ein mildes Symbol, wenn die Intensität der Sehn-
süchte bedacht wird und die biologische Unabänderlich-
keit des dargetanen Zustands.

Ein mildes Bild? Sie muß, seinen Namen zu rufen, die
Stimme des Paradiesvogels haben, jenes Rabentieres aus

der Inselwelt Neuguineas, das zu Zeiten der Balz sein Gefieder in einen bizarren Schmuck verwandelt. Aber es sind immer nur die männlichen Tiere, die dies vermögen, die ihre Luftröhren zu riesigen Kehlsäcken blähen, um daraus ihre Hochzeitsrufe zu entlassen. Die Weibchen bleiben unscheinbar wie zuvor. Die Tansmutation, die in dieser Strophe verheißen wird, findet in Wahrheit nicht statt. Allenfalls, daß sich »meine Lippen bunt färben«. Man will sofort nach der Färbung fragen. Rot kann wohl nicht gemeint sein, Farbe von Jugend und Jugendlichkeit; wäre sie zu nennen, würde sie genannt. Weiß, Gelb, Blau, Schwarz: jede andere Farbe bedeutete Hinfälligkeit und Siechtum; im Garten schläft alles, selbst das Nimmermüde ist nun doch ermattet, solche Müdigkeit klingt nach tiefer Erschöpfung, dieser Schlaf ist nahe am Tod, und der Traumvogel, der die Liebenden zusammenführt, ist der Todesvogel, der Leichenfledderer, der sich von Aas ernährt. Unter seinem Eindruck wird die versuchte Umarmung zur Ohnmacht. Der Traum von ihr gerät zu bloßer Beschwörung eines jugendlichen Bildes: Der Leib des Geliebten ist nicht wie der eigene von dunklen Wolken verhüllt, er ist klar wie ein Spiegel. Darauf die letzte Strophe. Jeder Vers wird zum Ausruf, jeder Ausruf wird kürzer, die Syntax zerbröckelt. Nicht »Der du den Weg findest« heißt, wie es grammatisch korrekt wäre, der mittlere Vers; das fehlende Pronomen macht ihn zu rührendem Gestammel, aus dem schließlich, als letztes Wort, als letzter Ruf, als Behauptung gegen Vergänglichkeit, gegen Verlust und Tod das utopischste Wort unserer Sprache herausfällt: »Immerdar«. Else Lasker-Schüler war 1933 in die Schweiz geflohen, eine bettelarme Frau, die sie zuletzt auch in Berlin gewesen war.

Hitler-Anhänger hatten sie mit einer Metallstange verprügelt. Sie war 64 Jahre alt. Dreimal reiste sie aus der Schweiz nach Palästina; beim dritten Male, 1939, blieb sie in Jerusalem. Sie war immer eine Ekstatikerin gewesen: in der Liebe, in ihren privaten Phantasmagorien, denen sie alle ihre vielen Freunde und Liebhaber in Märchenverkleidungen eingegliedert hat und deren Hintergrund – je älter sie wurde, desto mehr erwies es sich – immer das biblische Zion gewesen war. In Jerusalem stellte sie »Mein blaues Klavier« zusammen. Die Farbe der deutschen Romantik war ihre bevorzugte Farbe seit ihrer Begegnung mit Franz Marc und dem »Blauen Reiter«; ihr blaues Klavier bedeutete Sehnsucht, Heimat, Erinnerung. Nicht viel mehr als ein Jahr nach Erscheinen des letzten Lyrik-Bandes starb sie. Man hat sie am Ölberg begraben.

ELSE LASKER-SCHÜLER
JAKOB

Jakob war der Büffel seiner Herde.
Wenn er stampfte mit den Hufen,
Sprühte unter ihm die Erde.

Brüllend ließ er die gescheckten Brüder.
Rannte in den Urwald an die Flüsse,
Stillte dort das Blut der Affenbisse.

Durch die müden Schmerzen in den Knöcheln
Sank er vor dem Himmel fiebernd nieder,
Und sein Ochsgesicht erschuf das Lächeln.

RUTH KLÜGER
DER ERFINDER DES LÄCHELNS

Die »Hebräischen Balladen« Else Lasker-Schülers, 1913
erschienen, sind hebräisch nur insofern, als sie sich auf ein
auch außerhalb des hebräischen Sprachbereichs nicht un-
bekanntes Buch, nämlich die Bibel, beziehen. Balladen
sind sie nur insofern, als sie auf Legenden anspielen, die die
Dichterin aber nicht nacherzählt, wie es etwa Thomas
Mann mit demselben Material in seinen Joseph-Romanen
tut. Sie nimmt die biblischen Gestalten vielmehr aus ihren
Zusammenhängen wie Puppen aus Schaufenstern heraus,
kleidet sie neu ein, stülpt ihnen Masken auf, verfremdet sie
probeweise.
Eine Tiermaske für den Erzvater Jakob, der Hirtenpatri-
arch als Alpha-Tier der Herde. Er, der Ehrwürdige, wird
zum Büffel degradiert. Der Mann als Urtier im Patriar-
chen? So ließe sich die erste Strophe noch als eine Art Re-
verenz vor urtümlicher Männlichkeit lesen. Doch gleich
danach wird es brenzliger. Die »gescheckten Brüder« erin-
nern an die nicht ganz lautere Zeugungsmanipulation,
durch die sich der junge Jakob einen Großteil von Labans
gescheckten Viehbestand aneignete. Zu diesem Viehbe-
stand gehört er nun selbst im Gedicht.
Der biblische Jakob ist der große Liebende unter den Erz-
vätern, der die zu Recht berühmte, zweimal siebenjährige
Geduldsprobe einer Brautwerbung bestand. Doch die Af-
fenbisse, die er im Gedicht mit Flußwasser kühlt, sind kein
Sinnbild einer edlen Leidenschaft, eher einer verächtli-

chen, zumindest lächerlichen Sinnlichkeit: Der geile Affe ist seit je ein Gemeinplatz in Kunst und Literatur.

Von den stampfenden Hufen der ersten Strophe, die immerhin die Erde zum Sprühen brachten, kommen wir in der dritten zu den prosaischeren und zudem müde schmerzenden Knöcheln unseres Helden. Jakobs Schmerzen? Aber die rührten doch vom Kampf mit dem Engel und der dadurch verletzten Hüfte, höchste Auszeichnung des himmlisch Auserwählten? Vor dem Himmel sinkt auch unser knöchelmüdes Jakobstier nieder, und zwar mit einem humorvollen und originellen Reim, »Knöcheln« auf »Lächeln«. Rückblickend fallen uns die anderen beiden unreinen Reimpaare auf, nämlich »Brüder/nieder« und »Flüsse/Bisse«. In diesem Gedicht geht nichts rein auf, auch nicht die Reime, die schon gar nicht.

Schließlich vertauscht die Dichterin in der letzten Zeile Ochsen und Büffel, wohl weil *ein* Rindviehgesicht wie das andere aussieht. Dieser endgültigen Verunglimpfung folgt jedoch unvermutet die Rückverwandlung ins Menschliche. Indem sich auf Jakobs Tiergesicht ein Lächeln, vielleicht das erste überhaupt (es heißt ja, er »erschuf« es), abzeichnet, steht er wieder an einem Anfang, ist wieder unsereiner. Denn kein Tier kann lächeln. Zwischen dem ersten Wort, seinem Namen, und dieser überrumpelnden, schwer vorstellbaren Mundverzerrung am Ende war die Würde des Patriarchen, die Manneswürde und wohl auch die Menschenwürde schlechthin, durch eine Tiermaskerade in Frage gestellt worden. Die Anspielungen verunsicherten den Autoritätsanspruch des Bibeltextes. In der letzten Zeile findet beschwichtigend eine Menschwerdung statt.

»Jakob« führt exemplarisch die methodischen Eigenarten

seiner Dichterin vor. Durch das Vexierspiel mit Maskie-
rung und Verkleidung fallen Streiflichter auf Geschlecht
und Charakter. Das überraschende Auswechseln bekann-
ter Begriffe führt durch Staunen zum Erkennen. In Spiel
und Anspielung, in unverbindlichem Experimentieren mit
Sprache und Kulisse, sehen wir heute wieder das eigentlich
Literarische, das überdies eine soziale Funktion ausübt,
dort wo es die festgefahrenen Räder der Tradition ins Rol-
len bringt. Die Lyrikerin Else Lasker-Schüler ist gerade
dort ernst zu nehmen, wo sie sich als Meisterin im Nicht-
ernstnehmen kostümiert.

ELSE LASKER-SCHÜLER
KLEIN STERBELIED

So still ich bin,
All Blut rinnt hin.

Wie weich umher.
Nichts weiß ich mehr.

Mein Herz noch klein,
Starb leis an Pein.

War blau und fromm!
O Himmel, komm.

Ein tiefer Schall –
Nacht überall.

HANS CHRISTIAN KOSLER
DIE GROSSE GENÜGSAMKEIT

Mit dem Tod stand diese Dichterin auf vertrautem Fuße.
Nicht nur, daß einige ihrer Freunde bereits in jungen Jah-
ren starben, daß sie mit ansehen mußte, wie ihr einziges
Kind, der Sohn Paul, qualvoll an Tuberkulose dahin-
siechte. Sie selbst ist in ihrem Leben viele Tode gestorben:
an gebrochenem Herzen, an Einsamkeit. Gewiß, vieles,
worüber sie in ihren Briefen an Karl Kraus klagte, war
Übertreibung, ja ihr ganzes Wesen bestand aus Übertrei-
bung.

Dennoch, das meiste, was Else Lasker-Schüler aus dem
»Gewölbe des Herzens« anderen an Emotionen herantrug,
blieb unerwidert. Schon ihr exzentrisches Äußeres, die far-
bigen Kostüme eines »Prinzen Jussuf von Theben« – wie
sie sich nannte – stießen bei den zeitgenössischen Intellek-
tuellen auf Unverständnis, ja auf unverhohlene Ableh-
nung. Karl Kraus, der sie förderte und sie als »stärkste und
unwegsamste Erscheinung des modernen Deutschland«
pries, wich ihr persönlich aus und beantwortete ihre Briefe
nur selten. Walter Benjamin nannte sie »im Umgang leer
und krank-hysterisch«. Franz Kafka gar, der sich die Dich-
terin nur als eine durch die Kaffeehäuser wankende Säufe-
rin vorstellen konnte, empfand bei der Lektüre ihrer Ge-
dichte »nichts als Langeweile und Widerwillen«.

Wer so offensichtlich nicht dazugehört, sucht Zuflucht bei
sich selbst, gefällt sich in der Vorstellung völliger Abwe-
senheit von der Welt. Daß sich Else Lasker-Schüler zusätz-

lich wie eine Außerirdische von Geburt vorkam, muß hinzugefügt werden. »Von wo ich kam / hat nie ein Mensch gewußt«, schreibt sie in dem Gedicht »Abendzeit«. Das Reich des Todes stellte sie sich ähnlich entrückt vor. »Ich träume so fern dieser Erde, als ob ich gestorben wär«, heißt es in dem Poem »So lange ist es her …«. Nichts anderes als den Gedanken an den eigenen Tod hat auch das Gedicht »Klein Sterbelied« zum Gegenstand, dessen anfängliche Rätselhaftigkeit sich durch die Kenntnis von Leben und Werk schnell erhellt.

Dies ist nicht – wie man erwarten sollte – das Lied auf einen Sterbenden, sondern es ist das Lied eines Sterbenden selbst, das Lied der Lasker-Schüler. Daß es offenbar aus der Perspektive eines Kindes geschrieben ist – ein »Klein Sterbelied«, von einem »kleinen Herzen« herrührend –, mag zunächst irritieren. Doch für Else Lasker-Schüler lag die Gedankenwelt des Kindes gleichermaßen in einem Jenseits wie die des Sterbenden. Und als Kind hat sich die Dichterin zeit ihres Lebens gefühlt: »1000 und 2-jährig« kam sie sich vor.

Gottfried Benn, dem dieses Gedicht wie 16 weitere aus dem berühmten »Giselheer-Zyklus« gewidmet ist, nannte Else Lasker-Schüler, die vergeblich um ihn warb, ein lyrisches Genie. Er wußte, weshalb. Denn während die Gedichte der »Großen« wie Benn, George, Rilke aus dem zähen Ringen um das Wort entstanden, war das Dichten der Else Lasker-Schüler noch eine Art Naturereignis. Wie von magischen Kräften gesteuert, fügen sich die Worte zu Reimen, wachsen die Verse zu einem unangreifbaren, von der Gestalt dieser Frau merkwürdig autorisierten Ganzen. Davon zeugt auch dieses Gedicht, dessen kindliche Naivität weder erzwungen noch gekünstelt wirkt. Zu der Einfachheit der Worte und Reime gesellt sich die Ruhe und Ergebenheit, mit der der Tod imaginiert wird. Er hat nichts Bedrohliches, wird aber auch nicht verklärt. »Welt ohne Farbe, ohne Verlangen, ohne Greifen und Fühlen-wollen«, schrieb Else Lasker-Schüler 1913 an Karl Kraus, das sei ihr Tod. »Die große Genügsamkeit, das ist es.« In dem vorliegenden Gedicht ist sie in die schlichteste und schönste Form gebracht.

ELSE LASKER-SCHÜLER
MAN MUSS SO MÜDE SEIN ...

Man muß so müde sein wie ich es bin
Es schwindet kühl entzaubert meine Welt aus meinem
                                                    Sinn
Und es zerrinnen meine Wünsche tief im Herzen.

Gejagt und wüßte auch nicht mehr wohin
Verglimmen in den Winden alle meine Kerzen
und meine Augen werden dünn.

Es bricht mein Leib bevor ich dein noch bin
Dich lasse ich zurück, mein einziger Gewinn
Ein nicht zu teilender
Es teilen sich in dir die Nächte meiner holden
                                    Schmerzen.

CHRISTA MELCHINGER
AUF DER SCHWELLE

Dichten in der Gewißheit des Todes. Gibt es das? Gibt es ein anderes? Dichten in der Gegenwart des Todes. Der Tod, herausgenommen aus der fernen Unverbindlichkeit ins Hier und Jetzt. Mein Tod, nicht irgendwann, sondern bald, morgen, heute – das ist schon seltener. Aber es kommt vor. Die Lasker-Schüler war eine, bei der so etwas vorkam, vorkommen konnte.

Ihre letzten Jahre in Jerusalem. Keine Zeit im Gelobten Land. Aber es war auch keine unmittelbare Not: Armut, Hunger und Verlassenheit – sie war leidlich versorgt, um leben zu können. Auch leben zu wollen? Todesgewißheit: bevor es um den eigenen Tod ging, war es das Wissen von dem Tod der anderen, der in Krieg und Verfolgung Zurückgelassenen.

»Mit mir geht es zu Ende, ich kann nicht mehr lieben«, soll sie ganz zum Schluß (sie starb im Januar 1945) gesagt haben. Ich nehme das Du der letzten Strophe deshalb wörtlich, als persönliche Ansprache, als Anruf des Geliebten. Obwohl es mich stört, die ganze letzte Strophe mich verstört. Wie einem das oft widerfährt bei dieser Dichterin. Wohllaut und Mißklang – nicht formal: Da herrscht, wie in ihrer Alterslyrik überhaupt, die geglättete Form, Strophe und Reim. Aber der Lauf ihrer Gedanken – da kann man sich über eine Strecke Weges ihr ganz überlassen und ist voll Bewunderung über die weise Führung. Doch dann kommt plötzlich ein Richtungswechsel, und da stockt man, und die einsame Gestalt geht unbeirrt allein weiter ihren Weg, unsere erstaunten Blicke folgen ihr, wir bleiben zurück. So geht es mir mit der letzten Strophe.

Diese letzten Zeilen sind wie das allerletzte Stück des Lebenswegs, das allein gegangen werden muß, für das nur die eigenen Worte gelten, die aber doch die Summe sind aus dem vorausgegangenen Leben: Abschied vom Leben. Für die Lasker-Schüler heißt es Abschied vom Lieben. Sie schrieb Liebesgedichte bis ans Ende ihres Lebens; »Das blaue Klavier«, ihre letzte Gedichtsammlung, ist voll davon. Und vor diesem Lebenshintergrund werden auch diese Zeilen annehmbar, mehr: sie sind eine Hoffnung. Die Liebe endet nicht mit dem Lieben, das zurückgelassene Du zeugt davon.

Die Worte davor sind für alle da, die ihren Weg zu Ende gehen, bis ans bittere Ende. Keine Gloriole. Keine vorweggenommene Himmelfahrt. Man ist fertig am Ende eines solchen Lebens, zu Tode erschöpft.

Und wie oft glaubt man sich am Ende? Doch was sind alle Müdigkeiten im Lauf des Lebens gegen diese, die letzte? Müde zum letzten Schlaf, todmüde. Lebensmüde. Wie oft wird das Wort gesagt? Es ist zu prüfen an den Worten der Lasker-Schüler. Wieviel Welt trägt einer noch im Sinn, wieviel Wünsche tief im Herzen? Und wer könnte sagen, daß die Angst keinen Gegenstand, das Gejagtwerden kein Ziel mehr hätte? »Gejagt und wüßte auch nicht mehr wohin«: Man muß schon ziemlich weit entfernt sein, um 1944 solche Verse zu schreiben, aber noch nicht so fern, um im Bild nicht anknüpfen zu können an die Wirklichkeit, die zu verlassen man im Begriff ist.

Das ist der Standort dieses Gedichts: im Übergang, im Vergehen, zwischen Wachen und Schlaf, auf der Schwelle. Ab-

schiednehmen vom Leben, Abschied vom Lieben. Wenn
er vollzogen ist, kann er nicht mehr formuliert werden:
Die ihn vor sich haben, finden ihn formuliert in diesem
Gedicht.

ELSE LASKER-SCHÜLER
MEIN BLAUES KLAVIER

Ich habe zu Hause ein blaues Klavier
Und kenne doch keine Note.

Es steht im Dunkel der Kellertür,
Seitdem die Welt verrohte.

Es spielen Sternenhände vier
– Die Mondfrau sang im Boote –
Nun tanzen die Ratten im Geklirr.

Zerbrochen ist die Klaviatür...
Ich beweine die blaue Tote.

Ach liebe Engel öffnet mir
– Ich aß vom bitteren Brote –
Mir lebend schon die Himmelstür –
Auch wider dem Verbote.

RUTH KLÜGER
DIE DREI TÜREN DER VERBANNUNG

Von den drei Türen, die alle nachdrücklich als Reimworte
am Ende ihres jeweiligen Verses stehen, führt die eine nach
unten in den Keller, die zweite nach oben in den Himmel,
und die dritte, die »Klaviatür« in der Mitte zwischen den
beiden anderen, führt direkt in das geplagte Hier und Jetzt
der Sprecherin, die nicht weiß, wohin mit ihrem Leben.
Der verspielte Neologismus weist auf Traum und Kindheit
als Quelle dieser Bilder.

»Mein blaues Klavier« entstand noch vor 1936 in der
Schweiz, dem ersten Exil der Dichterin, und wurde 1937 in
der »Pariser Tageszeitung«, einer Zeitung der deutschen
Exilanten, veröffentlicht. Es ist also ein Exilgedicht, kein
Kriegs- und schon gar nicht ein Holocaustgedicht. In
Buchform erschien es 1943 in Jerusalem, der Stadt, wo Else
Lasker-Schüler zwei Jahre später, vor Kriegsende, starb.
Zu Hause war sie auch dort nicht gewesen – sie war im
Exil, nicht in der Emigration. Zu Hause – das war ein Ort,
wo ein blaues Klavier stand.

Warum blau? In den Bereich des Blauen gehören der Him-
mel, der Frühling, die Blume der Romantik und Lasker-
Schülers alter Freund Franz Marc vom Blauen Reiter. Kla-
viere hingegen gehören mit Sicherheit nicht dahin, denn
die sind meist schwarz – zumindest die für Erwachsene.
Doch in Else Lasker-Schülers Zürcher Tagebuch steht:
»Ich besitze alle meine Spielsachen von früher noch, auch
mein blaues Puppenklavier.« Im Gedicht ist aus einer

Kindheitserinnerung ein symbolisches Instrument für die
Sternenhände von oben und Rattenfüße von unten gewor-
den. Die Dichterin in der Mitte kennt keine Noten. Es ist
also nicht die eigene Kunst, um die es geht, denn diese
Kunst beherrscht sie ja. Das Gedicht betrauert einen Ver-
lust, der über das Persönliche hinausreicht, doch findet
diese Trauerarbeit in so subjektiver Weise statt, daß es wie
die Klage eines mißhandelten Kindes klingt. Wir lächeln
über die »Klaviatür«; und die Mondfrau im Boote ent-
springt dem Märchen oder ist eine Maske der Autorin, die
gerne die Mondsichel in ihre Schriften zeichnete. In der er-
sten Version war die Mondfrau übrigens ein Mondkind.
Kindlich ist es auch, einen zerbrochenen Gegenstand zu
vermenschlichen und als »blaue Tote« zu beweinen.
Über diesem kindlichen Jammer hängt die große Katastro-
phe der »verrohten Welt«. Aus dieser möchte der verzwei-
felnde und geschrumpfte Mensch entfliehen, und wohin
denn sonst als in den Himmel? »Mein blaues Klavier« ist
jedoch kein Selbstmordgedicht: Die Sprecherin fleht die
Engel unvernünftigerweise an, ihr schon lebend die Him-
melspforte zu öffnen. Sie weist sich aus mit dem »bitteren
Brote«, von dem sie gegessen haben will: Vielleicht ist es
vom selben Brotlaib geschnitten wie das »Brot mit Trä-
nen«, durch das Goethes Harfner »die himmlischen
Mächte« kennenlernte.
Das Wort »Verbot«, mit dem das Gedicht ausklingt, macht
stutzen. Die Flüchtlinge kannten die verschlossenen Türen
der Landesgrenzen nur zu gut. Hier soll nun ein allerhöch-
stes und unumstößliches Einreiseverbot aufgehoben wer-
den. Handelt es sich um eine letzte Steigerung solcher irdi-
schen Verbote? Auch fürs Himmelreich gelten strikte Im-
migrationsgesetze, und die Bittstellerin bettelt umsonst.

Man zögert, ein Gedicht »groß« zu nennen, das sich auf
Schritt und Tritt zurücknimmt und mit kleiner, kläglicher
Stimme spricht. Und doch ist »Mein blaues Klavier« neben
Brechts »An die Nachgeborenen«, das auch aus den drei-
ßiger Jahren stammt, wohl das beredteste lyrische Zeugnis
des Exils der Nazizeit. Wo Brecht so stark und männlich
auf das Recht zu hassen und die Pflicht zu kämpfen pocht,
beklagt Lasker-Schüler eine untergegangene Kultur in der
idiosynkratischen Sprache der Einsamen, mit der ihr ei-
gentümlichen Verknüpfung von Exaltation und Humor,
von Phantasie und distanzierender Selbstdarstellung. Wo
Brecht, am Rednerpult der Öffentlichkeit, das vielfache
Elend auf den einen Nenner des Widerstands bringt, ver-
anschaulicht es Lasker-Schüler, indem sie es uns im Mas-
kentheater des privaten Leidens vorspielt.

ELSE LASKER-SCHÜLER
PHARAO UND JOSEPH

Pharao verstößt seine blühenden Weiber,
Sie duften nach den Gärten Amons.

Sein Königskopf ruht auf meiner Schulter,
Die strömt Korngeruch aus.

Pharao ist von Gold.
Seine Augen gehen und kommen
Wie schillernde Nilwellen.

Sein Herz aber liegt in meinem Blut;
Zehn Wölfe gingen an meine Tränke.

Immer denkt Pharao
An meine Brüder,
Die mich in die Grube warfen.

Säulen werden im Schlaf seine Arme
Und drohen!

Aber sein träumerisch Herz
Rauscht auf meinem Grund.

Darum dichten meine Lippen
Große Süßigkeiten,
Im Weizen unseres Morgens.

DORIS RUNGE
GEZEITEN DER LIEBE UND DES LEIDS

»Pharao und Joseph«, der Titel verführt, wie Thomas
Mann »in Spuren zu gehen«, Echos zu lauschen, zu sehen,
was man weiß: Joseph auf verschlungenen Schicksalspfa-
den, nach Verkauf und Verleumdung, Grube und Gefäng-
nis, auf dem Höhepunkt seiner gottbestimmten Bahn – als
Staatsmann an der Seite des Pharao.

Aber schon die ersten Zeilen des Gedichts irritieren die
Erinnerung: *Pharao*, heißt es da, *verstößt seine blühenden
Weiber.* Und: *Sein Königskopf ruht auf meiner Schulter, /
Die strömt Korngeruch aus.* Wer und wes Geschlechts ist
dieser Joseph?

Der Korngeruch läßt an die Gaben- und Ährenträume der
biblischen Helden denken. Doch die Verse des Gedichts
weissagen nicht Wohl und Wehe Ägyptens, sprechen nicht
von dürren und fetten Jahren. Kopf auf Schulter wird hier
geträumt – genauer gesagt: Joseph träumt, was die Dichte-
rin sich träumen läßt: *Sein Herz aber liegt in meinem Blut.*
Gottfried Benn ist dieses Gedicht gewidmet. In anderen,
ihm gleichfalls zugedachten Versen, »Dem Barbaren« beti-
telt, gibt sich das dichterische Ich in männlichem Gewand
als ein verführerisches Weib zu erkennen: *Ich bin Joseph
und trage einen süßen Gürtel / Um meine bunte Haut.*

Benn datiert die erste Begegnung mit Else Lasker-Schüler
auf das Jahr 1912. Im Prosatext »Doktor Benn« von 1913
nennt sie ihn einen evangelischen Heiden, einen Christen
mit Götzenhaupt, Habichtsnase und Leopardenherzen.

Pharao heißt er in unserem Gedicht. Immer adelt die Liebe
den Erwähnten, einzig ist er und von königlichem Geblüt.
Mit Königsnamen also ruft sie ihn, sendet in anderen Ge-
dichten lyrische Botschaften an »Giselheer« den »Kna-
ben«, den »Heiden«, den »Tiger« und erfindet ihm ein Kö-
nigreich: das eigene liebende Herz. Anfangs wirbt sie
spielerisch und sehnsüchtig um den bewunderten Dichter,
später leidenschaftlich und klagend auch um den Mann.
Doch Benn antwortet im Gedicht »Hier ist kein Trost«:
Mein Weg flutet und geht allein.
Was der Adressat dieser Liebesgedichte ihr schuldig bleibt,
das Leben ihr versagt, die Religion ihr nicht mehr zu geben
vermag, Trost und Geborgenheit, gibt ihr die Dichtung. In
Masken und prächtigen orientalischen Gewändern betritt
die deutsch-jüdische Dichterin ihr poetisches Reich,
schlüpft, im Gedicht »Prinz von Theben«, in den »süßen«
oder »lammblutenden Hirtenrock«, sucht in den Armen
fremder Götter Schutz vor den feindlichen Brüdern *(Zehn
Wölfe gingen an meine Tränke)* und findet im Bild des ver-
ratenen und verkauften Joseph auch eine Metapher für ihr
Verhältnis zum Judentum, das ein zwiespältiges war in den
Jahren, als diese Gedichte geschrieben wurden.
Immer wieder geht es hinab in die Grube – *Ich sterbe am
Leben und atme im Bilde wieder auf* (»Mein Herz«) –, im-
mer wieder entsteigt sie verwandelt dem Grab. Der Tod –
der kleine wie der große – ist ein Verwandler. »Vielleicht
war Tammuz eine Jungfrau und ist ein Jüngling nun Kraft
des Todes«, examiniert Thomas Manns Joseph den kleinen
Bruder Benjamin und belehrt auch Leas Sohn Ruben, sei-
nen Halbbruder: »Weißt du nicht, daß es des Todes Kraft
ist, die Beschaffenheit zu verändern, und daß Rahel dem
Jaakob lebt in Joseph .. Ich und die Mutter sind eins.« Mit

verschleierten Rahel-Augen dichtet und deutet Else Las-
ker-Schülers Joseph dem Pharao Träume: *Pharao ist von
Gold.*

Das goldene Haupt des Sonnengottes, die Sonne selbst,
ruht auf der kornduftenden Schulter. *Seine Augen kom-
men und gehen,* Tag und Nacht, Gezeiten der Liebe. Die
schillernden Nilwellen überfluten den trockenen Acker,
verwandeln ihn in fruchtbares Schlammland. *Sein Herz
aber liegt in meinem Blut.* In Josephs Brust schlägt es,
schlägt für Pharao. Wenn aber das Herz schon verloren ist
an ein goldenes Monument, gilt es den Kopf zu retten, fa-
bulierend tausendundeine Nacht lang, buchstäblich Pha-
rao die Nacht versüßend: *Darum dichten meine Lippen /
Große Süßigkeiten.*

Über die »Großen Süßigkeiten«, die Dichtung der Else
Lasker-Schüler, sagt Benn Jahrzehnte später: »die größte
Lyrikerin, die Deutschland je hatte«. Was aber der »Bar-
bar« der liebenden Frau zu verstehen gab, die ihre Biogra-
phie geschönt, sich um Jahre verjüngt hatte, war herzlos.
»Söhne« lautete der Titel des ihr einst gewidmeten Bu-
ches.

GERTRUD VON LE FORT
DEUTSCHES LEID

Schiffer, zieh fort die Brücke,
Du lockst mich nimmermehr an Bord,
Ich weiß von keinem Glücke,
Ich weiß von keinem Zufluchtsort.

Und ob sich draußen weiten
Noch Länder froh und gastbereit,
Und ihre Arme breiten
Wie fremder Mütter Lindigkeit:

Ich würde doch entbehren
Bei ihres reichen Tisches Brot,
Ich würde mich verzehren
Nach meiner Heimat bittrer Not,

Ich stünde doch in Ketten
Mitten im festlich hohen Saal,
Ich könnt mich niemals retten
Vor meines Volkes Schuld und Qual.

Mir bräche doch in Scherben
Des vollen Bechers Prunkgerät,
Ich müßte dennoch, dennoch sterben,
Wenn Deutschland untergeht.

WALTER HINCK
»VOLKES SCHULD«

Es gab Lyrikerinnen und Lyriker, von denen man nach
dem Ende des »Dritten Reichs« Verse über »deutsches
Leid« nicht hören mochte, weil ihre Klagen zu sehr von
Krokodilstränen trieften. Wer mit Gedichten dem »Ge-
nie« des Führers gehuldigt und die Waffen in Hitlers Krieg
mit Poesie gesegnet hatte, dem stand es jetzt an zu schwei-
gen. Manche der Dichterinnen, deren Verse in die Schul-
bücher eingingen, hatten sich von den grandiosen Massen-
kundgebungen blenden und von der nationalen Rhetorik
betören lassen, waren – und sei es nur vorübergehend –
hitlergläubig geworden. Gegen die Anfälligkeit einer
Agnes Miegel oder einer Ina Seidel aber war die Dichterin
Gertrud von le Fort gefeit.
Sie entstammte, 1876 geboren, einer hugenottischen
Adelsfamilie und studierte Theologie, Philosophie und
Kunstgeschichte. Sie war Schülerin des bekannten evange-
lischen Theologen Ernst Troeltsch, nicht ohne Folgen aber
blieben ihre Rom-Aufenthalte; 1926 konvertierte sie zum
Katholizismus. Noch ausschließlicher beherrschten von
nun an religiöse Themen das lyrische und erzählerische
Werk. Die Verankerung im Glauben schützte sie auch vor
der Verführung durch die nationalsozialistische Ideolo-
gie.
Dabei durchzog ihre »Hymnen an Deutschland« aus dem
Jahre 1932 noch ein voller vaterländischer Ton. Nicht sel-
ten erhielt sich ja gerade in hugenottischen Familien eine

Dankbarkeit aus den Zeiten der Aufnahme in besonders starker Identifikation mit dem Gastland. Diese gefühlsbetonte Bindung ist auch in jeder Strophe unseres Gedichtes spürbar. Ausgeschlossen wird die Möglichkeit, dieses Land (wieder) zu verlassen. Damit umschreibt das Gedicht zugleich die Lage eines Dichters in der Inneren Emigration.

Im Unterschied zu anderen in Deutschland gebliebenen Autoren, die nach dem Kriege gegen die geflohenen, vom Naziregime verbannten Schriftsteller zu Felde zogen, argumentiert Gertrud von le Fort ganz ohne Selbstgerechtigkeit. Sie verdächtigt keinen der Emigrierten, gefällt sich nicht in der Rolle der »besseren« Deutschen.

Das Angebot zur Ausreise wird abgelehnt, weil die Aussicht, in gastlichen Ländern willkommen zu sein, nicht auch schon Rettung verheißen kann. Denn nirgendwo gibt es Zuflucht »vor meines Volkes Schuld und Qual«. In immer neuen Anläufen verneinen die Strophen drei bis fünf die Möglichkeit einer erträglichen Existenz in der Fremde (das läßt sich auch auf die ersten Nachkriegsjahre beziehen). In keiner Form des Wohllebens wäre das Bewußtsein von der Not des eigenen Volkes abzuschütteln.

Die bis in den gemeinsamen Tod und Untergang gehende Identifikation hat etwas von jener Bedingungslosigkeit, mit der auch Hitler Gefolgschaft und der Nationalismus Selbstaufgabe zugunsten der Gemeinschaft des Volkes verlangten – man darf diese Nähe zu einem fatalen Absolutheitsanspruch nicht übersehen. Was aber Gertrud von le Fort von allen Verfechtern blinder Gemeinschaftshörigkeit trennt, ist der Gedanke der Verantwortlichkeit für »Volkes Schuld«. Das war der eigentliche Appell an den Leser, der die Verse in der Gedichtsammlung von 1950 fand.

REGINA ULLMANN
ALLES IST SEIN...

Du willst dem Geschicke zuvorkommen,
seinen majestätischen Lauf voreilig unterbrechen,
willst dein Leben von dir werfen,
wie man Warenballen aus einem Schiffe wirft,
nur weil man befürchtet und abschätzt,
daß es sie nicht mehr zu halten vermag,
bis es das Land erblickt...
Und weißt doch nicht,
ob es nicht doch noch trägt,
oder ein anderes Wunder,
vielleicht in Gestalt eines Walfischs
sich bergend,
von seinem Wasserspiele abläßt
und vor dir in silberner Straße einherzieht,
mit seinem eigenen Leibe
das todeserschöpfende Rudern ersparend!
Und weißt nicht,
ob der Blitz im Gewölk dich nicht sucht
und dein Schiff und die Bürde so heimwärts kommt
auf gradestem Wege!
Aus der wirbelnden Sturmessäule hinaufgeschleudert!
Von seiner Hand ergriffen
und geheiligt aufgestellt im Himmelsraume.
Weißt nicht, was ihm das liebste ist:
Du selbst
oder die Bürde, um deretwillen du fährst,

oder das Schiff, worin du sie birgst,
oder das Meer, worein es verpflanzt ist. –
Denn alles ist sein.

PETER VON MATT
SCHWERES SCHEITERN, HOHE FAHRT

Jemand will sich umbringen. Eine Frau oder ein Mann will sich töten, weil alles nicht mehr auszuhalten ist. Die Last ist zu groß geworden, der Gedanke an ein rasches Ende tröstet und lockt und zieht. Hier setzt das Gedicht ein. Die Frau, die es schreibt, weiß, wovon sie redet. Von Kind an hat sie die schwarzen Zeiten der Depression gekannt. Immer wieder geht sie durch versteinerte Tage. Vielleicht spricht sie hier nur zu sich selbst.

Es scheint zunächst, als laufe alles auf die üblichen Trostreden hinaus: Nimm's nicht so schwer, es wird schon wieder besser, du mußt dich eben zusammenreißen... Bald aber merkt man, daß da ganz anders gedacht und geredet wird. Schon die Zeilen mit dem »Blitz im Gewölk« sind eine seltsame Aufmunterung. Vielleicht wirst du ohnehin gleich vom Strahl getroffen; vielleicht kommst du ohnehin bald in Seenot um. Soll das jemand vom Selbstmord abhalten?

Wie so oft bei Regina Ullmann wird das Einfache und Vertraute nur um eine Nuance verschoben, und schon nimmt sich alles fremdartig aus. Das vermeintliche Zureden verwandelt sich in eine Folge merkwürdig großartiger Bilder. Dabei ist deutlich erkennbar, woher die Metaphern stammen: aus dem Buche Jonas im Alten Testament. Dort läuft der widerborstige Prophet seinem Gott davon. Er will vor dem allerhöchsten Auftrag kneifen und haut ab, zu Schiff nach Spanien. »Da ließ der Herr einen großen Wind aufs

Meer kommen, und es erhob sich ein großes Ungewitter
auf dem Meer, daß man meinte, das Schiff würde zerbre-
chen. Und die Schiffsleute fürchteten sich und schrien, ein
jeglicher zu seinem Gott, und warfen das Gerät, das im
Schiff war, ins Meer, daß es leichter würde.« Der Walfisch,
der sowohl im Gedicht wie in der Prophetengeschichte
gleich anschließend auftaucht, bestätigt diese Quelle.

Allerdings wird der Text dadurch nur schwieriger. Die
Verse arbeiten mit dem Bildmaterial der Jonas-Geschichte,
aber sie erschließen sich doch nicht von dieser Rettungs-
legende her. Niemand wird verschluckt und wieder aus-
gespuckt. Die klassische Wiedergeburtsphantasie bleibt
irgendwo im assoziativen Umfeld schweben. Wohl ver-
körpert der Fisch eine mögliche Hilfe, wenn er vor dem
Schiff herzieht, die Wogen zu einer »silbernen Straße«
glättet und das Gefährt aufnimmt in den Sog seines mäch-
tigen Leibes. Aber das ist nur das Vorspiel zur zentralen
Vision, wo ein Taifun das Schiff mit Blitzen umflammt und
lotrecht in die Höhe reißt. Nicht das ersehnte Ufer also,
sondern die radikale Katastrophe macht dem »todeser-
schöpfenden Rudern« ein Ende.

Das Bild ist so merkwürdig wie das ganze Gedicht. Es ist
eindringlich, durchaus original, und doch wieder außer-
halb der Anschaulichkeit. Die Hand, die schließlich aus
den Wolken greift und das Schiff »aufstellt im Himmels-
raume«, als wär's ein Seglermodell im Museum, erinnert an
die Naivität ländlicher Mirakelbilder, an Ex Votos, wo die
Heilige Jungfrau auf einem Wölklein über dem akuten Un-
glück schwebt und behutsam Hilfe leistet.

Rilke wurde 1908 auf die 24 Jahre alte Regina Ullmann
aufmerksam. Er war fasziniert und irritiert, versuchte, das
Fremde ihrer Kunst zu benennen, schrieb an sie und über

sie, und 1918 kopierte er mit eigener Hand ihre besten Gedichte und schickte sie an den Insel Verlag. Sie erschienen im Jahr darauf. Der vorliegende Text gehört dazu. Die bedrängende Deutlichkeit der Bilder, die sich dennoch der gewohnten Auslegung entziehen, brachte Rilke auf den Satz: »Ihre Seele ist wie ein Blindgeborener, den ein Seher erzogen hat.«

Wenn hier, was vermutet werden darf, eine Frau sich selbst vor dem Suizid zurückhält – mit welchem Argument zuletzt? Mit dem halb zögernden, halb beschwörenden Gedanken, daß wir vielleicht in Zusammenhängen leben, wo die erlittene Sinnlosigkeit mehr Sinn hat als alle rundum anerkannten Ziele und Zwecke.

INA SEIDEL
TROST

Unsterblich duften die Linden –
was bangst du nur?
Du wirst vergehn, und deiner Füße Spur
wird bald kein Auge mehr im Staube finden.
Doch blau und leuchtend wird der Sommer stehn
und wird mit seinem süßen Atemwehn
gelind die arme Menschenbrust entbinden.
Wo kommst du her? Wie lang bist du noch hier?
Was liegt an dir?
Unsterblich duften die Linden. –

PETER WAPNEWSKI
UM DER HOFFNUNGSLOSEN WILLEN

Ein Gedicht von einer Strophe nur, es wirkt einfach und
wie gesungen im Volkston. Ein Lied, und wer es in einer
Anthologie sucht, der wird es vermutlich finden unter ei-
nem Obertitel wie »Natur« oder »Jahreszeiten«. Damit
freilich hätte er nur das halbe Teil, denn es geht um die
menschliche Natur, um ihr natürlichstes Teil: ihr Sterben.
Und wollte einer diese Verse literarhistorisch einordnen,
so würde ihm etwa der Begriff »nachromantisch« einfal-
len, was ebenso zutreffend ist wie allgemein, denn »nach-
romantisch« reicht von Storm bis Benn und weiter. Womit
lediglich gesagt sein soll, daß hier Töne angeschlagen sind,
die – mit allem Vorbehalt – ein Element der Zeitlosigkeit in
sich haben. Damit ist das Stichwort gefallen: Zeit.
Hier ist die Rede von der menschlichen Grunderfahrung
des Dahingehens – denn alles Fleisch, es ist wie Gras, und
alle Herrlichkeit des Menschen wie des Grases Blumen.
Ein sensuelles Erlebnis provoziert das bange Bewußtsein
der Flüchtigkeit: der Duft der Linden, der in seiner jährli-
chen Wiederkehr als »unsterblich« empfunden wird. Die-
ses Wort, schwer am Anfang, provoziert seinen Gegenbe-
griff – ohne daß er genannt wird.
Vielmehr wird die menschliche Verfassung genannt, die
Konsequenz des Gegenbegriffs ist: Bangen. Ein Bangen,
gegen das es kein Argument gibt als das der gänzlichen
Hingabe an jenes Gesetz, das Bangen auslöst: Vergehen.
Das Wort wird aus der übertragenen Bedeutung in eine

konkrete versetzt: Das (Ver-)Gehen hinterläßt die Spur der Füße im Staub; und bald erlischt sie. Mit solchem dauernden Vergehen wird das dauernde Stehen (des Sommers) konfrontiert, Garantie des Bestandes der außermenschlichen Natur und ihrer Mächtigkeit.

Drei Fragen schließlich antworten auf die Frage des Anfangs, ihr rhetorischer Charakter ist deutlich, sie wollen als Frage Gewißheit ausdrücken. Gewißheit, daß an uns nichts liegt, Gewißheit des Belanglosen, des Passageren. Und am Ende, in der endlichen Wiederaufnahme des Eingangsverses, ist wieder der Anfang, Kreislauf, Dauer, Duft der Unsterblichkeit.

Man könnte beim ersten Lesen meinen, hier lägen locker gefügte, im Parlando einer gewissen Formlosigkeit gesprochene Verse vor. Es handelt sich indessen um eine mit höchster Kunstfertigkeit gebaute Strophe, die dem Prinzip der Symmetrie im Sinne der Kongruenz verpflichtet ist. Will sagen: um eine Mittelachse, die des einzigen Paar-Reims (»Doch blau und leuchtend...« bis »Atemwehn«), gruppieren sich zwei Quartette, und zwar derart, daß der erste Vers des Ganzen metrisch-reimlich dem letzten entspricht, der zweite dem vorletzten und so weiter.

Solches Gebilde artistischen Kunstwillens steht hier als das menschliche Werk gegen den großen, uns alle bewältigenden Prozeß des Vergehens. Die (relative) Dauer menschlichen Tuns in der (absoluten) Dauer des großen Verlaufs. Dauer, die sinnlich erfaßbar ist im Duft des sommerlichen Baumes schlechthin: Der »Linden«-Reim grenzt als »umarmender Reim« jedes der beiden Quartette ab und überführt doch das eine ins andere, da er als einziger der Reime sich durch die ganze Strophe zieht, flüchtige Dauer andeutend. Als statische Mitte (»Achse«) stellt sich blau und

leuchtend der Sommer aus, das Bangen wachrufend wie
stillend (und zwar, hier ist der sommerduftende Baum
spielerisch fortgesetzt, »gelind«).

Ein Stück bedachter Kunst als humane Antithese zum alles
aufhebenden Gang der großen außermenschlichen Welt.
Ist Trost darin? Ist Trost im Bewußtsein der eigenen Nich-
tigkeit und der großen Ordnung? Vielleicht in einem
Sinne, der »konservatives« und »progressives« Denken ei-
nen Augenblick zur Kongruenz bringt. Im Sinne von Ben-
jamins berühmtem Wort: »Nur um der Hoffnungslosen
willen ist uns die Hoffnung gegeben.«

NELLY SACHS
GEBET FÜR DEN TOTEN BRÄUTIGAM

Wenn ich nur wüßte,
Worauf dein letzter Blick ruhte.
War es ein Stein, der schon viele letzte Blicke
Getrunken hatte, bis sie in Blindheit
Auf den Blinden fielen?

Oder war es Erde,
Genug, um einen Schuh zu füllen,
Und schon schwarz geworden
Von soviel Abschied
Und von soviel Tod bereiten?

Oder war es dein letzter Weg,
Der dir das Lebewohl von allen Wegen brachte
Die du gegangen warst?

Eine Wasserlache, ein Stück spiegelndes Metall,
Vielleicht die Gürtelschnalle deines Feindes,
Oder irgend ein anderer, kleiner Wahrsager
Des Himmels?

Oder sandte dir diese Erde,
Die keinen ungeliebt von hinnen gehen läßt,
Ein Vogelzeichen durch die Luft,
Erinnernd deine Seele, daß sie zuckte
In ihrem qualverbrannten Leib?

GERHARD SCHULZ
SCHÖNHEIT UND GEWALT

Kein Zweifel: dieses Gedicht ist schön. Seine äußere Ge-
stalt besitzt Harmonie. Mit zwei gleich langen Strophen
hebt es an, eine dritte und vierte durchbrechen dann zwar
die Regelmäßigkeit, aber am Ende, in der fünften, kehrt es
wieder in sie zurück. Aufgesang und Abgesang aller Lyrik
scheinen darin ihre Spur hinterlassen zu haben. In der ele-
gischen Melodie der fünf Fragen ist Musik, die durch kei-
nen harschen Klang gestört wird. Die Bildersprache des
Gedichts schließlich umfaßt die ganze Weite menschlichen
Daseins zwischen Himmel und Erde, aber sie bleibt ein-
fach in ihrer kräftigen, klaren Anschaulichkeit und ist kei-
ner Erläuterung bedürftig.

Ja, dieses Gedicht ist schön. Aber darf es denn schön sein?
Die Frage ist so alt wie das Gedicht selbst. Es ist eines jener
zehn »Gebete für den toten Bräutigam«, die 1946 in Nelly
Sachs' erstem Lyrikband »In den Wohnungen des Todes«
erschienen sind. Aus annähernd gleicher Zeit stammt die
weithin bekannt gewordene Frage Adornos, welches Recht
Poesie denn noch im Zeitalter nach diesen deutschen
»Wohnungen des Todes« haben könne – eine Frage, auf die
die »Gebete« schon damals eine stille Antwort gaben.

Seitdem sind fünf Jahrzehnte vergangen. Sie haben in vie-
len Beispielen bestätigt, daß gerade Kunst die Dimensio-
nen des Grauens vermessen kann, indem sie das von jedem
Verstand Unfaßbare miterlebbar macht. Darüber hinaus
jedoch ist eine andere, neue Frage entstanden. Nelly Sachs,

in Berlin lebend, entkam 1940 den Verfolgern in letzter Minute. Ihre Gedichte hat sie im schwedischen Asyl geschrieben. Unmittelbare Lebenserfahrung also spiegeln sie wider, ohne daß wir Namen und Person dieses Bräutigams kennen müssen. Biographische Details mögen da sekundär sein. Wohl aber ist zu fragen, ob sich die Gedichte überhaupt von biographischer Realität trennen lassen, ob man also für ihr rechtes Verstehen nicht doch ganz und gar auf die Lebensgeschichte ihrer Verfasserin angewiesen bleibt.

Die Frage ist weittragend und voller Konsequenzen. Vom »Erlebnis« als entscheidendem Anstoß und Inhalt alles Dichtens hat sich die Literaturwissenschaft längst entfernt, wünscht sie doch ihrem Gegenstand fortdauernde Aktualität. Aber was an Goethe leicht vorzuführen und zu üben ist – läßt sich das auch hier tun, ja soll es überhaupt versucht werden angesichts der Ungeheuerlichkeiten, auf die sich die Verse beziehen, unvergleichbar mit allem, was je in den Erfahrungskreis Goethes getreten ist?

Nelly Sachs hat einen weiten Rahmen gesetzt. Von der Liebe der Erde und des Himmels, von »Vogelzeichen« und von einem Lichtstrahl als »kleinem Wahrsager« lesen wir, wie es einem Gebet entspricht, obwohl dieses hier nur aus Fragen besteht und ein Befragter nicht aus ihm, sondern allenfalls aus dem Umkreis der anderen neun Gebete erschließbar ist. Allerdings: von den »goldenen Überraschungen des Herrn« wissen auch in ihnen »nur die Träume«, wie es am Ende des letzten Gebets heißt. Innerhalb solch absoluter Dimensionen aber handelt dieses Gedicht von zwei großen Grenzerfahrungen menschlicher Existenz, von Liebe und Tod, und vom kleinen Tod des Abschiednehmens, das ja, wenn es als Schmerz empfunden wird, Liebe voraussetzt.

Dieser Tod hier ist allerdings unmißverständlich ein Tod durch Gewalt. Der Stein, der verlorene Schuh auf dem Weg in den Tod, die »schwarze«, blutgetränkte Erde, das »spiegelnde Metall«, die »Gürtelschnalle deines Feindes« zeigen es deutlich genug. So sind die Verse Klage, Anklage und zugleich ein Liebesgedicht sondergleichen. Ein alter Topos – die getrennten Liebenden finden sich durch den Blick auf ein gemeinsames Drittes – wird aufgenommen und modifiziert. Sterne oder Mond mußten einstmals zu solcher Begegnung dienen; hier sind es die kleinen, auf eigene Art schönen Realien im Reiche menschlicher Gewalt. Denn unsere Definitionen des Kunstschönen sind weit geworden. Das aber führt noch einmal auf die Frage der Abhängigkeit der Verse von Biographie und Zeiterfahrung zurück. Falls einmal künftige, glücklichere Zeiten erklärt haben wollen, was es mit einem »qualverbrannten Leib« auf sich hatte, wird man die Geschichte von Nelly Sachs' Zeit abrufen müssen.

Wenn die künftigen Zeiten aber nicht glücklicher sein sollten, werden sie in diesem Gedicht sich selbst wiederfinden, wofür schon die fünf Jahrzehnte nach 1946 manchen Anlaß geboten haben. Das erwiese immerhin, daß ein Bedürfnis nach Gedichten fortbesteht.

NELLY SACHS
VÖLKER DER ERDE

ihr, die ihr euch mit der Kraft der unbekannten
Gestirne umwickelt wie Garnrollen,
die ihr näht und wieder auftrennt das Genähte,
die ihr in die Sprachverwirrung steigt
wie in Bienenkörbe,
um im Süßen zu stechen
und gestochen zu werden –

Völker der Erde,
zerstöret nicht das Weltall der Worte,
zerschneidet nicht mit den Messern des Hasses
den Laut, der mit dem Atem zugleich geboren wurde.
Völker der Erde,
O daß nicht Einer Tod meine, wenn er Leben sagt –
und nicht Einer Blut, wenn er Wiege spricht –

Völker der Erde,
lasset die Worte an ihrer Quelle,
denn sie sind es, die die Horizonte
in die wahren Himmel rücken können
und mit ihrer abgewandten Seite
wie eine Maske dahinter die Nacht gähnt
die Sterne gebären helfen –

HILDE DOMIN
ZERSTÖRET NICHT DAS WELTALL
DER WORTE

Dies ist ein Aufruf, wie ich keinen zweiten sehe im lyri-
schen Werk der Nelly Sachs. Trotz ihrer vielen »Du«,
»Ihr«, »Wir«, die die »O Mensch«-Rufe der »Mensch-
heitsdämmerer« an Hoffnungs- und Verzweiflungspathos
weit zurücklassen. Man muß sich klarmachen, daß Nelly
Sachs fast eine genaue Altersgenossin Werfels ist, Bechers,
Golls und Heynickes (1890/91). Dabei aber von ihnen un-
abhängig: eine Stimme, die am Ende des Zweiten Welt-
kriegs sich erhebt, wie die der »sehnsüchtigen Verdamm-
ten« (Pinthus) am Ende des Ersten. Sie war es, die das erste
»Ihr« in einem Atem mit dem »Wir« sprach, in ihrem
»Chor der Geretteten« (»Wohnungen des Todes«, Aufbau
Verlag 1946, herausgegeben von Becher und Huchel).
»Sternverdunkelung«, ihr zweiter Band (1949), mußte
mangels Interesses eingestampft werden, ganz wie Celans
»Sand aus den Urnen« (1948), der bereits die »Todesfuge«
enthielt. Heute wissen wir also, daß die deutsche Nach-
kriegslyrik mitnichten »weltfern und idyllisch« anfing,
»einzige Ausnahme Günter Eich«, wie immer noch be-
hauptet wird.

»Völker der Erde« gehört in den Umkreis von »Sternver-
dunkelung«, wurde etwa gleichzeitig geschrieben wie, in
New York, Adornos fataler Satz: »nach Auschwitz ein Ge-
dicht zu schreiben, ist barbarisch« und »unmöglich«. Grau
ist doch die Theorie. Erstaunlich bleibt, daß es Adorno nie

gelang, dies Fehlurteil auszulöschen, das immer noch um-
läuft und uns auch anno 77 von einem stimmführenden
Germanisten pünktlich serviert wurde. »Daß es noch Ge-
dichte gibt nach Auschwitz, beweist nur, daß die Welt nach
Auschwitz Auschwitz vergessen hat«, befand Peter Wap-
newski. Das Verkehrteste, was wohl je zur Verteidigung
dieser abgeleierten und unhaltbaren These vorgebracht
wurde, die 1951 ihren Siegeszug antrat: genau ein Jahr be-
vor Celan mit »Mohn und Gedächtnis« in Deutschland
unüberhörbar wurde.

»Völker der Erde« ist einer der wenigen Aufrufe der Nelly
Sachs, der sich an alle wendet. Die Völker der Erde sind
aufgerufen, hier, jetzt und in alle Zukunft. Es ist auch das
einzige Gedicht von ihr, das sich ausschließlich mit der
Sorge um die Sprache befaßt. Das Wort, wie der Atem (das
»Pneuma«), ist das Leben selbst: der die Schöpfung in
Gang setzende Logos. »Das atemverteilende Weltall« wird
es daher auch genannt.

Aufgerufen wird zur Enthaltung von Haß: Haß, das Mes-
ser, das Atmen und Sprechen zugleich abschneidet. Und
sofort wird zur Wahrhaftigkeit aufgerufen. Aber in umge-
kehrter Folge, als wir es gewöhnt sind. Gewöhnt sind wir
an: »Du sagst Frieden, aber du meinst ihn nicht. Sag doch
gleich, wie schlecht du es meinst!« Diese Art Forderung
will den andern auf seine bösen Absichten festnageln, ihn
überführen. Nelly Sachs dagegen verlangt: »Plane nichts
Böses, wenn du Gutes sprichst!«

Es geht hier weniger um die nachzuweisende Diskrepanz
von Wort und Wirklichkeit. Vielmehr soll das Wort den,
der es spricht, auf sich verpflichten. Denn das Wort ist, sei-
ner Natur nach, Wort des Lebens. »Lasset die Worte an ih-
rer Quelle«. Diese »Quelle« ist die Sehnsucht: Sehnsucht

nach Liebe und nach Heil. Dies sind »die wahren Him-
mel«, in die die – nicht mißbrauchten – Worte »die Hori-
zonte rücken können«. »Mit ihrer abgekehrten Seite«, die
Geheimnis bleibt, helfen die Worte »die Sterne gebären«
(eine mehrfach benutzte Metapher). Von den Gestirnen
heißt es in einem vergleichbaren Kontext, fast hölderli-
nisch: »die kreisen unsichtbar, und nur von Sehnsucht an-
gezündet«. So fließen die Worte aus der Sehnsucht und
entzünden die großen Lichter, von woher sie wiederum
Kräfte beziehen, in ewiger Wechselwirkung.

Jetzt verstehen wir den Anfang: von den »Völkern der
Erde«, die Spulen sind für unbekannte Sehnsüchte (»mit
der Kraft der unbekannten / Gestirne umwickelt wie
Garnrollen«). Und die aus der Kraft dieser Sehnsüchte Be-
schlüsse fassen und verwerfen, »die ihr näht und wieder
auftrennt das Genähte«. Völkerverträge zum Beispiel oder
die Menschenrechte. Von der summenden »Sprachverwir-
rung«, dem aktiven und passiven Wortbetrug (»stechen
und gestochen« werden, wobei noch hinzugesetzt ist »im
Süßen«, also Betrug mit Honigworten), kommt Nelly
Sachs dann in die großen und erregenden Imperative: den
Appell an die Völker, die Sprache heilig zu halten wie das
Leben selbst.

»O daß nicht Einer Tod meine, wenn er Leben sagt – und
nicht Einer Blut, wenn er Wiege spricht –«. Ruft das nicht
jeder von uns, wenn er morgens die Zeitung öffnet, wenn
er abends den Fernsehknopf drückt!

NELLY SACHS
WEISS IM KRANKENHAUSPARK

I.

Im Schnee
die Frau geht
hält auf dem Rücken
umkrampft mit falschem Griff
ganz heimlich
abgebrochene Zweige mit Knospen
noch von Nacht verdeckt

Sie aber im Wahnsinn ganz still
im Schnee
um sich blickend und weit offen
die Augen wo
von allen Seiten das Nichts einfährt –

Aber sehr heimlich das Ferne
ist in ihrer Hand
in Bewegung geraten –

II.

Die Stille mit soviel Wunden getränkt
Religion der schon ausgefahrenen Beter
lebt noch vom Martyrium
immer neu wie Frühling –

RUTH KLÜGER

GESTOHLENE KNOSPEN

Die Gedichte von Nelly Sachs kreisen um zwei Hauptthemen. Die einen, für die sie den Nobelpreis erhielt, sind die Klagen um die Opfer des Holocaust. Die anderen, verhalteneren, sind die Gedichte um Krankheit und Todeserwartung. Unser Gedicht gehört der letzteren, späten Phase an, mit einem leisen Hinweis auf den ersten Motivkreis.

Es ist Vorfrühling, eine geisteskranke Patientin hat im Krankenhauspark knospende Zweige abgebrochen und geht jetzt damit spazieren. Da sie sie zu verstecken sucht, hält sie sie »falsch«, das heißt verkrampft, auf dem Rücken, nicht wie eine Blumenfreundin sie tragen würde. Zu ihren Füßen liegt Schnee. In einer für Nelly Sachs typischen Formulierung für kosmisches Erschrecken oder tiefste existentielle Einsamkeit fährt von allen Seiten das Nichts auf sie ein. Die Kranke klammert sich an ihre Knospen, an etwas Lebendiges und Junges, *ganz heimlich*, also im Bewußtsein, daß sie sie eigentlich nicht haben dürfte. Sie sind Selbstbestätigung gegen die winterliche Starrheit ihrer Umgebung.

Soweit die Psychologie. Doch darf für fromme Menschen wie Nelly Sachs das, was außerhalb der Wahrnehmung unserer fünf Sinne liegt, nicht nur in Verzweiflung münden, sondern schließt auch Verheißung mit ein. Die dritte Strophe bringt *das Ferne* als Gegengewicht zum Nichts ins Spiel. In das Diesseits des Gartens ist ein hoffnungsträchtiges Jenseits eingebrochen. *Das Ferne* offenbart sich in den frischen Zweigen, die im Griff der Kranken – hier eine Rückblende auf das Wort *heimlich* – in Bewegung geraten sind. Übrigens sind die einzigen Satzzeichen im ganzen Gedicht die Gedankenstriche am Ende der Strophen: Sie wirken wie Wegweiser ins Offene.

Im zweiten, viel kürzeren Teil ist die Frau ausgeklammert. Die Verbindung mit dem ersten Teil liegt in dem Worte *Frühling* und in der Voraussetzung anderer Daseinsmöglichkeiten als der des Lebens. Wir sind aus dem Krankenhauspark in eine Todesstille versetzt worden, wo die *Religion der schon ausgefahrenen Beter* herrscht, also der Verstorbenen. »Fahrt« als Übergang vom Hier zum Ewigen – wie in dem Buchtitel »Fahrt ins Staublose« – war ein Lieblingsbegriff von Nelly Sachs. In unserem Gedicht kommt sowohl Einfahrt wie Ausfahrt vor: Wo das Nichts einfuhr, fahren die Beter aus. Das klingt fast wie romantische Todessehnsucht. Nur erinnern *Wunden* und *Martyrium*, an sich christlicher Herkunft, in den Versen der jüdisch-deutschen Dichterin an »ihre« Toten, die Ermordeten der Nazis, denen sie ihre berühmtesten Gedichte gewidmet hat.

»Weiß im Krankenhauspark« veranschaulicht zunächst eine ganz private Krise und enthält erst am Ende Anspielungen auf geschichtliche Katastrophen, über die man hinweglesen kann, ohne daß das Ganze dadurch unverständlich würde. Das Bestechende an dem Gedicht sind solche Ambivalenzen. Für Gottergebenheit ist der erste Teil zu psychopathologisch konzipiert. Auch wird kein friedliches Hinscheiden in Aussicht gestellt, dazu sind Ausdrücke wie *mit falschem Griff, im Wahnsinn ganz still, mit soviel Wunden getränkt* zu beunruhigend. Ebenso entbehren die verknautschten, gestohlenen Knospen einer strah-

lenden Symbolkraft. Es ist kein erhabenes, eher ein konfu-
ses Erlebnis, das sich im Kopf der Verrückten abspielt,
die jedoch, wie andere Menschen, zwischen dem Winter
und dem Frühling, dem Nichts und der Auferstehung
schwankt und für die die Hoffnung besteht, sie werde
nicht allein bleiben, wie sie es jetzt im weißkalten Park ist,
sondern in die Gemeinschaft der Toten treten.

Das Gedicht verarbeitet mystisches Gedankengut mit ei-
ner Feinfühligkeit, die unserer im Laufe von Kriegen und
anderen Mordaktionen stark herabgestuften Selbstein-
schätzung Rechnung trägt. Jenseits des Wahnsinns beharrt
es trotzdem auf seinem Glaubensbekenntnis; denn es be-
ginnt mit *Im Schnee* und endet mit *Frühling*.

NELLY SACHS
WENN NICHT DEIN BRUNNEN

Wenn nicht dein Brunnen, Melusine,
aller Märchen zweiten Ausgang
im Herzeweh hätte,
längst wären wir
in die versteinerte Auferstehung
einer Osterinsel eingegangen –

Aber wenn dein Echoangesicht,
mit der Müdigkeiten Akelei bestreut,
Sterben übt im Sabbatgold,
trinkt unser Blut Erinnerung
in einer Landschaft,
die schon da gewesen,
und in der schlummerleichten Vorgeburt
der Seele –

DORIS RUNGE
SEHNSUCHT, FLUCHT, HERZEWEH

Seele ist das letzte Wort des Melusinen-Gedichtes, dann
bricht es ab, mit einem Gedankenstrich, der stummen
Linie in die Vergangenheit (Adorno). Hier endet das Sag-
bare. Das Senkblei der Worte vermag die Tiefe nicht aus-
zuloten, aus der die Wurzeln dieser Dichtung ihre Nah-
rung ziehen. Im Raum der Erinnerung, im Brunnen der
Melusine, ist die stumme Linie der Zeit enthoben. So tief
hinab, so weit vor muß stoßen, wer ins Herz dieser Dich-
tung dringen will: zum Erinnerungsort, der *Landschaft, /
die schon da gewesen, / und in der schlummerleichten
Vorgeburt / der Seele –*.
Der Weg des Gedichtes beginnt mit Flucht und endet mit
Verwandlung. Flucht aber heißt in der Metaphorik von
Nelly Sachs, im Zustand der Sehnsucht zu sein. Sehnsucht
ist die Trieb-Feder, die die Fluchtbahnen schreibt, die
Kraft zur Verwandlung verleiht, und die Dichterin, die ihr
Stockholmer Exil kaum verließ, unterwegs sein ließ, von
Gedicht zu Gedicht, von Zeile zu Zeile. Wir lesen die chif-
frierte Botschaft dieser Verse: Melusine.
Aber ist Melusine, die unerlöste Seele, die Gestalt gewor-
dene Sehnsucht, nicht ein Relikt der Romantik, ist Sehn-
sucht nicht das verdächtige, das längst entthronte Königs-
wort, ein Wort für Tagediebe, ein Wort des Versagens an
der Wirklichkeit? Nelly Sachs entreißt den Träumern das
Wort, macht es zum energetischen Feld ihrer Poesie. Am
Anfang, drei Zeilen lang, bedient sie die romantische Kla-

viatur: Sehnsucht, Flucht, Herzeweh: Das alte Lied, die Melusinen-Klage ist angestimmt. Wir sind eingestimmt, lesen das Märchen noch einmal – aber anders, von seinem *zweiten Ausgang* her.

Wenn nicht dein Brunnen: die Erinnerung, wenn nicht das *Herzeweh*: die Klage, das Gewesene beschwörend, zum lebendigen Schmerz machte, was gäbe es, um das geschehene Leid dem Vergessen, dem Schweigen, der Versteinerung zu entreißen? Unerlöst wie im Märchen bliebe das erstarrte Leben, von dem der Stein noch Zeugnis ablegt, rätselhaftes Monument der Vergangenheit, nicht eingelöste Verheißung: *längst wären wir / in die versteinerte Auferstehung / einer Osterinsel eingegangen –*.

Wir? Sind das die Schatten der Verstorbenen? Melusine ist Sehnsucht, ist *Herzeweh*, Leben, Verwandlung, ewige Wiederkehr. Melusine ist das lebenbewahrende Wort: Dichtung, wie Nelly Sachs sie verstand. *Aber wenn dein Echoangesicht*, wenn das »Wehe«, das die verschmähte Nymphe Echo dem unerreichbaren Geliebten Narkissos zurückwirft, in unendlichen Brechungen widerhallt, wird ihre Klage zur Stimme der verstummten Kreatur. Nelly Sachs gab dem sprachlosen Entsetzen der jüdischen Opfer ihre Stimme. *Echoangesicht* – ein Wort verwandelt Melusine in die klagende Nymphe, von der die alles verzehrende Liebe zu Narkissos nur noch Stimme und Gebein ließ. Ein Wort, *Sabbatgold*, läßt das von *Müdigkeiten* gezeichnete, das alte Antlitz Israels, von dem die Stimme, das Wort blieb, die Heilige Schrift, hinter der griechischen Mythengestalt aufschimmern.

Melusines Bild steht nun für Verwandlung und Auferstehung. Sonnabends im Bade kehrt sie in ihr Element zurück, nimmt Abschied vom Zeichen ihrer Herkunft, übt

sterben, um zu werden, um als Sterbliche Unsterblichkeit
zu erlangen. Immer wieder muß der Leser die Spiegel-
schrift aus den Scherben von Mythos und Märchen deu-
ten. Immer wieder entzieht sie sich durch Verwandlung.
Erst im Schlußvers wird das Symbol für Auferstehung of-
fenbar: *trinkt unser Blut Erinnerung.* So sagt es das Ge-
dicht, durch die Assoziation an die Widderblut trinken-
den Schatten im Hades, denen nach dem Opferblut »das
Andenken an die obere Welt« (Erwin Rohde) wieder zu-
strömt. Die Sehnsüchtigen stillen ihre Sehnsucht mit
Brunnenwasser: trinken Erinnerung – Leben also, das ih-
nen allein durch das erinnernde Wort verliehen werden
kann.

Ist am Ende das Werk der Leib, der auferstehen soll? Er-
füllt von Echobildern ist die *Landschaft, / die schon da
gewesen, / und in der schlummerleichten Vorgeburt / der
Seele –.* Das Gedächtnis, das Wort, wird imaginiert zum
archaischen Bild einer Landschaft, das alle Bilder in sich
vereint – auch das neu zu findende Urbild, das die Verse
beschwören: die Sehnsucht nach Bewußtsein und Seele –
nach Menschwerdung.

NELLY SACHS
WER ABER LEERTE DEN SAND
AUS EUREN SCHUHEN?

Wer aber leerte den Sand aus euren Schuhen,
Als ihr zum Sterben aufstehen mußtet?
Den Sand, den Israel heimholte,
Seinen Wandersand?
Brennenden Sinaisand,
Mit den Kehlen von Nachtigallen vermischt,
Mit den Flügeln des Schmetterlings vermischt,
Mit dem Sehnsuchtsstaub der Schlangen vermischt,
Mit allem was abfiel von der Weisheit Salomos vermischt,
Mit dem Bitteren aus des Wermuts Geheimnis vermischt –
O ihr Finger,
Die ihr den Sand aus Totenschuhen leertet,
Morgen schon werdet ihr Staub sein
In den Schuhen Kommender!

ROLF SCHNEIDER
AUS STAUB GEMACHT

Wer aufstehen muß zum Sterben, dessen Tod kommt nicht
unverhofft. Wer angesichts des Sterbens seine Schuhe ab-
streift, hat den Tod unausweichlich vor Augen. Die in den
ausgekachelten Giftkammern sich nackt unter Düsen
drängten, aus denen statt Wasser Zyklon B fiel, mochten
den zuvor gehörten Auskünften, sie würden bloß einer
Desinfektionsbehandlung unterzogen, geglaubt haben
oder nicht. Vielleicht hatten Gerüchte oder der schaurige
Krematoriumsgeruch über den Lagern sie zuvor gewarnt.
Wir wissen es nicht. Wir können sie nicht mehr fragen.
Die jüdisch-deutsche Schriftstellerin Nelly Sachs war für
dieses Ende vorbestimmt; sie konnte ihm entkommen. In
der gewiß äußersten Privilegierung, die jemals ein Verferti-
ger von schöner Literatur erfahren hat, durfte sie noch im
Kriegsjahr 1940, da ihre berühmte schwedische Briefpart-
nerin Selma Lagerlöf ihretwegen interveniert hatte, nach
Stockholm fahren und derart überleben.
Sie hat dieses Überleben als unbegreifliche Gnade empfun-
den und als unbegreifliche Schuld. Das Gefühl der Schuld
hat ihr die Lippen geöffnet. Sie hat das von ihr nicht erlit-
tene Sterben bezeugt, immer wieder; es ist dies das Thema
ihrer Lyrik, wie es der Inhalt ihres Überlebens war.
Schuldbewußtsein erzeugt Deformationen. Seit ihrer
Flucht, seit ihrer zweiten Buchveröffentlichung, die ein
Vierteljahrhundert nach ihrer ersten erfolgte, ist Nelly
Sachs ein Mensch außer Sinnen gewesen. Die – seltenen –

Augenblicke des Glücksempfindens äußern sich bei ihr als Verzückung. Traurigkeit evoziert sie als einen Schmerz, für den die überkommene Sprache nirgends auszureichen scheint. Metaphern und Bilder brechen auseinander. Die Bruchstücke werden zu anderen Bildern zusammengefügt, die surreal sind und rätselhaft.

So werden Zeilen niedergeschrieben, die vom »Sehnsuchtsstaub der Schlangen« erzählen: ein sonderbares Gleichnis, dessen Verbindungen zu den Wirklichkeiten der Natur wie verdorrt sind, dem sich einzig ablesen läßt, daß es Schmerz verbirgt. Es gibt Gedichte von Nelly Sachs, in denen eine unwirkliche Chiffre auf die andere folgt, suggestiv und dunkel. Wer dann viele Gedichte von ihr kennt, entdeckt ein paar immer wiederkehrende Symbole; eines davon ist der Schmetterling, den sie einmal »aller Wesen gute Nacht« nennt, da in den Staub seiner Flügel das »schöne Jenseits« gezeichnet sei: auch der Schmetterling liefert nur eine Umschreibung des Todes.

»Wer aber leerte den Sand aus euren Schuhen« ist eine Paraphrase auf das Bibelwort, daß wir aus Staub gemacht sind und wieder zu Staub zerfallen. Es ist eine jüdische Paraphrase, in Erinnerung daran, daß die Bibel ein Buch der Judenheit ist; das Leben zwischen Staub und Staub ist die ständige Flucht, deren Archetypus der Zug der Kinder Israel durch den Sinai war, aufgehellt bloß von ein wenig Vogelgesang, von den gläubigen Einsichten des Predigers Salomo, der niemals vergaß, wenn er von Weisheit sprach, auch die Narren zu erwähnen.

Der Sand des Sinai wird bis nach Galizien getragen. Die Glut über der Wüste setzt sich fort in den Flammen der Todesöfen. Was zurückbleibt, sind die Schuhe. In Auschwitz liegen sie noch heute, in kleinen Gebirgen, hinter

Glas, die Schuhe der Opfer, die Schuhe der zu Staub Ver-
brannten, sie liegen neben anderen Vitrinen, in denen die
künstlichen Gebirge der Koffer liegen, die abgelegten
Krückstöcke, die künstlichen Gliedmaßen. In den Versen
der Nelly Sachs wird Auschwitz zu einem Menschheits-
gleichnis und der Tod der Juden dort zu unser aller Schuld,
zu unser aller Sterben.

GERTRUD KOLMAR
ABSCHIED

Nach Osten send ich mein Gesicht:
Ich will es von mir tun.
Es soll dort drüben sein im Licht,
Ein wenig auszuruhn
Von meinem Blick auf diese Welt,
Von meinem Blick auf mich,
Die plumpe Mauer Täglich Geld,
Das Treibrad Sputedich.

Sie trägt, die Welt in Rot und Grau
Durch Jammerschutt und Qualm
Die Auserwählten, Tropfentau
An einem Weizenhalm.
Ein glitzernd rascher Lebenslauf,
Ein Schütteln großer Hand:
Die einen fraß der Mittag auf,
Die andern schluckt der Sand.

Drum werd ich fröhlich sein und still,
Wenn ich meinen Soll getan;
In tausend kleinen Wassern will
Ich rinnen mit dem Schwan,
Der ohne Rede noch Getön
Und ohne Denken wohl
Ein Tier, das stumm, ein Tier, das schön,
Kein Geist und kein Symbol.

Und wenn ich dann nur leiser Schlag
An blasse Küsten bin,
So roll ich frühen Wintertag,
Den silbern kühlen Sarkophag
Des ewigen Todes hin,
Darin mein Antlitz dünn und leicht
Wie Spinneweben steht,
Ein wenig um die Winkel streicht,
Ein wenig flattert, lächelnd bleicht
Und ohne Qual verweht.

JÜRGEN THEOBALDY
UNBESIEGBARES ZEUGNIS

Es fällt mir schwer, das Gedicht zu lesen, als wüßte ich
nichts vom Schicksal seiner Verfasserin. Von Anfang an
wirkt in diesen eher schlichten Versen eine starke Span-
nung. Wer immer die Frau ist, die sich da hinaussehnt ins
Weite und in kindlich-märchenhaften Wendungen weg
will von der Beschäftigung mit sich selbst, sie braucht die
Welt auch, um sich ihrer bescheidenen Größe ebenso ge-
wiß zu bleiben wie ihrer Einzigartigkeit. Ihr Ich sieht sie
als »Tropfentau«, leicht von den Blättern zu schütteln,
doch auch als Teil der »Auserwählten«. Und allen Ent-
grenzungswünschen zum Trotz will sie sich mit der Per-
spektive begnügen, daß ihr Dasein auf Erden ein kurzer,
»glitzernd rascher Lebenslauf« gewesen sein wird. Dann
aber, nachdem ihr »Soll getan« ist, wird sie nur noch teil-
haben an der lauteren Schönheit des Kreatürlichen. Hier
ist die Spannung am stärksten, das Gedicht erreicht seine
engste Stelle: Sein Ich bescheidet sich in der Unermeß-
lichkeit von »tausend kleinen Wassern«; es fügt sich der
Größe des Weltlaufs, um sich an die Natur anzuschmie-
gen.
Aus dieser Engführung kehrt die letzte Strophe erweitert
hervor. Nicht nur sind ihre beiden Doppelreime gegen-
über den anderen, gleich gebauten Strophen verdreifacht,
sie enthält zudem in ihrer Mitte den einzigen Bruch des
durchgängig jambischen Metrums: Die doppelte Senkung
im »ewigen« Tod verlängert gerade die kleinste formale

Einheit, den Versfuß; Hoffnung, gar einen Anspruch auf
ein Leben nach dem Tod hegt das Ich nicht.

Viele Male habe ich dieses Gedicht gelesen, auch um mich
zu vergewissern, daß sein erster Eindruck auf mich stand-
hält. Das Gedicht nimmt einen Abschied vorweg, den
Gertrud Kolmar um 1932 nicht im Sinn gehabt haben
kann, obschon sie sich früh über die Ziele der Nationalso-
zialisten im klaren war. Die Versuche anderer nach 1945,
deren Untaten zu begreifen, haben die Wörter des Ge-
dichts mit Bedeutungen aufgeladen, die es zu einem bewe-
genden, grandiosen Gesang machen. Der »Abschied«
übersteigt das Andenken an Gertrud Kolmars Schicksal,
ihren eigenen, nie mehr datierbaren Tod in Auschwitz, wo
sie, die jüdische Rüstungsarbeiterin aus Berlin, neunund-
vierzigjährig entweder am 5. oder 7. März 1943 ankam, um
sogleich in der Gaskammer, die alles andere als eine Kam-
mer war, oder innerhalb kurzem durch Zwangsarbeit,
durch Entbehrung und Drangsal im Lager umgebracht zu
werden.

Das Gedicht ist eine Grabinschrift auf den Tod von Millio-
nen, geschrieben nicht im nachhinein, auch nicht als Pro-
phezeiung entworfen und gerade daher von einer unge-
heuren Authentizität. Sein »Gesicht« erschaut Bilder, die
auszulöschen selbst den gründlichen und effizienten nazi-
stischen Planern nicht gelungen ist, das Grab in den Lüf-
ten – und in den Wassern: denn die Asche und die zer-
stampften Knochenreste der im Gas Erstickten, dann in
den Krematorien Verbrannten war ab 1942 in die nahe
Weichsel geschüttet und so der See zugetrieben worden.

Inzwischen weiß ich, daß »Abschied« als das vorletzte Ge-
dicht von »Mein Kind« gedacht war, einem Zyklus, der zu
Lebzeiten der Dichterin nie vollständig veröffentlicht

wurde. Geschaffen für ein Kind, das Gertrud Kolmar nicht geboren hat, ist ihr Gedicht zum Abschied für das mittel- und osteuropäische Judentum geworden, dessen Leben und Sterben nur in solchen Versen und Zeugnissen bewahrt bleibt. Was ein fiktives kleines Wesen trösten sollte – daß das Antlitz seiner Schöpferin nach deren Tod »ohne Qual« verwehen werde –, kündet nun vom finstersten realen Verbrechen dieses Jahrtausends. Die Spuren davon sind noch im Unscheinbarsten, in dem »leisen Schlag an blasse Küsten«, gegenwärtig.

GERTRUD KOLMAR
AN DER GRENZE

An der Grenze grüßt ein Haus.
Wandrers Zuflucht, stammgezimmert,
Schirmt's vorm Strahl, der ficht und flimmert,
Wehrt dem Herbstwind, der's umwimmert.
Oftmals späht ich von ihm aus
Nach der Grenze.

An die Grenze kroch der Schmerz,
Lag im Busch als bunte Steine;
Fand ich einen, ward's der meine.
Schrittweis kehr ich heim und weine,
Und mir blieb mein müdes Herz
An der Grenze.

Auf die Grenze fällt bald Schnee,
Stäubt und schlägt: Ein Weg erblindet,
Der durch Tann sich aufwärts windet.
Ob zurück ins Tal er findet?
Eins nur weiß ich wohl: ich steh
An der Grenze.

RÜDIGER GÖRNER

SCHMERZ UND STEINE UND SCHNEE

Sie spürte früh, daß sie »immer die Andere war, nie die Eine«. Nur ihren Tieren und Worten konnte sie vertrauen, sie, die Fremde im eigenen Land, die sich schon ausgegrenzt fühlte, als ihr Vater, der erfolgreiche Anwalt Ludwig Chodziesner, noch in den höchsten Kreisen des wilhelminischen Deutschlands verkehrte. Er glaubte an den Geist des Bürgerlichen Gesetzbuches, seine Tochter an Theodor Herzls »Judenstaat«.

Das Gedicht »An der Grenze« gehört zu Gertrud Kolmars zwischen 1918 und 1922 entstandenen, zu ihren Lebzeiten nicht veröffentlichten »Frühen Zyklen«; aus ihnen sprechen düstere Ahnungen, »zagendes Verlangen« und unaufhebbare Gegensätze: »Grenzenlos das Sehnen, doch das Sein begrenzt«. Das Ich dieser Gedichte geht den »Grenzpfad« entlang in der vergeblichen Hoffnung, in eine andere Welt übertreten zu können. Es sehnt sich nach Prag, Wien und Neapel, muß sich letztlich aber damit begnügen, daß seine Zeit im Streusand der Mark Brandenburg zerrinnt.

Von welcher Grenze ist nun die Rede in diesem Gedicht? Von der Bewußtseinsgrenze, der Grenze zum Schweigen oder, schlichter, von einer Landesgrenze? Das Gedicht beginnt mit einer scheinbar romantischen Szene. Sie könnte der »Winterreise« entnommen sein: Ein Wanderer sucht Schutz; das Haus verheißt Geborgenheit. Und doch lockt das Draußen, der Blick auf die Grenze. Sie ist eine ständige

Versuchung: Wer sie gesehen hat, will sie überschreiten. Doch diesem Wanderer ist es nicht gegeben, die Grenze zu überwinden; vielmehr wird er zum Grenzgänger, die Grenze zu seinem Schicksal.

Den Wanderer lockt sogar der Schmerz entlang der Grenze. In Form von »bunten Steinen« wirkt er kostbar. Doch wer sich dazu verleiten läßt, diese Steine aufzuheben, dem werden sie unterderhand zum Verhängnis. Das Kostbarste jedoch, das »müde Herz«, erliegt dem leidvollen Zauber der Grenze; ihre Magie rührt daher, daß sich auf ihr Diesseits und Jenseits begegnen, die problematische Lebenswirklichkeit und die Hoffnung auf eine andere Welt.

In Gertrud Kolmars Gedicht gleichen die Empfindungen des Wanderers Grenzwerten; denn genau bestimmbar sind sie nicht. Der Wanderer weiß nicht, warum er »weint«. Die letzte Strophe zitiert nur noch Anklänge an einstige Naturromantik: Die verschneite Grenze täuscht vor, daß sie sich nun leichter überwinden lasse. Die geographischen Verhältnisse werden unscharf, die Wege funktionslos. Ihre Richtungen sind auf der Strecke geblieben. Dieser Wanderer kann nicht länger zwischen Weg und Ziel unterscheiden. Am Ende der dritten Strophe steht fest, daß er mit der Grenze wird leben müssen, ohne Aussicht darauf, sie hinter sich lassen zu können. Mithin ist nicht mehr eine bloße Landesgrenze gemeint, sondern die Grenze seiner Möglichkeiten.

Auffällig ist der Aufbau dieses Gedichts: Seine Strophen werden vom refrainartig gebrauchten Hauptmotiv buchstäblich umgrenzt. Die streng durchgehaltene parallele Reimstruktur und der bis zum Litaneihaften gleichtaktige Rhythmus bewirken, daß man bei wiederholtem Lesen glaubt, selbst an diese ›Grenze‹ zu stoßen. Was ahnte die junge Gertrud Kolmar, als sie dieses Gedicht schrieb? War ihr »Wanderer« jüdisch-deutsch wie sie, von den Antisemiten vor und nach der November-Revolution 1918 an den Rand der Gesellschaft gedrängt, in seiner Existenz bedroht, um schließlich (wie sie selbst 1943 und vor ihr der greise Vater) über die Grenze in die Vernichtungslager deportiert zu werden?

Oder war ihr Gedicht anders gemeint? Hatte sie an die Grenze zwischen dem Ich und Du gedacht? Spiegelte es ihre Not, den eigenen Kreis nicht durchbrechen zu können – hin zum Anderen, zum Geliebten? Versuchte sie sich zu entgrenzen, indem sie so betont über die Grenze schrieb? Gewiß ist dies: Was Gertrud Kolmar in ihrer kunstvollen, weil einfachen, unverbraucht wirkenden Sprache als Grenze bezeichnete und erfuhr, muß uns heute, gerade im Wissen um ihr Leiden, eine Brücke werden.

GERTRUD KOLMAR
DIE GELBE SCHLANGE

Ich war ein Mädchen auch im Traum.

Und meine Brüste lagen, helle Inseln,
Auf jeder eine kleine braune Stadt
Mit spitzem Turm
Und rot geheimer Ströme unterirdnem Rinseln.

Wann werden weiße Quellen aus den Steinen brechen?

Die Schlange zuckte
Ungesehn durch Kraut.
Ach, alle Moose, die sie grüßte,
Verrotteten.
Ihr Leib ließ eine Wüste.
Baumgrün vergilbte vor der gelben Haut.

Die gelbe Schlange kam.
Sie zog sich übers Meer
Und sank in Grund,
Wo seltsam bunt und schwer
Tierblumen an verfallnen Schiffen saugen
Mit zähnelosem Mund.

Sie schlich
in meine roten Grottenflüsse ein.
Sie lächelte.

Die kleine Stadt ward krank,
Zermürbte, wich.
Ihr stolzer Wartturm sank
Tief in Weiches ein.

Die Insel, einmal glücklich schön
Mit Hügelkuppe und mit sanfter Bucht
Und vieler Wellen blitzendes Getön,
Hing müd in See.

Wie überreife, halbvermulschte Frucht.

JOCHEN HIEBER
DIE GESCHÄNDETEN BRÜSTE

Gelb ist, volkstümlicher Überlieferung gemäß, die Farbe
der Anmaßung, der Hoffart und des Neides. Die Schlange,
bei vielen Naturvölkern als wohltätiger Dämon in hohem
Ansehen, gilt der abendländischen Tradition als Verkörpe-
rung von List und Tücke, Verschlagenheit und Verrat: Sie
ist das böse Prinzip. Und der Traum, so verstand man es je-
denfalls vor Sigmund Freud, verbindet den Schlafenden
auf natürliche Weise mit der übersinnlichen Welt: Er ist ein
Fingerzeig des Absoluten, in dem sich göttlicher Fluch
und göttlicher Segen offenbaren.

»Tierträume« heißt einer von drei Gedichtzyklen, die Ger-
trud Kolmar zwischen 1927 und 1932, in der wichtigsten
Phase ihrer poetischen Laufbahn, geschrieben hat. Auch
biographisch ist diese Zeit von großer Bedeutung. 1927
löst sich die dreiunddreißig Jahre alte Tochter eines ange-
sehenen jüdischen Rechtsanwalts und Justizrates zum er-
sten und einzigen Mal aus der Familie: Sie verläßt Berlin,
zieht allein nach Hamburg, um als Erzieherin zu arbeiten.
Noch im selben Jahr ist sie in Frankreich, zum Sprach-
diplom in Dijon.

Aber schon im Herbst 1928 lebt sie wieder im Vorort Fin-
kenkrug bei Berlin: Anstelle der schwer erkrankten Mutter
übernimmt sie den elterlichen Haushalt. Zwölf weitere
Jahre wird sie, nach deren Tod, den Vater versorgen, bis
ihn die Nazis im September 1942 ins KZ Theresienstadt
deportieren. Sie selbst kommt in Auschwitz um.

»Die gelbe Schlange«, das vorletzte Gedicht der sieben-
undvierzig »Tierträume«, blieb zu ihren Lebzeiten unver-
öffentlicht: Gertrud Kolmar hat es nicht in den Band »Die
Frau und die Tiere« aufgenommen, der im Frühherbst
1938 noch beim Jüdischen Buchverlag Erwin Löwe er-
scheinen konnte – einige barbarische Wochen später nur,
nach der Pogromnacht vom 9. November, wurde er einge-
stampft. Die Schonung des Vaters mag beim Verzicht auf
den Druck dieser Verse eine Rolle gespielt haben. »Die
gelbe Schlange« nämlich ist, in mythologischer Verklei-
dung, zuallererst eine bittere Abrechnung mit den familiä-
ren Zwängen, eine radikale Anklage, die die im Leben füg-
same Tochter unfügsam nur im Schreiben wagte.

Unmißverständlich die erste Zeile: Hier geht es um mich,
sagt die Dichterin, um mein Schicksal, nicht bloß um eine
Rolle, die ich poetisch erprobe. Den Grad der späteren Zu-
richtung lassen dann jene vier Zeilen ermessen, in denen
die Kolmar, einzigartig in ihrem Werk, den eigenen Körper
unbefangen feiert: In der Sprache des Hohenlieds besingt
und rühmt sie die Schönheit ihrer Brüste.

Als eher herb und verschlossen wird sie von Zeitgenossen
geschildert, man spricht über die unvorteilhafte Art, in
der sie sich kleidete. Von ihren großen, herausfordernd
prüfenden Augen ist oft, von Schönheit indes ist nie die
Rede. Sie selbst hat sich, sehr prosaisch, eine »Spartane-
rin« genannt. In der Poesie indes, im Gedicht »Die gelbe
Schlange«, folgt der leiblichen Emphase die leidenschaft-
liche Aussicht auf glückliche Mutterschaft, aufs Stillen
eines Neugeborenen: *Wann werden weiße Quellen aus
den Steinen brechen?* In der scheinbar hoffnungsfrohen
Frage verbirgt sich in Wahrheit jedoch das Trauma ihres
Lebens.

Mit Anfang Zwanzig verliebte sie sich in den Offizier Karl
Jodel. Diese große Liebe hat sie, unter Zwang, der Fami-
lienräson preisgegeben. Und das Kind, mit dem sie
schwanger ging, wurde abgetrieben. Gertrud Kolmar hat
dieses Erlebnis, bei dem sie Täterin und Opfer zugleich
war, nie verwunden. Das verlorene, das getötete Kind wird
fortan zu einem zentralen Motiv ihrer Dichtung. Unstill-
bar ist die Sehnsucht nach ihm, unstillbar sind die Selbst-
vorwürfe.

»Kind« heißt demzufolge einer der Zyklen aus dem pro-
duktiven Jahrfünft der Reife. Gram und Trauer verdichten
sich hier zu eindringlich nachrufender Klage, stellvertre-
tend etwa in den Anfangsversen des Poems »Wahn«: *Die
Nacht steht draußen und die Wiege leer / Und die sie schau-
kelt, eine bleiche Frau, / Trägt Strähnenhaare, schwarz und
zäh wie Teer.*

Die gelbe Schlange hingegen, die sich einschleicht in
»meine roten Grottenflüsse«, ist unschwer als poetisches
Bild für die Abtreibung zu verstehen, als Allegorie des
großen Erschreckens. Im Bild der Schlange aber sucht das
Gedicht auch nach der Schuld der anderen, nach der
Schuld der Familie, der Mutter zumal, die gemäß elterli-
cher Arbeitsteilung die Tochter zur Tat nötigte: So wurde
sie, die Mutter, selbst ein Teil des bösen Prinzips. Auch auf
ihr lastet der Fluch von Gertrud Kolmars lyrischem Traum
über die geschändeten Brüste.

GERTRUD KOLMAR
DIE FAHRENDE

Alle Eisenbahnen dampfen in meine Hände,
Alle großen Häfen schaukeln Schiffe für mich,
Alle Wanderstraßen stürzen fort ins Gelände,
Nehmen Abschied hier; denn am andern Ende,
Fröhlich sie zu grüßen, lächelnd stehe ich.

Könnt ich einen Zipfel dieser Welt erst packen,
Fänd ich auch die drei andern, knotete das Tuch,
Hängt es auf einen Stecken, trügs an meinem Nacken,
Drin die Erdenkugel mit geröteten Backen,
Mit den braunen Kernen und Kalvillgeruch.

Schwere eherne Gitter rasseln fern meinen Namen,
Meine Schritte bespitzelt lauernd ein buckliges Haus;
Weit verirrte Bilder kehren rück in den Rahmen,
Und des Blinden Sehnsucht und die Wünsche des
                                    Lahmen
Schöpft mein Reisebecher, trinke ich durstig aus.

Nackte, kämpfende Arme pflüg ich durch tiefe Seen,
In mein leuchtendes Auge zieh ich den Himmel ein.
Irgendwann wird es Zeit, still am Weiser zu stehen,
Schmalen Vorrat zu sichten, zögernd heimzugehen,
Nichts als Sand in den Schuhen Kommender zu sein.

KLAUS JEZIORKOWSKI
IM UNSCHEINBAREN VERSTECKTE ENERGIE

Gertrud Kolmar hat ein Schicksal, ist ein Schicksal. Wo
ihre schreibenden jüdischen Mitschwestern – Else Lasker-
Schüler, Nelly Sachs – mit der Zeit ihren Ruhm etablieren
konnten, bewahrheitete sich an ihr die letzte Zeile des Ge-
dichts auf schreckliche Weise: nichts als Sand in den Schu-
hen Kommender. Sie, die neben Walter Benjamin in dersel-
ben großbürgerlichen Schicht Berlins aufgewachsen war,
bekam von den Nazis den gelben Stern aufgeheftet und
hatte Zwangsarbeit in einer Berliner Kartonagenfabrik zu
leisten. 1943 verschleppte man sie, wie vorher schon ihren
achtzigjährigen Vater, in ein Konzentrationslager, und sie
blieb verschwunden.

Viel mehr als Asche sind uns ihre Gedichte nicht gewor-
den. Es sind Gedichte, von denen die meisten – ich setze
mich in alle verfügbaren Nesseln mit der Behauptung – die
Lyrik der Lasker-Schüler und der Sachs an Qualität über-
flügeln. Die Kolmar ist der noch nicht gehobene Schatz
der jüdischen Kultur Europas.

Der Mythos des ewigen Juden wurde hier zum Mythos der
ewigen Jüdin, und zwar nicht plaziert in eine ferne mythi-
sche Agrarwelt. Die Fahrende geht um mit den Spielsa-
chen ihrer Zeit, den Eisenbahnen, Häfen und Schiffen.
Dort spielt sich jüdisches Schicksal ab, nicht allein im
Alten Testament, wohin wir es so gerne einsperren, wenn
wir von ihm in Ruhe gelassen sein wollen. Die Kolmar
spricht für die Emigranten, die noch heute auf Jets und

Schiffen zwischen ihren verschiedenen Nichtheimaten unterwegs sind.

Nun ist dieses Gedicht nicht klagend, sondern zupackend. Hier identifiziert sich eine aktiv mit dem, was ihrem Volk an mehrtausendjähriger Geschichte von anderen zugeteilt wurde. Sie setzt das Erleiden des Ahasver-Schicksals um in eine Titanengeste – der wahnsinnige Mut einer »Courage« am Ende der Verzweiflung, könnte man sagen: Ich bin denen voraus, wenn ich das anpacke und überflügle, was die andern mir als Qual zugedacht haben, ich, die Kämpfende – ein Topos in den Gedichten der Kolmar, ein noch oder nachexpressionistischer Topos, wie auch die gesamte Szenerie, das Bühnenbild des Gedichts (es muß zwischen 1925 und 1934 geschrieben worden sein) so aussieht, als sei es aus einem der noch expressionistischen Filme der zwanziger und frühen dreißiger Jahre herausgeschnitten: »Meine Schritte bespitzelt lauernd ein buckliges Haus« – das ist Caligari-Szenerie und jüdisches Schicksal zugleich in jenen Jahren, als die Häuser und Wände anfingen, Ohren zu bekommen, und die Ohren mancher Juden-Nachbarn sichtbar länger wuchsen.

Das Gedicht ist in Metrum, Vers, Reim und Strophe eher konventionell, von klassizistischer Architektur und darin charakteristisch nicht nur für den größeren Teil der Kolmar-Gedichte, sondern auch für die Tradition der Rilke und George, der Gedichte Georg Heyms etwa und für die spätere Tradition der Lyrik Loerkes und Lehmanns. Und doch ist es in den Bildern und der Szenerie im Unscheinbaren versteckte Energie.

Ein solches Gedicht übersteigt den jüdischen Horizont. Wer von uns allen wäre sicher, daß er nicht Fahrender ist oder war oder sein könnte. Wer wäre gewiß, daß er nicht

eines schönen Tages – oder noch vorher eines schreckli-
chen – Robinson oder Ahasver spielen müßte. Wer dann
mit der Welt so umgehen könnte wie »Die Fahrende«,
hätte denen, die von einer unseligen Ideologie an Blut und
Ackerscholle festgeklebt werden, ungeheuer viel voraus,
freilich auch nur »schmalen Vorrat«, leichten Ballast mit
sich zu tragen – der größte Vorteil all derer, die ihren Fuß
nur leicht aufsetzen und auf irgendwelchen Stationen
»Flüchtlingsgespräche« halten, sei es mit sich allein. Jene
Fahrenden sind das Salz der Erde.

GERTRUD KOLMAR
DIE KRÖTE

Ein blaues Dämmer sinkt mit triefender Feuchte;
Es schleppt einen breiten rosiggoldenen Saum.
Schwarz steilt eine Pappel auf in das weiche Geleuchte,
Und milde Birken verzittern zu fahlerem Schaum.
Wie Totenhaupt kollert so dumpf ein Apfel zur Furche,
Und knisternd verflackert mählich das herbstbraune
                                                                    Blatt.
Mit Lichtchen gespenstert ferne die düsternde Stadt.
Weißer Wiesennebel braut Lurche.

Ich bin die Kröte.
Und ich liebe die Gestirne der Nacht.
Abends hohe Röte
Schwelt in purpurne Teiche, kaum entfacht.
Unter der Regentonne
Morschen Brettern hock ich duckig und dick;
Auf das Verenden der Sonne
Lauert mein schmerzlicher Mondenblick.

Ich bin die Kröte.
Und ich liebe das Gewisper der Nacht.
Eine feine Flöte
Ist im schwebenden Schilf, in den Seggen erwacht,
Eine zarte Geige
Flirrt und fiedelt am Felderrain.
Ich horch und schweige,
Zerr mich an fingrigem Bein

Unter fauler Planke
Aus Morastigem Glied um Glied,
Wie versunkner Gedanke
Aus dem Wust, aus dem Schlamm sich zieht.
Durch Gekräut, um Kiesel
Hüpf ich als dunkler, bescheidener Sinn;
Tauiges Laubgeriesel,
Schwarzgrüner Efeu spült mich dahin.

Ich atme, schwimme
In einer tiefen, beruhigten Pracht,
Demütige Stimme
Unter dem Vogelgefieder der Nacht.
Komm denn und töte!
Mag ich nur ekles Geziefer dir sein:
Ich bin die Kröte
Und trage den Edelstein…

RUTH KLÜGER
AUSSENSEITERTIER

Die Verbindung von Kröte und Edelstein, von widerlichem
Tier und leuchtender Kostbarkeit, ist altes Volksgut. Der
Dichterin Gertrud Kolmar ist diese Tradition vielleicht
über Hans Christian Andersens Märchen »Die Kröte« ver-
mittelt worden. Dort erfährt eine sehr sympathische, ideali-
stisch veranlagte kleine Kröte zwar, daß es Kröten mit Edel-
steinen gibt, doch nicht, daß sie selber einen solchen trägt.
Andersens Kröte kommt aus dem Brunnen und wird in
einer fremden, ihr feindlichen Tageswelt getötet. Der Edel-
stein in dieser Erzählung steht ohne Umschweife für die
Sehnsucht nach Höherem. Gertrud Kolmars nicht minder
gefährdetes Tier hingegen hat Selbstbewußtsein und kennt
seinen eigenen Wert. Trotz ihrer »demütigen Stimme« weiß
diese Kröte, daß sie nur für andere, nicht in Wirklichkeit,
ein »ekles Geziefer« ist.
Die erste Strophe unseres Gedichts scheint zunächst über-
frachtet, Naturlyrik wie schon oft gehabt. Die Land-
schaftsmalerei entpuppt sich nach ein paar Zeilen als ein
gespenstischer Geisteszustand (kollernder Apfel gleich
Totenhaupt). Folgerichtig tritt ein Ich in der zweiten Stro-
phe auf und legitimiert (das doppelte »ich liebe«) diese
unheimliche Abendszene. Freilich wirkt das tierische Ich
selbst befremdend auf den Leser.
Gertrud Kolmar veranschaulicht die Häßlichkeit der
Kröte in einer Sprache, die musikalisch, daher konventio-
nell »schön« bleibt. Doch die Bilder entschleiern das Ab-

stoßende. Die Kröte ist »duckig und dick«, hat schlechte
Augen, die nicht viel ertragen (*Auf das Verenden der
Sonne / Lauert mein schmerzlicher Mondenblick*), sie lebt
in einem Milieu von faulen Planken, Schlamm, Morast,
Wust und traut sich erst am Abend aus ihrem Versteck un-
ter der Regentonne hervor. Im Kontrast zu ihrer Mißge-
stalt verkörpert sie geistige Werte: dunklen Sinn und ver-
sunkenen Gedanken, eine Liebe für das »Vogelgefieder der
Nacht«, ein zartes Gehör für Nachtmusik. Das unschein-
bare Wesen, einerseits realistisch gezeichnet, andererseits
Märchen- und Fabeltier, hat die Funktion eines todesbe-
reiten Antihelden und ist in dieser Hinsicht eine tragisch
moderne Figur.

»Die Kröte« entstand im Oktober 1933 und gehört zu dem
Zyklus »Das Wort der Stummen«, einem Konvolut von
zweiundzwanzig Gedichten, die Gertrud Kolmar inner-
halb von drei Monaten schrieb und ihrer Schwägerin, der
Nichtjüdin Hilde Benjamin, zur Aufbewahrung gab. So
überstanden sie die Nazizeit, in der ihre Verfasserin unter-
ging. Wer Zweifel hat, daß man im Jahre 1933 über die
Ausschreitungen des Regimes informiert war, braucht nur
im »Wort der Stummen« zu blättern und darin die Ge-
dichte über Lager, Juden und Gefangene zu lesen. Sie sind
Gertrud Kolmars politischstes Werk. Man kann, wenn
man will, aus unserem Gedicht die ausgegrenzte, künstle-
risch sensible Jüdin herauslesen; doch die Kröte einfach
mit ihrer Urheberin oder auch nur mit einer von Hitler
Verfolgten gleichzusetzen wäre zu kurz gegriffen. Ein-
same, Verachtete spielen eine entscheidende Rolle in Kol-
mars Werk, sind vielleicht ihr eigentlichstes Thema. Auch
eine Gestalt wie Robespierre, den sie als eine Art Heiligen
behandelte und dem sie zwei Gedichte im »Wort der

Stummen« widmete, vergleicht sie in einem nichtveröf-
fentlichten Theaterstück mit einer Kröte. Kröte, das ist der
verkannte Außenseiter schlechthin.

Nach dem ausführlichen Wortgemälde der ersten Strophe
und dem komplizierten Zeilensprung von der dritten zur
vierten Strophe wird das Gedicht syntaktisch und meta-
phorisch einfacher und kommt am Ende mit einem Min-
destaufwand an Wörtern aus. In den schlichten letzten vier
Versen erinnert uns die Sprecherin zum dritten Mal an
ihren Tiernamen und damit an ihre armselige Kreatürlich-
keit; sie fordert den Mörder heraus und überrascht mit
einem ersten und einzigen Hinweis auf ihren Besitz des
mythisch Unzerstörbaren, den Edelstein. Es sind Verse,
die im Gedächtnis nachklingen.

GERTRUD KOLMAR
DIE VERLASSENE

An K. J.

Du irrst dich. Glaubst du, daß du fern bist
Und daß ich dürste und dich nicht mehr finden kann?
Ich fasse dich mit meinen Augen an,
Mit diesen Augen, deren jedes finster und ein Stern ist.

Ich zieh dich unter dieses Lid
Und schließ es zu und du bist ganz darinnen.
Wie willst du gehn aus meinen Sinnen,
Dem Jägergarn, dem nie ein Wild entflieht?

Du läßt mich nicht aus deiner Hand mehr fallen
Wie einen welken Strauß,
Der auf die Straße niederweht, vorm Haus
Zertreten und bestäubt von allen.

Ich hab dich liebgehabt. So lieb.
Ich habe so geweint ... mit heißen Bitten ...
Und liebe dich noch mehr, weil ich um dich gelitten,
Als deine Feder keinen Brief, mir keinen Brief mehr
                         schrieb.
Ich nannte Freund und Herr und Leuchtturmwächter
Auf schmalem Inselstrich,
Den Gärtner meines Früchtegartens dich,
Und waren tausend weiser, keiner war gerechter.

Ich spürte kaum, daß mir der Hafen brach,
Der meine Jugend hielt – und kleine Sonnen,
Daß sie vertropft, in Sand verronnen.
Ich stand und sah dir nach.

Dein Durchgang blieb in meinen Tagen,
Wie Wohlgeruch in einem Kleide hängt,
Den es nicht kennt, nicht rechnet, nur empfängt,
Um immer ihn zu tragen.

ULLA HAHN
IN FRIEDEN GELASSEN

Noch einmal schreibt die Verlassene an den Geliebten. Die Schmerzen sind vorüber, brennen nicht mehr. Worte stehen wieder bereit. Fast aggressiv trumpfen die drei ersten Strophen auf mit nahezu gewalttätigen Bildern. Nicht als Bettlerin, die sich erbärmlich macht, um Erbarmen zu erzwingen, tritt die Verlassene auf; sie ist die Jägerin, der Geliebte die Beute.

Nicht die wartende, winselnde Dulderin spricht, die alles in Kauf nimmt, wenn er nur wiederkommt. Die Verlassene hofft nicht, aber sie verzweifelt auch nicht länger. Sie kämpft nicht mehr, sie hat gesiegt: indem sie ihr Gefühl, ihre Liebe vorbehaltlos annahm. Denn: Verlassen sein heißt auch »In Ruhe gelassen sein«, heißt auch, nicht immer aufs neue Enttäuschungen und Demütigungen ertragen zu müssen – »Du läßt mich nicht aus deiner Hand mehr fallen« –, heißt, sich nicht mehr behandeln zu lassen, sondern zu handeln.

Bestimmt, aber ohne Groll, nimmt die Verlassene den Verlorenen in Besitz. Erst im Verlust ist er ganz ihr eigen. Indem die Verlassene ihr Leiden abschreibt, sucht sie sich den Geliebten wieder zuzuschreiben. Das Erinnern wird sanft beschwichtigt, das Vergangene verklärt und überhöht. Leid wird in Liebe verkehrt, Liebe durch Leid vermehrt (»Und liebe dich noch mehr, weil ich um dich gelitten«).

Doch kaum versucht die Verlassene sich im Gedicht des

Vergangenen zu versichern, wird die gefaßte Haltung der Eingangsstrophen aufgegeben. Neben das vergoldete Bild des Geliebten tritt ein zwar poetisch formuliertes, dennoch nüchternes Resümee. Über Liebe und Liebesleid ist die Zeit der Jugend vergangen: der Geliebte verließ eine alternde Frau. In der letzten Strophe ist diese Frau dann wieder die demütig Empfangende, die der Vergangenheit Ergebene, Erlegene. Die Geste der Ergebenheit ist in vielen Gedichten Gertrud Kolmars anzutreffen. Dennoch bleibt ein zwiespältiger Eindruck. Fest steht: Diese Frau erwartet nichts mehr. Aber ist die Verlassene, allein Gelassene, wirklich gelassen? Ist sie wirklich zufrieden, in Frieden gelassen zu werden? Oder soll nicht vielmehr der Poesie gelingen, was der Frau im Leben fehlschlug: den Geliebten zurückzugewinnen?

Wir wissen, daß Gertrud Kolmars Liebesgedichte von privatem Erleben ausgehen. Glücklich waren ihre Beziehungen nie. Und in ihrer Not, in Worte zu fassen, was sie im Leben nicht festhalten konnte, bürdete sie in ihren Gedichten der Sprache mit einem Übermaß an Metaphern und Bildern mitunter zu viel auf. Dieser Versuchung erliegt sie in diesem Gedicht nicht. Für mich ist es eines ihrer schönsten.

GERTRUD KOLMAR
EIN GRÜNES KLEID

In diesem Kleide möcht ich eine Mutter sein.
In diesem Kleid, drum Träume fahren
Wie Hummeln um den grünen Wein
Mit dunklen Liedern und mit braunen Haaren.

Ich möchte sitzen, still verneigen mein Gesicht
In diese sinkenden und sanften Falten,
Draus Wald mit allen Zweigen bricht
Und rätselhaften Wunschgestalten,

Die noch in flüsternden Gehäusen schlummerlos
Den Grashalm ohne Ende haspeln,
Das Garn aus grünem, grünem Moos
Zu meines Kleides Saum und Paspeln.

Dann wie die Woge, die mit großem Meertier
                              schwanger geht,
Wird kühlend Seide um mich schweigen,
Darüber meine Hand als eine Möwe weht
Und als ein Sternbild meine Augen steigen.

In ihrem grünen Bogen liegt
Der Muschelschoß mit rosenfarbnen Rändern,
Der noch sein kleines Wesen wiegt
Den Palmenküsten zu und Papageienländern.

WALTER HELMUT FRITZ
VISIONÄRE SCHÖNHEIT

Es war das Bild von den Träumen, die wie Hummeln um
den grünen Wein fahren, das mich auf dieses herrliche
Gedicht aufmerksam werden ließ; ein Bild, das weit Aus-
einanderliegendes zusammenbringt, dabei unmittelbar
einleuchtet und dank seiner Frische und Originalität im
Gedächtnis bleibt.

Das Staunen setzt sich von Strophe zu Strophe fort – ange-
sichts des Waldes, der aus den Falten des Kleids bricht; der
Woge, über welche die Hand als Möwe weht; des Stern-
bilds der Augen; bis zu dem Muschelschoß, der das erwar-
tete Kind – was für ein fast märchenhafter, übermütiger
Schluß – den Palmenküsten und Papageienländern »zu-
wiegt«. Es ist dichterische Magie, die hier sichtbar wird.
Ein alltäglicher Gegenstand, ein grünes Kleid. Aber was
macht daraus – in Verbindung mit dem Wunsch nach ei-
nem Kind – die Einbildungskraft!

Das Motiv des Kleids hat, das liegt auf der Hand, unter an-
derem zu tun mit dem der Verwandlung, weil es verhüllt
und zugleich »zeigt«. Es kehrt verschiedentlich in Gertrud
Kolmars Arbeiten wieder, taucht übrigens als Teil einer
Naturszenerie bereits in der ersten Strophe des ersten Ge-
dichts auf, das von ihr überliefert ist, »Weihnacht in der
Heide« heißt und 1908, als sie vierzehn Jahre alt war, ent-
stand. (*Es breitet sich die Heide / So endlos aus, so weit / In
einem weißen Kleide / Von Flocken ganz verschneit.*)

Wie jedes gute Gedicht verbindet »Ein grünes Kleid« zwei

Dinge, die sich zu widersprechen scheinen; das Träumerische und das äußerste Wachsein. Gerade dieses Ineinander aber ist eine wesentliche Voraussetzung für poetische Erfahrung, für die Art und Weise, wie Verse zu einer Wirklichkeit von eigenem Recht werden.

Daß das Wort »grün« fünfmal in dem Gedicht vorkommt, ist kein Zufall; daß es eine der häufigsten Farbbezeichnungen in Gertrud Kolmars Lyrik überhaupt ist, Signal-Wirkung besitzt, hat man früh gesehen. Dies mag auch Elisabeth Langgässer veranlaßt haben, in einem Brief an Peter Suhrkamp vom September 1947 über die Kollegin zu schreiben: »Welch eine Einsamkeit, welch eine irdische Flugbahn gleich der einer Fledermaus an opalgrünen Abendhimmeln.« Eine Formulierung, die freilich nicht den Blick für die Tatsache trüben kann, daß Gertrud Kolmars Leben sehr schwierig und in den späteren Jahren von Entsetzen erfüllt war, von Angst, Ohnmacht, Verschleppung – bis zu ihrem Tod in Auschwitz 1943.

Das Gedicht deutet auf einen der entscheidenden Impulse ihres Schreibens. Er kam aus einem Trauma, das sich bildete aus ihrer Sehnsucht nach einem Kind, einer von den Eltern gewollten Abtreibung, lebenslanger Kinderlosigkeit, dem sich kaum aufhellenden Gefühl von Verlassenheit und dem Bewußtsein von Schuld.

GERTRUD KOLMAR
ZUEIGNUNG

Sie nahm den Silberstift
Und hieß ihn hingehn über die weiße matt glänzende
Fläche:
Ihr Land. Er zog
Und schuf Berge.
Kahle Berge, nackte kantig steinerne Gipfelstirnen,
über Öde sinnend;
Ihre Leiber
Schwanden umhüllt, vergingen hinter dem bleichen
Gespinst
Einer Wolke.
So hing das Bild vor dem schwarzen Grunde, und
Menschen sahen es an.
Und Menschen sprachen:
»Wo ist Duft? Wo ist Saft, gesättigter Schimmer?
Wo das strotzende, kraftvoll springende Grün der
Ebenen
Und der Klippe bräunlich verbranntes Rot oder ihr
taubes graues Düster?
Kein spähender Falke rüttelt, hier flötet kein Hirt.
Nie tönen groß in milderes Abendblau die schön
geschwungenen Hörner wilder Ziegen.
Farbenlos, wesenlos ist dies, ohne Stimme; es redet zu
uns nicht.
Kommt weiter.«
Sie aber stand und schwieg.

Klein unbeachtet stand sie im Haufen, hörte und
                                                    schwieg.
Nur ihre Schulter zuckte, ihr Blick losch in Tränen.
Und die Wolke, die ihre zeichnende Hand geweht,
Senkte sich und umwallte, hob und trug sie empor
Zum Schrund ihrer kahlen Berge.
Ein Wartender,
Dem zwei grüngoldene Basilisken den Kronreif
                                                    schlangen,
Stand im Dämmer auf, glomm und neigte sich, sie zu
                                                    grüßen.

LUDWIG VÖLKER
DAS ANDERE BÜRGERRECHT DER KUNST

Die Geste, mit der das Gedicht, Schlußgedicht des Zyklus
»Welten«, den Leser entläßt, ist von vielsagender Symbo-
lik: Ein weibliches Künstler-Ich wird in die Höhe empor-
getragen und dort von einem mit magischen Hoheitszei-
chen ausgestatteten »Wartenden« ehrerbietig empfangen,
auf diese Weise die Wertschätzung und Anerkennung fin-
dend, die ihm von der Mitwelt versagt wurde. Ein Gedicht
mithin, das, wie der Originaltitel – er lautet ursprünglich
(und eigentlich richtig) »Kunst« – ausdrücklich zu erken-
nen gibt, Fragen der Kunst und des Künstlertums reflek-
tiert. Seinen programmatischen Anspruch hat Hermann
Kasack, der verdienstvolle Herausgeber des Kolmarschen
Werks nach 1945, richtig erkannt, aber auch eigenmächtig
verstärkt, als er mit dem Titel die Stellung des Gedichts im
Ganzen des Zyklus veränderte: in der von ihm besorgten
Ausgabe des lyrischen Gesamtwerks steht das Gedicht am
Anfang, und der neue Titel »Zueignung« unterstreicht die
ihm zugewiesene Rolle als Einleitungs- und Programmge-
dicht.
Ihre Zugehörigkeit zur deutschen Literatur und Kultur
hatte Gertrud Chodziesner, die Tochter aus bürgerlich as-
similierter jüdischer Familie – der Vater war ein berühmter
Strafverteidiger in Berlin –, mit der Wahl der deutschen
Namensform ihrer preußisch-polnischen Geburtsstadt als
Autorname zu erkennen gegeben. Noch 1934 erschien un-
ter diesem Namen die Sammlung »Preußische Wappen«.

Dann machte der Rassismus des Dritten Reiches die Namenswahl hinfällig und verwies die Dichterin auf das Judentum ihrer Abstammung zurück.

Unter dem Druck der antisemitischen Verfolgung nahm das von Anfang an vorhandene, zunächst jedoch eher familiär-biographisch motivierte Grundgefühl des »Andersseins« Züge dessen an, was Gertrud Kolmar in dem Gedicht »Wir Juden« als Judentum vom »Rad und Galgen« definiert: *Und wir, wir sind geworden durch den Galgen und durch das Rad!* Schon ganz früh und auf bestürzende Weise konsequent und kompromißlos hat die Dichterin sich mit der Rolle des wehrlosen »Opfers« identifiziert.

»Welten«, der letzte abgeschlossene Gedichtzyklus Gertrud Kolmars, in der zweiten Hälfte des Jahres 1937 geschrieben, markiert den Übergang von einer bis dahin eher konventionellen Technik zu einer freieren Form der lyrischen Gestaltung. Die festen Bauteile Reim, Vers, Strophe werden durch unregelmäßige prosanahe Zeilen und Blöcke ersetzt. Was die Idee des Opfers anlangt, wird sie zum einen mit frühgeschichtlich-archaischen Vorstellungen in Verbindung gebracht (»Das Opfer«). Zum andern wird sie in Zusammenhänge gestellt, die über das Judentum hinaus auf Asiatisch-Fernöstliches weisen. So wird »Asien« (im gleichnamigen Mittelgedicht des Zyklus) als die *Mutter, die du mir warst, eh mich die meine wiegte* apostrophiert und das höhere Wissen *vom Nicht-Tun*, das taoistische Ideal eines reinen Seins ohne *Tun* und *Wirken* beschworen.

Zwei erzählende, beschreibende Blöcke stehen sich, durch eine Leerzeile getrennt, antithetisch gegenüber. In beiden Blöcken bestimmt Asiatisch-Chinesisches die Darstellung. Der erste beschreibt die Entstehung (und Wirkung) eines Landschaftsbildes, das die typischen Merkmale chinesischer Landschaftsmalerei zeigt: Monochromie, Betonung der Vertikale, Darstellung von Bergen, Wolken, leerem Raum, Verzicht auf die (von den »Menschen« erwartete) Farbigkeit.

Chinesisch beeinflußt ist auch der zweite Block, der den Vorgang der Apotheose des Künstler-Ichs darstellt. In ihm wird das Vorstellungsmuster jener Maler-Legende sichtbar, wonach der altgewordene Wu Daozi in das von ihm vollendete Landschaftsbild hineingeht, »den Pfad hinauf wandert«, wie es heißt, und »im Nebel der Berge für immer verschwindet«. In Gertrud Kolmars Gedicht verschwindet das Maler-Ich nicht spurlos in der gemalten Landschaft, sondern wird von der gemalten »Wolke« emporgetragen und von dem Repräsentanten der höheren Ordnung ehrenvoll begrüßt – eine Abweichung, die man als eine spezifisch weibliche Interpretation der Legende durch Gertrud Kolmar auffassen mag.

Mit dem Abtransport in das Vernichtungslager Auschwitz am 2. März 1943 ist die Dichterin für immer aus dem Gesichtskreis der Lebenden verschwunden. Im Wissen um die drohende physische Vernichtung hat sie im Gedicht den utopischen Glauben an das andere, höhere Bürgerrecht der Kunst entworfen.

ELISABETH LANGGÄSSER
DAPHNE AN DER SONNENWENDE

Wird die Verfolgte sich retten
vor seiner düsteren Brunst?
Ihre Gelenke zu ketten,
wirft er ihr Erdrauch und Kletten
zu als ein Zeichen der Gunst.

Glühend, erreicht sie des flachen,
ländlichen Gartens Geviert,
Löwenmaul sperrt seinen Rachen,
ach, und wie feurige Drachen
blühen die Bohnen verwirrt.

Mitleidlos wölben die lauen
Frühsommeräpfel die Brust,
schließt ihre Finger, die schlauen,
Demeter schnell um der blauen
Kapseln betäubende Lust.

Ist eine Zuflucht noch offen?
Lodern dort Fittiche auf?
Da, zwischen Seufzen und Hoffen,
hemmt, von Verwandlung betroffen,
plötzlich das Jahr seinen Lauf.

Und wie sich Erbsen entbinden
jäh von der goldgrünen Wand,
perlen im Anschlag die linden
Tage und rollen und schwinden
kühl durch des Hochsommers Hand.

GÜNTER BLÖCKER
ENTFESSELUNG UND ZÜGELUNG

Vor etlichen Jahren – es muß um 1948 gewesen sein – habe ich dieses Gedicht aus einer Zeitung ausgeschnitten. Aus welcher, weiß ich nicht mehr. Das vergilbte Blättchen, das vor mir liegt, trägt weder Herkunftsbezeichnung noch Datum. Augenscheinlich war die Überwältigung durch das Gelesene stärker als die Verpflichtung zu bibliographischer Sorgfalt. Erst sehr viel später entdeckte ich zu meiner Überraschung, daß es sich bei diesem Abdruck um ein Fragment handelt. Was sich mir als ein fugenlos in sich geschlossenes poetisches Gebilde mitgeteilt hatte, war für die Autorin nur der allerdings grundlegende erste Teil eines lyrischen Triptychons gewesen. Trotzdem will mir dieses Teilstück auch jetzt noch als ein Ganzes erscheinen, das eine Weiterführung, ein verdeutlichendes Umschreiben wohl zuläßt, jedoch keineswegs verlangt.

Die Überwältigung, von der ich sprach und die sich – für mich – heute wie damals mit gleicher Stärke einstellt, ist die eines Form gewordenen Elementarvorgangs – Entfesselung und Zügelung in einem. Das Jahr nähert sich seinem Zenit. Die bebende Fülle, der gewalttätige Überschwang der Natur steigern sich zur Bedrängnis. Elisabeth Langgässer wählt dafür die kühne Metapher der lustvollen Verfolgung. Wer wird verfolgt und von wem? Der Titel wirft uns das Stichwort »Daphne« zu, und der Leser ergänzt es von sich aus durch »Apoll«. Dieser Kunstgriff bewirkt zweierlei: er ermöglicht die Personalisierung des Natur-

vorgangs und verleiht ihm zugleich den mythologischen
Adel.

Doch in Wahrheit sind wir selber die »brünstig« Verfolg-
ten oder werden dazu. Der drängende daktylische Rhyth-
mus, das die Sinnbewegung vorwärtstreibende Raffine-
ment der Versbrechungen, die dramatische Betonung der
Zeilenanfänge, das streng, aber ohne Starrheit durchgehal-
tene Reimschema der fünfzeiligen Strophen mit der jeweils
kraftvoll akzentuierten letzten Zeile – das hat die Unwi-
derstehlichkeit der großen Form, die zum Mitvollzug nö-
tigt. Die Versbewegung ergreift – weit über das Artistische
hinaus – von uns Besitz.

Dann, gegen Ende der vierten Strophe, wird sie jäh ange-
halten. Das machtvoll herausgehobene »hemmt« errichtet
einen Wall, an dem sich der rasende Lauf bricht. Eine Fer-
mate wird gesetzt. Sie zeigt die Wende an, die Verwand-
lung, verkündet (um mich der spezifischen Terminologie
der Autorin zu bedienen) den »Jubelruf der geretteten Na-
tur«, oder, nüchterner gesagt, bezeichnet den Übergang
vom drangvollen Werden zum gelösten Sein. Die letzten
Zeilen des Gedichts rollen, aus der biologischen Spannung
entlassen, leicht dahin, sie »perlen« wie die Hochsommer-
tage, von denen sie sprechen.

Das erscheint in der Intention wie in der Verwirklichung
gleich vollkommen. Doch Elisabeth Langgässer, selbst-
quälerisch um den Ausgleich zwischen heidnischer Natur-
verfallenheit und katholischer Spiritualität bemüht, wollte
mehr. Für sie ist die Sonnen-, die Sommerwende ein Ereig-
nis, in welchem antike Naturwelt ins Christliche transzen-
diert. Apoll trägt für sie auch Züge des Täufers Johannes.
Deshalb hat sie ihrem Gedicht jene Fortsetzung gegeben,
von der eingangs die Rede war.

Ob die Ausweitung ins Liturgische, die ihr vorschwebte, gelungen, ob das theologische Gedankenspiel überhaupt ohne Kommentar nachvollziehbar ist, braucht uns an dieser Stelle nicht zu beschäftigen. In der Kunst, in der Poesie zählt allein, was Gestalt, sprechende Gestalt geworden ist; und das ist bei dem hier Abgedruckten auf das vollständigste der Fall, mag es – gemessen an der Absicht der Dichterin – auch nur ein »Fragment« sein.

ELISABETH LANGGÄSSER
FRÜHJAHR 1946

Holde Anemone,
bist du wieder da
und erscheinst mit heller Krone
mir Geschundenem zum Lohne
wie Nausikaa?

Windbewegtes Bücken,
Woge, Schaum und Licht!
Ach, welch sphärisches Entzücken
nahm dem staubgebeugten Rücken
endlich sein Gewicht?

Aus dem Reich der Kröte
steige ich empor,
unterm Lid noch Plutons Röte
und des Totenführers Flöte
gräßlich noch im Ohr.

Sah in Gorgos Auge
eisenharten Glanz,
ausgesprühte Lügenlauge
hört' ich flüstern, daß sie tauge
mich zu töten ganz.

Anemone! Küssen
laß mich dein Gesicht:
Ungespiegelt von den Flüssen
Styx und Lethe, ohne Wissen
um das Nein und Nicht.

Ohne zu verführen,
lebst und bist du da,
still mein Herz zu rühren,
ohne es zu schüren –
Kind Nausikaa!

HORST KRÜGER

HITLER ÜBERLEBEND

Sie war der einzige deutsche Schriftsteller, der am Ende der
Nazizeit nicht mit der berühmten Schublade dastand, die
dann leer war. Rassisch verfolgt und mit Schreibverbot be-
legt, hat sie immer geschrieben. Ihr Roman »Das unaus-
löschliche Siegel« (1946) machte die Verfemte, die schon
1932 einen Literaturpreis erhalten hatte, in den ersten
Nachkriegsjahren rasch wieder bekannt. Für eine ganz
kurze Zeit war sie die berühmteste deutsche Schriftstelle-
rin – mit Recht. 1950 ist sie, einundfünfzigjährig, gestor-
ben. Man hat ihr im selben Jahr noch den Büchner-Preis
zuerkannt. Der Ruhm ihres Werks ist dann sehr schnell auf
die Germanistik hinuntergekommen: da und dort wird
heute sehr kenntnisreich über sie promoviert. Das Publi-
kum hat ihr Werk aus den Augen verloren, inzwischen.
Bei der jungen Generation dürfte kaum ihr Name noch
etwas besagen. Wer kauft, wer liest heute Elisabeth Lang-
gässer?
Für mich war diese Frau zunächst mehr als Literatur: ein
Stück frühes, tastendes Leben. War sie meine geistige Zieh-
mutter? Jedenfalls wohnten wir im Berlin Adolf Hitlers im
selben Haus: Berlin-Eichkamp, Eichkatzweg 35. Ich sehe
sie dort immer noch sitzen im Nachbargarten: eine kleine,
untersetzte Person mit pechschwarzen Haaren und großer
Hornbrille. Sie saß immer auf einer weißen Gartenbank:
Haufen Papier auf den Knien: sie schrieb. Sie zeigte mir
Briefe von Wilhelm Lehmann, die kamen. Sie gab mir Es-

says von Eugen Gottlob Winkler zu lesen. 1940 gab sie mir
ein Buch über den Gartenzaun, sagte: Lies das mal! Ein
Buch aus dem Widerstand! Ich las: Ernst Jünger: »Auf den
Marmor-Klippen«.

Elisabeth Langgässer ist trotz ihrer umfangreichen Prosa-
werke zutiefst immer Lyrikerin gewesen. Ihre spirituelle
Grundidee: Geschichte als heidnisch-christlicher Heils-
kosmos ist, wie mir heute scheinen will, ihrer Poesie nicht
immer bekommen. Manches wirkt heute überladen in ba-
rock überquellender Metaphorik, aber ein Gedicht wie
»Frühling 1946« zum Beispiel ist gelungen, hat überstan-
den, kann immer noch in mythischen Chiffren den Nach-
geborenen sagen, was es heißt, Hitler überlebt zu haben.
Dies ist für mich (in der modischen Sprache von heute for-
muliert) ein antifaschistisches Gedicht, aber aus welcher
Tiefe der Geschichte, auf welcher Höhe poetischer Refle-
xion! Da wird nichts geredet, nichts beteuert und ange-
klagt: Magie ist in die Sprache gegangen. Der Schmerz der
Verfolgten ist reines Staunen, ist Bild-Dankbarkeit gewor-
den: »Aus dem Reich der Kröte / steige ich empor / ... /
und des Totenführers Flöte / gräßlich noch im Ohr.«

In ganz einfacher, übersichtlicher, fast klassischer Form,
die die Tradition der deutschen Naturlyrik von Goethe bis
Loerke, Huchel und Lehmann fortsetzt, ist gleichwohl das
Besondere ihrer Poesie hier ablesbar. Wer will, kann sich
mit diesem einen Gedicht ihrem ganzen Werk annähern.
»Holde Anemone, / bist du wieder da / und erscheinst mit
heller Krone / mir Geschundenem zum Lohne / wie Nau-
sikaa?« (Der jungen Generation darf man vielleicht hinzu-
fügen, daß Nausikaa die Tochter des Phäakenkönigs Alki-
noos war, die den schiffbrüchigen Odysseus am Strand traf
und ins Haus ihres Vaters brachte.) »ausgesprühte Lügen-

lauge / hört' ich flüstern, daß sie tauge / mich zu töten
ganz«. Da wird nichts Privates gesagt, da klagt kein Ich, es
fällt nicht das Wort Auschwitz: der Schmerz eines Verfolg-
ten ist in die Metamorphosen einer panischen Natur zu-
rückgenommen: »Ach, welch sphärisches Entzücken /
nahm dem staubgebeugten Rücken / endlich sein Ge-
wicht?«
Ich liebe dieses Gedicht, weil es das eminent Politische
scheinbar ganz »unpolitisch« zur Sprache bringt. Mir
scheint das eine Aufgabe, eine immerwährende Möglich-
keit der Literatur. Ich liebe es auch, weil es nicht im
Schmerz, nicht in Verzweiflung verharrt. Man muß sich
die Lage konkret vorstellen: Berlin 1946, ein Trümmer-
haufen der Geschichte, Deutschland ein Beinhaus nach
Hitlers Totentanz. Was ist die Antwort der Betroffenen?
»Anemone! Küssen / laß mich dein Gesicht«. Was bei ei-
nem minderen Lyriker unweigerlich in harmlose Naturre-
gression zerlaufen würde, wird hier aus den Anfängen un-
serer Geschichte in strenger Struktur in Balance gebracht:
»Kind Nausikaa!« Man könnte auch sagen: gerettet! Ge-
rettet durch wen?

ELISABETH LANGGÄSSER
VORFRÜHLINGSWALD

Schatten wie Hunde im grauen Gewaid,
Schwarzdorn, beflockt von der Häsinnen Kleid.
Sterne, wie milchig. Von Starre erlöst.
Leben, wer lebt dich? Wer ist's, der dich west?

Murmelnde Munde. Es steigt und verrinnt.
Surren und Sausen. Die Uralte spinnt.
Windgepeitscht, wirrt sich das Schlafgarn vom Strauch –
Hört sie ihn ächzen? Und hört sie sich auch?

Grundwässer quillen. Geheimes Gefühl
Zittert und zuckt durch der Erde Gestühl.
Yggdrasils Härte, sie harzte und schmolz,
Und eine Gottheit wird hangen am Holz.

JOSEPH ANTON KRUSE
MUTTER UND TOCHTER, JAGD
UND VERFOLGUNG

Nachdem ich im schmalen Lebensroman der Tochter gelesen hatte, griff ich wieder zum Gedichtbändchen ihrer Mutter. Da lagen sie unvereinbar nebeneinander. Einmal Mythologie, Naturmagie, Zeitferne, Erotomanie; Elisabeth Langgässer, wie sie leibte und lebte. Daneben die verzweifelt-liebende Abrechnung mit dieser Mutter, die poetische Rekonstruktion einer durch die Konzentrationslager Theresienstadt und Auschwitz zerstörten Jugend, die nie mehr aufzulösende Lebenslast der Cordelia Edvardson. »Gebranntes Kind sucht das Feuer«, ein heller Schutzumschlag, der ein nostalgisches Kinderbild der Autorin zeigt, ihre Prosa ein schweres Gewicht aus jüngster Zeit auf der Waagschale gegen diesen eine Generation älteren Lyrikband: Elisabeth Langgässers »Der Laubmann und die Rose« aus den ersten Nachkriegsjahren.

Sein Pappdeckelumschlag hat etwas von einer Tapete: weiße Linien, die Blattwerk und erblühte Rose auf verblichen-rosafarbenem Grund aussparen. Es ist ein fehlerhaft gesetztes Bändchen auf schlechtem Papier. Und weil es bei einem Gedicht auf jedes Wort, auf jeden Buchstaben, auf jedes Zeichen ankommt, liegt ein grauer Zettel mit Korrekturen bei, der gleichzeitig die Veröffentlichung auf das Jahr 1947 datiert. Cordelia war damals achtzehn Jahre alt, war befreit und in Schweden. Aus katholischem Hause stammend, würde sie später zur jüdischen Religion übertreten. Damit löste sie für sich den Grund ihrer Inhaftierung ein. Die von ihr in den Kinderjahren als ein wenig hysterisch, ein bißchen verrückt empfundene Mutter erbittet nach der Katastrophe von der geretteten Tochter im Ausland brieflich Auskünfte über deren Schreckenszeit, weil sie literarisch davon profitieren möchte. Dadurch wird Cordelia endgültig eine im vielfachen Sinn geschlagene uneheliche Tochter; der Laubmann, die Rose und das verlassene Kind, das im Feuer fast umgekommen wäre und sich seitdem der Gefahr ständig aussetzen muß.

Und doch das Geständnis der Tochter, nur die ihr stets gegenwärtige Lyrik habe ein Überleben ermöglicht. Nicht unbedingt die Lyrik der Mutter, aber doch Lyrik, in deren Tradition diese weiterzudichten sich berufen fühlte. Auch darum hat dieses mythisch und mystisch raunende Naturgedicht viel mit dem Schicksal von Mutter und Tochter zu schaffen. Deshalb berührt und erschreckt es mich. Elisabeth Langgässer hat erst nach dem Krieg wieder publizieren können; um so erstaunlicher, daß im Gedicht die nordische Götterwelt weiterhin unheimliche Urständ feiern darf. Die Tochter ist dabei auf der Strecke geblieben.

Der Vorfrühling als Geschichte von Odins Selbstopfer an der Weltesche Yggdrasil, unter der die uralte Norne wohnt. Christlich der Ausblick, die Übertragung von Odins Opfer auf das des Jesus von Nazareth am Kreuz in Jerusalem. Germanische Naturlyrik und gleichzeitig Karfreitagsgedicht: Gegensätze und Widersprüche, die sich schwer auflösen lassen. Die Langgässer ergibt sich einfach ganz der Emphase, dem atemlosen Gefühl, der allitterierenden Sprache.

Es ist ein Gedicht des Übergangs und des Wechsels: von der Erstarrung zum Leben, vom abweisenden Grau zur

farbigen Welt, von Frost und Eis zur Schmelze, von der
Härte zum weichen Harz, von der Unerlöstheit zur Be-
freiung durch das Opfer. Die Bilder von Jagd und Verfol-
gung, von Frühlingssturm als Frühlingserwachen, von
Neugeburt und allgegenwärtiger Vitalität münden in die
Botschaft von Yggdrasils Auflösung, von der Renovierung
der Welt und von einer neuen, erlösten Zukunft. Das nor-
dische Heidentum als Vorläufer und Bote der menschli-
cheren Lehre des Christentums, der Osterspaziergang als
Folge eines Kampfes von Göttern und Mächten mit dem
Ergebnis endlichen Friedens. Nach dem bedrohlichen
Vorfrühling schließlich der heitere, sanfte Frühling: ein
Gott in Menschengestalt, der durch seinen Tod die Natur
erlöst.

Hier wird eine religiöse Ebene erreicht, die der Dichterin
wegen des erotisch-naturmythischen Tons dennoch leicht
übelgenommen wird von denen, die beklagen, daß es keine
christliche Literatur mehr gebe, aber selbstverständlich
auch von denen, die finden, daß Lyrik nicht Predigt sein
dürfe. Der Vorfrühlingswald ist mit seiner untergründig
brodelnden herben Glätte mehr als Abbild und Spiegel:
nordische Götterwelt und christliche Heilslehre finden
dort gewissermaßen ihren »Sitz im Leben«. Jahreszeit und
Natur überfallen die Dichterin mit Qual und Trost. Trotz
mancher befremdlichen Manierismen teilen sich beide Er-
fahrungen mit, wird spürbar, daß auch die Mutter dem
Feuer nicht entronnen ist.

ELISABETH LANGGÄSSER
WINTERWENDE

Welches Kommen! Welches Gehen!
Hundepfiff und leiser Schrei.
Geisterhafte Lüfte wehen,
überm Dornwall schwarzer Schlehen
jagt Orion hoch vorbei.

Durch die sturmgepeitschten Lücken
dünnen Schneefalls tastet blind
nach dem Vater auf dem Rücken,
nach dem Sohn im Niederbücken
sich Äneas gen den Wind.

Huschend kehrt ein flinker Schatte
mit der Schleppe seine Spur:
Helena im Leib der Ratte
sucht von neuem Heim und Gatte,
Liebe bettelt der Lemur.

Trojas Trümmer wandern weiter,
aufgebaut im Wolkenmeer,
aber des Gesanges Leiter
an die Zinnen, spukhaft heiter,
legt uns Armen kein Homer.

Altes kommt – und ist im Gehen:
Troja, Sternbild, Pfiff und Schrei.
Geisterhafte Lüfte wehen,
überm Dornwall schwarzer Schlehen
flammt ein Kreuz im Hirschgeweih.

KARL KROLOW
VERWANDLUNGEN

Elisabeth Langgässer, die pfälzische Dichterin, starb früh, einundfünfzigjährig, an einer tückischen Krankheit. Es war Sommer 1950. Sie stand damals als Erzählerin auf der Höhe ihres Ruhmes. Mit Gedichten hatte sie schon in den zwanziger Jahren begonnen. In der Zeit des Nationalsozialismus standen ihre »Tierkreisgedichte« sogleich auf der Verbotsliste. Die Autorin bekam lebensgefährliche Verrisse zu lesen. Nach dem Krieg hatte ich mit ihr einen kleinen Briefwechsel. Es ging um ihre Gedichte, und sie beschrieb mir ihre Poetologie im Januar 1948 mit folgenden Sätzen:

»Ich bin ja eigentlich kein Lyriker im strengen Sinne, sondern meine Verse sind Teile einer Liturgie. Man kann sie eigentlich nur theologisch verstehen – was natürlich nicht besagt, daß sie einen intellektuellen Ursprung haben. Sie sind reine Mysteriengedichte, und ich fürchte, das ist gerade, was den Zugang zu ihnen schwieriger macht, als zu Gedichten, die sich an das bloße ›Begreifen‹ wenden.« Das Gedicht »Winterwende« war damals noch nicht veröffentlicht. Es erschien ein Jahr nach ihrem Tode; im Brief an mich hatte sie von einem Zyklus »Metamorphosen« gesprochen. Um Verwandlungen geht es in diesem Gedicht einer bestimmten Jahreszeit, genauer gesagt, eines bestimmten Augenblicks der Wende vom Winter zum Frühling. Und gleichzeitig ereignet sich, inmitten atmosphärischer Unruhe, während »geisterhafte Lüfte wehen«, eine tiefere, umfassendere Unruhe: das Eingreifen von Vergangenem in die Gegenwart der Landschaft. Es ist das Eingreifen von Sternbild, Mythos, Sage, Historie, Dichtung.

Der festgehaltene Moment bekommt die Last des Gewesenen zu spüren, und Homer und seine Gestalten »handeln« ebenso, wie Pfiff und Schrei hörbar sind. Die letzten beiden Strophen zeigen dieses spezifisch »Mysterienhafte« einer christlichen Naturdichtung, wie sie Elisabeth Langgässer auffaßte: »überm Dornwall schwarzer Schlehen / flammt ein Kreuz im Hirschgeweih«. Im Briefe bekannte sie: »Jedes der Gedichte fängt mit dem Tanzschritt eines Gottes an, und ich weiß am Ende nie, wohin ich entführt werde. Nur wer mich entführt – das weiß ich.« Das Kreuz leuchtet am Ende des Gedichts: es leuchtet über Landschaft, Jahreszeit, Kreatur, über dem unruhigen Licht des gewöhnlichen Tages gegen Winterende, als ein christliches Zeichen und als ein Wunder. Ein Homer singt uns nicht noch einmal vom Trojanischen Krieg, wenn auch das Gedächtnis der Geschichte lebhaft ist: »Trojas Trümmer wandern weiter, / aufgebaut im Wolkenmeer«.

Doch Sternbild und Sage sind in Verwandlung auf jenen Gott zu begriffen, den die Dichterin in ihren Briefen meinte. Sie sind, wie Elisabeth Langgässer, von Gott Veränderte und »Entführte«, so eingefleischt sie der Landschaft zu sein scheinen, so unmittelbar sie auftreten, weiterleben, Regungen bekunden. Sie stehen in einem Sog der »geisterhaften Lüfte«, die das Ganze spukhaft machen. Sie sind schließlich angewiesen auf das wie ein Fanal flammende Kreuz im Hirschgeweih, das aus der Spätwinterwildnis kommt. Jahreszeiten-Wende bedeutet unruhig

machendes Kommen und Gehen, bei dem nichts unmög-
lich erscheint und noch Ratte und Lemur wie die Unter-
welt ihre Bedeutung haben.

PAULA LUDWIG
NICHT MEHR MIT BLUMEN

Nicht mehr mit Blumen schmückt sich meine Rede
zu hold ist ihr Tod
denn auch die Sterbenden haben verschiedenes
                      Schicksal –

Darum zürnet mir nicht
wenn ich euch nicht antworte.
Aber ich habe meinen Mund verschlossen
daß in meiner Kehle der Schrei nicht ausbreche.

Ich habe mein Inneres zugedeckt
wie man einen Brunnen zudeckt
vor den spielenden Kindern –

Denn ließe ich euch in seine Tiefe schauen:
das Wort des Trostes fiele in seinen Abgrund
und der heitere Tag sänke von euern Schultern
wie ein fahl gewordenes Kleid,
ihr würdet nackt sein
bar aller Hilfe und schaudern.

Und war doch vordem
wie ein Wasser zwischen zwei Hügeln
und wie eine Weide zwischen den Sternen
und jedem der vorüber ging
lieh ich einen lieblichen Spiegel.

Aber ein Gott kam und tauchte sein Antlitz in meins
und machte mich dunkel wie sein Auge.

Sein Name färbt mir die Lippen rot
sein Brandmal leuchtet von meiner Stirn
sein Siegel sitzt auf meiner Todesstunde.

Eine Leibeigene bin ich
die der Herr nicht zählt,
ein Eigentum
das man den Feinden zurück läßt,
ein Brachfeld bin ich geworden
allen Jahreszeiten der gleiche Anblick.

Vergangener Tage Gärtnerin
sind meine Hände
aufbindend die zitternden Ranken.

Der Sonne Wärme die Kühle des Regens
sie gehen in mich ein ohne Wohltat.

Ich habe keine Blume um ihnen zu danken
die gierige Nessel allein gedeiht
in der Asche meines Herzens.

ULRICH WEINZIERL
VERGANGENER TAGE GÄRTNERIN

Mit der giftigen Herablassung, die Gattinnen im Eifer-
suchtsfall auszeichnen kann, bescheinigte Claire Goll der
Rivalin die »Unbefangenheit der Dilettanten«. Für minder
Voreingenommene war Paula Ludwig hingegen eine Dich-
terin von Rang, Else Lasker-Schülers kleine Schwester.
Daß sie trotzdem bis heute zu den Halbvergessenen zählt,
geht nicht zuletzt auf das Konto erbarmungsloser Ge-
schichte. Ein Kurzlebenslauf von eigner Hand sagt dazu
das Wesentliche: »Aus Berlin emigriert 1933! aus Tirol ge-
flohen 1938! aus Paris geflohen 1940! 13 Jahre Brasilien;
1953 ›Heimkehr‹ – fatal!«
Paula Ludwig, mit dem Jahrhundert in Vorarlberg gebo-
ren, war durch ihren Vater Auslandsdeutsche, nie besaß sie
einen Paß ihrer österreichischen Heimat. Weder »rassisch«
noch politisch verfolgt, wählte sie bei Anbruch des Dritten
Reichs aus Gewissensgründen das Exil. Die große Liebe
ihres Lebens erlebte die Mutter eines unehelichen Sohnes
mit dem lothringischen Schriftsteller Yvan Goll. Ihn hat
sie anno 1931 in Berlin kennengelernt. Indes war der Ge-
liebte verheiratet und dachte nicht daran, sich von seiner
angetrauten Claire zu trennen. Bis zur Emigration des
Ehepaars Goll in die Vereinigten Staaten fanden wieder-
holt intime Begegnungen statt. Als freilich Paula Ludwig
Ende 1940 Europa Richtung Südamerika verließ, erlosch
auch die Korrespondenz.
Der 1931 entstandene Zyklus »Dem dunklen Gott« war

die Frucht ihrer Beziehung, das gemeinsame literarische
Kind. Stück für Stück sandte die Dichterin dem Dichter
ihre frisch geschriebenen Texte. Paulas Leidenschaft be-
strickte und verstörte Yvan Goll zugleich. Er hielt sich
seine Anbeterin mittels bewährter männlicher Techniken
vom Leibe. Sie solle bleiben, wo sie sei, am besten fleißig
arbeiten: »Und eine große Einsamkeit, die immer Schmerz
bedeutet, frommt der Kunst«, lautete eine der brieflichen
Anweisungen zur Sublimation. Naturgemäß klingt das
nach abgestandenem Rilke, ist jedoch bloß die verlogen er-
habene Wortwahl eines verängstigten, wenig göttlichen
Mannes. Das lyrische Ich der liebenden Frau spricht in sei-
ner unmetaphorischen Qual eine aufrichtigere Sprache.
Fern scheint sie vom Verzicht, fern von jeglichem Aufbe-
gehren.

Stolze Resignation beherrscht die freien Rhythmen, eine
Trauer, die das gefährdete, das verlorene Glück nie verrät.
Natur wird hier zum Abbild der Seele, das Wechselspiel
von einst und jetzt durchzieht die Verse. Das eine spiegelt
sich im anderen und zeigt vor allem Verfall und Leiden.
Durchaus episch mutet der Ton an, er erinnert an poetische
Prosa. Gleichsam als Achse, um die sich die übrigen zehn
Strophen drehen, dient der Zweizeiler im Zentrum. Er un-
terbricht den Fluß der Erzählung und faßt sie zusammen:
*Aber ein Gott kam und tauchte sein Antlitz in meins / und
machte mich dunkel wie sein Auge.* Wir hören die Ver-
schmelzung, hören die Verdüsterung: Zauber der Laute,
akustisch-erotische Buchstabenmalerei. Doch ohne Zwei-
fel steckt sogar in der Klage und Anklage eine Liebeserklä-
rung.

Die aus einfachen Verhältnissen stammende Paula Ludwig
war gewiß keine besonders gebildete Autorin – Schiller

und Hölderlin sind ihre Lehrmeister gewesen. Allein, sie kennt nicht die geringste Scheu vor Erniedrigung, Gefühle drückt sie ungehemmt aus. Der ihren Körper «besaß», hat sein Eigentum verstoßen. Durch Liebesentzug sinkt das Selbstwertgefühl, der ans Kreuz seiner Passion geschlagene Mensch wird zum Sklaven, zum weggeworfenen Objekt. Das verbrannte Herz auf der Zunge, bleibt der Verlassenen nichts als melancholische Pflege der Erinnerung.

»Vergangener Tage Gärtnerin« zu sein ist ihr einziger Trost. Und das Gedicht ein leiser Triumph der Poesie über die Verzweiflung.

MARIE LUISE KASCHNITZ
DEIN SCHWEIGEN

Du entfernst dich so schnell
Längst vorüber den Säulen des Herakles
Auf dem Rücken von niemals
Geloteten Meeren
Unter Bahnen von niemals
Berechneten Sternen
Treibst Du
Mit offenen Augen.

Dein Schweigen
Meine Stimme
Dein Ruhen
Mein Gehen
Dein Allesvorüber
Mein Immernochda

HANS CHRISTIAN KOSLER
FRIEREND UND KLAR

Gedichte sind Solitäre, die ihre Wirkung aus eigener Kraft
entfalten. Weder dulden sie Vergleichbares neben sich,
noch bedürfen sie in der Regel eines Kommentars, der ihre
Vieldeutigkeit nur einschränken und den Leser in seinem
Verstehen eher bevormunden statt helfen würde. Doch es
gibt Ausnahmen, Gedichte, für deren Verständnis ein ge-
wisses Vorwissen um ihre Entstehung nicht nur nützlich,
sondern geradezu notwendig ist.
Eine solche Ausnahme bildet das Gedicht »Dein Schwei-
gen« von Marie Luise Kaschnitz. Man wird ihm nur ge-
recht, wenn man weiß, daß die Anrede nicht einem leben-
den Menschen – und schon gar nicht einem sich willentlich
entfernt habenden Geliebten – gilt, sondern daß es die Ver-
fasserin an ihren verstorbenen Ehemann richtete. Mit dem
Archäologen Guido Kaschnitz von Weinberg war sie drei-
unddreißig Jahre verheiratet; er erkrankte 1956 an einem
unheilbaren Gehirntumor, der ihn zwei Jahre lang in einen
von trügerischen Besserungen unterbrochenen Dämmer-
zustand versetzte, ehe er von seiner schweren Krankheit
erlöst wurde.
Wie groß die Liebe zu diesem Mann, einem ebenso char-
manten wie abgrundtief melancholischen Wiener, gewesen
sein muß und wie wenig sein Tod dieser Liebe etwas anha-
ben konnte, davon zeugt ihr gesamtes späteres Werk, in
dem bis zur letzten Buchveröffentlichung, den autobio-
graphischen Aufzeichnungen »Orte«, die gemeinsam ver-

brachte Zeit immer wieder behutsam in Erinnerung gerufen wird. Und auch dieses Gedicht, das in den ersten Jahren nach Guidos Tod entstand und dem 1962 erschienenen Lyrikband »Dein Schweigen – meine Stimme« seinen Titel lieh, setzt Liebe voraus. Daß sie keine Erwiderung mehr finden kann, trägt zu der unendlichen Trauer bei, die über diesen Versen ausgebreitet liegt. Doch der subjektive Schmerz, der hier zum Ausdruck gebracht wird, bezieht sich keineswegs auf die Tatsache, daß der Tod die beiden Liebenden für immer voneinander getrennt hat. Mit einer schönen Naivität glaubte Marie Luise Kaschnitz daran, daß der Tote auch weiterhin ihr Gegenüber, ihr stummer Ansprechpartner bleiben würde und daß sie ihm später im Jenseits wieder begegnen werde.

Oder war der Glaube bereits erschüttert und nur mehr ein Vorsatz? Immer wieder, notiert die Autorin später in ihren Tagebüchern, werde sie von dem Gedanken gequält, daß sich der Tote in rasender Geschwindigkeit von ihr entferne, daß er irgendwann einmal gänzlich verschwinde und sie ihn nie mehr »einholen« werde. In dem vorliegenden Gedicht hat der »quälende Gedanke« bereits den Charakter einer schmerzlichen Gewißheit angenommen: der Ahnung, daß die Erinnerung an diesen Mann immer mehr verblassen und die Nähe trotz allen Festhaltenwollens zur Ferne wird.

So ist dieses Gedicht gleichermaßen von Liebe, Schmerz und Trauer geprägt, ohne daß eine dieser Emotionen an- oder ausgesprochen würde. Was den Inhalt einer Klage hat, wird in die Form einer nüchternen Aussage gebracht, in die antithetische Gegenüberstellung zweier unvereinbarer Sphären: des Lebenden und des Toten, der irdischen Hast und jener an »Hyperions Schicksalslied« gemahnen-

den himmlischen Ruhe. »Vom Allerpersönlichsten zum
Allerunpersönlichsten« zu gelangen, hat Marie Luise
Kaschnitz einmal das Ziel ihres Schreibens genannt. Das
gelingt ihr mit diesem Gedicht: Sie ringt sich aus tiefem
Schmerz und großer Einsamkeit zu einer frierend klaren
Bewußtwerdung durch. Das Gedicht sucht keinen Trost,
und dennoch spendet es Trost: Was wir gemeinhin »unsäg-
liches Leid« nennen, ist in Worten wie diesen sagbar.

MARIE LUISE KASCHNITZ
DIE GÄRTEN

Die Gärten untergepflügt
Die Wälder zermahlen
Auf dem Nacktfels die Hütte gebaut
Umzäunt mit geschütteten Steinen
Eine Cactusfeige gesetzt
Einen Brunnen gegraben
Mich selbst
Ans Drehkreuz gespannt
Da geh ich rundum
Schöpfe mein brackiges Lebenswasser
Schreie den Eselsschrei
Hinauf zu den Sternen

HILDE DOMIN
DIE STIMME DER HILFLOSEN KREATUR

Dies Gedicht bekommt seine Vehemenz erst ganz zum Schluß. Fast immer waren es die Schlußzeilen, die es mir antaten, als ich auf die Suche ging, um Marie Luise Kaschnitz dem Leser gegenwärtig zu machen. Besonders gilt das für ihren letzten Band, in dem sie mutig, wortkarg und ohne Selbstbetrug Rechenschaft gibt über das Leben des auf sich gestellten Menschen – in dieser Zeit des verwaisten Menschen, der allein auf seinen Tod zugeht. Bis zum letzten Tag genau hinsehend mit den »von jeher tauglichen Augen« und mutig benennend, was ihr widerfuhr. »Mutig« sage ich und höre dabei ihre nie abreißende Selbstanklage »Ich bin nicht mutig« (»Die Mutigen wissen / daß sie nicht auferstehen...«). Und schon in ihren Gedichten aus den dreißiger Jahren: »Nur ein Mangel an Liebe und Mut«. Ebenso in »Orte«, unentwegt. Der Mut war ihr eine Hauptaufgabe. Und was wäre Mut, wenn nicht dieser immer neue Appell an sich selbst.

Jetzt, wo sie nicht mehr da ist, lese ich ihren letzten Band wie ein einziges Gedicht. Und ich wähle gleich das dritte, wegen dieses Schreis, mit dem es endet. Aber auch das erste endet mit einem Schrei: dem Schrei, der ausbleibt. »Kein Schrei aus den Wolken / keine Feder herab«, endet das Gedicht von dem Vogelpaar, dessen einer »entflogen« ist.

»Die Gärten« heißt das Gedicht. Es sind die Gärten, die es nicht mehr gibt, sie sind untergepflügt worden. Vielleicht die in der Umgebung von Rom. Wir sind in einer südlichen Landschaft, aber darauf kommt es nicht so sehr an. Auf jeden Fall zerstört, einem andern Zweck zugeführt. Die Wälder gerodet: »zermahlen«, sagt sie, vielleicht, weil zermahlen gründlicher ist, zu Brei, zu Pulver, mag sein zu Zellulose, alles wird ja heute zu einem Zweck zerstört, gleichgültig der Zweck oder Nichtzweck, dem diese Wälder geopfert wurden, die Selbstzweck waren wie die Gärten.

Zugleich innere Landschaft. Der Neuanfang ist dementsprechend: ein Minimum. Kein Haus, eine Hütte, auf den Stein gesetzt, der übrig ist nach der Zerstörung der Landschaft, die auch nicht wiederhergestellt wird, auch nicht versuchsweise wird ein Garten angelegt. Nur eine Art Zaun, eine Absteckung des Terrains durch aufgeschüttete Steine. Eine Cactusfeige wird gesetzt, malartig, die nichts verlangt, eine Mindestgesellschaft. Dann wird für den Menschen, der in der Hütte zu leben hat, ein Brunnen gegraben, eine Zisterne, diese Lebensbedingung in der Dürre. Der einsame Mensch spannt sich statt eines Tieres an das Drehkreuz und geht im Kreis und schafft sich selbst das Wasser hoch: das zum Leben unentbehrliche Wasser, das zugleich das Wasser des Lebens ist. Aber nicht klar, sondern brackig, bitter, nach Meer schmeckend, wie es oft an solch verlassenen Küsten ist.

Da geht er also abends – tags ist es zu heiß – um seinen Brunnen, als sein eigenes Zugtier, um pflichtgemäß das schlechte Lebenswasser zu schöpfen. Bis hierher war alles Exposition. In der Zeile »da geh ich rundum« hört die Beschreibung auf, wird plötzlich das Ich sichtbar. Und da schreit es auch schon, da schreit der vereinsamte Mensch, mit der Stimme der hilflosen Kreatur. Er ruft niemanden, er schreit diesen Eselsschrei, diesen Zugtierschrei, hinauf zu den Sternen. Das ist vielleicht das Großartige und ganz Desolate an diesem Schrei: daß rein animalisch geschrieen, fast biblisch geschrieen, aber keine Klage artikuliert und nichts erwartet wird. (Dieser Eselsschrei, der schwermütig durch die Nacht tönt, wie schon Bachofen ihn beschreibt.)

Rückwärts gelesen sieht man nun: Es war dies Ich selbst, das in einem äußersten Imperativ die frühere Landschaft weggeräumt hat, um zum Zugtier des eigenen Überlebens zu werden.

Daß der Mensch aber diesen trostlosen Schrei ins Wort bringt – »Nur ein Wort und ein Wort und ein Wort / Wahllos aus dem Sprachnetz gerissen / Zueinander geschleudert / Umarmen sich / sind sogleich eine / Sind eine Welt« – das ist der Sieg der Kunst, ihre Tröstung, über die *conditio humana: conditio inhumana.*

MARIE LUISE KASCHNITZ
DIE KATZE

Die Katze, die einer fand, in der Baugrube saß sie und
schrie.
Die erste Nacht, und die zweite, die dritte Nacht.
Das erste Mal ging er vorüber, dachte an nichts
Trug das Geschrei in den Ohren, fuhr auf aus dem Schlaf.
Das zweite Mal beugte er sich in die verschneite Grube
Lockte vergeblich den Schatten, der dort umherschlich.
Das dritte Mal sprang er hinunter, holte das Tier.
Nannte es Katze, weil ihm kein Name einfiel.
Und die Katze war bei ihm sieben Tage lang.
Ihr Pelz war gesträubt, ließ sich nicht glätten.
Wenn er heimkam, abends, sprang sie ihm auf die Brust,
ohrfeigte ihn.
Der Nerv ihres linken Auges zuckte beständig.
Sie sprang auf den Vorhang im Korridor, krallte sich fest
Schwang hin und her, daß die eisernen Ringe klirrten.
Alle Blumen, die er heimbrachte, fraß sie auf.
Sie stürzte die Vasen vom Tisch, zerfetzte die
Blütenblätter.
Sie schlief nicht des Nachts, saß am Fuß des Bettes
Sah ihn mit glühenden Augen an.
Nach einer Woche waren seine Gardinen zerfetzt
Seine Küche lag voll von Abfall. Er tat nichts mehr
Las nicht mehr, spielte nicht mehr Klavier
Der Nerv seines linken Auges zuckte beständig.
Er hatte ihr eine Kugel aus Silberpapier gemacht

Die sie lange geringschätzte. Aber am siebenten Tag
Legte sie sich auf die Lauer, schoß hervor
Jagte die silberne Kugel. Am siebenten Tag
Sprang sie auf seinen Schoß, ließ sich streicheln und
                                                                    schnurrte.
Da kam er sich vor wie einer, der große Macht hat.
Er wiegte sie, bürstete sie, band ihr ein Band um den
                                                                    Hals.
Doch in der Nacht entsprang sie, drei Stockwerke tief
Und lief, nicht weit, nur dorthin, wo er sie
Gefunden hatte. Wo die Weidenschatten
Im Mondlicht wehten. An der alten Stelle
Flog sie von Stein zu Stein im rauhen Felle
Und schrie.

RUTH KLÜGER
MISSGLÜCKTE ZÄHMUNG

Marie Luise Kaschnitz hat ihr Gedicht »Die Katze« eine
Ballade, also ein erzählendes Gedicht, genannt. Erzählt
wird jedoch lediglich, wie es einem Zeitgenossen mißlang,
ein wildes Tier zu domestizieren. Was soll's?
Der Katzenzähmer ist ein behauster Mensch, er hat ein
bürgerliches Dasein, ist gediegen eingerichtet im dritten
Stock, mit Gardinen, Blumenvasen, die er abendlich füllt,
einen guten Posten hat er, sonst könnte er sich Bücher und
Klavier nicht leisten. Das Problem ist nur, daß er auf dem
Weg zu diesen Annehmlichkeiten an einer Baustelle vorbei
muß, aus der unliebsame Geräusche kommen. Katzen
können bekanntlich wie kleine Kinder schreien, wenn's
passiert, ist es nicht auszuhalten, wer's hört, muß Abhilfe
schaffen.
Ein Gedicht aus den fünfziger Jahren, als draußen viel ge-
baut und drinnen viel verschüttet wurde. Eine Baugrube
erinnerte damals noch an einen Bombenkrater, Zerstörung
und Aufbau zugleich. Vielleicht auch heute noch: Wo ge-
baut wird, ist Unfertiges, und eine Grube, noch dazu eine
dunkle und winterliche, beängstigt. Diese Baugrube mit
Schnee und Schrei ist dem Chaos verwandt und daher,
psychologisch gesehen, auch dem lautstarken, aber wort-
losen Unbewußten. Die Katze, die dort streunt, ist unbe-
haust.
Mensch und Tier, Haus und Grube. Der Mann holt das
Tier mit einiger Anstrengung, denn es läßt sich nicht lok-

ken, aus der Grube ins Haus. Was hat er sich nun mit sei-
nen nächtlichen Bemühungen eingehandelt? Eine Alb-
traumkatze, die ihren Besitzer mit ihren »glühenden Au-
gen« nicht schlafen läßt; eine neurotische Katze, die das
Zucken ihres linken Auges auf ihn überträgt und ihm die
Freude an Musik, Literatur und Blumen verdirbt. Der
Schaden, den sie anrichtet, ist teils komisch, wie Unfug bei
Wilhelm Busch, teils beunruhigend, und wir fragen stirn-
runzelnd: Warum läßt er sich seine schöne Wohnung von
dem fremden Tier verwüsten?

Weil es eben kein fremdes Tier, sondern ein verwildertes
Haustier ist. Das tritt deutlich in den wenigen Versen zu-
tage, die der scheinbar gelungenen Zähmung gewidmet
sind. Hier lösen sich die vorhergegangenen Unheimlich-
keiten in dem normalen, sehr genau beobachteten Verhal-
ten der Katze auf. sie »jagt« Spielzeug, schnurrt, läßt sich
streicheln und das rauhe Fell bürsten; mit einem Band ver-
sehen, scheint das Teufelsvieh gebändigt von einem, der
»große Macht hat«. Jetzt ist sie endlich, was sie nach Men-
schenermessen sein soll, eine Hauskatze, und mit ihrer Sil-
berpapierkugel wird sie keinen mehr verunsichern.

Sieben Tage, so bedeutet uns die Autorin mit biblischem
Nachdruck, hat dieser Prozeß gedauert. Am Ende des Ta-
ges, an dem die Katze sich als harmlos und eingebürgert zu
verstehen gab, beweist sie ihrem Meister seine Ohnmacht
und entspringt. Nichts hat sich geändert: Das Tier ist dort,
wo es schon anfangs war, und lärmt weiterhin in Hörweite.
Doch plötzlich, in den letzten sechs Versen, stoßen wir
zum ersten Mal auf Reime. In der modernen Lyrik markie-
ren Reime oft nicht Harmonie, sondern das Gegenteil,
zum Beispiel Ausweglosigkeit, hier die unentrinnbare Ge-
fährdung der Behaglichkeit. Da ist zunächst der auffällige

Reim *Stelle/Felle*, der uns auf die verborgenen Reime *tief/lief* sowie den unreinen Binnenreim *hatte/(Weiden)schatten* erst aufmerksam macht. Vor allem reimt ein unscheinbares »sie« am Ende des fünftletzten Verses mit dem letzten Wort des Gedichts, dem hallenden »schrie«, das, im Kontrast zu den Langzeilen, die das übrige Gedicht beherrschen, in einem Vers aus nur zwei Silben steht. Dieser zweisilbige Aufschrei ist die Katzenmusik des Unbehagens in der Kultur, um mit Freud zu sprechen. Sie wird auch in Zukunft die Ruhe des Schläfers stören. Er kann einem schon leid tun, dieser Tierfreund, der es doch so gut gemeint hatte.

MARIE LUISE KASCHNITZ
EIN GEDICHT

Ein Gedicht, aus Worten gemacht.
Wo kommen die Worte her?
Aus den Fugen wie Asseln,
Aus dem Maistrauch wie Blüten,
Aus dem Feuer wie Pfiffe,
Was mir zufällt, nehm ich,

Es zu kämmen gegen den Strich,
Es zu paaren widernatürlich,
Es nackt zu scheren,
In Lauge zu waschen
Mein Wort

Meine Taube, mein Fremdling,
Von den Lippen zerrissen,
Vom Atem gestoßen,
In den Flugsand geschrieben

Mit seinesgleichen
Mit seinesungleichen

Zeile für Zeile,
Meine eigene Wüste
Zeile für Zeile
Mein Paradies.

HORST RÜDIGER
UNGLEICHES GEPAART

Eine farblose Überschrift: die Benennung eines Dinges mit dem unbestimmten Artikel. Die Wiederholung am Beginn der Verse präzisiert den Stoff, aus dem das Ding »gemacht« ist: »aus Worten«, dem griffig-flüchtigen Stoff der »Macher«, wie die Griechen die Dichter nannten. Doch mit der Verarbeitung ist es nicht getan; man sucht nach der Herkunft des Stoffes. Von Eingebung, göttlicher Begeisterung oder wie man den Vorgang sich sonst zu erklären versucht hat, ist zunächst nicht die Rede, wohl aber vom Zufall, jener blinden Gottheit, der nicht nur die Dichter so viel verdanken. Er kann sich immer und überall einstellen, auch wo man ihn nicht vermutet; er kann durch einen Pfiff den Lauschenden aufmerken lassen.

Erst dann beginnt das Machen, aber »gegen den Strich«. Man fügt sich dem Terror des Zugefallenen nicht – das wäre noch kein Gedicht. Man paart »widernatürlich«, aber im Bewußtsein des Widernatürlichen, Asseln mit Blüten. Den Urstoff Wort, der am Anfang war, destilliert man gleichsam heraus, indem man der Sprache das Vlies schert, worin das Wort, unscheinbar und verschmutzt, verborgen lag, und wäscht es wie die Wolle des Lammes. Dann hat man es in seiner Kahlheit und in seiner Reinheit und stellt es allein in den Vers: »Mein Wort«.

Der Stoff ist Eigentum geworden. Zuvor war nur einmal vom Ich die Rede, nun häufen sich bis zum Schluß die »besitzanzeigenden« Fürwörter. Das Wort erscheint als

»Taube« wie der Geist Gottes im Matthäus-Evangelium und als »Fremdling« wie im Pfingstwunder (von den alten Malern gern in Gestalt einer Taube versinnbildlicht), da man »in Zungen redete«, in *fremden* Zungen – und doch verstanden wurde. In den Bildern von der Taube und vom Fremdling Wort mag, nun erst, die Idee von der Eingebung anklingen. Doch das Wort, soeben noch vom Geist durchdrungen, ist der Verderbnis und der Vergänglichkeit ausgesetzt, auch wenn es im Gedicht steht. Es hat nicht mehr die magische Kraft, die ihm eigen war, als man »in Zungen redete«. In zwei Einzelversen, gleichsam als Strophe abgesetzt, wird die Vereinigung des Wortes mit Gleich und Ungleich vollzogen.

Am Schluß drei fast zwanghafte, wie unter Diktat geschriebene Verspaare, kaum mehr durch Satzzeichen getrennt, parallel gebaut bis zur Wiederholung, antithetisch einander zugeordnet, zweimal durch identische Reime verbunden, doch als solche kaum erkennbar, weil auch der Rhythmus »gegen den Strich« läuft. Und noch einmal die Beschwörung orientalischer Wirklichkeiten und Wunschträume, von denen die Dichterin Besitz ergriffen hat und die sie in Besitz genommen haben: »Meine eigene Wüste... Mein Paradies.«

»Ein Gedicht« steht in der Sammlung »Dein Schweigen – meine Stimme«; Marie Luise Kaschnitz hat es dann selbst in den Sammelband »Überallnie« aufgenommen. Sinnverwandte Verse stehen daneben; das Thema – *ihr* Thema – hat sie bewegt. Vom Reim und geregelten Rhythmus der frühen Gedichte entfernte sie sich; die assoziative Bild- und Gedankenreihung verdrängte die traditionellen Bauformen; die Worte wurden karger und treffender. »Ungenaue Beschreibung« (so tadelt sie sich einmal selbst) muß ihr physisch zuwider gewesen sein. Doch sie verfügt über die große Kunst des »genauen Feststellens der flüchtigen Erscheinungen« (die sie Cyrus Atabay attestierte). Zugleich aber vollzieht sich in ihrem Gedicht eine innere Bewegung: Indem sie feststellt, was das Wort in einem Gedicht – in *ihrem* Gedicht – ist, stellt sie dar, wie ihr Gedicht entsteht: »Zeile für Zeile« und ohne die Dissonanz zu mildern.

»Ein Gedicht« über das Dichten: eines der wenigen zu diesem Thema, das einem Dichter geglückt ist.

HORST BIENEK
WÜSTE UND PARADIES

Die Nachfahren Paul Valérys werden seinen berühmten Satz nicht mehr aus dem Kopf verdrängen können: »Einen ersten Vers geben uns die Götter huldreich umsonst, an uns ist es, einen zweiten zu schmieden, der mit dem ersten harmoniert und seines übernatürlichen Bruders nicht unwürdig ist.« Klarer, bündiger, aphoristischer ist das nicht mehr formuliert worden. In unserer Zeit haben die Dichter mehr als in früheren Generationen über den literarischen Schaffensprozeß nachgedacht und geschrieben, vor allem in den sechziger Jahren, als eine Sprachkrise in der deutschen Lyrik eingetreten war und man sich in solchen poetischen Reflexionen der Sprache, des Gedichts, der verbalen Ausdrucksmöglichkeiten überhaupt vergewissern wollte. Marie Luise Kaschnitz war davon bedrängt wie so viele, sie aber in einem besonderen Maße nach dem Tode ihres Mannes, des Archäologen Guido Kaschnitz von Weinberg, und der Gedichtband, der in der Zeit danach entstand und den so signifikanten Titel trägt »Dein Schweigen, meine Stimme«, versucht in zahlreichen Versen darüber Auskunft und Rechenschaft zu geben. Aber nirgendwo so deutlich wie hier in »Ein Gedicht«.

Ja, den ersten Vers geben die Götter hilfreich umsonst ... kein Zweifel, daß die Poetik der Kaschnitz davon geprägt war. Die Worte kommen leichtfüßig daher, aus den Fugen wie Asseln, aus dem Maistrauch wie Blüten, aus dem Feuer wie Pfiffe. Was mir zufällt, nehm ich ... Doch dann beginnt die Arbeit des bewußten Künstlers: das Wort zu kämmen gegen den Strich, es seiner Bedeutung zu entkleiden, gegen Erwartungen aufzutreten, es gegen die Natur zu paaren, in Lauge auszuwaschen, bis es nur noch das ist, was es ist; das Wort neu sehen, von vorn anfangen, anders: das allgemeine Wort zu »meinem« Wort erheben.

Rettung ist die Poesie nicht. Einmal schien es so, als ob sie Rettung verhießen, die Wörter, in den »Notizen der Hoffnung«, und ein paar Seiten vorher: »Schreibend wollte ich meine Seele retten ... ich versuchte Verse zu machen, es ging nicht ... die Seele, die aufgegebene, treibt dahin und singt.« Dieses Singen, das werden die neuen Gedichte sein, vielleicht. Wichtig ist es, neu zu schreiben, immer wieder, durch die eigene Wüste zu gehen, Zeile für Zeile, in aller Genauigkeit, Zeile für Zeile: mein Paradies.

Am Schluß des Gedichts dieses Vertrauen in das Wort, in das Gedicht, in einer Zeit, als unsere Lyriker vom »Schweigen im Gedicht« raunten, das überrascht, das beglückt. Da bekennt sich eine Autorin, die niemals Moden mitmachte und zu dieser Zeit einen der formal kühnsten und raffiniertesten Prosatexte schrieb, »Beschreibung eines Dorfes«, zur sinnlichen Erfassung der Welt durch Poesie. Zeile für Zeile, meine eigene Wüste, Zeile für Zeile, mein Paradies. Soll es eine Metapher sein, dann ist es eine ungeheure, die mit Rilkes »Das Schöne ist nichts als des Schrecklichen Anfang« korrespondiert, beides Sätze, damit eine Person sich ihrer selbst vergewissere, das Leben bestehe und schließlich das Wort. So wichtig genommen wie das Leben selbst!

Es sind nicht immer die besten Gedichte, in denen der Autor sein poetisches Weltbild reflektiert, aber es sind oft die wahrhaftigsten. Und es gibt eine poetische Wahrheit, die größer, gewaltiger und erregender ist als jede noch so geglückte Metapher. Wenn das Schweigen schließlich zum Wort wird: Dein Schweigen – meine Stimme.

MARIE LUISE KASCHNITZ
HIROSHIMA

Der den Tod auf Hiroshima warf
Ging ins Kloster, läutet dort die Glocken.
Der den Tod auf Hiroshima warf.
Sprang vom Stuhl in die Schlinge, erwürgte sich.
Der den Tod auf Hiroshima warf
Fiel in Wahnsinn, wehrt Gespenster ab
Hunderttausend, die ihn angehen nächtlich
Auferstandene aus Staub für ihn.

Nichts von alledem ist wahr.
Erst vor kurzem sah ich ihn
Im Garten seines Hauses vor der Stadt.
Die Hecken waren noch jung und die Rosenbüsche
                                    zierlich.
Das wächst nicht so schnell, daß sich einer verbergen
                                    könnte
Im Wald des Vergessens. Gut zu sehen war
Das nackte Vorstadthaus, die junge Frau
Die neben ihm stand im Blumenkleid
Das kleine Mädchen an ihrer Hand
Der Knabe der auf seinem Rücken saß
Und über seinem Kopf die Peitsche schwang.
Sehr gut erkennbar war er selbst
Vierbeinig auf dem Grasplatz, das Gesicht
Verzerrt von Lachen, weil der Photograph
Hinter der Hecke stand, das Auge der Welt.

DIETER BORCHMEYER
VERZERRTES IDYLL

»Der den Tod auf Hiroshima warf«, das muß doch der Pilot gewesen sein, der das »Go ahead«-Signal für den Abwurf der Atombombe gegeben hat, welche weit über hunderttausend Opfer forderte. Dem Leser, der das Schicksal von Claude Robert Eatherly, dem Todespiloten von Hiroshima, nicht kennt, suggeriert das Gedicht auf den ersten Blick, daß er ein ›sunny boy‹ war, dessen Leben nach der Katastrophe, die sein Signal ausgelöst hat, so verlief, als wäre nichts gewesen: als eine Familienidylle so recht nach amerikanischem Herzen.

Doch »nichts von alledem ist wahr«. Eatherlys Leben verlief in Wirklichkeit fast so, wie die erste Strophe des Gedichts beschreibt und dessen zweite verneint: er fühlte sich von den Gespenstern der Hiroshima-Opfer so sehr verfolgt, daß er zwei Selbstmordversuche unternahm und als angeblich unheilbar Geisteskranker in eine psychiatrische Klinik eingeliefert wurde. Sein Briefwechsel mit Günther Anders ist das erschütternde Zeugnis der seelischen Verstörung und Zerstörung dieses »Helden« der Air Force. Über seinen Kopiloten gab es das – freilich bald widerlegte – Gerücht, er sei ins Kloster gegangen und sühne als Mönch seine Mitschuld. (In Wirklichkeit wurde er als Held der Nation gefeiert und zum Direktor einer Schokoladefabrik ernannt.)

Warum scheint das 1965 veröffentlichte Gedicht von Marie Luise Kaschnitz mit diesem falschen Gerücht auch den

tragischen Fall Eatherly zu dementieren? Warum setzt es
dem Geschick des von Schuldgefühlen zerfressenen wirk-
lichen Todespiloten, dessen Ehe zerbrach, den man seiner
Kinder beraubte und in die Klapsmühle einsperrte, die
Vorstadt-Idylle eines erfundenen Helden entgegen, der
mit seinem peitscheschwingenden Söhnchen auf der
Schulter, »vierbeinig auf dem Grasplatz«, eben wie ein ge-
dächtnisloses Tier dem Vergessen frönt?
Doch das Gedicht dementiert den Fall Eatherly durchaus
nicht, sondern führt den Leser durch dessen vorläufige Ir-
ritation auf die wahre Spur der Erkenntnis. Denn »ihn«,
den das Ich des Gedichts »vor kurzem« erst gesehen haben
will, dürfen wir gerade nicht mit dem Todespiloten gleich-
setzen. Der da im trauten Familienkreis im Garten seines
Hauses steht, ist nicht Eatherly, es ist der ganz normale
Bürger, der unbekümmert um das apokalyptische Gesche-
hen, nach dem die Welt eigentlich den Atem anhalten
müßte, wohlgemut weiter Häuser baut und Familien
gründet. Es ist der symbolische Repräsentant der Gesell-
schaft, an deren Spitze – und nicht im Cockpit des Bom-
benflugzeugs – die wahren Drahtzieher der Katastrophe
von Hiroshima sitzen. Der bloße Befehlsempfänger, der
willenlose Auslöser des grauenvollsten Vernichtungs-
schlags, den die Menschheit kennt, nimmt die Blutschuld
auf sich und wird deshalb von der Gesellschaft als wahn-
sinnig stigmatisiert, während die Verantwortlichen sich im
Wald der Anonymität verbergen und von ihrer Schuld ab-
solvieren.
»Der den Tod auf Hiroshima warf«, das ist also nicht
Claude Robert Eatherly – er bildet nur das zufällige letzte
Glied in der Kette eines von ihm nicht verschuldeten Ver-
hängnisses –, sondern derjenige, der den Bombenabwurf

veranlaßt hat. Der eigentliche Urheber des Grauens aber verfällt mitnichten in Reuequalen und Wahnsinn. Und doch: der »Wald des Vergessens« wächst nicht so schnell, daß die Vergangenheit sich verbergen, erfolgreich verdrängen ließe. Das Familienidyll der zweiten Strophe ist eine bloße Fiktion, ein Abbild der ihren optischen Illusionen ausgelieferten Gesellschaft. Nur dem »Auge der Welt«, das zur Linse der Kamera, zum alles sehen wollenden Auge der publizistischen Öffentlichkeit geworden ist, bietet sich der Anblick eines solchen Idylls. Für den Apparat des hinter der Hecke lauernden Photographen, der die indiskrete Allgegenwart der Medien repräsentiert, setzt man sich in Positur. Doch das aufgesetzte Lachen des im Bild Eingefangenen ist »verzerrt«, erzwungen vom Wissen, beobachtet zu sein. Walten nicht auch hinter seinem Rücken die Gespenster, die er vertreiben wollte? Mit der Scheinwelt der Publizität wird auch das aufgesetzte Idyll zerfallen: »Nichts von alledem ist wahr.«

MARIE LUISE KASCHNITZ
JUNI

Schön wie niemals sah ich jüngst die Erde.
Einer Insel gleich trieb sie im Winde.
Prangend trug sie durch den reinen Himmel
Ihrer Jugend wunderbaren Glanz.

Funkelnd lagen ihre blauen Seen,
Ihre Ströme zwischen Wiesenufern.
Rauschen ging durch ihre lichten Wälder,
Große Vögel folgten ihrem Flug.

Voll von jungen Tieren war die Erde.
Fohlen jagten auf den grellen Weiden,
Vögel reckten schreiend sich im Neste,
Gurrend rührte sich im Schilf die Brut.

Bei den roten Häusern im Holunder
Trieben Kinder lärmend ihre Kreisel.
Singend flochten sie auf gelben Wiesen
Ketten sich aus Halm und Löwenzahn.

Unaufhörlich neigten sich die grünen
Jungen Felder in des Windes Atem,
Drehten sich der Mühlen schwere Flügel,
Neigten sich die Segel auf dem Haff.

Unaufhörlich trieb die junge Erde
Durch das siebenfache Licht des Himmels.
Flüchtig nur wie einer Wolke Schatten
Lag auf ihrem Angesicht die Nacht.

ROBERT GERNHARDT
SCHÖN UND GUT

Ein in vieler Hinsicht schönes Gedicht. Es fängt schön an, mit einem jener hochfahrenden Sätze, die sogleich die Einzigartigkeit des Anlasses betonen, wie Hebbels »Dies ist ein Herbsttag, wie ich keinen sah« oder Benns »Einsamer nie als im August«. Es redet von schönen Dingen, und es tut dies auf schöne Weise, in fünfhebigen Trochäen, deren langer Atem gut zum gewagten Vorhaben paßt, einer Erdenfeier, welche die Dichterin von hoher Warte aus anstimmt: Wie eine Insel sieht sie unseren blauen Planeten unaufhörlich im Winde treiben, Jahrzehnte vor irgendeinem Astronauten.

Marie Luise Kaschnitz lebte zwischen 1932 und 1937 in Königsberg, in diesen Jahren hat sie »Juni« geschrieben. Sie veröffentlichte das Gedicht 1947, in ihrem ersten Gedichtband. Wie die Leser im Nachkriegsdeutschland »Juni« gelesen haben mögen, weiß ich nicht, wie es heute wirkt, weiß buchstäblich jedes Kind: »Daß sie als Kind jugendlich schön die Erde gesehen hat und jetzt halt mit dem verschmutzten Meer und Seen«, antwortet der kleine Maxl auf die Frage von Ute Andresen: »Ist es euch denn fremd, was da erzählt wird?«

Ute Andresens Buch »Versteh mich nicht so schnell, Gedichte lesen mit Kindern« erschien 1992, gut fünfundzwanzig Jahre zuvor hatte Marie Luise Kaschnitz bereits dem Maxl zugestimmt: »Auf den Gedanken, daß in der Natur alles heil sei und daß die Natur alles heile, käme oh-

nehin niemand mehr«, schreibt die Siebenundsechzigjäh-
rige in »Tage, Tage, Jahre« und: »Während der vorangegan-
genen ostpreußischen Jahre ... war ich von der Natur bis
zur Besessenheit angerührt worden ... aber sie war vor-
über, auch die Zeit der Naturgedichte.« Nach dem Kriege
habe sie keines mehr geschrieben: »Nachmittag im August
großes Glücksgefühl ... aber ein Gedicht wird daraus
nicht, heute nicht mehr«, notiert sie am 10. August 1967.
Alles hat seine Zeit; so gesehen sind alle Gedichte Gelegen-
heitsgedichte, auch jene, die sich so zeitlos und so unper-
sönlich geben wie »Juni«.
Schön, daß es einmal Dichter gegeben hat, die von Wolke,
Regen oder Ozon reden konnten, ohne an Tschernobyl,
sauer oder Loch denken zu lassen. Gut, daß die Dichterin
ihrer Naturbesessenheit noch rechtzeitig Worte verliehen
hat – oder hatte die Natur der jungen Marie Luise Kasch-
nitz eines schönen Tages Worte eingegeben, die, bei Licht
betrachtet, gar nicht die ihren waren? Eine Aufzeichnung
der älter gewordenen Marie Luise Kaschnitz läßt derlei
vermuten: »Der Herbst war meine Jahreszeit seit jeher«,
schreibt sie 1967, »vom 21. Juni, dem Tag der Sonnen-
wende, an begann ich aufzuatmen, jetzt konnten die Tage
nicht länger werden.«

MARIE LUISE KASCHNITZ
NICHT GESAGT

Nicht gesagt
Was von der Sonne zu sagen gewesen wäre
Und vom Blitz nicht das einzig Richtige
Geschweige denn von der Liebe.

Versuche. Gesuche. Mißlungen
Ungenaue Beschreibung

Weggelassen das Morgenrot
Nicht gesprochen vom Sämann
Und nur am Rande vermerkt
Den Hahnenfuß und das Veilchen.

Euch nicht den Rücken gestärkt
Mit ewiger Seligkeit
Den Verfall nicht geleugnet
Und nicht die Verzweiflung

Den Teufel nicht an die Wand
Weil ich nicht an ihn glaube
Gott nicht gelobt
Aber wer bin ich daß

WALTER HELMUT FRITZ
KLARHEIT DES BLICKS

Das Gedicht erschien mir, seit es vor zwanzig Jahren in
dem Band »Ein Wort weiter« zu lesen war, als eines der
stärksten von Marie Luise Kaschnitz. Es spricht von Ver-
säumnissen, von dem, was sie nicht gesagt hat, zu sagen
vergaß, zu sagen unterließ, nicht sagen wollte, nicht sagen
konnte. Läßt sich »das einzig Richtige« von der Sonne,
dem Blitz, der Liebe sagen? Sicher nicht. Was möglich ist,
sind Annäherungen, Winke, Hinweise, »Versuche«.
Das Morgenrot, der Sämann, der Hahnenfuß, das Veil-
chen – warum mußten sie »weggelassen« werden? Weil die
Zeit eines Lebens zu kurz, die Aufmerksamkeit einge-
schränkt ist, die Sprache, vor allem die Sprache des Ge-
dichts, nicht ausmalt, nicht auf Vollständigkeit in der
Wiedergabe von Welt zielt, sondern etwas suggeriert, mit
vergleichsweise wenigen Sätzen Räume skizziert, mar-
kiert, andeutet, in denen unsere Vorstellung, unser Gefühl
sich entfalten können.
Wiegt es nicht schwer, daß Marie Luise Kaschnitz ihren
Lesern nicht den Rücken gestärkt hat »mit ewiger Selig-
keit«, daß sie Verfall und Verzweiflung nicht geleugnet,
den Teufel nicht an die Wand gemalt und Gott nicht gelobt
hat?
»Aber wer bin ich daß« – die letzte Zeile des Gedichts
bleibt (wie schon die Anfangszeile der letzten Strophe) un-
vollständig, bricht ab. Warum? Weil damit auch im Forma-
len augenfällig werden soll, was an Erfahrung in den Zeilen

zum Ausdruck kommt: Ratlosigkeit, Einsicht in das Frag-
mentarische menschlichen Tuns, menschlicher Fähigkeit
und Zuständigkeit, in die Tatsache, daß wir oft genug –
statt eine Lösung zu finden – nur Unlösbares ins Licht rük-
ken können.

Marie Luise Kaschnitz macht uns nichts vor, beschönigt
nichts, verschließt ihre Augen nicht vor dem Grauen, ver-
hehlt nicht ihr Ungenügen, nennt ihre Versuche »mißlun-
gen«. Aber dank des Ernstes, mit dem sie das tut, verstehen
wir, daß uns ein Werk der Kunst, der Literatur um so mehr
angeht, je stärker in ihm gerade auch das Bewußtsein von
der Gefahr des Mißlingens (der Arbeit, des Lebens) anwe-
send ist, das mit den Jahren wachsende Bewußtsein von
dem, was wir versäumt haben und immer neu versäu-
men.

Diese Strophen sind nicht nur Ergebnis künstlerischen
Vermögens, sondern auch bestandener Jahrzehnte. Klar-
heit des Blicks, Trauer darüber, daß unsere Bemühungen
Stückwerk bleiben, und lakonisch-ruhiges Sprechen ver-
binden sich zu einem meditativ-intensiven Gedicht, einer
»Zusammenfassung« langen Hinschauens und Nachden-
kens. Schwierige Erfahrung ist aufgehoben in einfachen
Worten. Sie sind sehr persönlich und zugleich von allge-
meiner Bedeutung.

MARIE LUISE KASCHNITZ
VÖGEL

Ein Paar Vögel noch immer
Aber wie ungleich jetzt
Einer gierig aufpickend
Den kleinen Lebensrest
Im warmen Laub
Der andere entflogen
Sein klarer Schatten
Gleitet übers Schneefeld
Zieht Kreise drei
Jeder ein wenig blasser
Kein Schrei aus den Wolken
Keine Feder herab.

CHRISTA MELCHINGER
EIN WELTLICHES REQUIEM

Als Marie Luise Kaschnitz im Jahr 1958 ihren Mann verlor, verstummte sie nicht. In den sechzehn Jahren, die sie ihn überlebte, entstand ein bedeutendes Alterswerk. »Dein Schweigen, meine Stimme« ist der Titel der ersten nach seinem Tod entstandenen, 1962 veröffentlichten Gedichtsammlung. Die nebenstehenden Verse entstammen nicht diesem Band. Aber sie gehören in seinen Umkreis. Sie sind nicht genau datierbar, stammen ungefähr aus der Mitte der sechziger Jahre und wurden 1972 als Eingangsgedicht zu der Sammlung »Kein Zauberspruch« zum ersten Mal veröffentlicht.

Mehr als ein Hinweis auf den biographischen Anlaß, den Tod des Ehemanns, ist zur Kommentierung dieser Zeilen nicht nötig. Man muß sie nicht zweimal lesen, um sie zu verstehen. Aber wie alles Selbstverständliche setzen sie sich fest, werden Besitz, immer verfügbar, bei jedem Blick aus dem Fenster übers Schneefeld, in die Wolken; sie stellen sich ein, wenn wieder und wieder, zum wievielten Male, die suchende Hand ins Leere greift.

»Mann und Frau und Tod« – so heißt es in dem ebenfalls in dieser Sammlung zu findenden Gedicht »Cromagnon« – »immer dasselbe«. Das wird zum zentralen Thema ihrer Alterslyrik. Wenn plötzlich die Schere auseinanderklafft, die Lebensgemeinschaft auseinanderbricht in »Dein Allesvorüber / Mein Immernochda«, wenn die große Suche anhebt: »Wo / Du / Überall Nirgends«, wenn das »rehrote

Windei Hoffnung« geboren wird aus Trotz und Zorn und der Ohnmacht der Verlassenen: »Einst werde ich aufstehen / Wie alle Geschlagenen...«, dann steht es auf des Messers Schneide – verstummen oder fortfahren im Sprechen, im Schreiben.

»Dein Schweigen, meine Stimme«: Die Kaschnitz hat sich entschieden fürs Leben, fürs Weiterleben, und es stellt sich heraus, daß er gar nicht schmal ist, der »Lebensrest«, der ihr geblieben ist – noch sind die Sinne wach, das lebenslang geschärfte Wahrnehmungsvermögen ungetrübt, es scheint sogar gesteigert durch den Schmerz. Nichts hindert das Hereinströmen von Welt – das ist ja das Schwere: Die Zurückgelassene kann sich nicht entziehen, alles bleibt mit ihr zurück, es ist, als habe der Sterbende sie im Moment seines Todes tief ins Leben hineingestoßen, tiefer als je, sie, die sich schon halb gelöst hatte davon in den Wochen, in denen sie sein Sterben begleitete.

Diese Lösung war Trug: »Über mich her fiel die Welt«, schreibt sie im Jahr danach. Sie hat ihr standgehalten, die Dichterin, noch viele Jahre lang. Auf ihre Weise, daran konnte der Tod nichts ändern: »ich sehe und höre, reiße die Augen auf und spitze die Ohren, versuche, was ich sehe und höre zu deuten, hänge es an die große Glocke, bim bam.«

Was im Werk der Kaschnitz immer wieder als das »Klassische«, die Bindung an traditionelle Formen, hervorgehoben wird, ist das Ergebnis dieser einfachen Methode, deren sie sich bedient: sehen und hören, das Gesehene und Gehörte deuten und an die große Glocke hängen. Die Wiedergabe des sinnlich Wahrgenommenen – dazu gehört die Präzision, die eine der wichtigsten Merkmale ihrer Kunst ist; die Reflexion darüber – das ergibt ihre Tiefe, und die große Glocke, das wird bei ihr kein brausender Lärm, das ist auf »sordino« gestimmt, aber von bezwingender Intensität. So wie die wenigen Zeilen dieses Requiems.

ROSE AUSLÄNDER
JERUSALEM

Wenn ich den blauweißen Schal
nach Osten hänge
schwingt Jerusalem herüber zu mir
mit Tempel und Hohelied

Ich bin fünftausend Jahre jung

Mein Schal
ist meine Schaukel

Wenn ich die Augen nach Osten
schließe
schwingt Jerusalem auf dem Hügel
fünftausend Jahre jung
herüber zu mir
im Orangenaroma

Altersgenossen
wir haben ein Spiel
in der Luft

HORST KRÜGER
EIN SPIEL IN DER LUFT

Daß auch noch nach Auschwitz Gedichte möglich waren, ist heute bekannt. Jüdisches Schicksal, so unsagbar es war, ist gleichwohl dem großen lyrischen Zugriff nie ganz entzogen gewesen. Da und dort ist es sagbar geworden. Die deutsche Nachkriegslyrik, von Celan bis Hilde Domin heute, hat es immer wieder bewiesen.

Von allen Gedichten, die in unserer Zeit jüdische Existenz behandeln, scheint mir dieses hier, ich sage nicht: das tiefste, wohl aber: das schönste und kunstvollste, das ich kenne. So leicht und schwebend, so klaglos vollendet zur ätherischen Sprachgebärde hat noch kein Gedicht Jerusalem, das fünftausendjährige Motiv des jüdischen Volkes, in Verse gefaßt. Da schwappt nichts über, da hängt nichts herab an zusätzlicher Trauer.

Was ist Kunst? Ich vermute: nicht Tiefsinn und raunendes Geheimnis. Kunst ist Spiel. Die wahren Künstler sind die Akrobaten, die glitzernden Artisten, in der Zirkuskuppel schwebend, die Ballerinen, die die absurdesten Figuren in bestürzender Leichtigkeit tanzen können. Kleist schon hat uns gesagt, daß die Marionette wahrscheinlich die vollendetste Kunstfigur sei, und etwas von dieser zweiten, artistischen Leichtigkeit, die ganz zum Schluß kommt, macht mir dieses Gedicht so wertvoll und originell. Es ist kein Tanz über Abgründen. Der Abgrund selber ist hier zum Tanz der Sprache geworden.

Rose Ausländer, der Name ist schon wie ein Omen, gehört

heute mit Sicherheit zu den bedeutendsten Lyrikerinnen deutscher Sprache. Ein Leben lang fast unbeachtet, ist sie in den letzten Jahrzehnten bekannt, aber nie berühmt geworden. Das Besondere ihrer Lyrik, die nie umfangreich, aber poetisch genau war, ist, daß sie sich nie festlief in dunkler Trauer wie die Lyrik Celans oder die der Nelly Sachs. »Hinter der Tränenwand / die Phönixzeit / brennt«, heißt es in einem anderen Gedicht zum selben Thema. Verwandlung und neue Gestalt ist also ihr Thema.

»Mein Schal ist meine Schaukel« – ich meine, es gehört Souveränität, hoher Kunstverstand, auch einsame Tapferkeit dazu, ein Gedicht in deutscher Sprache nach Auschwitz über Jerusalem so auszubalancieren, ohne daß auch nur ein Hauch von Kunstgewerblichkeit spürbar würde. Das Gedicht ist von der ersten bis zu letzten Zeile durchweht von Luft, von der schwingenden Gebärde eines Flügelschlags, der Raum und Zeit mühelos durchmißt und sich aneignet: »Wenn ich die Augen nach Osten / schließe / schwingt Jerusalem auf dem Hügel / fünftausend Jahre jung / herüber zu mir / im Orangenaroma.« Es wird nichts symbolhaft, nichts dunkel vieldeutig. Hohe Artistik zieht ihre Schleifen, wie alle vollendete Kunst scheinbar ganz schwere- und mühelos. Nichts muß hier zusätzlich entschlüsselt werden.

Oder doch? Was besagen diese letzten drei Zeilen, die wie von selbst ausklingen und doch merkwürdig rätselhaft bleiben: »Altersgenossen / wir haben ein Spiel / in der Luft«? Ich bin nicht sicher, aber ich vermute: Jerusalem ist da. Es ist zu hören in der Luft, zu schmecken »im Orangenaroma«. Es ist aber auch (das Wort »Altersgenossen« legt es nahe) damit zugleich das Spiel um Leben und Tod gemeint, das weitergeht, nicht nur für den Staat Israel. Es

ist ein Spiel um Leben und Tod im Dasein eines jeden Ju-
den, noch immer. Es ist ein Spiel, das ganz aus der Ferne
sogar noch die Töne der »Todesfuge« von Celan hören
macht.

Aber wie zart, wie scheu, in wieviel lyrischer Diskretion
ist so Ungeheuerliches hier eingemischt. Tod und Leben
sind ins Schweben gebracht.

ROSE AUSLÄNDER
MEIN VENEDIG

Venedig
meine Stadt

Ich fühle sie
von Welle zu Welle
von Brücke zu Brücke

Ich wohne
in jedem Palast
am großen Kanal

Meine Glocken
läuten Gedichte

Mein Venedig
versinkt nicht

JOSEPH ANTON KRUSE
ERTRÄUMTE STADT

Stets haben mir Gedichte, die Venedig beschwören, beson-
ders gefallen. Glücklicherweise gibt es reichlich davon.
Schönheit, Geschichte, Stolz und Gefährdung der Lagu-
nenstadt übten auf die deutsche Lyrik ihren unauslösch-
lichen Zauber aus. Platen, C.F. Meyer, Nietzsche, Trakl,
Rilke, um nur einige der »venezianischen« Dichter zu nen-
nen, sind dieser Verlockung erlegen. »Wie werd ich je dies
große Rätsel fassen?« fragt August von Platen als einer der
sensibelsten Chorführer der in Bewunderung dem Ge-
heimnis Venedigs verfallenen Verehrer. Sein klassischer
Vorgänger Goethe hatte bereits im elften »Venetianischen
Epigramm« festgestellt: »Pilgrime sind wir alle, die wir Ita-
lien suchen.« Demut und Betroffenheit angesichts der Ein-
maligkeit dieser Stadt sind in den Stimmen der Dichter ge-
paart. Auch in den erinnerten und erdichteten Orten der
Lyrikerin Rose Ausländer spielt Venedig die Favoriten-
rolle.

In ihrem Gedicht »Liebe II« aus der Sammlung »Noch ist
Raum« (1976) bekennt sie: »ich liebe / Berge Bäume Blu-
men / das Meer / manche Städte zum Beispiel Venedig.«
Elf Jahre früher trug schon ein Gedicht ihres Bandes
»Blinder Sommer« (1965) den Namen »Venedig« als
Überschrift und faßte Erscheinung wie Wirkung der Stadt
in sehnsüchtige Bilder aus Architektur, Kunst und Gon-
delfahrt, ein Venedig, wie wir es bereisen, schätzen und aus
der lyrischen Tradition kennen.

Aussage und Ton, Erinnerung und Beschwörung des Gedichts »Mein Venedig« aus dem Jahre 1982 dagegen haben sich verändert. Die seit Jahren an ihr Krankenbett im Altenheim der Düsseldorfer Jüdischen Gemeinde gefesselte Lyrikerin erschafft die Welt, die sie sich angeeignet hat, neu. Die traurige Realität ist überschritten. Die neue, persönliche Wirklichkeit heißt Venedig. Darum das Possessivpronomen in der Überschrift und zum Auftakt: »Mein Venedig« – »meine Stadt«; darum ist es auch sinnvoll, daß die beiden Schlußzeilen des Gedichts dem ganzen Lyrikband den Titel geben. Venedig in seinem Verfall als Sinnbild der von ihr erschaffenen, unsterblichen Welt; die eigene Phantasie, der Gedanke, der Wille sind Pfänder gegen Alter und Tod.

Im Text »Offener Brief an Italien«, ebenfalls in »Blinder Sommer« erschienen und dem erwähnten »Venedig«-Gedicht vorangestellt, heißt es bereits genauso besitzanzeigend, Liebe erklärend: »Mein Italien / ich schreibe dir aus Amerika / daß ich dir huldige.« Gruß und Reverenz aus der »Neuen Welt« an das »Abendland« ihrer Herkunft und Bildung. Nun, in der Zeit der Beschwernisse durch Alter und Krankheit, wird die Sehnsucht noch stärker, wird die Beziehung zu Italien intensiver, die seelische Eroberung unaufhaltsam, die sakramentale Aneignung Venedigs zum Mysterium ihrer Einsamkeit und ihres Widerstandes gegen den Tod.

»Italien« wird jetzt im so überschriebenen Gedicht aus der Sammlung »Mein Venedig versinkt nicht« von 1982 »mein Immerland« genannt. Der Traum überwindet jedes Hindernis: »Immer träum ich zurück / zu deinen Städten / Venedig Rom Florenz / Siena Neapel.« Denn jetzt ist die Zeit des Briefeschreibens vorüber, ist der Abstand überbrückt.

Venedig gar ist mit Wellen und Brücken in das Gefühl der
Dichterin eingegangen, und diese hat ihre Heimat endlich
und für die Zukunft in allen Palästen am Canale Grande
gefunden. Das Glockengeläut der Stadt und die Gedichte
Rose Ausländers sind ein und dasselbe, verkünden die
gleiche poetische Botschaft von unvergänglicher mensch-
licher Schönheit. Was bleibt, hat wirklich der Dichter ge-
stiftet.

Aber dennoch, trotz aller imaginativen Kraft, tauchen
auch Wünsche nach realer Erfüllung wieder auf. Deshalb
lautet ein wehmutsvolles Gedicht im Band »Ich zähl die
Sterne meiner Worte« (1983) ein Jahr nach der trotzig-lie-
bevollen Erschaffung »ihres« Venedigs in vergegenwärti-
gender Einfachheit: »Ich will / noch einmal / in Venedig
sein / mich / im Glasspiel / seiner Wasser / spiegeln // Mein
Heim / ein herrlicher Palast / wie im Traum / leuchten Ka-
näle.«

ROSE AUSLÄNDER
PAUL CELANS GRAB

Keine Blumen gepflanzt
das sei überflüssig

Nichts Überflüssiges
nur
wilder Klatsch-Mohn
schwarzzüngig
ruft uns ins Gedächtnis
wer unter ihm
blühte.

KARL KROLOW
MOHN UND GEDÄCHTNIS

Rose Ausländer kommt aus der Bukowina. Sie kommt aus
Czernowitz, wuchs in der Stadt auf, in der auch Paul Celan
jung war. Viele ihrer Gedichte geben diese östliche Land-
schaft wieder, die der Fluß Pruth durchzieht. Sie mußte
ihre Heimat verlassen und lebte fast zwei Jahrzehnte lang
als Übersetzerin und Korrespondentin in New York, ehe
sie in die Bundesrepublik kam. Sie lebt jetzt in Düsseldorf.
1966 war sie bei einem literarischen Preisausschreiben er-
folgreich. So wurde sie bekannt. Ihr erster Versband da-
mals hieß »36 Gerechte«. In ihm ist überall von ihrer Her-
kunft, ihrem Dasein, ihrer Flucht durch die feindliche Welt
die Rede: »Aus der Wiege fiel mein Augenaufschlag in den
Pruth...« Ihre Gedichte lesen sich wie ein spätes Willkom-
men in einer verlorenen Landschaft: »Willkommen / Wan-
derer / hergeweht zu uns aus der Steppe.«
In einem neuen Gedichtband, der »Andere Zeichen« beti-
telt ist, hat Marie Luise Kaschnitz Rose Ausländers Person
und ihre Verse beschrieben, hat von ihrer »kühnen und
traurigen Stimme« gesprochen und von ihrer Art, Worte
zu machen: »Lautlose Worte, Fischworte werden ge-
tauscht und mit dem eigenen Atem Mühlen in Bewegung
gesetzt.« Obwohl bei Rose Ausländer Orte genannt wer-
den, sind ihre Gedichte von einer traurigen Ortlosigkeit.
Überall könnte ihr Ort liegen und nirgends. Und das hier
gewählte Gedicht spricht von dem letzten Ort, den ein
Mensch findet. Es nennt ein Grab, nicht irgendein Grab,

vielmehr die Ruhestätte ihres jüngeren Landsmannes Paul
Celan auf einem unauffälligen Pariser Vorortfriedhof: und
wie der Friedhof das Grab, klatschmohnbewachsen, dem
Rose Ausländers Gedächtnis gilt: »Nichts Überflüssiges«.
Das gilt auch für das kurze Gedicht, das mit Wenigem aus-
kommt, um zu sagen, was übrigblieb, fast nichts: »wilder
Klatsch-Mohn / schwarzzüngig«, still wuchernde Vegeta-
tion, die dieses Gedächtnis-Gedicht für einen Augenblick
begleitet. »Keine Blumen gepflanzt«. Das wäre auch nicht
notwendig gewesen für dieses einsetzende Gedächtnis.
Nichts anderes als »Mohn und Gedächtnis«, von dem hier
etwas gesagt wird. So hieß einst – man schrieb das Jahr
1952 – der Gedichtband, mit dem Paul Celan berühmt
wurde.

Ein knappes Vierteljahrhundert später steht eine Frau, die
wie der Tote Verse geschrieben hat, vor dem Grab dieses
ihr persönlich so gut bekannt Gewesenen. Er war ihr nicht
nur menschlich vertraut, er war ihr literarisch nahe. Wie
Celan schreibt Frau Ausländer Gedichte einer exilierten
Existenz, Gedichte einer Flucht vor Nachstellungen, Ge-
dichte vom Unterwegssein: »Auf das Wohl / auf das
Wohl / aller Wanderbrüder / Le Cháim / Ahasver.« Doch
der Blick der Lyrikerin Rose Ausländer fällt auch auf das
Unauffällige, auf das nichts als Stille, an den Ort Geheftete.
Er ruhte so – neun kurze Zeilen lang – auf »Paul Celans
Grab« als Gedächtnis für das, was »blüht«, sein Wort, sein
Gedicht, in dem sie sich wiedererkannt hatte.

Das Gedicht wirkt wie hingeflüstert. Man hört die ge-
dämpfte Stimme – einen Satz lang. Es sind die »lautlosen
Worte«, die Marie Luise Kaschnitz bei Rose Ausländer
vernahm und die gewiß dieses Gedächtnis-Gedicht be-
stimmen. Gewissermaßen stimmlose Worte, aber doch ge-

nau genug, um zu sagen, was vom »Blühen« übrigblieb: der wilde Mohn, Celans Blume. Celan hatte Blumen gern, liebte sie sogar. Aber sie fanden in seinen Gedichten wenig Aufnahme. Seine Gedichte waren für anderes notwendig geworden. »Keine Blumen gepflanzt / das sei überflüssig...« Der Mohn auf dem Dichtergrab hat sich selber ausgesät.

ROSE AUSLÄNDER
SALZBURG

Du fliegst über
tönende Berge
eine Lerche
im Augenflug

Raubvögel
ihre Schlagschatten
auf schönen Kulissen

Einst flogen hier
Geigen gen Himmel
pianissimo

Spring
über die Schatten
ins Mozartlicht

ULRICH WEINZIERL
MOZARTLICHT

Als Rosalie Scherzer anno 1901 das Licht der k.u.k. Welt er-
blickte, war ihr Geburtsort Czernowitz Hauptstadt eines
Kronlandes: Franz Joseph, seit beinah unvordenklichen
Zeiten Kaiser von Gottes Gnaden, herrschte als Herzog
über die Bukowina. Doch neben diesem und unzähligen an-
deren Titeln führte die greise Majestät auch den – durchaus
symbolischen – eines Königs von Jerusalem. Nicht ohne
Grund betrachteten ihn deshalb die Juden seines Reichs,
und gerade die des Ostens, als ihren Schirmherrn.
Mit dem Untergang der Donaumonarchie brachen auch
für Rosalie Scherzer, die später den ebenso wundersamen
wie legitimen Namen Rose Ausländer tragen sollte,
schwere Zeiten an – voll Angst und Entbehrung, verdü-
stert von Verfolgung und Leid. Zweimal emigrierte sie in
die Vereinigten Staaten, unter dem Joch der SS im Ghetto
von Czernowitz waren Zwangsarbeit und Vegetieren in
Schlupfwinkeln an der Seite der kranken Mutter ihr
Schicksal. »Mein Vaterland ist tot / sie haben es begraben /
im Feuer / Ich lebe / in meinem Mutterland / Wort«,
schrieb die erst in hohem Alter zu Anerkennung, ja, zu
Ruhm gelangte Dichterin. Während der letzten Jahre im
Nelly-Sachs-Haus zu Düsseldorf, wo sie Anfang 1988
starb, hatte sie das Bett nicht mehr verlassen können, dafür
unternahm sie in der Phantasie Reisen an Orte der Sehn-
sucht und Erinnerung, poetische Exkursionen nach Vene-
dig, Toledo, Paris, Rom und – Salzburg. Das kleine Ge-

dicht selbigen Titels entstammt der 1982 erschienenen bibliophilen Edition »Südlich wartet ein wärmeres Land«.

Nun ist seit Georg Trakls Tagen die festliche, »Die schöne Stadt« mitsamt der magisch-melancholischen »Musik im Mirabell« in der Wertschätzung der Schriftsteller, zumindest jener von gesellschaftskritischem Rang, erheblich gesunken. So meinte ein Alfred Polgar nach dem Krieg bei einem Lokalaugenschein an der Salzach, es gebe dort »mehr Nazis als Einwohner«, Thomas Bernhards einschlägige Verwünschungen waren schlicht fremdenverkehrsschädigend, und Erich Fried beschwor vor allem »Schönheit / von Unerträglichkeit / bewohnt / bewacht und beschlafen«.

Von solch harschem Urteil sind die Verse der Ausländer unzweifelhaft weit entfernt, nicht minder weit freilich von jubelndem Einverständnis, wirklichkeitsblind hingegeben einer glorreichen Tradition und deren steinernen Zeugen. Gut zwei Dutzend Vokabeln genügen, um die ganze Ambivalenz der Gefühle auszudrücken, die sich bei Nennung eines der international renommiertesten Flecken auf dem kulturhistorischen Atlas einstellt. Gewiß war Rose Ausländer aufgrund der Schreckensgeschichte unseres Jahrhunderts in des Begriffs genauem Verständnis heimatlos, zu Hause bestenfalls in der deutschen Sprache und in den Lüften Europas.

Daher ihre Affinität zu den Wesen, die sich um staatliche Grenzen nicht zu kümmern brauchen, weil sie über ihnen schweben. Verbirgt sich indes hinter der Lerche nicht vielleicht eine Nachtigall und hinter dieser die Autorin selbst? Haben die Raubvögel, Mörder ihrer Natur nach, keine grausamere Entsprechung im Bezirk des angeblich Humanen?

Lyrik, wenn es denn eine ist, wirft stets mehr Fragen auf,
als sie zu beantworten vermag. Und der Terminus »Schlag-
schatten« geht wohl metaphorisch über seine physikali-
sche Bedeutung hinaus, weist auf Gewalttätiges hin, das
um so verstörender wirkt, je edler das Bühnenbild scheint,
in dem das Drama der Epochen abrollt. Trotzdem findet in
der zweiten Hälfte des Poems Versöhnung statt, die mit er-
preßter nichts gemein hat: Es ist Mozarts universale Har-
monie, der Kosmos der Töne, gespannt über die Abgründe
der Chaoserfahrung aus Vergangenheit und Gegenwart.
Mit dem leisen Zauberwort »Mozartlicht« schuf Rose
Ausländer eine Art Erlösungsformel – dunkle Gesichte,
aufgehoben von einer noch im Tragischen fast schwerelo-
sen Heiterkeit. Anders gesagt: erleuchtet von einem Strahl
irdischer Gnade.

HILDE DOMIN
ALTERNATIVE

Ich lebte auf einer Wolke
einem fliegenden Teller
und las keine Zeitung.

Meine zärtlichen Füße
gingen die Wege nicht mehr
die sie nicht gehen konnten.

Einander tröstend
wie zwei Tauben
wurden sie jeden Tag kleiner.

Gewiß ich war unnütz.

Der Wolkenteller zerbrach
ich fiel in die Welt
eine Welt aus Schmirgelpapier.

Die Handflächen tun mir weh
die Füße hassen einander.
Ich weine.

Ich bin unnütz.

HANS CHRISTIAN KOSLER
ZWISCHEN HÖHENFLUG UND KATZENJAMMER

Ihr Zimmer, so heißt es in einem ihrer bekanntesten Gedichte, richte sie sich in der Luft unter den Akrobaten und Vögeln ein. Das Bett auf dem »Trapez des Gefühls« sei wie ein »Nest im Wind«, und wenn sie nach einem Halt greife, dann genüge ihr »eine Rose als Stütze«. Hilde Domin liebt das Zarte, Fragile und Schwerelose. »Vögel mit Wurzeln« hat sie denn auch ihre Verse genannt und die Sprache mit einem Gefieder verglichen, das denjenigen, der es sich anlegt, gleichsam davontrage.

All dies könnte den Eindruck erwecken, daß sich hinter den Versen dieser Dichterin eine ätherische, zerbrechliche Seele verberge, die sich am liebsten im ungefähren Reich einer weit ausholenden und schwer nachvollziehbaren Phantasie aufhält. Doch wir sollten uns nicht täuschen lassen: Sosehr es ihr die Lüfte als Metapher für den Aufenthaltsort des Lyrikers auch angetan haben mögen, so wenig entschwebt sie uns doch in Gefilde, in die wir ihr nicht zu folgen vermögen. Im Gegenteil: Mit ihrem Lehrmeister Brecht teilt sie die löbliche Auffassung, daß der Lyriker die Vernunft nicht zu scheuen habe, und ähnlich wie ihm ist ihr daran gelegen, daß man ihre Gedichte weniger erahnt als versteht.

Zierlich von Gestalt, aber vital von Temperament und ebenso gewitzt wie streitbar in ihrer Geisteshaltung, hat sich Hilde Domin in den sechziger Jahren ausgesprochen vehement dafür eingesetzt, daß auch das so schwer unter die Leute zu bringende lyrische Wort seine Leser findet.

Wie skeptisch sie trotz aller Bemühungen indes ihren eige-
nen Stellenwert als Dichterin beurteilt, geht aus diesem
Gedicht hervor, das erstmals in dem 1964 erschienenen
Band »Hier« zu lesen war. Daß sie sich angesichts der
Fragwürdigkeit ihres Dichterberufs allerdings keineswegs
in Selbstmitleid erschöpft, gibt bereits der Titel kund, der
sich nach der Lektüre des Gedichts als eine ironische Re-
plik entpuppt. Denn eine tatsächliche Alternative, jene in
den sechziger Jahren so strapazierte Zauberformel, mag es
für jeden geben, nur für den Dichter nicht. Ob er nun auf
(s)einer Wolke schwebt oder aber sich an einer »Welt aus
Schmirgelpapier« reibt: unnütz ist er so oder so. Fast meint
man in der Beweisführung, die das Gedicht anstimmt, eine
Art demonstrativ trotziger Genugtuung darüber ablesen
zu können, daß dem so ist.
Doch schwingt nicht noch mehr in diesen klaren, lakoni-
schen Versen mit? Ausnahmsweise ist es nicht jenes vielbe-
schworene »lyrische Ich«, das der Leser hier zu inspizieren
hat, sondern das persönliche Ich der Hilde Domin, die
rührend offenherzig Auskunft über ihre Befindlichkeit als
Dichterin gibt. Darin liegt auch der besondere Wert dieses
Gedichts: daß es sich über seine Transparenz hinaus dem-
jenigen, der Hilde Domins Werk kennt, als ein Selbstpor-
trät in nuce herausschält.
Sie lebe auf der Kippe, schrieb sie in ihrem autobiographi-
schen Band »Von der Natur nicht vorgesehen«. Die Kippe,
von der sie spricht und die sich in diesem Gedicht offen-
bart, kennt mehr oder weniger jeder, der schöpferisch mit
Worten zu tun hat. Sie ist das extreme Entweder-Oder
zwischen den Höhenflügen des Schreibens und dem Kat-
zenjammer des Bilanzziehens, das stetige Auf und Ab zwi-
schen dem Triumph des Geistes und den Niederlagen des

Lebens. Einen Normalzustand gibt es nicht. »Wer es könnte: Die Welt hochwerfen, daß der Wind durchfährt«, lautet ein weiteres Gedicht Hilde Domins. Sie weiß, daß sie es kann: in ihren Gedichten.

HILDE DOMIN
BITTE

Wir werden eingetaucht
und mit dem Wasser der Sintflut gewaschen,
wir werden durchnäßt
bis auf die Herzhaut.

Der Wunsch nach der Landschaft
diesseits der Tränengrenze
taugt nicht,
der Wunsch, den Blütenfrühling zu halten,
der Wunsch, verschont zu bleiben,
taugt nicht.

Es taugt die Bitte,
daß bei Sonnenaufgang die Taube
den Zweig vom Ölbaum bringe.
Daß die Frucht so bunt wie die Blüte sei,
daß noch die Blätter der Rose am Boden
eine leuchtende Krone bilden.

Und daß wir aus der Flut,
daß wir aus der Löwengrube und dem feurigen Ofen
immer versehrter und immer heiler
stets von neuem
zu uns selbst
entlassen werden.

ELISABETH NOELLE-NEUMANN
GEBET IN DER LÖWENGRUBE

Wo sind wir? Wir sehen in die Zukunft. Die Prüfungen lie-
gen noch vor uns. Wir werden eingetaucht, durchnäßt, wir
werden in die Löwengrube gestoßen werden, in den feuri-
gen Ofen. So weit sieht das Gedicht in die Zukunft, daß die
Dichterin selbst es nicht erkannte. Wahrscheinlich hielt sie
es für einen Blick in die Vergangenheit, kein Wunder bei
einer Vergangenheit, die erst wenige Jahre hinter ihr lag, als
dieses Gedicht entstand, wahrscheinlich 1957 in Spanien in
der »VERDAD« bei Malaga. Im April 1959 erschien es im
»Hochland«. In ihre erste Gedichtsammlung im Herbst
1959, »Nur eine Rose als Stütze«, schloß sie es nicht ein
und in keine der folgenden, bis es endlich in die »Gesam-
melten Gedichte« zu ihrem 75. Geburtstag 1987 von ihr
aufgenommen wurde. Da war diese Zukunft schon so
nahe herangerückt, daß sie es plötzlich erkannte und als
Weihnachtskarte 1990 verschickte und erschrocken hand-
schriftlich hinzusetzte: »Wie entsetzlich aktuell...« Die
Katastrophen sind nicht vorbei, wie so viele denken. Ge-
rade darum muß man dieses Gedicht jetzt auswendig ler-
nen, um es immer bei sich zu führen und sich aufsagen zu
können, wenn man Hilfe braucht.
Die erste Strophe enthält die Weissagung: Wir werden, wir
werden... wir werden eingetaucht, gewaschen, durchnäßt
bis auf die Herzhaut. Wir werden überwältigt von der Ka-
tastrophe. Die passive Form legt sich über uns, wir müssen
es erleiden. Was soll man tun, wie verhält man sich? Die

Dichterin antwortet aus der Erfahrung eines Leidensweges durch unser Jahrhundert. Die zweite und dritte Strophe sprechen von Wünschen und von Bitten. Streng ist der Tonfall. Wir werden belehrt. Aber selbst im Strengen noch anmutig, poetisch: »Der Wunsch nach der Landschaft diesseits der Tränengrenze taugt nicht…« Die Bequemlichkeit, die Feigheit, der Opportunismus, das Mitmachen, die Gleichgültigkeit, die Hoffnung, verschont zu bleiben – sie werden gegeißelt, mitten im Poetischen. Der Wunsch, den Blütenfrühling zu halten, sich der Katastrophe zu verweigern, wird verworfen. Aber noch mehr: er taugt auch nicht. Auf diesem Weg findet man keine Hilfe.

Die dritte Strophe sagt Man muß bitten. Vor unserem inneren Auge steigt auf das Bild der Arche Noah. Sie wird nicht benannt, aber wir selbst stehen auf der Arche Noah und sehen bei Sonnenaufgang die Taube, die den Zweig vom Ölbaum bringt. Wie werden wir diese Zukunft erleben? So stark, daß die Frucht so bunt wie die Blüte ist, die wir fahrenlassen mußten mit dem Blütenfrühling? Werden wir erleben, daß noch die Blätter der Rose am Boden eine leuchtende Krone bilden, ein Zeichen des Sieges, des Triumphes?

Die vierte Strophe führt uns zum zweiten Mal durch die Erfahrung der »weißen schwärze« (Stefan George, zitiert in einem Aufsatz von Ulla Hahn über Hilde Domin). Noch einmal die Prüfungen in der Sprache des Alten Testaments. Wir erkennen, daß die Bitte ein Gebet ist, ein Gebet in der Löwengrube, im feurigen Ofen. Ein Gebet um Gnade; denn auch wenn wir versuchen, alle Prüfungen zu bestehen, tapfer zu sein, das Training in Wahrhaftigkeit auf uns nehmen, die Meinung der Dichterin bedenken: »Der Mensch muß solidarisch sein mit seinem Schicksal« –

so ist es ja keineswegs ausgemacht, daß auch für uns gilt: versehrter werden – heiler werden. Es ist eine Hoffnung, aber die einzige, die es gibt: stets von neuem zu uns selbst entlassen zu werden.

HILDE DOMIN
BRENNENDE STADT
(BEIRUT)

Die brennende Stadt
brennt lautlos
Ich sehe sie jeden Abend
mit immer neuen Namen
der Ansager
vorläufig
sagt Abend für Abend den einen
Ich kann das abstellen
vorläufig
Zumindest im Wachen

ERICH FRIED
VON FERNE GESEHEN

Dies ist eines von zwei Gedichten, die Hilde Domin
»Fernsehgedichte« nennt. (Das andere heißt »Napalm-La-
zarett«.) Was sie da sieht, hat ihr offenbar der Bildschirm
gezeigt. Daher kein Lärm, kein Krachen: »Die brennende
Stadt / brennt lautlos«. Sie sieht sie jeden Abend, aber ihr
fallen dabei immer andere Städte ein, die gebrannt haben,
die brennen könnten oder – wer weiß? – brennen werden.
Deshalb sieht sie die Stadt mit immer neuen Namen bren-
nen. Deshalb steht der Stadtname Beirut nur in Klam-
mern.
Gewiß, der Ansager sagt nur den einen Namen. Aber
Hilde Domin schiebt zwischen Subjekt (Ansager) und
Prädikat (sagt) fast gewaltsam das Wort »vorläufig« ein: Es
muß nicht nur die eine Stadt bleiben, die da brennt.
Qualvolle Einsicht und Aussicht. Die Dichterin sagt in der
nächsten Zeile kunstlos einfach: »Ich kann das abstellen«.
Natürlich, sie kann die lautlos brennende Stadt auf dem
Bildschirm abstellen, auch den vom Ansager allabendlich
quälend wiederholten Stadtnamen Beirut, womöglich
auch das unerträgliche Denken an die vorläufig weit ent-
fernte Zerstörung. Die Zerstörung selbst kann sie nicht ab-
stellen, kann ihr kein Ende bereiten. Nur dem Bild, dem
Denken, dem Mitfühlen kann sie entrinnen, indem sie
»das« abstellt.
Aber auch das nur »vorläufig«. Sie gebraucht das Wort
zum zweiten Mal. Wieder, wie vor drei Zeilen, steht es al-

lein in einer Zeile, so daß man wieder vorher und nachher eine kleine Pause machen muß. Und dann kommt die letzte Zeile, mit großem Anfangsbuchstaben, also stark abgesetzt: »Zumindest im Wachen«. Die verdrängten Bilder konnten also nicht ganz und gar abgestellt werden. Nicht im Traum, vielleicht nicht einmal im Tagtraum, der ihr andere Stadtnamen brennend in den Sinn kommen läßt.

Nur diese drei letzten Worte »Zumindest im Wachen« kommen zur Aussage hinzu, daß »es«, also das ganze Grauen, auf dem Bildschirm – nur auf ihm! – abstellbar ist. Aber diese kurze, unpathetische Einschränkung macht alle Hoffnung, dem Unerträglichen zu entrinnen, zunichte. Nicht nur der Brand von Beirut wird damit unentrinnbar, nein, auch der Brand jeder anderen Stadt, auch der, in der die Dichterin wohnt, auch der, in der wir oder unsere Kinder wohnen.

All dies in einem Gedicht von zehn Zeilen; davon hat eine sechs Worte, eine fünf, alle anderen noch weniger. Zwei bestehen nur aus dem Wort »vorläufig«.

Hilde Domin schreibt meistens kurze Gedichte. Ihre Form ist einfach, die Aussagen sind sehr klar, eindringlich, ohne je aufdringlich zu sein. Nicht durch überladene Worte, sondern durch dringende und drängende Bilder und Gedanken. Die Bilder sind alltäglich oder befremdlich und originell, furchtbar oder zart. Zuweilen erinnert die Offenheit und Eigenwilligkeit dieser Gedichte an Else Lasker-Schüler, aber sie kommen ohne deren Aufwand aus. Immer wieder, mit den Jahren in immer knapperen Aussagen, geben sie auch Auskunft von dem, was die Verfasserin gelitten hat. Dann schmerzen sie oft, aber sie sind nie wehleidig.

HILDE DOMIN
KLEINE BUCHSTABEN

Kleine Buchstaben
genaue
damit die Worte leise kommen
damit die Worte sich einschleichen
damit man hingehen muß
zu den Worten
sie suchen in dem weißen
Papier
leise
man merkt nicht wie sie eintreten
durch die Poren
Schweiß der nach innen rinnt
Angst
meine
unsere
und das Dennoch jedes Buchstabens

KARL KROLOW
ZIVILCOURAGE DES WORTES

Das Gedicht ist das Mittelstück eines Triptychons. Hilde Domin schrieb es in den Jahren 1967/1968, und die Texte sind in ihrem letzten Gedichtband »ich will dich« enthalten. Unter den drei Annäherungen an den Prozeß des Gedichteschreibens hebt sich dieses Gedicht durch seine Behutsamkeit, durch die Zurückhaltung ab, durch die Stille und Unmerklichkeit, die Unauffälligkeit, die über den Worten liegt.

Diese Handvoll Worte ohne Aufwand bringen dennoch vieles und Unterschiedliches zur Sprache. Einmal jenes Unaufdringliche und Leise, mit dem die Dichterin auf den Vorgang des Worte-Machens verweist. Die kleinen, aber genauen Buchstaben, die gesetzt werden, machen die »leisen Worte« möglich, eröffnen sie. Es sind Worte, die sich einschleichen, die plötzlich da sind, durchaus unvorhergesehen und unvorhersehbar, so scheint es. *Mehr* noch: die Worte stellen sich nicht lediglich einschleichend ein. Man muß sich um sie bemühen. Man muß sie nicht bloß unerwartet finden, um sich – vielleicht – bald schon mit ihnen abgefunden zu haben.

Hilde Domin wünscht und fordert dazu auf, daß man zu diesen Worten hingehe, sie suche »in dem weißen Papier«. Auch dies wiederum, diese notwendige Aktivität, wird »leise« genannt. Man setzt sich auf diese diskrete Weise zu ihnen in Beziehung, und die Worte wiederum kommen – einschleichend – entgegen: »man merkt nicht wie sie eintreten / durch die Poren«. Derart heimlich, aber auch derart selbstverständlich können die Worte – von sich aus – erwidern, die Beziehung bestätigen.

Der für sie Empfängliche, sie Aufsuchende wird von ihnen durchdrungen werden. Sie kommen nahe, körpernahe. Sie gehen gewissermaßen unter die Haut. Die Beziehung zu den Worten des entstehenden und Kontakt suchenden Gedichts ist denkbar intensiv. »Schweiß der nach innen rinnt«. Diese leise redenden, sich einschleichend artikulierenden Worte können Schweiß kosten, Angstschweiß zum Beispiel – »Angst / meine / unsere« – wie es andeutend heißt.

Die Worte Hilde Domins, so behutsam und mit kleinen, genauen Buchstaben gesetzt, wie sie sind, so leise sie formuliert sind, formulieren sich doch nicht leicht. Sie schonen nicht. Sie erregen etwas. Angst wird erregt oder doch erkannt: die eigene Angst und die gemeinsame Angst, die Angst der anderen, Angst des Am-Leben-Seins und Angst vor Verfolgung, vor Nachstellung. Auch den Worten, den Worten des Gedichts, wird auf diese vielleicht kaum merkliche Weise nachgestellt. Sie bekommen ihr Dasein zu spüren wie der Leser, der sie wahrnimmt und aufnimmt. Aber das kleine, behutsame, das überaus zurückhaltende Gedicht schließt nicht mit dem Angstwahrnehmen. Es verwahrt sich eher ihm gegenüber, indem es nochmals auf das zurückkommt, mit dem es begann: auf die Buchstaben, aus denen die Worte gebildet sind, die Buchstaben, die das alles erst ermöglichten, diese Voraussetzungen zum Wortemachen: »und das Dennoch jedes Buchstabens« behält das letzte Wort, und mit dem letzten Wort, der letzten Gedicht-Zeile das Widerstandleisten der Worte, die behutsame Kraft, die stille Renitenz. Jeder einzelne Buchstabe wird zählen bei solchem Widerstandleisten.

Im letzten Gedicht des kleinen Zyklus »Drei Arten Gedichte aufzuschreiben« wird vom Menschen als vom »Tier das Zivilcourage hat« gesprochen. Im vorangehenden Gedicht hier ist das bereits vorbereitet. Denn das »Dennoch jedes Buchstabens« hat bereits mit der Zivilcourage des einzelnen Wortes zu tun.

HILDE DOMIN
KÖLN

Die versunkene Stadt
für mich
allein
versunken.

Ich schwimme
in diesen Straßen.
Andere gehn.

Die alten Häuser
haben neue große Türen
aus Glas.

Die Toten und ich
wir schwimmen
durch die neuen Türen
unserer alten Häuser.

WALTER HINCK

RÜCKKEHR NACH VINETA

Sie sind uns aus der Sage bekannt, die versunkene Insel
und die versunkene Stadt: das geheimnisvolle Atlantis der
Antike und Vineta, das spätere Wollin, in Ostpommern.
An Vineta, die von den Wellen verschlungene Handels-
stadt, mag man bei diesem Köln-Gedicht noch am ehesten
denken. Auch das heutige Köln erhebt sich über einer ver-
sunkenen, allerdings unter den Gesteins- und Bauschich-
ten der Jahrhunderte begrabenen Stadt: der römischen Co-
lonia Agrippinensis.

Aber nicht diese auf dem Grund der Geschichte liegende
römische Kaiserresidenz ist im Gedicht gemeint. »Für
mich / allein / versunken«, sagt Hilde Domin von der
Stadt, in der sie am 27. Juli 1912 geboren wurde. Und doch
kann der Leser den Gedanken an ein anderes versunkenes
Köln nicht abwehren: an die im letzten Krieg durch die
Flächenbombardements zerstörte Stadt, aus deren Schutt
wie ein mahnender Finger nur noch die gotische Kathe-
drale hervorragte.

Denn zwischen der Einebnung ganzer Straßenzüge und
dem Versunkensein der Stadt, von dem im Gedicht die
Rede ist, besteht ein unmittelbarer geschichtlicher Zusam-
menhang. Für Hilde Domin und ihre jüdische Familie ging
die Stätte der Kindheit schon in jener antisemitischen
Sturmflut unter, die 1933 in Deutschland zu wüten be-
gann. Der Vater, ein Jurist, entwich mit der Mutter heim-
lich über die belgische Grenze, nachdem man jüdische

Rechtsanwälte auf Lastwagen mit Spott und Schimpf durch die Straßen Kölns gefahren hatte. Hilde Domin selbst ging nach Italien ins Exil, später mit ihrem Mann über England in die Dominikanische Republik.

Die aus dem Exil Zurückgekehrte hat der Stadt Köln ihre Verstoßung nie mit Groll vergolten, und sie hat hier als Dichterin neue Freunde gewonnen. Aber unter dem neuen Köln-Wollin liegt für sie immer noch das Köln-Vineta, der verlorene Ort der Kindheit, einer wahrhaft glücklichen Kindheit, in der fast kein Wunsch unerfüllt blieb. In ihrem autobiographischen Bericht »Mein Vater« erinnert sie sich an die Straßen, die Ahornbäume des Hansarings, die väterliche Führung durchs Wallraf-Richartz-Museum und das gemeinsame Schwimmen in der Badeanstalt am Rhein.

Das »Schwimmen« im Gedicht ist nicht mehr ein realer, sondern ein bildlicher Vorgang, zugehörig zur Metapher der vom Meer überspülten Stadt. Beide sind sie für die Dichterin da: die gegenwärtige, die neu erbaute Stadt, in deren Straßen leibhaftige Passanten gehen, vorbei an modernen Häusern mit großen Glastüren, und jene vergangene Welt, die sie nur mit den Toten teilt, mit den Eltern und anderen Nächsten: ihr »Vineta«. In den »neuen Türen« und den »alten Häusern« werden beide noch einmal verbunden.

Entscheidend im Bild der letzten Strophe ist für mich die Bewegung: die Dichterin »schwimmt« mit den Toten durch die »neuen Türen« hindurch. Das neue Köln hat sich ihr und dem Angedenken an die Toten nicht verschlossen, sie sich nicht ihm. Die Zurückgekehrte ist wieder aufgenommen, und sie hat Köln wieder angenommen.

HILDE DOMIN
LINKE KOPFHÄLFTE

In dieser kleinen Halbkugel
auf der mein Haar grau wird
wohnen die Wörter
dies Wörternest

Meine Hand
nimmt das Nest in die Hand

Die rechte sagt man
ist leer von Worten

Auslauf für das unbenutzte
Vokabular
der Erinnerung

GERTRUD FUSSENEGGER
VERWUNDERUNG ÜBER SICH SELBST

Von Hilde Domins gesammelten Gedichten ist mir der
Text »Linke Kopfhälfte« besonders lieb geworden, er ist
mir, wie man so sagt, besonders unter die Haut gegangen.
Warum wohl? Das Gedicht ist – neben so vielen anderen,
glänzenderen, einladenderen – eher unscheinbar, leise,
skeptisch: und sehr persönlich. Vielleicht ist es jüngeren
Menschen fremd; älteren und alten dürfte es wohl ein-
leuchten.

Das Gedicht geht von einer einfachen körperlichen Erfah-
rung aus: Die Hand tastet über die »kleine Halbkugel«, auf
der »das Haar grau wird«, und erfährt dabei den eigenen
Kopf wie ein neues, noch nie erfahrenes Ding, als »Nest«.
Und schon beginnt das Hirn sich selbst zu denken; man
hat ihm gesagt: In der linken Hälfte »wohnen die Wörter«,
während die rechte »leer von Worten« sei. So denkt sich
das Hirn als Zweigeteiltes: als sprachmächtig und sprach-
los, redend und stumm, als dichtend und jeden Diktums
bar. Das lyrische Ich erfährt das als Rätsel. Wie ist es mög-
lich, daß ein Ort in ihm ist, der nichts von Sprache weiß,
nichts von dem, worin es sich selbst begreift und immer
begriffen hat?!

Da aber kommt ihm ein Bild zu Hilfe: das Bild des Nestes.
Das ist etwas Dichtes, Warmes, Fruchtbares, die fast
lebenslange Selbstinnewerdung in Sprache und Werk.
Doch dieses Bild evoziert ein anderes: »Auslauf«. Was
kann das heißen? Wer selbst einmal Geflügel gezogen hat,

weiß, daß es Auslauf braucht. Wenn es vom Nest kommt, vom Gelege, braucht es einen Freiraum zum Ausschwärmen und Scharren, zum Picken und Flügelschlagen.

»Auslauf für das unbenutzte / Vokabular / der Erinnerung« – So wird die rechte, die sprachlose Hälfte unseres Ich als Freiraum erkannt. Hier tummeln sich die Erinnerungen, die niemals Wort wurden; hier schwärmen sie aus, verlieren sich im Irgendwo, eine Masse gelebten Lebens, die sprachlos und ungestaltet bleibt.

Hilde Domin stellt in ihrem Gedicht die Frage nach der Gespaltenheit unserer Existenz, die Frage nach dem, dessen wir habhaft werden können, und nach dem, was sich von uns für immer »unbenutzt« verliert. Daß sie dabei die Bilder von Nest und Auslauf ins Spiel bringt, verleiht dem Text poetische Prägung. Doch der Ausgangspunkt bleibt das menschlich ergreifende Bild der Alternden, die sich in nachtastender Selbstbegegnung in die Vorbedingungen der eigenen Existenz versenkt.

HILDE DOMIN
RÜCKZUG

Meine Rechte (wer glaubt es ihr heut?)
war einstmals eine offene Rose
voller Schmetterlinge.
Plötzlich, fast ohne Vorbereitung,
wie einer gestoßen wird und fällt,
hat sie ihre Blätter verloren
und war blaß und nackt:
eine Menschenhand
wie alle andern.
Du erinnerst dich.
Die Schale meiner Linken,
die deine Vögel tränkte,
zerbrach.
Du weißt, wie lange die Scherben
in unserem Garten lagen.
Es ist wahr, ich konnte mich damals
in eine Wand von blühendem Wein verwandeln
für deine Bienen.
Die Jahreszeit war
kaum von Bedeutung –
vor diesem Tag,
an dem ich meine Hände
auf den Tisch legte,
und sie leer waren.

Seither bin ich bescheiden geworden,
ich gehe mit einem Netz auf den Markt,
wo gewogen und abgeschnitten wird,
und habe dir Tassen und Teller gekauft
wie eine richtige Hausfrau.

Aber wenn du weinst
und dich hilflos
im Schlafe beklagst,
dann wachsen meinem Herzen
kleine schmerzende Flügel,
und ich fühle seine Ungeduld
in meinem Hals,
daß mir der Atem vergeht.

SEBASTIAN KLEINSCHMIDT
WETTERWECHSEL

Es gibt Gedichte, die aus dem Ton, und solche, die aus dem Bild heraus sprechen. Jene sind lyrisch-akustisch, diese optisch-poetisch: Zeuge einer Erfahrung können sie beide sein. Hilde Domin gehört als Dichterin eher zu denen, deren Sprache vom Sehen lebt.

Das Gedicht »Rückzug« spricht von einer Erfahrung des Schreckens. Erschrecken über die Umstimmung einer Liebe. Es ist keine allmähliche, durch Gewohnheit und Dauer verursachte Umstimmung, sondern etwas Abruptes, die Erwartung Durchkreuzendes. Die Folge eines Bruchs. Worin er besteht, was geschah, verschweigt das Gedicht. Jedenfalls eine einschneidende Kränkung, Beugung, Enttäuschung, vielleicht ein Verrat an der Treue. Es ist wie ein Unfall der Natur, ohne Vorwurf und Schuld: *Plötzlich, fast ohne Vorbereitung, / wie einer gestoßen wird und fällt.* Das Geschehen bewahrt sein Geheimnis, wird nicht reflektiert, nur illuminiert. Wie es ja überhaupt Kennzeichen des gelungenen Gedichts ist, daß Erfahrung ursprünglich in ihm hervortritt, nackt und verwundbar.

»Rückzug« ist ein tragisches Liebesgedicht, weil es zeigt, wie dem Liebenden, der Plato zufolge höher steht als der Geliebte, das Glück der Gebekraft genommen ist, das, was die Liebe leicht und zauberisch, erfindungsreich und fröhlich macht. Eros, der gliederlösende Gott, streikt nicht nur einfach oder bockt, sondern scheint gebrochen, im Innern zerbrochen. Das Funkeln an den Bruchstellen ist die

Schönheit des Gedichts. Aber auch ein Zeichen vielleicht, daß noch nicht alles zerstört und das Schweigen nicht endgültig ist. So geben die Verse nicht nur ein Bild des Endes von Pracht und Aufflug der Liebe, des Hohenliedes, sondern auch ein Bild ihrer Metamorphose, ihrer Transfiguration. Es zeigt, daß im Rückzug noch Rückkehr möglich bleibt.

So ist Hilde Domin auch hier Dichterin der Rückkehr, sie weiß, daß niemand Endgültiges weiß über die rätselhaften, unwillentlichen Rhythmen der Liebe, ihre kurzen und ihre langen Wellen. Doch das wäre schon ein anderes Gedicht. Hilde Domin hat es geschrieben, es heißt »Rückkehr der Schiffe« und enthält die Zeilen: *Aber nichts stirbt ganz. / Schläft nur in dir, dem fast Toten. / Alles kann wiederkommen. / Nicht so. / Aber doch, auf seine Art, / wiederkommen.* Das erste Paradies, das zweite Paradies, ihr großes Thema. Das Gedicht »Rückzug« will nicht und kann nicht bis dorthin. Wiederauferstehung? Vorerst bleibt es der traurige Zeuge, daß Liebe etwas Widerrufliches sein kann. Ähnlich widerruflich wie das Zuhause. Das wissen Emigranten.

Aber es ist auch ein Gedicht über die Vergeblichkeit. Zu denken, der Anfang ließe sich bewahren, erweist sich als Illusion. Daß die Anfänge verlorengehen, kann viele Anlässe haben, doch immer nur einen Grund, den der Vergänglichkeit selbst. Daß man die Höhe nicht halten kann, nicht in der Liebe, nicht im Geiste, nicht im Fühlen, das ist des Menschen ungewolltes Los, sein Anteil an der Metaphysik der Zeit.

HILDE DOMIN
TOKAIDOEXPRESS

Wie ein Tokaidoexpreß
sind wir durch die Geschichte gefahren
und kaum noch zu sehen
Ich rede in der Vergangenheitsform
während ich atme sehe ich mir nach
ich bin das Rücklicht
Als Rücklicht
leuchte ich vor euch her
euch Dichtern eines vielleicht zweifachen
Zuhauses
des Bodens auf dem ihr bleiben dürft
euer Land wird immer größer werden
wenn die Erdoberfläche sich zusammenzieht
und die Grenzen zurückweichen
unter den Flügeln der Menschen
ihr könnt gehen und doch bleiben
und im Worte wohnen
vielleicht im Worte vieler Sprachen zugleich
doch im deutschen zuerst
im deutschen
an dem wir uns festhielten
Ich der letzte
kämpfe für euch alle
um den Stempel in diesem Paß
um unsern Wohnsitz im deutschen
Wort

HELMUT KOOPMANN
DAS LEBENSZENTRUM DER SPRACHE

Das Erlebnis der Hochgeschwindigkeit war ursprünglich ein Eisenbahnerlebnis. »Die vorüberjagenden Landschaften«, das Durcheinanderrütteln der Welt, »die eigentlich nur noch aus Bahnhöfen besteht«: Das alles verband sich mit den modernen Expreßzügen. Aber es ist nicht erst eine Erfahrung unserer Zeit – so hat sich Joseph von Eichendorff 1845 geäußert. Heute würde jedes Kleinmotorrad den damaligen Expreß, der solche »Vehemenz« vermittelte, lässig hinter sich lassen.

Der Tokaidoexpreß ist wesentlich schneller. Er hat noch nicht die Geschwindigkeit, die Chamisso satirisch dem »Dampfroß« zuschrieb, als er die Eisenbahn der nach Westen laufenden Zeit hinterherrasen ließ, sie überholte und gestern von Osten wieder heraufkommen sah: fünf Jahre bevor überhaupt der erste Zug in Deutschland fuhr. Dennoch ist das, was der Tokaidoexpreß dem Reisenden vermittelt, gar nicht so weit entfernt von dem, was Eichendorff und Chamisso verärgert oder satirisch beschreiben. Der Weg geht zwar nicht um den Erdball, sondern durch die Geschichte. Aber das Erfahrungs-Paradox ist ähnlich.

Die Dichterin als Rücklicht, das vor anderen herleuchtet, sich als vergangen betrachtend, während sie noch atmet: kein Eisenbahnerlebnis, sondern die Selbstbeschreibung eines Menschen, der eher ein Zuviel an Geschichte erfahren hat als ein Zuwenig. Und diese Geschichte war keine sehr freundliche. Sie, durch die die Dichterin so rasend hindurchgefahren ist, war eine ihr aufgezwungene. Sie hielt etwas bereit, was in der Regel Verlust, Tod und Untergang bedeuten konnte: Vertreibung, Flucht, Exil. Eine der großen leidvollen Erfahrungen unseres Jahrhunderts bestimmt auch das Gedicht vom Tokaidoexpreß.

Hilde Domin hat viele Gedichte über das Exil geschrieben, über das Fremdsein und über das Weggehenmüssen. »Der Wandrer / von Tag zu Tag / und von Land zu Land, / an dem das Wort / von der Flüchtigkeit / allen Hierseins / Fleisch ward«, heißt es in dem Gedicht »Apfelbaum und Olive«. »Fremder«, »Mit leichtem Gepäck«, »Vaterländer«, »Rückwanderung« – die Gedichttitel sprechen ihre eigene Sprache. Was blieb, war die Sprache, dieses eine Vaterland, das mitgenommen werden konnte und das das andere mitersetzen mußte.

Von Elias Canetti wissen wir, daß er im Londoner Exil Wortlisten anlegte, nur um nichts von der deutschen Sprache zu verlieren. Sprachverlust ist die vielleicht schlimmste Form des Exils. »Mein Geist fühlt sich in Frankreich exiliert, in eine fremde Sprache verbannt«, schrieb Heinrich Heine nach Jahren in seinem Pariser Exil. Aber Hilde Domin, die ein schlimmeres Exil durchmachte, hat die wirkliche Verbannung triumphal überwunden – mit Hilfe der Sprache. In einem offenen Brief an Nelly Sachs 1966 heißt es: »Da wird einer verstoßen und verfolgt, ausgeschlossen von einer Gemeinschaft, und in der Verzweiflung ergreift er das Wort und erneuert es, macht das Wort lebendig, das Wort, das zugleich das Seine ist und das der Verfolger.« Dieses Lebenszentrum der Sprache blieb, und niemand weiß genauer um dessen Bedeutung als der, der nur noch jenen einen Wohnsitz hat, den »im deutschen Wort«. Wer

so über die Sprache denkt, so mit ihr lebt und sie so
braucht, für den gibt es keine Sprachschludereien. Für den
kann das Gedicht sogar mehr sein als das Leben, nämlich
»die Essenz des Gelebten: exemplarisch und vollziehbar
gemacht«. Auch das steht im Brief an Nelly Sachs und ein
Satz, der uns sagt, warum die Gedichte, die vom Exil han-
deln, nicht verlorengehen dürfen. Er lautet: »Die Sprache
ist das Gedächtnis der Menschheit.« Mag der Tokaido-
expreß auch vorübergejagt sein, dieses Gedächtnis bleibt.
Hilde Domin hat für alle Verfolgten gesprochen, stellver-
tretend und beispielhaft.

HILDE DOMIN
WER ES KÖNNTE

Wer es könnte
die Welt
hochwerfen
daß der Wind
hindurchfährt.

WALTER HELMUT FRITZ
DIE WELT HOCHWERFEN

Einige Worte, und schon wieder Stille. Früher hätte am Anfang der Zeilen vielleicht ein »ach« gestanden. Hilde Domin läßt es weg. Aber es ist mitgedacht.

Ein Gedicht, das offen ist für die Assoziationen, Gefühle, Gedanken von Menschen, die sich mit etwas herumschlagen, mit dem sie nicht fertig werden; die die Sehnsucht haben, daß etwas in Sicht kommt; die eine Besserung erwarten; hoffen, daß eine Erstarrung weicht. Mit einem Wort: die die Welt »hochwerfen«, das Unmögliche möglich machen möchten.

Hochwerfen: was für ein Wunsch; was für ein Anspruch; welch ungeheuerliche Hoffnung. Die Welt nicht nur aus den Angeln »heben«. Sie hochwerfen als Ball. Wie – vergleichsweise – bescheiden war der Versuch des Archimedes.

Das Wort »hochwerfen« bildet die Mitte des Gedichts. Davor, dahinter, symmetrisch dazu »Welt« und »Wind«: das Schwere und das Leichte, das Verharrende und das Bewegliche, das Massive und das Durchsichtige. Die Welt hochwerfen, damit der Wind die Möglichkeit hat, sie leicht, beweglich, durchsichtig zu machen.

Ein Gedicht, das sehr direkt spricht; direkter als manche der früheren Arbeiten aus den Bänden »Nur eine Rose als Stütze« und »Rückkehr der Schiffe«, in denen die Metapher die Zeilen gelegentlich nachdrücklicher bestimmte. Das heißt aber nicht, daß es weniger »poetisch« ist. Denn es kommt aus einer starken Einbildungskraft.

Es ist zugleich lakonisch und »übermütig«. Es ist – so formuliert es Hilde Domin im Nachwort zu ihrer Anthologie »Nachkrieg und Unfrieden« im Hinblick auf das Wesen des Gedichts überhaupt – ein »gefrorener Augenblick, den jeder Leser sich wieder ins Fließen, in sein Hier und Jetzt bringt«. Es zeigt, daß die Strophen dieser Autorin auf ihrem Weg von dem Gedicht »Wen es trifft« (1953) bis zu »Abel steht auf« (1970) »Zurufe« geblieben sind, einfache, unverfälschte Worte.

Ist es unmöglich, die Welt hochzuwerfen? (Wer es könnte: er hätte die Lösung gefunden.) Möglich ist es zumindest im Gedicht.

MASCHA KALÉKO
GROSSSTADTLIEBE

Man lernt sich irgendwo ganz flüchtig kennen
Und gibt sich irgendwann ein Rendezvous.
Ein Irgendwas, – 's ist nicht genau zu nennen –
Verführt dazu, sich gar nicht mehr zu trennen.
Beim zweiten Himbeereis sagt man sich ›du‹.

Man hat sich lieb und ahnt im Grau der Tage
Das Leuchten froher Abendstunden schon.
Man teilt die Alltagssorgen und die Plage,
Man teilt die Freuden der Gehaltszulage,
... Das übrige besorgt das Telephon.

Man trifft sich im Gewühl der Großstadtstraßen.
Zu Hause geht es nicht. Man wohnt möbliert.
– Durch das Gewirr von Lärm und Autorasen,
– Vorbei am Klatsch der Tanten und der Basen
Geht man zu zweien still und unberührt.

Man küßt sich dann und wann auf stillen Bänken,
– Beziehungsweise auf dem Paddelboot.
Erotik muß auf Sonntag sich beschränken.
... Wer denkt daran, an später noch zu denken?
Man spricht konkret und wird nur selten rot.

Man schenkt sich keine Rosen und Narzissen,
Und schickt auch keinen Pagen sich ins Haus.
– Hat man genug von Weekendfahrt und Küssen,
Läßt mans einander durch die Reichspost wissen
Per Stenographenschrift ein Wörtchen: ›aus‹!

MARCEL REICH-RANICKI
KLEINE LIEBE IN DER GROSSEN STADT

Mascha Kaléko war eine polnische Jüdin und eine deut-
sche Dichterin, eine Berlinerin, die man vertrieben hat,
eine Emigrantin, die nirgends eine Heimat finden konnte.
Sie wurde 1907 in der polnischen Kleinstadt Chrzanow
geboren, einem Ort in der Nähe von Auschwitz. 1914 kam
sie nach Deutschland, ab 1918 lebte sie in Berlin, 1929 be-
gann sie, Gedichte zu veröffentlichen, im Januar 1933 er-
schien bei Rowohlt ihr »Lyrisches Stenogrammheft«. 1938
emigrierte Mascha Kaléko in die Vereinigten Staaten, spä-
ter lebte sie in Israel, sie starb 1975 in Zürich.
In Kindlers Literaturlexikon (20 Bände) widmet man ihr
(wie auch Alfred Polgar) keine einzige Zeile. Das mag
Schlamperei sein und ist gleichwohl kein Zufall. Es hat mit
der Besonderheit ihrer Poesie zu tun: Derartiges wird in
Deutschland bisweilen gelobt und nie ganz ernst genom-
men. Die Themen? Liebe, Einsamkeit, Sehnsucht, Hoff-
nungslosigkeit, Enttäuschung. Nichts Neues also? Doch,
durchaus neu, aber nicht die Motive sind es, sondern Ton
und Hintergrund dieser Verse und auch manche der Lieb-
lingsfiguren der Mascha Kaléko, der jungen Menschen, de-
nen man beim Abgang von der Schule sagte, sie würden
jetzt ins Leben treten, und denen man vom »ethischen Ni-
veau« sprach: »Ich aber leider trat nur ins Büro.«
Oft ist von den Gefühlen und Leiden der kleinen, armen
Angestellten die Rede und der zwar munteren, doch in
Wirklichkeit recht traurigen Sekretärinnen, oft von der

kleinen Liebe in der großen Stadt, natürlich in Berlin – und
vor allem am Wochenende. Eines dieser Gedichte schließt:
»Von Booten flüstert's hier und dort. / Die Pärchen ziehn
nach Haus. / – Es artet jeder Wassersport / Zumeist in
Liebe aus.« Bedeutende Poesie? Ach, nein, es ist eben Ge-
brauchslyrik, es ist Dichtung für nüchterne Leute, die es
eilig und nicht leicht haben, für solche, die sich um Litera-
tur und Kunst nicht kümmern. Es ist Poesie für die Zei-
tung und also für den Alltag.

Man hat Heine zu den Vorbildern der Mascha Kaléko ge-
zählt, wohl deshalb, weil sie im Exil besonders oft gerade
ihn zitiert, nachgeahmt und auch parodiert hat. Aber das
ist doch wohl zu hoch gegriffen. Ich muß eher an Tu-
cholsky denken, an Ringelnatz und vor allem an den in
Deutschland immer noch zu wenig geschätzten Erich
Kästner. Nur war Mascha Kaléko jünger als diese Autoren:
Nicht der Erste Weltkrieg hat sie geprägt, vielmehr reprä-
sentierte sie jene Generation, die in den späten zwanziger
Jahren aufgewachsen war – in der Zeit der Not und der Ar-
beitslosigkeit und literarisch durchaus nicht mehr unter
dem Einfluß des Expressionismus, sondern der Neuen
Sachlichkeit.

Ihre Verse sind keß und keck, frech und pfiffig, schnoddrig
und sehr schwermütig, witzig und ein klein wenig weise.
Ganz natürlich klingt die Stimme der Mascha Kaléko, un-
verkrampft und immer etwas resigniert. Ihr ist nicht daran
gelegen, den Leser zu beeindrucken, vielmehr hat sie etwas
mitzuteilen, zu berichten, zu erzählen. Der Reim und der
Rhythmus, die Pointen und die Scherze – in diesen Versen
dient alles dem Inhalt.

Erich Kästner wurde ein lyrischer Reporter seiner Epoche
genannt. Das gilt auch für Mascha Kaléko. Sie zeigt in der

»Großstadtliebe«, einem Gedicht, das ich besonders gern habe, die Erotik jener jungen Leute, die in möblierten Zimmern wohnen, wo man – da liegt der Hase im Pfeffer – keinen Besuch empfangen darf. Man trifft sich auch nicht im Café, denn eine Tasse Kaffee kostet 25 oder 30 Pfennig, da kommt man in der Eisdiele billiger weg. Noch billiger ist es auf den Parkbänken, da kann man sich aber nur küssen, mehr geht eben nicht.

Wenn sich die jungen Leute nach mehr sehnen, dann brauchen sie ein Paddelboot, das man leihen kann. Pathetisch ist diese Großstadtliebe natürlich nicht: »Man lernt sich irgendwo ganz flüchtig kennen«. Wenn man genug hat von »Weekendfahrt und Küssen« – dann macht man Schluß, am besten (Mascha Kaléko war Sekretärin) durch die Reichspost und per Stenographenschrift.

1956 war sie noch einmal in Berlin. Über das Wiedersehen mit der Stadt, die sie für ihre Heimat hielt, schrieb sie: »...Und alles fragt, wie ich Berlin denn finde?/ Wie ich es finde? Ach, ich such es noch!«

MASCHA KALÉKO
IM EXIL

Ich hatte einst ein schönes Vaterland –
so sang schon der Flüchtling Heine.
Das seine stand am Rheine,
das meine auf märkischem Sand.

Wir alle hatten einst ein (siehe oben!).
Das fraß die Pest, das ist im Sturz zerstoben.
O Röslein auf der Heide,
dich brach die Kraftdurchfreude.

Die Nachtigallen wurden stumm,
sahn sich nach sicherm Wohnsitz um,
und nur die Geier schreien
hoch über Gräberreihen.

Das wird nie wieder, wie es war,
wenn es auch anders wird.
Auch, wenn das liebe Glöcklein tönt,
auch wenn kein Schwert mehr klirrt.

Mir ist zuweilen so, als ob
das Herz in mir zerbrach.
Ich habe manchmal Heimweh.
Ich weiß nur nicht, wonach.

BEATE PINKERNEIL
REISEN NACH NIRGENDLAND

Sie war von jenem Baum, der ewig zweigte und nie Wur-
zeln schlug. Ein Leben lang hoffte sie auf Wunder und
hielt die Koffer stets bereit. Die Notwendigkeit eines jähen
Aufbruchs hatte ihre Kindheitsjahre geprägt. Aus dem ga-
lizischen Schidlow, wo die Jüdin Mascha Kaléko 1907 zur
Welt kam, während des Ersten Weltkriegs verbannt, voll-
zog sie für den Rest ihres Lebens die Einübung ins un-
glückliche Bewußtsein, nirgendwo heimisch, überall ein
Fremdling zu sein. »Wohin ich immer reise, / ich fahr nach
Nirgendland. / (...) Die Wälder sind verschwunden, / die
Häuser sind verbrannt. / Hab' keinen mehr gefunden. /
Hat keiner mich erkannt«, schrieb sie in ihrem Lebens-
rückblick »Kein Kinderlied«. Daß die Wunde ihres frühen,
unfreiwilligen Exils nicht vernarbte, machte sie zur Dich-
terin. Vaterlandslos geboren, schuf sie sich im Gedicht, in
der Sprache ihr eigenes Vaterland. Es besaß den unschätz-
baren Vorteil, transportabel zu sein, sie konnte es überall-
hin mitnehmen.

Im Berlin der ausgehenden zwanziger Jahre hatte sie zu
schreiben angefangen. Eines ihrer ersten Gedichte mit dem
Titel »Kassen-Patienten« erschien 1930 in der »Welt-
bühne«: eine unsentimentale, unerbittlich genaue Moment-
aufnahme menschlicher Schicksale in kahlen großstäd-
tischen Wartezimmern. Da hockten sie, die vereinsamten
Kranken, blätterten in welken Illustrierten und tauschten
– echt berlinerisch – die Erfahrungen ihres medizinischen

Nummerndaseins aus: »Det weeß keen Doktor, wat uns richtich fehlt.«

Mit diesen und anderen lyrischen Tableaus aus dem Alltagsleben, in der Vossischen Zeitung und im Berliner Tageblatt abgedruckt, bewies die damals Dreiundzwanzigjährige, daß sie zu keiner literarischen Schule gehörte; auch wenn ihre Texte, zwischen salopper Selbstironie und wehmütiger Skepsis, zwischen Spottlust und heimlicher Trauer oszillierend, manchmal an Tucholsky und Kästner, Morgenstern und Ringelnatz denken ließen. Wer den eigenwilligen Ton dieser Lyrikerin instinktiv erfaßte, war Ernst Rowohlt. Als die junge Mascha Kaléko 1933 mit ihrem ersten Manuskript »Das lyrische Stenogrammheft« zu ihm kam, verlegte er es noch im selben Jahr. Der unscheinbare Band wurde zwar ein Erfolg, hatte aber – wie die kurz danach folgenden Gedichte »Kleines Lesebuch für Große« – keine Wirkung mehr. Die Nazis setzten beide Veröffentlichungen auf ihre Liste verbotener Schriften. Bei der großen Bücherverbrennung gingen sie mit in Flammen auf.

Mascha Kaléko konnte gerade noch rechtzeitig in die Vereinigten Staaten flüchten. Das New Yorker Künstlerviertel Greenwich Village wurde die nächste Station erzwungener Wanderschaft. Ein Zufluchtsort gewiß, aber mehr nicht. Sie litt an chronischer Sehnsucht nach Deutschland, nach seiner alten Reichshauptstadt »auf märkischem Sand«. In ihrem Heimweh versuchte sie heimisch zu werden, wie ihr »Exil«-Gedicht zeigt. Sie bewohnte künftig kein Land mehr, sondern bewanderte die Straßen dieser Welt: Minetta Street, New York. King George Street, Jerusalem, wohin sie 1966 mit ihrem zweiten Mann, dem chassidischen Musiker Chemjo Vinaver, übergesiedelt war.

Was sie in jener Zeit bis zu ihrem Tod 1975 dichtete, kreiste um den eigenen Schatten der Vergangenheit, um das unbarmherzige »Gewesen«. Den »Flüchtling Heine« nahm sie sich zum Wahlverwandten. Wie dieser empfand sie sich als Zeugin und Opfer ihrer Epoche, als ein »enfant perdu«; so der Titel des Gedichts aus Heines letzten Lebensjahren. Auf dessen Schlußzeilen »Doch fall ich unbesiegt, und meine Waffen / Sind nicht gebrochen – Nur mein Herze brach«, entgegnete Mascha Kaléko nach mehr als einem Jahrhundert: »Mir ist zuweilen so, als ob / das Herz in mir zerbrach.« Auf ihrer ersten Deutschland-Reise im Heine-Jahr 1956 setzte sie den Dialog mit dem Toten fort, im Gedicht »Deutschland, ein Kindermärchen«, ihre Antwort auf Heines satirisches Versepos »Deutschland. Ein Wintermärchen«.

Während freilich Heines Platz im Kapitel deutsch-jüdischer Geistesgeschichte gesichert ist, findet sich der Name Mascha Kalékos bis heute in keiner unserer Literaturgeschichten verzeichnet. Sie zählt immer noch zu den Unbekannten, obwohl ihr »Lyrisches Stenogrammheft« das hundertste Tausend längst überschritten hat.

MASCHA KALÉKO
KLEINE HAVEL-ANSICHTSKARTE

Der Mond hängt wie ein Kitsch-Lampion
Am märkschen Firmament.
Ein Dampfer namens »Pavillon«
Kehrt heim vom Wochenend.

Ein Chor klingt in die Nacht hinein,
Da schweigt die Havel stumm.
– Vor einem Herren-Gesangsverein
Kehrt manche Krähe um.

Vom Schanktisch schwankt der letzte Gast,
Verschwimmt der letzte Ton.
Im Kaffeegarten »Waldesrast«
Plärrt nur das Grammophon.

Das Tanzlokal liegt leer und grau.
(Man zählt den Überschuß.)
Jetzt macht selbst die Rotundenfrau
Schon Schluß.

Von Booten flüstert's hier und dort.
Die Pärchen ziehn nach Haus.
– Es artet jeder Wassersport
Zumeist in Liebe aus.

Noch nicken Föhren leis im Wald.
Der Sonntag ist vertan.
Und langsam grüßt der Stadtasphalt
Die erste Straßenbahn...

HORST KRÜGER
BERLINER AUGENBLICK

Gewiß, ein großes klassisches Stück deutscher Lyrik ist das
nicht. Und eigentlich gibt es hier auch kaum etwas zu in-
terpretieren. Form und Inhalt sind eindeutig; alles liegt di-
rekt auf der Hand, meint das, was es sagt. Hier ist gar
nichts zu entziffern. Und doch liebe ich diese Verse, halte
sie für bemerkens- und bewahrenswert; denn hier ist die
Zeit eingefangen: Berliner Augenblick.
Ein Stück deutscher Geschichte wurde dingfest gemacht:
ein Zeitgedicht. So konnte, so mußte man einmal schrei-
ben, und so schrieb man damals eben, wenn man begabt
und empfindlich war: Tucholsky, Kästner, Ringelnatz und
eben auch diese Mascha Kaléko: Berlin. Anfang der Drei-
ßiger, halb Kabarettext, halb Leierkastensong: romanti-
sche Ironie mit Schnoddrigkeit. Natürlich, auch Brecht,
auch Heine stehen im Hintergrund.
»Kleine Havel-Ansichtskarte« wurde vor gut vierzig Jah-
ren geschrieben. Es stand 1933 im ersten Lyrikband einer
jungen Frau, die damals nach Einzelveröffentlichungen in
der »Vossischen Zeitung« und im »Berliner Tageblatt«
plötzlich wie ein neuer Stern am Berliner Literatenhimmel
aufging; aufzugehen schien, muß man nachträglich sagen.
Rowohlt hatte sich ihrer erfolgreich angenommen, im Ro-
manischen Café rezitierte sie abends umjubelt. Hermann
Hesse und Thomas Mann feierten sie als »Dichterin der
Großstadt«. Doch war sie Jüdin. Damit ist alles gesagt: ein
Aufbruch brach ab. Mascha Kaléko mußte emigrieren.

»Das lyrische Stenogrammheft« wurde mit auf den großen
Scheiterhaufen der Nazis geworfen. Verbrannte es ganz?
Ich meine nicht. Aber vielleicht muß man gebürtiger Ber-
liner sein, um heute, vierzig Jahre später, zu spüren, wie
genau und treffsicher im Ton dieses Gedicht das Lebens-
gefühl in der damaligen Reichshauptstadt kurz vor Hitler
fixiert: Melancholie und schöne Selbstverletzung, spötti-
sche Sentimentalität. Heute müßte man eine Berlin-An-
sichtskarte durchaus anders schreiben. Jürgen Becker hat
es getan, aber damals? »Der Mond hängt wie ein Kitsch-
Lampion / Am märkschen Firmament«; das ist genau jener
Berliner Sarkasmus, der eingeborene Gefühligkeit keß ka-
schiert, also sagbar machte, damals. Zarte Bosheit, die so-
ziale Trivialitäten anerkennt und zugleich verhöhnt: »Ein
Chor klingt in die Nacht hinein, / Da schweigt die Havel
stumm.« Und gleich darauf, noch frecher: »Vor einem
Herren-Gesangsverein / Kehrt manche Krähe um.«
Die beiden letzten Verse scheinen mir die gelungensten.
Leicht, schwebend, durchaus impressionistisch wird die-
ser Abend draußen am Wannsee durchgebildert, aber
plötzlich wird das Verspielte ernst, beinahe sentenzhaft
grundsätzlich: »Die Pärchen ziehn nach Haus. / – Es artet
jeder Wassersport / Zumeist in Liebe aus.« Ein schöner,
runder, durchaus klassischer Satz, in dem pralle Sinnlich-
keit lebt: Großstadt-Eros. Dann verschwebt das wieder.
Dann löst sich so unbestreitbare Lebenswahrheit wieder
im Ungefähren und doch Genauen auf: »Noch nicken
Föhren leis im Wald. / Der Sonntag ist vertan.« Man weiß
schon, was kommt; weil es aber bewußt ironisch einge-
setzt ist, ist seine Trivialität: »grüßt der Stadtasphalt / die
erste Straßenbahn« im doppelten Wortsinn schon wieder
aufgehoben: vernichtet und zugleich bewahrt.

Möglich, daß man in einem Land, das das Schwere, Tiefe und Dunkle vorzüglich liebt, über diese Verse die Nase rümpft. Aber wenn, wie man heute gern sagt, Literatur Gesellschaft reflektieren soll, so sind die Verse dieser sensiblen und stillen Frau in ihrer Art hochliterarisch: ein Zeitgedicht, das Auskunft gibt, das also bleibt.

CHRISTINE BUSTA
AM RANDE

Manchmal auf einer Schwelle sitzen,
ausruhn vom Gehn, das nicht ankommt,
die Tür hinter dir und nicht klopfen.

Alle Geräusche wahrnehmen
und keines verursachen.
Das Leben, das dich nicht annimmt, erhören:
im Haus, auf der Straße,
das Herz der Maus und des Motors,
die Stimmen von Luft und Wasser,
die Schritte des Menschen, der Sterne,
das Seufzen von Erde und Stein.

Manchmal setzt sich das Licht zu dir
und manchmal der Schatten,
treue Geschwister.
Staub will nisten auf dir
und unbetretbarer Schnee.

Langsam unter der Zunge
wärmt sich dein letztes Wort.

GERTRUD FUSSENEGGER
RAST AUF DER SCHWELLE

Ein leiser Text, ein Text der Stille, doch keinesfalls der
Sprachlosigkeit, die sich heute paradoxerweise so oft
wortreich literarisch formuliert und als Anzeichen innerer
Wüstung verstanden sein will. Die Stille in diesem Gedicht
lebt, sie ist die flüsternde Fülle des vorkreativen und dann
des kreativen Augenblicks.

Da ist das lyrische Ich, das sich zuerst nur mit einem
Wunsch in Form eines elliptischen Infinitivs zu Worte
meldet: »Manchmal auf einer Schwelle sitzen, / aus-
ruhn...« Wer kennt diesen Wunsch nicht? Man ist stun-
denlang unterwegs gewesen, man sehnt sich nach einem
Rastplatz, und wäre er auch nur eine Treppenstufe, eine
Schwelle, da könnte man »ausruhn vom Gehn, das nicht
ankommt«, denn man will ja gleich weiter. Die Tür soll ge-
schlossen bleiben, man klopft nicht an, will nicht bemerkt
werden, denn – kaum hat man sich der sanften Wohltat der
Rast überlassen, sammelt sich die eigene Aufmerksamkeit
auf »das Leben, das dich nicht annimmt«, das es dennoch
zu »erhören« gilt.

Erhören? Das kann hier zweierlei bedeuten: er-hören im
Sinne von erlauschen, dann aber auch im Sinn barmherzi-
ger Zuwendung. Es scheint, daß dem lyrischen Ich eins ins
andere verschmilzt und verschmelzen soll, und auch dieser
Wunsch wird von einem elliptischen Infinitiv transpor-
tiert, die in diesem Fall wohl zarteste Form, ein Streben
auszudrücken.

Dieses Streben ist, wie ich zu erraten glaube, das noch schwankende Um-sich-Tasten und Sehnen, das jedem kreativen Prozeß vorausgeht. Es greift sich dies und das: Haus, Straße, Ticken des Mäuseherzens, Grummeln eines Motors, Stimmen von Luft, Wasser, Stein ... Dann – in neuer Strophe – bricht es zu indikativischer Aussage durch; Lebenserfahrung wird resümiert: »Manchmal setzt sich das Licht zu dir / und manchmal der Schatten...« Das ist schön gesagt; noch schöner: »Staub will nisten auf dir / und unbetretbarer Schnee.« Staub – das heißt wohl Mühsal, Enttäuschung, Alltags-Banalität. Dann aber: »unbetretbarer Schnee«. Dieses Bild kann nichts anderes signalisieren als die metaphysische Kategorie, das Gipfellicht, dessen Widerschein auf der Stirn des denkenden, fühlenden, des betenden Menschen aufstrahlt.

In den nächsten zwei Zeilen erfolgt ein unerwarteter, ein rätselhafter Schluß. Was sich da »langsam unter der Zunge / wärmt...«, soll es uns an den Kieselstein erinnern, mit dessen Hilfe Demosthenes gegen die Brandung ansprechen lernte? Oder an die Münze, die man den Toten unter die Zunge schob, damit sie die Überfuhr ins Schattenreich bezahlen konnten? Oder ist hier einfach nur ein Noch-Ungesagtes angedeutet, das als Rest bleibt? (Das Rätsel ebendieser Zeile hat mich an dem Gedicht fasziniert.)

Noch eins fiel mir auf: dieser Text, der doch nichts anderes als ein Selbstgespräch enthält, sagt nie *ich*. Er bewegt sich zuerst im Infiniten, dann wendet er sich an ein *du*. In dieser sanften Spaltung gibt sich weibliche Gemütsart kund, vorfeministische.

CHRISTINE BUSTA
SIGNALE

Damals, um zwei Uhr nachts
im Bahnhof von Nürnberg:

niemand stieg aus oder zu,
man hat nur die Post verladen,
Botschaft von Schläfern für Schläfer.

Zwischen Gleisen und Weichen
eine verirrte Grille
schrie und schrillte und schrie.

HEINZ PIONTEK
EINER MUSS WACHEN

Wodurch mir Christine Busta schon früh auffiel, ist ihre Unbeirrbarkeit gewesen. Gewiß, damit kann man es sich leichtmachen, einfach nicht nach rechts und links sehen, nichts von dem, was sich verändert, zur Kenntnis nehmen, allen Fragen und Irritationen ausweichen. Doch was wäre das für ein Lyriker, der sich so ängstlich oder so ungerührt verhielte! Christine Busta hat die Entwicklungen, Moden, Trends sehr wohl verfolgt, aber ihr Talent nicht hierhin und dorthin gehetzt, sondern – angesichts der Veränderungen – an sich selbst weitergearbeitet.

Jetzt gelingen der sechzigjährigen Wienerin Gebilde von großer Schlichtheit und Ausgewogenheit. Dabei sind sie alles andere als wohltemperiert. Eines der Gedichte, das »Signale« heißt, kann als Beispiel dienen. Die Busta begnügt sich hier mit ganzen acht Versen, die in drei Strophen gegliedert sind. Kein Reim, kein Metrum, allenfalls ein Anklang von Daktylen – dennoch der Eindruck von etwas Festgefügtem, das durch Satzbau und Semantik strukturiert ist.

»Damals, um zwei Uhr nachts / im Bahnhof von Nürnberg:« Der Auftakt des Gedichts scheint zunächst nichts weiter als eine Orts- und Zeitangabe, aber mit dem Stabreim »nachts« und »Nürnberg« schlagen die beiden Verse einen Ton an, der merkwürdig beklommen macht. Obwohl nächtliches Reisen für viele zur Selbstverständlichkeit geworden ist, kann uns bei einem Blick durchs Zug-

fenster in eine halbdunkle leere Bahnhofshalle nach Mitternacht plötzlich unsere Vereinzelung zu Bewußtsein kommen, bis zur Bangigkeit. Wie verloren jene wenigen, die dem Schlaf nicht nachgeben; wie riesig ihnen gegenüber die Zahl derer, die sich zwischen ihren Bettpfosten ausgestreckt haben, wie betäubt daliegen! »Niemand stieg aus oder zu, / man hat nur die Post verladen...«
Während wir die nächtlichen Bilder von Öde, Vereinzelung, Ungeschütztheit noch auf uns wirken lassen, Menschenleere in ihrer Tristheit bis in die Eingeweide empfinden, nimmt das Gedicht eine Wendung, indem es uns eine neue, eine »poetische« Einsicht eröffnet. Das ab- und zugeladene Postgut »entpuppt« sich als »Botschaft von Schläfern für Schläfer«. Jetzt, spüren wir, ist nicht länger mehr von zufällig Wachenden und zufällig Schlafenden die Rede; Wachen und Schlafen erscheinen als diametrale, äußerste Zustände des Bewußtseins. Menschen können sich auch tagsüber wie Schläfer verhalten, so dahindämmern, während umgekehrt andere, immer hellwach, selbst nachts kaum Schlaf finden. »Eine verirrte Grille / schrie, schrillte und schrie.« So wird ein einzelnes Insekt zum Inbild. Der Schmerz der Schlaflosigkeit und der Schmerz über das, was schlaflos macht, geht in diesem feinen hartnäckigen Schreien ineinander über.
Doch da das Gedicht »Signale« heißt, sollten wir auch an das Wachen aus Wachsamkeit denken. Grillengesang ist nicht wohltuend, eher schrill, alarmierend. Vielleicht ein Warnsignal? »Einer muß wachen«, heißt es bei Kafka, »einer muß da sein«. Es ist der, der uns warnen kann, wenn wir schlafen. Und sollten wir wach sein wie er, mitten in der Nacht, so wird uns der Ton seiner Stimme bedeuten, daß wir nicht allein sind.

CHRISTINE LAVANT
SEIT HEUTE, ABER FÜR IMMER

Seit heute, aber für immer,
weiß ich: Die Erde ist wirklich warm –;
ich gebe der Nessel den Brand zurück
und dem Igel die Stacheln.

Seit heute ist alles mein Schutzpatron
und die ganze Welt eine Weidenwiege,
darin uns der Windstoß zusammenschaukelt
und unsren Atem verknotet.

HANS MAIER
WIE AUF AUSGESPANNTEN FLÜGELN

Unter den Gedichten der Christine Lavant sind viele, die
vor Zorn und Empörung beben, die wie Fluchgebete klin-
gen: Schreie einer Kranken, zeitlebens von Schlaflosigkeit
Gepeinigten; Aufschreie vor Gott und gegen Gott; Läste-
rungen und Loblieder.
Unverkennbar ist die persönliche Bildsprache, die oft das
Skurrile und Gewaltsame streift: nur der Lavant gehören
die beinernen Misteln und diebischen Rosenkranzbeeren,
die schwankende Hirnschale, die durch Weihrauchwolken
treibt, die Zungenwurzel und der Wespenkrug, die heillo-
sen Messen mit klirrendem Brot und eisigem Wein: »in je-
der Hand eine salzene Wunde, in jedem Aug eine süße
Feige und die Zunge hinterm Gaumen«. Unverkennbar ist
der Rhythmus, in dem, vielleicht vermittelt durch den hei-
mischen Kärntner Dialekt, älteres Deutsch nachschwingt
(sosehr die frühe Lyrik der Lavant von Rilke und Trakl
»erweckt« wurde): ich wüßte für diesen manchmal asso-
ziativ gleitenden, manchmal dumpf gleichmütig pochen-
den Rhythmus nur ein Gegenstück in unserer Literatur:
die Parzivalstrophe Wolframs.
Hier nun, in diesem kleinen Gedicht, ist nichts von dem
Dumpfen, Drängenden, Kataraktischen typischer Lavant-
Strophen. Ausgeglichen, beruhigt, wie auf ausgespannten
Flügeln kommen die Verse daher. Wirkt sonst das kleine
zitternde Ich wie ausgeliefert an die Natur (»fremdblütig
im Herzen der Nacht, staubtrocken unter dem Regen«),

erscheinen die Spuren Gottes »hinter siebenmal Nebel«
für diese gläubige Christin »verweint und verweht und
vernesselt«, so sind diese beiden Vierzeiler durchlichtet
von Zuversicht: Sicherer geworden, lächelnd und gelassen
schaut das Ich in die Welt, verkostet ihre Wärme, gibt der
Nessel den Brand, dem Igel die Stacheln zurück.

»Kunst wie meine, ist nur verstümmeltes Leben, eine
Sünde wider den Geist. unverzeihbar. Das Leben ist so hei-
lig, vielleicht wissen Gesunde das nicht. Ich weiß es ganz.
Deshalb werde ich mich vermutlich nie umbringen. Ich
hab ja auch Zeiten, wo ich grundlos glücklich bin« (an
Gerhard Deesen, 27. März 1962). Grundloses Glück – es
spiegelt sich in diesem scheuen Liebes-, ja Ehegedicht
(»seit heute, aber für immer«), das man in Christine La-
vants Werk fast übersieht, weil es so empörungslos gelas-
sen, so selbstverständlich zustimmend dasteht.

Ein schwankendes Glück freilich – aus Weide, Atem und
Wind geflochten. Die starken Farben, die harten Töne, die
bohrende Rhythmik – sie sind auch im Werk dieser gläubi-
gen Magd und guten Sünderin dem täglichen Inferno, der
pünktlich wiederkehrenden Verzweiflung vorbehalten.
Und nur vor diesem Hintergrund gewinnen diese Verse
das Lichte, Schwebende, Kaum-Glaubliche, die Seligkeit
und Stille, die sie unvergeßlich macht.

CHRISTINE LAVANT
WIE GUT

Wie gut, daß ich verborgen bin
und niemals wieder sichtbar werde.
Mein Kern – im Widerspruch zur Erde –
begab sich selbst zum Monde hin,
jetzt kannst du ruhig schlafen.
Der Ort, wo wir uns trafen,
war niemals wirklich in der Zeit.
Verzeih mir dies – aus Einsamkeit
herausgeschälte – Wissen.
Vielleicht fühlt sich dein Kissen
trotzdem auch manchmal tauig an,
vielleicht verkündet dir der Hahn
vom Hühnerbaum her oft zu grell,
daß jetzt der Morgen wieder hell
gläsern über deinem Dach
heraufsteigt, während du ganz schwach
und übernächtig bist?
Ich bin es nicht, die dich dann quält,
ich bin die Magd, die Äpfel schält
im Mond und keinen ißt.

BARBARA FRISCHMUTH
DER HAHN VOM HÜHNERBAUM

Christine Lavant, die sich nach dem Fluß nannte, an dem sie
lebte (1915 bis 1973), wurde als neuntes Kind einer Bergar-
beiterfamilie geboren, skrofulös, schwerhörig, schwach-
sichtig, anhaltend von Fieber und Eiterungen gequält und
zu kränklich, um die Hauptschule länger als ein Jahr zu be-
suchen. Bis sie als Dichterin in den fünfziger Jahren be-
kannt, publiziert und mit Preisen geehrt wurde, verdiente
sie ihren Lebensunterhalt mit Stricken. Rilke war ihr Er-
weckungserlebnis. Später beschäftigte sie sich mit natur-
wissenschaftlichen Büchern und mit mystischen Geheim-
lehren. Sie las Meister Eckehart und Jakob Böhme, besaß
die Gabe des Vorherwissens und ahnte angeblich den Tod
von Freunden voraus.

Die Gedichte der Christine Lavant sind magische Sprach-
schöpfungen: Sie erklärte nichts, korrigierte selten und
blieb bis zum Ende mondbefangen. Darüber befragt, wie
es ihr gelinge, die Naturdinge so zum Sprechen zu bringen,
soll sie geantwortet haben: »Ich schreib' einfach nach.«
Dieses Gedicht stammt aus dem Band »Die Bettlerschale«,
der 1956 erstmals erschienen ist. Die Trauer, die aus ihm
hervorscheint, ist die der Trennung, einer oft versuchten,
vielleicht längst vollzogenen Trennung, die doch keine
endgültige sein kann, wie endgültig der Anspruch auf ei-
nen gemeinsamen Ort in der Zeit sich auch rückwirkend
verbieten mag.

Noch verbindet die vorgestellte Schlaflosigkeit des Geliebten ihn mit der Liebenden, die schon als gleichsam Entrückte zu ihm spricht. *Was ist das Herz? Ein bitterlicher wilder Apfel*, heißt es an anderer Stelle, aber die Äpfel in diesem Gedicht erinnern auch an jenen, dessen Kerne Persephone aß, den Granatapfel, diese alte Liebes- und Todesfrucht vieler Mythen. Er wird noch geschält, aber nicht mehr gegessen. Wozu auch: sein Kern, der Nukleus, der diese Liebe enthält, hat sich längst zum Mond hin begeben. *Wie gut, daß ich verborgen bin / und niemals wieder sichtbar werde…*, nicht als Kern, aber möglicherweise als neues Wesen der Liebe oder als neues Liebeswesen, *jetzt kannst du ruhig schlafen…* Die bedrängende Nähe hat sich mondweit entsetzt, sich dem alten Symbol der Verwandlung anheimgegeben und einen neuen Ort in einer nicht an die Erde gebundenen Zeit gewählt.

Aber die Anspielung sucht das Körperliche. Der Hahn vom Hühnerbaum (eines der für die Lavant so typischen Doppelworte) kündigt nicht nur den Morgen an, er bekräht auch trotz des betonten Verzichts die – wie oft schon? – versäumte Nacht eines glücklichen Beieinanderliegens. Es ist wohl kein Trost, daß auch der Geliebte sich schwächt am Nichtvollzug und sich übernächtigt an seiner Einsamkeit, doch läßt sich darin eine letzte Spur von Gemeinsamkeit ausmachen.

Ich bin es nicht, die dich dann quält, wohl das verräterischste Versprechen, das Liebe geben kann. Und sie gibt es nur, weil sie davon überzeugt ist, daß der Geliebte nicht gequält zu werden braucht, daß er sich selber bis zur Erschöpfung gequält hat, nachdem er die Trennung zuließ, sie vielleicht sogar erzwang. Was von der Wortwahl her so dorfnah und naturverbunden klingt, ist Kaschierung und Beschwörung zugleich. Die Liebe, die unerfüllte (im Widerspruch zur

Erde), wird in eine andere, aus der irdischen Zeit ausge-
klammerte Seinsweise überstellt, in der das gegenseitige
Quälen vielleicht wirklich einmal aufhören darf und die
Äpfel (des Todes?) nicht mehr gegessen werden müssen.
Dies – aus Einsamkeit / herausgeschälte – Wissen stand der
Dichterin Christine Lavant ins Gesicht geschrieben. Ihre
übergroßen dunklen Augen dominieren jedes Porträt,
seien es die Holzschnitte von Werner Berg oder die paar
veröffentlichten Fotos. Übrigens führte sie die einzige
größere Reise, die sie zeitlebens unternahm, nach Istanbul.
Sie bildete sich ein, noch von den Türkenkriegen her ein
wenig türkisches Blut in den Adern zu haben.

CHRISTINE LAVANT
KREUZZERTRETUNG

Kreuzzertretung! – Eine Hündin heult
sieben Laute, ohne zu vergeben,
abgestiegen in die Hundehölle
wird ihr Schatten noch den Wurf verwerfen.

Oben bleibt der Vorhang ohne Riß,
nichts zerreißt um einer Hündin willen,
und der Herr – er ließ sich stellvertreten –
sitzt versponnen bei den ganz Vertrauten.

Auch die Toten durften nicht herauf!
Vater, Mutter, – keines war am Hügel,
und die Sonne hat sich bloß verfinstert
in zwei aufgebrochnen Augensternen.

Von der Erde bebte kaum ein Staub,
nur ein wenig sank die Stelle tiefer,
wo der Balg, dem man das Kreuz zertreten,
sich noch einmal nach dem Himmel bäumte.

Der Kadaver – da ihn niemand barg –
kraft der Schande ist er auferstanden,
um sich selbst in das Gewölb zu schleppen,
wo Gottvater wie ein Werwolf haust.

KERSTIN HENSEL
DIE HÖLLENHÜNDIN

Will man glauben, daß dieses Gedicht in der zweiten Hälfte unseres Jahrhunderts geschrieben wurde? Die Verse, deren Trochäen wie Ohrfeigen wirken, teilen etwas mit, das scheinbar nicht der Gegenwart angehört, sondern sich irgendwann zwischen dreizehntem und neunzehntem Jahrhundert abspielt. Sind sie der kruden Phantasie einer kranken, verzweifelten Dichterin entsprungen? Oder war die Realität ihres Lebensortes, des kärntnerischen Lavant-Tals, eine derart bedrückende, daß es sie zu dieser groben und großartigen Blasphemie führte?

Christine Lavant (1915 bis 1973) starb mehr, als sie lebte. Unvorstellbare Armut und Lebenstristesse haben sie zu einer Tiefgläubigen gemacht. Die eingeprügelte Demut, wie es die von ihr geliebten Mystiker des Mittelalters predigten, hat sie zum radikalen Verzicht auf Wollen und Wünschen, auf eigene Pläne und Ziele, auf Freunde und Verwandte gebracht und in den absoluten Gehorsam getrieben. In der Abgeschiedenheit des weltfremden Kaffs hält sie innigste Zwiesprache mit Gott, wie es weiland Meister Eckhart im Kloster getan hat.

Das Gedicht handelt von der Abwesenheit Gottes. *Kreuzzertretung!* weist in drei Richtungen: das Zertreten des Zeichens des Martyriums (des Todessymbols), der Bruch mit dem Glauben und das Brechen des Kreuzes (des Willens). Der Leser erfährt sowohl Kraft als auch Machtlosigkeit des lyrischen Subjektes. Dieses wird nicht als Mensch, sondern als *Hündin* gezeigt. Der Hund, im Christentum Symbol der Treue, aber auch – in der mystischen Symbolik – das niedrigste aller Tiere, die Kehrseite des Göttlichen, ist Lavant selbst. In *Sieben Lauten* heult die Hündin magisch ihre Nichtigkeit: Sie steigt ab in die Hölle, denn nur der (Kreuzes-)Tod des MENSCHEN, nicht der des Viehs, ist Voraussetzung für die Geburt Gottes. Aus der Unterwürfigen ist ein Höllenhund geworden. Sein Gift in der Unterwelt ist das Gift des Phantastischen, Irrationalen.

Die irdische Einsamkeit wird in den Orkus verlagert. Die Hündin bellt den Vorwurf: Der Herr (bei Lavant immer auch als »liebender Mann« zu lesen) rührt keinen Finger für sie. Während bei Jesu Himmelsaufstieg ein rauschendes Naturereignis inszeniert wurde, *bebt* bei Lavants Höllenrutsch *kaum ein Staub*. Selbst den schon Toten (Vater und Mutter), denen sie im Jenseits wiederzubegegnen hofft, wird der Auftritt verweigert. Mit einer Mischung aus Einsicht und Wut, Gott nicht erreichen zu können, wehrt sich die schon totgetretene Hündin *noch einmal*, indem sie den Weg nach oben nicht aufgibt. Es ist der Weg zur Unsterblichkeit, der durch die Welten des Bewußtseins und des Unterbewußtseins, also durch Oben und Unten führt.

Jesus trennte sich am Kreuz von seinem Körper, indem er seine Schmerzen überwand und so die Herrschaft des Geistes über die Materie demonstrierte. Die Lavant spricht vom Gegenteil, von sich, dem *Kadaver* und der *Schande*. Diese Schande sah sie in ihrem Leben, das sie als »einen einzigen Makel« beschrieb. Ihr Gotteshaß war Sünde wider den Geist, also der einzigen Sünde, die nicht vergeben wird. Die auf Erden gemarterte Kreatur kann den Himmel nur noch als Ekel empfinden. Trotzdem treibt es sie nach dem Scheinort des Glücks. Gott wird sein unheilvolles Wirken als Wolfsmensch fortführen. Der Hund, dem Wolf verwandt, hat ihn von seinem Thron gestoßen und sich selbst erhöht. Eine trotzige, gesetzeswidrige Auferstehung. Christine Lavant tat die hexische Arbeit einer Gottesanbeterin. Für ihre Katastrophe macht sie Gott verantwortlich.

SILJA WALTER
TÄNZERIN

Der Tanz ist aus. Mein Herz ist süß wie Nüsse,
Und was ich denke, blüht mir aus der Haut.
Wenn ich jetzt sacht mir in die Knöchel bisse,
Sie röchen süßer als der Sud Melisse,
Der rot und klingend in der Kachel braut.

Sprich nicht von Tanz und nicht von Mond und Baum
Und ja nicht von der Seele, sprich jetzt nicht.
Mein Kleid hat einen riesenbreiten Saum,
Damit bedeck ich Füße und Gesicht
Und alles, was in diesem Abend kauert,
Aus jedem Flur herankriecht und mich mißt
Mit grauem Blick, sich duckt und mich belauert,
Mich gellend anfällt und mein Antlitz küßt.

Sprich nicht von Tanz und nicht von Stern und Traum
Und ja nicht von der Seele, laß uns schweigen.
Mein Kleid hat einen riesenbreiten Saum,
Drin ruht verwahrt der Dinge Sinn und Reigen.

Ich wollte Schnee sein, mitten im August,
Und langsam von den Rändern her vergehn,
Langsam mich selbst vergessen, ich hätt Lust,
Dabei mir selber singend zuzusehn.

PETER VON MATT
DAS GLÜCK JENSEITS DER SPRACHE

So hinreißend beginnt das Gedicht, so sinnlich-glücklich
spielt es dahin in der ersten Strophe, daß man das Bedroh-
liche lange nicht wahrhaben will. Wie kann ein so herrli-
cher Anfang überhaupt ins Dunkle und Zweideutige gera-
ten? Wie kann er sich in das Schlimme verwandeln, das am
Schluß der zweiten Strophe auch den Leser »gellend an-
fällt«?
Wenn man das Ganze studiert, beobachtend und nachden-
kend, wird klar, daß der unvergleichliche Beginn gar nicht
möglich wäre ohne den Hintergrund einer ganz anderen
Verfassung. Allerdings sträubt man sich hier mehr als
sonst gegen die analytische Operation. Man möchte die
Verse nur tönen und verhallen lassen und nichts weiter se-
hen als ihr Leuchten über der finsteren Tiefe. Die ge-
schärfte Betrachtung erweist sich indessen als so span-
nend, hinter den Bildern erscheinen Konturen einer so
dramatischen Erfahrung, daß wir die Aufforderung zur
Reflexion, die von dem Gedicht ebenso nachdrücklich
ausgeht wie die Aufforderung, die Reflexion zu unterlas-
sen, auf die Dauer nicht abweisen können.
Alles wird regiert vom Paradox, daß vom Tanz gesprochen
wird in der Form eines wiederholten Befehls, vom Tanz
nicht zu sprechen. Das Gedicht entfaltet sich als ein einzi-
ger Verstoß gegen seine oberste Maxime: »Sprich nicht von
Tanz ... Sprich jetzt nicht ... Sprich nicht ... Laß uns
schweigen ...« Wie kann es aber falsch sein, sich in Ruhe

über das Wunder auszusprechen, von dem die erste Strophe so ungestüm berichtet?

Der entscheidende Vers ist der zweite: »Und was ich denke, blüht mir aus der Haut.« Das gilt im Augenblick noch, für kurze Zeit, solang der Tanz fortbebt im lebendigen Körper und das Herz noch »süß wie Nüsse« ist. Gleich wird es vorbei sein, denn der Tanz ist aus. Die Schroffheit der ersten vier Worte darf nicht überhört werden. Sie markieren den Schnitt, die Trennung von dem, was war. Was war, begreifen wir aus dem zweiten Vers. Im Tanz ist das Denken ein Ereignis des ganzen Körpers. Es ist sprachlose Erkenntnis, mächtige Verständigung mit sich selbst und allen andern, ganz ohne die Wörter mit ihren abgemachten Bedeutungen, ohne die Sätze mit ihren eingeübten Regeln. Der Tanz ist nicht ein Abschütteln des Denkens, wie man meinen könnte, sondern dessen höchste Gestalt. »Cheirosophos« haben die alten Griechen den Tänzer genannt, das heißt: »der mit den Händen Weise«; einer, der nur in den unerhörten Bewegungen seines Körpers denkt, begreift, erkennt.

An dieses Denken reicht die mit der Sprache verknüpfte Reflexion nicht heran. Deshalb muß geschwiegen werden, solange noch eine letzte Vibration des Tanzes über die Haut läuft, ein letztes Licht seiner Weisheit in der Luft zittert. Und unheimlich packend ist die Warnung, »ja nicht von der Seele« zu reden. Man kann daraus auf die Einsichten schließen, die der Tanz dieser Tänzerin über das Innerste des Menschen eröffnet hat.

Daher ist der Wunsch, sich selbst zu vergessen, sich aufzulösen wie ein Schneefleck im Sommer, nicht etwa ein Streben zum Tod hin. Es ist das Begehren zurück zu jenem andern Wissen, das sich im Tanz ereignet hat und jetzt versperrt wird vom alltäglichen Bewußtsein.

Das Kleid mit dem »riesenbreiten Saum« nimmt sich als Element der Trennung und Vermittlung zugleich aus. Im Tanz flog es mit der entzückten Frau dahin und war ein Teil von ihr. Jetzt bewahrt es die Erinnerung an das Verlorene auf. Vom höheren Wissen getränkt, besitzt es die Kraft einer magischen Abwehr gegen die kalte Welt.

Silja Walter war wenig über zwanzig Jahre alt, als sie dieses Gedicht schrieb. Heute lebt sie, 78jährig, als Nonne in einem Kloster bei Zürich.

ILSE AICHINGER
BRIEFWECHSEL

Wenn die Post nachts käme
und der Mond
schöbe die Kränkungen
unter die Tür:
Sie erschienen wie Engel
in ihren weißen Gewändern
und stünden still im Flur.

GERTRUD FUSSENEGGER
LEISER AUSTAUSCH

Sieben Zeilen, zwei Sätze; der zweite Satz wird aus dem er-
sten entwickelt, durch beide fließt der Irrealis und verbin-
det sie. Man kann das Gedicht in *einem* Atem sprechen,
vielleicht will es auch so gesprochen sein. Eine leise Art zu
bezwingen – immer schon hat Ilse Aichinger so bezwun-
gen, sie hat sich immer in eine (ihre) unbestechliche Sanft-
mut zurückgezogen. Dort war sie – bei aller Verletzlich-
keit – als Autor unverwundbar.
»Sie erschienen wie Engel.« Hier bleibt das Gedicht ste-
hen, es stellt sich, sozusagen, mit in die Reihe der Engel,
als einer von ihnen, in »weißen Gewändern«, undeutlich
schimmernd, schemenhaft. So steht der Engelschor »im
Flur«. Im Flur, natürlich, dort pflegen wir ja unsere Post in
Empfang zu nehmen. Der Flur – ein Raum in unserem
Haus, doch ein Raum besonderer Art, ein Raum der An-
kunft, des Eintritts, doch auch der Zugang in das Innere
des Hauses, der Flur ist weitläufig, entsendet Treppen, ist
immer von leichter Zugluft durchweht. Da stehen jetzt die
Engel, diese Wesen aus Licht und Flügeln, poetisches Syn-
onym für Sublimation.
Woher kommen sie? Der Satz über die Engel zieht, so
meine ich, seine Kraft und dichterische Bedeutung aus den
ersten vier Zeilen: Wenn der Mond die Post brächte. Ein
schöner Einfall! Wurde hier das Horn des Mondes zum
Posthorn umgedacht? Ich glaube nicht. Eher ist das stille
Herankommen des Boten gemeint, das Rätselhafte seines

Auftritts. Er kommt – als Schicksalfigur, als Sachwalter von womöglich Unabwendbarem. Ganz leise kommt er, fast wie ein Dieb. Wen von uns hat das Unheimliche des Vorgangs noch nie berührt, wenn uns ein Brief, ein Telegramm, ja, auch nur eine Reklame unter die Tür gesteckt wurde?

So sehen wir hier die langen schmalen Umschläge wie von Geisterfingern hereingeschoben, die Rückseiten von den schiefen Kreuzen der Verschlüsse gezeichnet: Briefe? Die Dichterin hält sich nicht auf damit, von *Briefen* zu sprechen, sie spricht von *Kränkungen*. Welche Behauptung, welche Vorwegnahme! So kommen Kränkungen mit der Post, der stillen Mondpost, wirklich *nur* Kränkungen? Ist die Dichterin so sicher, daß jede Nachricht nur Enttäuschung bringt, daß keine etwas anderes anzeigt als Verlust?

Lange Leideserfahrung muß bei dieser Identifikation mitgewirkt haben: Aus der nächtlichen Welt raschelt nur Trauerbotschaft über unsere Schwelle. Freilich: gleich setzt neue Verwandlung ein, neuer Austausch. Die Kränkungen fliegen auf, werden zu Engeln, zum Anschein von Engeln, diesen Wesen aus Licht und Flügeln, entkörpert, sublimiert.

So ließe sich der Text einfangen in der Sentenz, daß sich Enttäuschung und Verlust umdeuten läßt in Trost und Segen? Keineswegs. Denn das Gedicht wahrt seine Freiheit im Irrealis. Es entzieht sich jedem Versuch indikativischer Verfestigung. So bleibt es für sich, leichtfüßig bewegt, zwischen Trauer, Hoffnung und Traum.

ILSE AICHINGER
GEBIRGSRAND

Denn was täte ich,
wenn die Jäger nicht wären, meine Träume,
die am Morgen
auf der Rückseite der Gebirge
niedersteigen, im Schatten.

HEINZ POLITZER
DIE SACHLICHKEIT DER TRÄUME

Chinesisch-deutsche Jahres- und Tageszeit waltet. Die sechsunddreißig Silben sind deutsch, aber die Ökonomie und Intensität der fünf Zeilen sind fernöstlich. Kein Buchstabe, der zuviel wäre! (Im Deutschen gibt es sie kaum anderswo als in »Wanderers Nachtlied«, Mörikes »September-Morgen« und gelegentlich in ein paar Zeilen der Droste.) Aber selbst von diesen Gedichten unterscheiden sich die Verse der Aichinger durch die Abwesenheit jeden Glanzes. Alles ist hier Gesicht. Die Strophe besitzt die Sachlichkeit der Träume, von der sie handelt. Und wie auf chinesischen Zeichnungen nicht nur die Linie spricht, sondern auch der leere Raum, der sie umgibt und den sie zum Leben erweckt, so sind es weniger die Wörter, die dieses Gedicht ausmachen, sondern es ist das Schweigen, das diese Wörter zugleich brechen und bewahren.

Zunächst scheint alles ins Ungewisse zu schwanken. Was uns zu Beginn anspricht, ist ein Bedingungssatz, ein Irrealis (»Was täte ich, wenn nicht ...«). Spricht er uns an? Gewiß, aber ... mit äußerster Dezenz. Die offenen Lautträger in den Wörtern »täte«, »Jäger« und »wäre« ergeben eine positive Korrespondenz, nehmen diese jedoch sogleich wieder zurück, da sie allesamt Träumen gelten, deren Stammsilbe den einzigen Diphthong des Gedichtes umschließt. Diphthonge sind bunt; der Zweilaut setzt die lauteste Wortfarbe in die verhaltene Abgeschiedenheit des Ganzen. Die Träume sind Jäger; keine Metapher wird an-

gewandt; es herrscht Identität. So weit reicht der östliche
Archetypus, daß man sich die Schützen eher mit Pfeil und
Bogen vorstellt als mit den in der deutschen Gegenwart
üblicheren Gewehren. Noch wird nicht gesagt, ob diese
Jäger, die Träume, die Träumende bedrohen oder beschüt-
zen. Wir erfahren lediglich, daß die Jäger vor den Träumen
Vorrang besitzen, da die Sprache sie zuerst nennt, und daß
das träumende Ich auf die Jäger angewiesen ist (»Denn was
täte ich, wenn die Jäger nicht wären ...«).

Das erste Wort, das »denn«, öffnet das Gedicht, noch ehe
es begonnen hat, ins Unendliche. Vieles ist ihm vorange-
gangen, Gespräche, Gedanken, Erwägungen, Zweifel. All
das zu wissen bleibt uns benommen. (Solche Gedichtan-
fänge aus dem Unendlichen sind seit Romantik und Neu-
romantik nicht überraschend. Vergleichen wir aber das
hochmütig-einschränkende »freilich« in Hofmannsthals
Anfangszeile »Manche freilich müssen drunten sterben«
mit diesem »denn« der Aichinger, dann ersieht es sich
leicht, wieweit hier die Dichtung vom Bewußtsein der
Klasse zu dem des Daseins selbst fortgeschritten ist.)

Bewußtsein des Daseins? Die drei letzten von den fünf
Zeilen behaupten die Wirklichkeit, die un-scheinbare, der
Träume. Das Verbum, um das sie sich drehen, steht im In-
dikativ. Die Träume steigen nieder, und dieses Niederstei-
gen ist wiederum das einzige Tätigkeitswort der Strophe,
das ein Ereignis berichtet. Es steht nicht in der Möglich-
keitsform, sondern in der ganzen Nacktheit der Realität.
Daß es Träume sind, die im Niedersteigen das Wirkliche
tun, bildet das Paradox, um das sich das Gedicht schließt
wie um eine Pfeilspitze.

Das Spiel des Widerspruchs – es ist ein blutiges Spiel – wie-
derholt sich in dem Morgen, an dem die Jäger niederstei-

gen, und in dem Schatten, in den sie sich verlieren. Daß al-
les dieses an der »Rückseite des Gebirges« geschieht, also
jenseits des Gebirgsrandes, an dem die Träumende die Jä-
ger träumt, spricht sowohl von Befreiung wie von Tren-
nung. Die Spitzenkrone der Paradoxie aber besteht darin,
daß sich der Morgen, dem die Schatten, die letzten beiden
Wörter des Gedichts, widersprechend entgegengesetzt
sind, vor diesen verschleierte. Das deutet auf die Wieder-
kehr der Nacht. Aber doch ist es Licht und wird Licht
bleiben, bis sich die Träume, die Jäger, diesseits des Gebir-
ges wieder zeigen.

Die Zärtlichkeit des Possessivpronomens »meine Träume«
darf nicht so verstanden werden, als wären die Schützen
Beschützer. Vermutlich sind ihre Pfeilspitzen auf die Stirne
der Träumenden gerichtet. Aber das bloße Vorhandensein
dieser zweiundzwanzig Wörter bezeugt, daß die Jäger,
wenn auch aus Angst geboren, der Träumenden geneigt
gewesen sind.

Wie das Gedicht vom Gebirgsrand mit einem »denn« aus
der Unendlichkeit geschöpft worden war, verliert es sich
auch wieder in eine Erinnerung, die unerschöpflich ist.
Aus der Unerschöpflichkeit dieser Schatten kehren die Jä-
ger, die Träume wieder. Dürfen wir am Ende das Wort wa-
gen, sie erstünden auf?

ILSE AICHINGER
SCHNEELEUTE

Ich mische mich nicht leicht
unter die Fremden aus Schnee
mit Kohlen, Rüben, Hölzern,
ich rühre sie nicht an,
solang sie heiter prangen,
manche mit mehr Gesichtern
als mit einem.
Wenn dann die Kohlen
und die Rüben fallen,
Knöpfe, Knopfleisten,
die roten Lippenbänder,
seh ich es steif mit an
und ohne Laut,
ich eile nicht zu Hilfe.
Vielleicht sprechen sie
das Mailändische
schöner als ich,
es soll nicht ans Licht kommen.
Und darum Stille,
bis dieses Licht sie leicht
genommen hat
mit allem, was sich da
zwischen mailändisch
und mailändisch verbirgt,
dann auch mit mir.

WALTER HELMUT FRITZ
IM LICHT VON ABSCHIED

Man findet in Ilse Aichingers Gedichten Titel wie »Win-
terantwort«, »Winterfrüh«, »Winteranfang«, »Winterrich-
tung«, »Winter, gemalt«. Schnee kann bei ihr »rosten«.
Unter dem Schnee entdeckt sie die Morgenröte. Ein Fin-
delkind ist »dem Schnee untergeschoben«. Oder man sieht
im Schnee einfach »die Österreicher«. Auch in der Prosa
und in den Spielen der Dichterin gibt es im Zusammen-
hang mit dem Schnee verblüffende Sätze. »Wenn es zur
Zeit der Sintflut geschneit und nicht geregnet hätte, hätte
Noah seine selbstsüchtige Arche nichts geholfen.«
Als Kinder bauten wir Schneemänner. Warum nicht auch
Schneefrauen, Schneekinder? Das sprechende Ich in Ilse
Aichingers Gedicht nimmt jedenfalls Schneeleute wahr. Es
erkennt sie als »Fremde«, hält Distanz zu ihnen, merkt,
daß manche mehr als nur ein Gesicht haben.
Eines Tages sind nicht mehr die Schneeleute »steif« und
stumm, sondern das ihrer Auflösung zuschauende Ich.
Seltsame Umkehrung. Die Schneeleute schmelzen; Koh-
len, Rüben, Knöpfe, Lippenbänder fallen. Bewegung dem
Ende zu. Das Ich jedoch scheint – vor Schrecken? – starr
geworden zu sein, eilt nicht (wie auch?) zu Hilfe.
Was aber hat es mit dem »Mailändischen« auf sich, das die
Schneeleute sprechen, sogar »schöner als ich«? Warum soll
es nicht »ans Licht kommen«? Eine Feststellung ohne
»Sinn«? Beispiel dafür, daß in allem ein nicht entzifferba-
rer Rest bleibt? Ausdruck von Ratlosigkeit angesichts des

geheimen Entsetzens, das in den Versen lebt? Was »ver-
birgt« sich »zwischen mailändisch und mailändisch«? Die
Zeilen lassen sich nicht entschlüsseln, entziehen sich (wie
sich ein Traum entzieht), tauchen ein in die erwähnte
»Stille«.

Erich Fried hat in einem längeren Aufsatz über die Ge-
dichte Ilse Aichingers gemeint, das Mailändische sei eine
»querlaufende Assoziation«, möglicherweise ein Hinweis
auf den Mai als einen Monat ohne Schnee oder auf den Sü-
den, auf Wärme und Frühling. Vielleicht. Vielleicht sollte
man aber auch Ilse Aichingers Satz im Ohr behalten: »Nie-
mand kann von mir verlangen, daß ich Zusammenhänge
herstelle, solange sie vermeidbar sind.«

Gegen Schluß nimmt das Licht die Schneeleute weg, löst
sie auf, »dann auch« das Ich, das ihrem Verfall zugesehen
hat. Im Schwinden der Schneeleute, in der Lautlosigkeit
des Vorgangs erkennt das Ich jäh seine eigene Hinfällig-
keit. Von da deutet das ruhig-beherrschte und zugleich
atemlose Gedicht auf Ilse Aichingers Satz: »Vielleicht er-
kennen wir einander nur richtig in einem Licht von Ab-
schied, und vieles, was wir sonst vergeuden würden, er-
scheint uns darin kostbar.«

Ein Gedicht vom Abschied und der damit einhergehenden
Trauer. Aber – trotz der Verrätselung – so »leicht« wie die
Zeit, wie das Licht, das die Schneeleute und das Ich (auch
wir sind Schneeleute) »nimmt« und unsichtbar werden
läßt.

ILSE AICHINGER
WIDMUNG

Ich schreibe euch keine Briefe,
aber es wäre mir leicht, mit euch zu sterben.
Wir ließen uns sacht die Monde hinunter
und läge die erste Rast noch bei den wollenen Herzen,
die zweite fände uns schon mit Wölfen und
                                 Himbeergrün
und dem nichts lindernden Feuer, die dritte, da war ich
durch das fallende dünne Gewölk mit seinen spärlichen
                                     Moosen
und das arme Gewimmel der Sterne, das wir so leicht
                                    überschritten,
in eurem Himmel bei euch.

HILDE SPIEL
ZWISCHEN LEBEN UND TOD

Es ist möglich, ein Gedicht wie dieses zu lieben, ohne es
völlig entschlüsseln zu wollen. Man folgt ihm einfach in
seinem Gleitflug in unbekannte Bereiche, man überläßt
sich den bedeutungsschweren Wörtern, verzichtet auf
Klarheit und tauscht Beziehungsreichtum dafür ein. Aber
so leicht dürfen wir es uns nicht machen, müssen vielmehr
wagen, Ilse Aichingers Bildern einen vermutlichen, ob-
schon unbeweisbaren Sinn zu unterlegen, auf die Gefahr
hin, daß dadurch ihr Gehalt verarmt und ihre Geltung ein-
geschränkt wird.
In den ersten Zeilen ist auf knappste Weise viel gesagt: Die
Dichterin lebt in einer Abgeschlossenheit, die keine stän-
dige Kommunikation zuläßt, aber sie hat Freunde, mit de-
nen sie bereit ist, in den Tod zu gehen. Das mag übertrieben
klingen, doch die Imagination, mit der sie den Gedanken
weiterspinnt, steht dafür ein. Es beginnt, gemeinsam, jene
Wanderung, die nach dem Augenblick des Sterbens ein-
setzt. Der Seele, oder dem Nachhang einer Identität, die es
auf Erden gegeben hat, ist eine Zeitspanne allmählichen
Sich-Loslösens von der irdischen Begriffswelt gewährt.
Von der Vorstellung einer Region zwischen Leben und
Tod waren andere Schriftsteller vor Ilse Aichinger ergrif-
fen, so ihr Landsmann Alexander Lernet-Holenia, der
lange Stücke seiner Erzählung »Nächtliche Hochzeit«, sei-
ner Novelle »Der Baron Bagge« und seines Romans »Der
Graf Luna« in jenem Schwebezustand, jenem Niemands-

land spielen läßt. Bei Gerhart Hauptmann fragt der Florian Geyer das Mädchen Marei: »Wo ist man die erste Nacht nach dem Tode?« Darauf sie: »Bei St. Gertrauden.« Und er: »Wo ist man die zweite Nacht nach dem Tode?« Die Marei: »Bei St. Michael.«

Ilse Aichinger tritt die Reise an in einen Raum, der kein Oben und Unten kennt, denn zuerst geht es sacht an den Monden hinunter und endet doch im Himmel, der gewißlich oben liegt. Ein kosmischer Raum denn, dessen Stationen sich immer weiter von der Erde entfernen. Die erste Rast verbringt man noch bei den wollenen Herzen – das »noch« will heißen, man habe die vertraute Umgebung nicht völlig verlassen, befinde sich an einem Ort, wo es Herzen gibt, warme und weiche Herzen, wofür der Begriff Wolle wohl bürgen kann. Es ist, um ein Wort der Autorin aus anderem Kontext zu entlehnen, noch »erträglich«, aus der Aura des Irdischen nicht getilgt.

Unheimlicher wird es an der zweiten Rast, denn hier gibt es Wölfe, die man bereits apokalyptisch deuten darf, als Fenriswölfe vielleicht, die in der alten Sage die Götterdämmerung begleiten. Auch die Himbeeren sind nicht appetitlich rot wie in den Kindertagen, sondern bitter und unreif, ja zur ewigen Unreife verdammt. Ein nichts linderndes Feuer lodert, man muß hindurch, es gelingt im Verein mit den Freunden. Nun aber treten wir ein in ein wunderschönes, ein wahrhaft surreales Bild, wie es von Magritte oder Dalí oder Tanguy hätte gemalt werden können: fallendes dünnes Gewölk, auf dem spärliche Moose wachsen, dann ein kleiner Sternenhaufen, dürftig, schütter, man schreitet mühelos hindurch.

Endlich der Himmel: Die Freunde sind offenbar in ihm daheim, sind vielleicht gefallene Engel, die mit ihr den

Rückweg angetreten haben. Denn ihr Himmel ist es, den man zuletzt erreicht. Wie es sich damit verhält, ist nicht ganz zu enträtseln. Doch ein ungeklärter Rest darf bleiben. Genug daran, daß hier ein Sternenflug nach dem Leben stattgefunden hat, ein Hinausschwingen in den Weltraum, aber in Begleitung, nicht allein – Traum einer Einsamen, die einsam lebt und einsam nicht sterben möchte.

ILSE AICHINGER
WINTER, GEMALT

Und in den weißen Röcken
im Schnee die Österreicher.
Laß uns aufschauen
und ihre Spuren
im Finkenschlag finden,
in den Gebirgsspitzen.
Grün dämmert schon
die Ölbergfarbe
von den Wänden,
die wispernden Scheunendächer.
So leicht wie heute
wechseln die Schatten nie mehr.

ECKART KLESSMANN
INNERE SPIEGELUNG

»Der Sinn – wenn das Gedicht überhaupt einen hat – wird durch eine innere Spiegelung der Worte selber heraufbeschworen.« Man wird guttun, sich dieses Satzes von Stéphane Mallarmé zu erinnern, wenn man sich einem Gedicht wie diesem nähert, das auf den ersten Blick dunkel verrätselt zu sein scheint.

Das beginnt mit dem Titel. Meint er eine gemalte Winterlandschaft? Wohl nicht; »wispern« und »wechseln« lösen die Statik auf. Also kein fertiges Gemälde, das als Winterbild an der Wand hängt. Zu denken ist an einen Blick aus einem Fenster, dessen Rahmen die geschaute Landschaft wie ein Gemälde umschließt.

Bewegung kommt in die Landschaft durch die österreichischen Soldaten in der traditionell weißen Uniformfarbe der alten k.u.k. Armee. Ihr wanderndes Weiß bewegt sich hinauf (die Vokale steigern das zum sechsfachen i-Laut in zwei Versen) zu Bildern der Höhe: »Finkenschlag« und »Gebirgsspitzen«. Die Sonnenreflexe im Gipfelschnee werden hörbar variiert im hellen metallischen Schlag des Finkenrufs, einem Frühlingssymbol.

Die zweite Hälfte des Gedichts (dem Oben wie dem Unten gelten jeweils sechs Verse) malt das Tal, das im Schatten liegt, wenn auch die Gipfel im Licht glänzen. Grün ist die Kontrastfarbe zu Weiß (verschneit und unverschneit); Grün wird hier »Ölbergfarbe« genannt. Das weckt Assoziationen: Von der Ölfarbe eines grünen Ölsockelanstrichs

zur Ölfarbe eines Gemäldes, vom Ölberg (der Garten
Gethsemane) zur Passionsgeschichte des Gründonners-
tags; und die Passion fällt in den Frühling, in die Zeit auf-
brechenden Grüns und schwindenden Schnees.

Geistlich ausgedeutet ließe sich auch denken: Im Winter
(Schnee, Weiß) findet die Christgeburt statt, und sie weist
schon auf das Passionsgeschehen hin; solche Symbolik
kennen wir vom Isenheimer Altar bis zum Gedicht Möri-
kes (»Auf ein altes Bild«).

Den Klang aus der Höhe (Finkenschlag) nehmen die wis-
pernden Scheunendächer im Tal auf, das Wispern des
Winds in den Schindeln; ein Laut, der an dieser Stelle dem
Gedicht eine Bewegung gibt, deren Akustik von den
»wechselnden« Schatten ihrerseits kontrapunktisch aufge-
nommen und verwandelt wird in Optik.

Wann ist dieses »heute«? Gewiß nicht fixiert im Kalender.
Es ist das Glück eines einmaligen Augenblicks, empfun-
den als unwiederholbar, aber dauerhaft geworden durch
das Gedicht und die Musikalität seiner Rhythmik. Sie er-
schließt sich leichter, wenn man sich dieses Gedicht laut
vorspricht; die beiden letzten Verse zeichnen noch einmal
die Auf- und Abwärtsbewegung des Ganzen nach und
verharren dennoch in schwebender Bewegung.

»Ein Gedicht«, um noch einmal Mallarmé zu zitieren, »ist
ein Geheimnis, dessen Schlüssel der Leser suchen muß.«
Ich bin mir nicht sicher, ob ich den richtigen Schlüssel ge-
funden habe. Aber es gehört auch zum vollkommenen Ge-
dicht, daß ein Rest von Geheimnis unentschlüsselbar
bleibt und ihm wohl auch bleiben muß.

MARGARETE HANNSMANN
PFAD IN EFTALU

Sieben Mandeln fand ich am Weg
die erste war taub
die zweite war bitter
mit der dritten zerbiß ich den süßen
Kern des Sommerrests
Salz auf den Lippen
Westwind schüttelt die Feigenbäume
triefend vom Mark der zerplatzenden Früchte
stopfe ich
verklebt und besudelt
alles Leben in mich hinein

WALTER HINDERER
KEIN AUSWEG INS LEBEN

Das Gedicht beginnt wie ein alter Rätselspruch mit einer
mystischen Zahl. Sieben Mandeln liegen am Weg, die erste
erweist sich als taub, die zweite als bitter. Doch was ge-
schieht mit den anderen? Mit der dritten vollzieht sich im
Gedicht ganz plötzlich eine metaphorisch-poetische Ver-
wandlung, die sich nicht auf Anhieb deuten läßt, obwohl
die Bilder bei dem äußeren Anlaß bleiben und verständlich
scheinen. Der Biß in die süße Mandel wird mit dem »Kern
des Sommerrests« in Verbindung gebracht, dann mit dem
Geschmack von »Salz auf den Lippen« und schließlich mit
dem Mark der Feigen. – Es läßt sich allerdings schnell ein
Zusammenhang herstellen zwischen dem Kern der süßen
Mandel, dem Kern des Sommerrests und dem »Mark der
zerplatzenden Früchte«. Es handelt sich um konkrete Re-
duktionen, in denen sich das Wesen der Dinge versinnlicht
oder, anders ausgedrückt, das Innere sich nach außen wen-
det. Das Gedicht, so zeigt sich hier, spricht nicht in Rät-
seln, sondern strebt eine Enthüllung mit den Mitteln der
Poesie an. Der Reiz dieses Textes besteht darin, daß aus der
ebenso einfachen wie vollkommenen poetischen Zeichen-
sprache sich Zeile für Zeile ein vielseitiger Bedeutungszu-
sammenhang aufbaut, der die Phantasie des Lesers be-
schäftigt und nicht mehr losläßt. Es ist im wahrsten Sinne
des Wortes ein spannendes Gedicht.
Die abgezählten Mandeln beziehen sich auf die Außenwelt
und die hier gemachten Erfahrungen, negative und posi-

tive. Doch auch in der positiven Erfahrung, dem »süßen Kern des Sommerrests«, steckt noch die Erinnerung an die Bitterkeit, nun verschoben und abgemildert zum »Salz auf den Lippen«. Es fällt auf, daß diese Feststellung in der sechsten Zeile gerade die Mitte des Gedichts bildet; sie trennt den Text in zwei Hälften: in der ersten wird das Bild- und Aussagefeld von den Mandeln, in der zweiten von den Feigen bestimmt.

Der, wenn man will, kontemplativere erste Teil schlägt in dem zweiten in einen frenetischen Lebenshunger um: alles Leben wird geradezu zwanghaft dem Inneren einverleibt. Nichtsdestoweniger bleiben die negativen Signale anwesend: es ist der Westwind, der die Feigenbäume schüttelt, es sind außerdem »zerplatzende Früchte«, die »hineingestopft« werden; das lyrische Ich weiß sich selbst »verklebt und besudelt«. Tod und Leben, Ende und Anfang, Herbst und Sommer, Zerstörung und Zeugung kommen aus einer Frucht oder einem Kern. Der Pfad in Eftalu, einem kleinen Ort auf der Insel Lesbos, erweist sich als Lebens- und Todespfad zugleich.

Der Text gehört nicht von ungefähr zu dem Zyklus »Elegie auf Lesbos«, den Margarete Hannsmann in Erinnerung an ihren 1981 verstorbenen Lebensgefährten, den Holzschneider und Graphiker HAP Grieshaber, geschrieben hat. Der Tote ist, wie es in einem anderen Gedicht heißt, in allem, im »Eingeweide der aufgeplatzten / Feigen im Baum« und »im Lila des Herbstes«. Während der Verstorbene in den meisten Gedichten des Zyklus angeredet wird, scheint er in »Pfad in Eftalu« nur indirekt anwesend. Worte wie »Salz« und »Feigen« verweisen deutlich auf frühere Texte der Gedichtgruppe und beziehen von daher ihren Zusammenhang.

Zu Beginn des Zyklus gesteht die Autorin, sie wolle den Toten von Lesbos, der Insel der Sappho und so mancher antiker Lyriker, fernhalten, aber er wird gerade hier, am geheiligten Ort der griechischen Poesie, zum Anlaß der elegischen Klage und der poetischen »Verherrlichung«. Doch Margarete Hannsmann teilt nicht mehr den poetischen Glauben von Schillers »Nänie«, wo eben als »herrlich« gefeiert wird, »auch ein Klaglied zu sein im Mund der Geliebten«.

Der »Pfad in Eftalu« dagegen bietet keinen Ausweg: weder ins Leben noch in die Poesie. Am Schluß bleibt vielmehr unversöhnbar die Trauer zurück, die »Abfallgrube« oder, wie es in der letzten Zeile der Elegie hintersinnig heißt: »Daphnis und Chloe sind nicht verschont.« Das Sterben des einen bedroht das Leben des anderen. Da gibt es keinen Widerruf, da hält sich nur der Widerspruch, der das getrennte Dasein unwiderruflich beschwert.

ERIKA BURKART
FLOCKE UM FLOCKE

EINE
Flocke,
hexagonal,
der sechste Sinn freut sich
am Signum eines Gesetzes,
das über unser Auge Bescheid weiß:
wir lieben es, einen Stern zu sehn.

Fünf Sterne. Elf.
Siebzehn mit ihrer Zahl
identische Flocken.

Mit geschlossenen Augen
zählen wir weiter.
Flimmerpunkte, pulsierendes Dunkel,
bis uns die Un-Zahl hinabschlingt.

Flocke zu Flocke auf Flocke.
Unterm Schnee dieser Nacht
der Schnee der Kindheit.
Im Schlaf gräbst du dich durch.

Wirklichkeit Schnee,
wenn du erwachst.
Abstrakte Fülle. Du tauchst.
Durch weiße Wimpern siehst du
die Wasserzeichen
in deinen Jahren.

HERMANN BURGER
SPUREN IM SCHNEE

Erika Burkart, Jahrgang 1922, ist in der Schweiz eine be-
kannte Lyrikerin. Seit über dreißig Jahren publiziert sie
mit stiller und zäher Beharrlichkeit ihre Gedichtbände,
zuletzt »Sternbild des Kindes« (1984). Zurückgezogen lebt
sie in der einstigen Sommerresidenz der Äbte des Klosters
Muri im Kanton Aargau.
Man spricht deshalb gerne von Naturlyrik und sieht sie
in der Tradition Annette von Droste-Hülshoffs. Näher
scheint mir die Hieroglyphik eines Günter Eich zu lie-
gen, denn Erika Burkart ist, wie das Gedicht »Flocke um
Flocke« aus dem Band »Die Transparenz der Scherben«
von 1973 zeigt, weit davon entfernt, in pseudomystischer
Schwärmerei die Natur zu verherrlichen.
Zwar ist es ein Wintergedicht und somit nicht zuletzt ein
Stimmungsbild, aber es spricht auch vom »sechsten Sinn«
des Poeten, der das Übersinnliche wahrnimmt. Die Lyrik
dieser Autorin ist erfüllt vom Zauber der Elementargeister,
Kobolde sind ihr ebenso vertraut wie die Geister der
Bäume und Fluren. »Elfen«, sagt Erika Burkart einmal,
»sind Energien der Seele«. Wie Merlin ist sie eingeweiht in
die Geheimnisse der Natur, vermag sie die Nebelschemen
und die Verzierungen des Rauhreifs zu lesen.
Der Mystiker Jakob Böhme sagt: »Ein jedes Ding hat sei-
nen Mund zur Offenbarung.« Wilhelm Lehmanns be-
rühmtes Gedicht »Signatur« sieht in den Tierspuren die
Geheimschrift der Kreatur. Wenn sie der Dichter zu ent-

ziffern weiß, braucht er nicht mehr besorgt zu sein um den
»Sinn« seines Daseins. Hier knüpft Erika Burkart an, doch
sie kehrt Goethes »Wär nicht das Auge sonnenhaft, / die
Sonne könnt es nie erblicken« um: weil im Buch der Natur
auch der Schlüssel zu unseren Sinnesorganen liegt, können
wir, selbst mit geschlossenen Augen, die Ideogramme er-
kennen. Da wir von der hexagonalen Flocke »verstanden«
werden, lieben wir die Sterne. Nicht umsonst ist das Wort
»EINE« in Großbuchstaben gesetzt: das einzelne steht für
das Ganze, der Mikrokosmos für den Makrokosmos.
Doch dann flimmert das mathematisch Umgrenzte, wird
zur »Un-Zahl« und schlingt uns hinab. Unter der weißen
Decke liegt der Altschnee der Kindheit, im Schlaf, im
Traum gräbt man sich durch bis zu den tiefsten Schichten.
Kindheit und Märchen sind bei Erika Burkart oft Syn-
onyme, erwachsen werden heißt in die Verbannung gehen.
Der Träumende ist seinem Ursprung näher, doch im Erwa-
chen wird er mit der »abstrakten Fülle« konfrontiert.
»Abstrakt« will sagen: vom Sinnlichen abgezogen. Indem
das Ich »taucht«, wird es zu einer Art Schneenixe, worauf
die weißen Wimpern deuten. Man denke an Ingeborg
Bachmanns Gedicht »Nebelland«, an die Verwandlung der
Geliebten in eine winterliche Dryade. Erst wenn sich das
Ich mit dem Element vermischt hat, entschlüsselt es die ei-
gene Signatur, die »Wasserzeichen« in den Jahren.
Nun heißt »signum« nicht nur Merkmal, Zeichen, sondern
auch Bildnis, Figur. So wäre denn der von der Flocke In-
spirierte auch fähig, die abstrakte Fülle umzusetzen. Spu-
ren im Schnee, eine alte Metapher für das poetische Wort.
Lauschen, sagt Erika Burkart im Poem »Dazwischen«, sei
ein Gespräch mit dem Schweigen, Gedichte seien »Grade
des Schweigens«. Bei Paul Celan (»Mit wechselndem

Schlüssel«) treibt das Wort im »Schnee des Verschwiege-
nen«.

»Flocke um Flocke« spricht vom Erkanntwerden und Er-
kennen, vom Lesen und Erzeugen der Schrift. Unver-
wechselbar eigen aber ist Erika Burkart der »sechste« Sinn
für das Kleine und Kleinste, ihre Fähigkeit, die Natur so zu
erleben und zu verwandeln, als sähe sie alles zum ersten
Mal. Von einem Mann, der irgendwo im Gelände steht,
sagt sie in »Homo faber«, ist alles zu erwarten: daß er eine
Siedlung planen, eine Schnellstraße legen, einen Bach zu-
betonieren will. »Gesetzt«, fragt die Dichterin mit einem
Funken Hoffnung uns Technokraten, »er schaute sich ein-
fach ein Gras an?«

EVA ZELLER
DAS KIND
IN DEM ICH STAK

Das Kind in dem ich stak
es reicht mir bis zur Hüfte
nimmt überhand wächst mir
ans Herz und übern Kopf
füllt ganz und gar den
Horizont großäugig
angestrahlt von warmen Kerzen
beugt es die größere Ikone
sich über mich spiegelt
mir Bläue himmlische ins
Aug zurück ich möchte mich
auf Zehenspitzen stellen
und wäre doch zu klein
um es zu küssen

EGON SCHWARZ
ERINNERUNG, NICHT RÜCKKEHR

Der Titel ist deutlich genug. Ohne Umschweife nennt er
die Pole der dichterischen Aussage, die ungleichen Partner,
die nicht-identische Identität des heute lebenden Erwach-
senen mit dem einstigen, längst in ihn eingegangenen
Kind. Danach wird es schwieriger. Aber nur so lange, als
man es sich aus Pietät vor dem Sprachgebilde aus einem
Guß versagt, die Beistriche einzufügen, die das Stück, wäre
es Prosa, gliedern würden. Auch so kann man natürlich die
Bilder, die Rhythmen auf sich wirken lassen und ist be-
lohnt genug. Begnügt man sich aber nicht mit dem Ver-
ständnis des »Herzens« wie die Persona des Gedichts, son-
dern will auch den »Kopf« engagieren, dann empfiehlt es
sich, das imaginäre Gerüst der Syntax, das dem Bau aufge-
holfen haben mag, wiederherzustellen. Man setzt also ein
Komma nach Horizont, großäugig, Kerzen, es, Ikone, sich
und so weiter – und die Schuppen fallen einem von den
Augen. Das Geheimnis löst sich auf, das »es« des Kindes,
»die größere Ikone« und das »sich« entpuppen sich als
Identitäten, grammatikalisch gesprochen als Appositio-
nen.
Das Gedicht zeigt (wie manche Gedichte Rilkes – auch das
Bild des Kindes, das dem Erwachsenen nur bis zur Hüfte
reicht, erinnert an die dem Engel bis zum Knie reichende
Geliebte der Siebenten Elegie) einen »Umschlag«, einen
radikalen Wechsel der Perspektive. Die ursprüngliche
Kräfterelation wandelt sich, sobald man die konventio-

nelle Sicht, in der Kinder den Erwachsenen unterlegen sind, mit der inneren Sicht vertauscht.

Zuerst ist das Kind tief unter dem Erwachsenen, zum Schluß erreicht dieser es nicht einmal, wenn er sich auf die Zehenspitzen stellt. Erst dieser die alltäglichen Maßstäbe umwerfende Blick zeigt die wahren Größenverhältnisse, vermittelt die Erkenntnis, daß er, der auf seine Leistungen in der Welt so stolze »Große«, Unwiederbringliches verloren hat: die Totalität des Schauens (ganz und gar den Horizont), die Unschuld des Staunens (großäugig), die Intensität des Gemüts (die warmen Kerzen) und die Fähigkeit zur utopischen Projektion (himmlische Bläue). Rührend ist das »zurück«, das gleichzeitig anzeigt, daß doch nicht alles verloren ist.

Dennoch sind die Verluste so schwerwiegend, daß sie durch religiöse oder religiös gefärbte Vokabeln markiert werden. »Ein Kind sei euch heiliger als die Gegenwart«, hat Jean Paul gesagt, und dergleichen muß auch der Dichterin vorgeschwebt haben, als sie das in ihr versunkene Kind zur »größeren Ikone« steigerte. Wird hier eine plötzliche Einsicht gestaltet? Ein immerwährender Prozeß? Das Altern, das einen das Akzidentelle abstreifen und zu den Ursprüngen zurückkehren lehrt? Oder das Gesetz der Poesie, die immer von neuem aus der kindlichen Anschauung schöpfen muß? Beim zweiten Lesen macht noch ein Wort stocken, über das man das erste Mal hinweggelesen hat, weil es zur infantilen Bilderwelt der Frömmigkeit und Zärtlichkeit so vorzüglich paßt: küssen. Wer will denn hier eigentlich küssen und kann nicht? Der Erwachsene. Und wen? Sich selbst, das Kind, das er einmal war. Ist das Vernarrtheit in sich selbst, Narzißmus der Kunst? So könnte man es auslegen, aber es muß nicht dabei bleiben. Es gibt vielerlei Küsse, Küsse der Verliebtheit, ja, doch auch solche der Begrüßung, des Abschieds, der Freundschaft, sogar des Verrats, den Kuß der Muse. Sagen wir, es sei der Kuß der Dankbarkeit, der trauernden, aber dankbaren Unerreichbarkeit, die weiß, daß man sich erinnern, aber nicht zurückkehren kann. Ein schönes, zu vielem Nachempfinden einladendes, ein durch und durch romantisches Gedicht, romantisch wie alles, was das Frühere dem Späteren, das Verlorene dem Erreichten, die Möglichkeit der Wirklichkeit vorzieht.

EVA ZELLER
ZU GUTER LETZT

Such dir beizeiten ein Bild
das dein letztes sein soll
unseren fliederumzogenen
Garten zum Beispiel die
große grüne Blüte von der
du sagtest sie könne auch
eine getarnte Gottesanbeterin
sein den Briefkasten in dem
die Amsel nistete oder das
Mühlrad vorm Fenster wenn
der Frost es angehalten hat
und die hängenden Eisspeere
den Bach durchbohrten was du
gesehen hast hast du gesehen

Such dir beizeiten ein Bild
das die Unschuld der Augen
wiederherstellen könnte
sonst ist das letzte der
Triangel der vom Bettgalgen
hängt der Kolben in einer
Spritze der blaue Vorhang
rechts und links vom Fenster-
kreuz die Hand der Nacht-
schwester mit dem Schwamm
für die trockenen Lippen

Such dir beizeiten, woran
du dich halten willst sonst
erscheint dir zum Bilde
zu guter Letzt der
verspottete Leib
dem deine Zweifel
mit einem Speer
die Seite geöffnet haben

GERHARD SCHULZ
GLAUBEN UND WISSEN

Sorge um das, was nachher kommt, ist seit alters her Ange-
legenheit der Religionen. Der Glaube an ihre seelsorgende
Metaphysik ließ allerdings im gleichen Maße nach, wie
derjenige an die Macht der Wissenschaft an Boden ge-
wann. Literatur, einst aus dem kultischen Gebrauch der
Religionen hervorgegangen, muß sich zwischen Glauben
und Wissen mit Unterhaltung und dem Schönen begnü-
gen, womit man das Gemüt schmückt wie das Zimmer mit
ansprechenden Bildern.
Solch innerer Bilderschmuck ist ausdrücklicher Gegen-
stand dieses Gedichts. Empfohlen wird als Bildquelle die
Natur, und zwar eine idyllische Natur in vorindustrieller
Welt: Garten und Mühlrad sind die Zeichen dafür, ganz als
lebte man in den Zeiten von Eichendorffs Taugenichts.
Aber ein drohendes »Sonst« stellt dieser Idyllik die kalte
Krankenhausatmosphäre der modernen Wissenschaft ent-
gegen. Es ließe sich wohl eine ganze Anthologie zur Poesie
der Blicke zusammenbringen. Der alternde Goethe wäre
darin vertreten, der mit der fernen Geliebten den Mond als
Begegnungsort der Augen verabredete. Auch Nelly Sachs'
»Gebet für den toten« – den ermordeten – »Bräutigam«
gehörte dazu: »Wenn ich nur wüßte, / Worauf dein letzter
Blick ruhte.« Liebe liegt in dieser Frage und ein imaginärer
Dialog zwischen der Lebenden und dem Toten. In Eva
Zellers Gedicht hingegen gibt es nur einzelne; eine Ratge-
berin, Mentorin spricht aus Erfahrung zu einem Du, das

jedermann ist. Den letzten Schritt muß man in der Tat allein tun.

Wer von letzten Blicken und mithin auch von letzten Dingen redet, macht sich zugleich Gedanken über etwas, wovon man nichts weiß. Religion und Metaphysik erheben ihr Haupt und treten der Physiologie gegenüber wie die beiden Sphären dieses Gedichts. Die Verweise sind unübersehbar, angefangen mit der »Gottesanbeterin«, einer großen grünen Heuschrecke, die ihre Präsenz hier wohl eher ihrem Namen als ihrer Gattung verdankt. Wir lesen ferner vom »Bettgalgen« – für die Schächer? –, vom tränkenden Schwamm für den Patienten und, in den »Eisspeeren« präfiguriert, vom Speere, mit dem die Kriegsknechte dem Großen Toten einst die Seite öffneten, so daß alsbald Blut und Wasser herausging, wie das Johannesevangelium erzählt. Eine säkulare Passion unter den Händen moderner Medizin? Oder vielmehr Gotteslästerung?

Transzendenz ist nur im Glauben zu erreichen, nicht im Wissen. Vom Zweifel wird am Ende dieser Verse gesprochen, was in deren Zusammenhang auf eine unsichere Mitte zwischen Glauben und Unglauben deutet. Aber das gerade ist der Ort, den sich Literatur angeeignet hat, seit sie sich aus den Diensten der Religion in die Pflege des Schönen, des Ästhetischen entließ. Es ist das Schöne, das die »Unschuld der Augen« wiederherstellt, die ihnen durch die wissenschaftliche Erkenntnis samt der ihr anhaftenden Überzeugung von menschlicher Allmacht verlorenging – nicht mehr, aber auch nicht weniger.

Das idyllische Angebot der Autorin ist ein privater Vorschlag, den jeder nach seiner Fasson austauschen mag. Daß man sich auf dem Weg in das unentdeckte Land, von des Bezirk kein Wandrer wiederkehrt, wie Hamlet meint, mit

einem Blick voll Schönem ausrüstet, ist als geistliche Emp-
fehlung ungenügend und als prosaisch-rationale haltlos
oder wohl gar banal. Allein im Gedicht läßt sich derglei-
chen, aufmerksam machend, sagen. Religionsersatz wird
Literatur damit keineswegs. Sie ist überhaupt kein Ersatz,
sondern tritt in eigenem Recht auf, dem ästhetischen Recht
ihrer Bilder.

SELMA MEERBAUM-EISINGER
SPAZIERGANG

... so viele Hühner und ein kleiner weißer Hund
und Himmel, der so farbenfroh und bunt –
der kahle Baum wirkt so gespensterhaft
und graue Häuser wie ganz ohne Kraft ...
Ganz kleine Regenperlen hängen an den Zweigen
und ferne Berge sind getaucht in großes Schweigen.

Die Felder sind nur dunkelbraune Schollen
und hie und da ein bißchen gelbes Grün
und kleine Spatzen, dumm und frech und kühn,
laufen darüber hin wie Kinder, welche tollen ...
Ganz fern die Stadt mit ihren vielen Türmen,
mit Häusern, welche licht und froh hinstürmen,

ist wie ein altes Bild aus einem Märchen.
Die Luft ist leis und voll von Sehnen,
so daß man wartet auf die blauen Lerchen
und fahren möchte in ganz schlanken Kähnen.

Hier stehen weiße Astern, weiß und rein,
und da ein Krautkopf, jung und klein.
Sie sind wie ein vergeßner Sonnenschirm
mitten auf tief verschneiten Straßen.
Ein Hase, der vorbeiläuft, kann sich gar nicht fassen:
es scheint, es würde Sommer wieder sein.

29. 11. 1939

ULLA HAHN
SIE WOLLTE DABEISEIN

Kein überwältigendes Gedicht. Keines, bei dem ein Beck-
messer nicht manche Kreide verbrauchen könnte. Nein,
dieses Gedicht hat kein »Meister« geschrieben. Doch
zeichnet die Verse aus, was am Anfang aller Dichtung
steht: ein frischer, genauer Blick auf die Welt.
Die Verfasserin, ein fünfzehnjähriges Mädchen, Selma
Meerbaum-Eisinger, wurde 1924 – wie Paul Celan und
Rose Ausländer – in Czernowitz geboren. Ihr Vater starb,
als sie anderthalb Jahre alt war, mit ihrer Mutter und ihrem
Stiefvater wuchs sie in ärmlichen Verhältnissen auf. Früh
entdeckt sie den Fluchtweg in die Welt der Bücher. Sie liest
Heine, Rilke, Verlaine, Brecht, Kafka und den damals po-
pulären indischen Dichter Rabindranath Tagore. Ihr erstes
Gedicht schreibt sie im September 1939, ihr letztes im De-
zember 1941. »... Daß man wie Rauch in Nichts zerfließt«
lauten die letzten Zeilen, darunter hat sie mit Rotstift ge-
kritzelt: »Ich habe keine Zeit gehabt weiterzuschrei-
ten...«.
Anfang Juli 1941 marschierten die Deutschen in Rumänien
ein; die Juden von Czernowitz mußten den Judenstern tra-
gen, Zwangsarbeit leisten, abends galt Ausgehverbot. Im
Getto wurden über 60 000 Menschen zusammengepfercht.
Kaum ein Jahr später, an einem Sonntag im Juni, wird
Selma Meerbaum-Eisinger in ein Lager westlich des Bug
deportiert. Dort starb sie am 16. Dezember 1942 an Fleck-
typhus.

»Blütenlese« hat sie das Heft betitelt, in das sie ihre 57 Ge-
dichte schrieb, alle einem Freund gewidmet, der 1944 beim
Versuch, Palästina zu erreichen, ums Leben kam. Die
»Blütenlese« ging durch viele Hände und Länder, bis das
Heft nach dem Krieg schließlich in Israel sicher war und
die Gedichte Selma Meerbaum-Eisingers dann auch in
Deutschland gedruckt wurden.

Der Anfang des Gedichts »Spaziergang« signalisiert: man
ist unterwegs, läßt den Blick schweifen, willkürlich gleiten
die Augen über die Dinge. Aber gleiten nur die Augen?
Nein, es ist die ganze Person mit all ihren Sinnen und vor
allem ihrer Phantasie. Kaum etwas bleibt, wie es ist, wird
gesehen, wie es sich allein den Augen darbietet. Die Phan-
tasie schaut mit einem zweiten Blick, schafft eine zweite
Welt. Die vielen Wie-Vergleiche mögen ein wenig unge-
lenk wirken, ihre bildhafte Substanz ist es nicht. Da kon-
trastiert ein farbenfroher bunter Himmel mit einem kahlen
Baum, der als »gespensterhaft« erlebt wird, Spatzen erin-
nern an tollende Kinder, die ferne Stadt an ein Märchen.

In diesen Vergleichen vermag sich die Lücke zwischen Be-
obachtung und Phantasie noch nicht zu schließen. An-
schauung und ihre Transformation bleiben voneinander
getrennt. Dies ändert sich, wenn es der Sprache gelingt, die
äußeren und die inneren Blicke miteinander zu verschmel-
zen, innere Bewegung in sprachliche Dynamik zu übersetzen-
zen, etwa in dem Bild von den »Häusern, welche licht und
froh hinstürmen«; oder wenn über Bilder von »blauen
Lärchen« und Kahnfahrten eine bestimmte Qualität von
Luft poetisch evoziert wird: da glaubt man den Sommer zu
riechen.

Die letzte Strophe schließlich: Eine Bildlichkeit jung und
frisch, unbekümmert und unverbraucht: hier spricht die

fünfzehnjährige Dichterin ihre eigene Sprache, hat sie, jenseits alles Angelesenen, ihren Ton gefunden. Plastischer von Strophe zu Strophe wird ein trüber November- in einen strahlenden Sommertag, die Wirklichkeit in ein Bild der Sehnsucht verwandelt. Das lyrische Ich löst sich mit seinen Gefühlen, seinem Sehnen in die Wirklichkeit auf, taucht jeden äußeren Eindruck in inneres Erleben. Nicht ein Mal wird »Ich« gesagt; alle Subjektivität ist in Beschreibungen, Bildern und Vergleichen aufgegangen.

Selma Meerbaum-Eisinger wollte nicht nur Beobachterin, sie wollte dabeisein. Bis zuletzt soll sie Pläne für eine Flucht aus dem Lager entworfen haben. Nicht mehr als 57 Gedichte sind eine schmale, kaum wahrnehmbare, vom Vergessen gefährdete Spur. Doch es gehören diese Gedichte nicht nur zur spezifisch jüdischen, sie gehören zum Bestand der deutschen Dichtung.

FRIEDERIKE MAYRÖCKER
AN EINE MOHNBLUME
MITTEN IN DER STADT

aus meinen Köpfen sprießt
das Feuerwerk der Tränen, der
Flieder rostet, der Liguster
weht, die Camouflage des
Sommers läßt Gewitter ahnen –
Wolfsmilch besamt die Flur, die
Stare fallen, Mücken
flirren im Dorngebüsch, das
abgewelkte Blühen einer
Wolke von erbsengrüner Kirschenfrucht
gekrönt –
samt aufgeprägten kaiserlichen
Doppeladlern – Portraits auf roten Ziegeln – bröckelt
die Friedhofsmauer ab
gestützt nur noch von immergrünen
Efeuranken –
im Aufwind flügelschlagend
steht
raubvogelgleich mein Herz nach Beute äugend

PETER VON MATT
UNVERHOFFTE HERRLICHKEIT

Ich bitte, mit dem Ende beginnen zu dürfen. Die letzten
drei Zeilen reden herrlich von einer hohen Stunde. Das li-
turgische »Sursum corda!«, der Aufruf, die Herzen gegen
den Himmel zu werfen, von wo es ihnen mit Wind und
Feuer entgegenbraust, wird hier befolgt. Aber es ist nicht
die Tat einer frommen Seele, sondern die Erhebung ge-
schieht einem dichterischen Geist, ihm wird der trium-
phale Aufschwung plötzlich und mächtig geschenkt.
Jetzt vermag das Herz alles. Es sieht alles, weiß alles, kann
alles erjagen und schlagen. Es erfährt die Machtvollkom-
menheit der schöpferischen Zeit, den grenzenlosen Au-
genblick der Inspiration. »Raubvögel süß ist die Luft / So
kreiste ich nie über Menschen und Bäumen«, heißt es bei
Sarah Kirsch; und auch bei Ingeborg Bachmann ertönt der
»Jagdruf« dieses Vogels, »der seine Schwingen steift« und
tödlich auf die weißen Hühner niederfährt. Vorher war
tote Zeit, und tote Zeit wird wiederkommen – was soll's?
Auf das Jetzt kommt alles an.
So wie diese Stunde in der toten Zeit, so steht die unver-
hoffte Mohnblume mitten in der steinernen Stadt, ein
flammendes Rot aus einem merkwürdigen Kapselkopf.
Die Chiffre von der einsamen Blume, auf die ein Dichter
stößt, ist alt. Platen redet so von einer Geißblattranke: »...
in der Oede / Find ich, teure Blüte, dich so spat?«; Mörike
von einer Christblume: »Im fremden Kirchhof, öd und
winterlich, / Zum erstenmal, o schöne, find ich dich!«

Aber die sorgfältige allegorische Auslegung der lieblichen
Erscheinung, die die Vorgänger im Vollzug ihrer Gedichte
betreiben, ist Friederike Mayröckers Sache nicht. Bild und
Sinnspruch, Emblem und Subscriptio werden bei ihr nicht
bedachtsam getrennt. Da stürmt und bläst auch poetisch
alles durcheinander im Wind der Inspiration, der jetzt
– »mitten in der Stadt« – eine große Frühlingslandschaft
heranträgt. Diese Landschaft ist beides zugleich: die wun-
derbar genaue Beschreibung, wie ein Jahr sich von der Blü-
tezeit in die Zeit der Früchte, Samen und Gewitter wendet,
und das bewegte Gleichnis poetischer Produktivität. Der
Dornbusch lebt von Millionen Mücken. Es ist der gleiche,
der einst in der Wüste plötzlich brannte. Der Friedhof, die
Vergänglichkeit, die bröckelnden Kaiserwappen, verschol-
lene Pracht und vergessene Tote: sie gehören in diese
schwebende Fata Morgana, machen keinen Gegensatz.
Aus allem »Abgewelkten« schwillt es »erbsengrün«, wie in
der Krone des Kirschbaums, der mit dem scharfen Auge
des alten Brockes gesehen wird.

Jetzt nehmen sich auch die Köpfe des redenden Ich, die
Köpfe in der Mehrzahl, nicht mehr nur seltsam aus. So
ganz verschieden sind ja die toten von den lebendigen Zei-
ten, so ganz anders jedesmal erfährt sich selbst, wer sie er-
lebt, daß von einer einzigen Person, einem einzigen Kopf
fast nicht mehr die Rede sein kann. Der Schreck der
Schöpferischen angesichts ihres Werks: »Wer hat das ge-
macht? War ich das, wirklich ich?«, hat schon in der Ro-
mantik zu Verdoppelungsphantasien geführt. Die Köpfe
der Dichterin, mehrere offenbar, Köpfe und Mohnkapseln
zugleich, aus denen nach dem Tränenregen das Rot schießt
und in denen der Wahn kocht – anderswo heißt es: »stütz
ich den Kopf, die Kapsel / schorfbedeckt, in meine Hand

… die Kapsel ausgetrocknet / meiner Stirn und flammend Mohn und Wahn« –, sie sind ein drastisches Bild für das Unheimliche, das mit allem bedeutenden Dichten, mit jedem bedeutenden Gedicht, also auch mit diesem hier verbunden ist.

FRIEDERIKE MAYRÖCKER
SCHWARZER TITEL

ob du mit roten Füßen Vogel trittst meinen Weg
                                        vorsichtig
ob rotfüßiges Tier rotkehliges Tier krallig in rot und rosa
ob flüchtig mit roten Zehen roten Fühlern was für ein
                                        Tier
in meinem Schädel / mit rotem Gefieder vermutlich
mit weichen Kissen Händen die Hände wie rosa Kissen
                                        der Mund
ich mich verfangen habe in roten Vogel in rosa Fleisch
                                        und Gefieder
ob du rotfüßiger Vogel auftrittst: Menschenfuß
in der Straße minimal um die Weite der Weißheit des
Auges zärtlicher .. Auftritt
neben mir meinem Fuß rosa Gefieder zärtlicher Blust
rotgefiederten Tieres .. so nahe mir
keinen Schritt näher! *kippend Lektüre Blutung blutjung*

URSULA KRECHEL
VON VÖGELN UND FÜSSEN

Daß Farben Stimmungsträger sind, Transporteure einer
gefilterten Wahrnehmung – wem könnte dies in einer je-
den Tag bunter inszenierten Welt entgangen sein? Obwohl
die Farbe Schwarz eine solche Wertigkeit hat, ist das Ge-
dicht »schwarzer Titel« keinesfalls düster, tragisch um-
schattet. Eher scheint die Farbe Schwarz hier als ein Kon-
trapunkt, als eine Art Konzentrationsebene im Wirbel der
Wahrnehmungen, der jeden ordentlichen Satzbau sprengt.
Das Schwarz saugt auf, dämpft – aber nur ein wenig, denn
im Gedicht selbst hat es keinen Raum.
Eine ganze Rotskala in ihrer lodernden warmen Lebendig-
keit wird ausgebreitet. Das Tier »in meinem Schädel«
könnte eine Halluzination sein. Der Phantasievogel
schimmert und schillert, ist kaum zu fassen, ein Traumge-
bilde möglicherweise, wie sie häufig bei Friederike May-
röcker in Gedichte überführt werden. Zeile für Zeile wird
das flammende Rot fort- und fortgetrieben in die fleischli-
che Helligkeit. Die Farbpalette streift das Körperhafte, es
ist eher eine Francis-Bacon-Rot-Palette als eine von Ti-
zian, keinesfalls ein naives Rot, sondern vielfach gebro-
chen. Das Fleisch liegt bloß, scheint sich nach außen zu
stülpen. Über alle Körperteile hinweg wandert das Rot
zum Rosafarbenen, in eine unsichere Anatomie, nicht Vo-
gel, nicht Mensch, Zehen und Fühler passen nicht zu dem
»rotkehligen«, »rotgefiederten« Tier.
Eine dritte Farbe wird aufgetupft: »um die Weite der

Weißheit des Auges zärtlicher«. Ist der weitere Menschen-
fuß (noch) zärtlicher als der zartfühlend ausgemalte des
Tieres »mit roten Zehen«? Oder wird hier eine kompli-
zierte poetische Meßeinheit für Zärtlichkeit erfunden?
Das fremd klingende »minimal« deutet darauf hin. Die
Substantivierung »Weißheit« ist ungewöhnlich, läßt vage
an »Weisheit« denken, für die in diesem Gedicht, mensch-
lich erregt, errötet oder vogelhaft »verfangen«, wie das Ich
von sich bekundet, kein Platz ist.

Die Bezüge sind offen, sie werden verwischt, vieldeutig
gehalten. Sind die Hände, die doppelt ins Spiel gebracht
werden, »wie rosa Kissen«, oder ist der Mund Kissen? Für
was? Die kompliziert verschränkte Syntax des Gedichts
mit ihren Abbrüchen, der Anredeform, die erst am Ende
wiederaufgenommen wird, beflügelt eine einzige Atemlo-
sigkeit.

Die Frau und das Tier: eine geglückte Begegnung, ein Auf-
tritt, in dem das Tier eine Wunschüberschreitung anzeigt.
Die Motivgeschichte ist lang. Leda mit dem Schwan, Diana
und der Hirsch (christlich umgewidmet in: die heilige Ge-
noveva mit der Hirschkuh), die Dame mit dem rätselhaft
bleichschönen Einhorn. Immer ist das Tier Projektions-
figur für Leser und Betrachter, eine Projektionsfigur, der
nichts Menschliches fremd ist und die dennoch das Men-
schenmögliche dehnt.

Was geschieht zwischen dem sich einfindenden Tier und
der von seinem Anblick schier überwältigten Figur? In
den gleichmäßig ausschwingenden Zeilen des Gedichts
gibt es zwei optische Leerstellen, die auch Stolperschwel-
len im Rhythmus sind. In alten Büchern sind drei Punkte
Auslassungszeichen bestimmter Stellen, Wörter, die hin-
zugedacht werden mußten. Aber hier ist alles offenbar im

glühenden, nur mit sparsamen Satzzeichen gegliederten Gedicht: »so nahe mir« und nach dem Zeilenbruch: »keinen Schritt näher!«

Das Ich übernimmt endlich die Regie, nachdem unendliche Nähe zwischen Vogelfuß und Menschenfuß zugelassen worden ist, die in dem altertümlichen Wort »Blust« gipfelt, das Blühen bedeutet, doch in seiner schwebenden Fremdheit unweigerlich an das Reimwort »Lust« denken läßt. Ein Begriff, der in dieser poetischen Vogelbegegnung mit Füßen, Händen, Krallen, Mündern und Gefieder klug ausgespart bleibt. Die kursiv gesetzten Wörter der letzten Zeile, wie ein Notat, eine Fußnote, sprechen von einem anderen Rot.

FRIEDERIKE MAYRÖCKER
ZUGESCHÜTTETES GESICHT

was wird sein wenn
ich schon bald vielleicht statt in den Büchern
zu lesen nur noch über die Buchrücken meiner
                              Bibliothek
werde streichen können weil ich mich zurückentwickelt
                              haben werde
in jenen Zustand meiner Kindheit in dem ich noch nicht
zu lesen imstande war also Analphabet war
und mir habe vorlesen lassen müssen von meiner Mutter
oder sonstwem
also eingegangen sein werde
in einen Zustand in dem ich nicht mehr
zu lesen imstande sein werde
also mir abermals werde vorlesen lassen müssen von wem
                              frage ich mich
und wieder geworden sein werde Analphabet

HAJO STEINERT
HEITERES FINALE IN FUTUR II

Geschrieben hat Friederike Mayröcker das Gedicht am 19. und 20. November 1993. Zu diesem Zeitpunkt ist die österreichische Schriftstellerin 68 Jahre alt. »zugeschüttetes Gesicht« findet sich in ihrem Band »Notizen auf einem Kamel«. Darin stehen noch andere Texte, die sich einem biographischen Umstand verdanken: dem Tod der Mutter. Ihr Sterben motiviert die schreibende Tochter dazu, über ihr eigenes Altwerden nachzudenken. Die Grundstimmung des Gedichts wird von der Befürchtung geprägt, im zunehmenden Alter nicht mehr das tun zu können, womit sich die Schriftstellerin zeit ihres Lebens am meisten beschäftigte: dem Lesen.

Friederike Mayröcker gehört zu jenen literarisch gebildeten Autorinnen unseres Jahrhunderts, deren Texte ausdrücklich den Dialog mit Texten von anderen Autoren eingehen und Botschaften enthalten, die allein von den Angeschriebenen entschlüsselt werden können. Deshalb widmet sie ihre Gedichte gerne Dichterfreunden. Darunter sind ihr Lebens- und Arbeitspartner Ernst Jandl sowie Elke Erb, Thomas Kling, Bodo Hell, Elfriede Czurda, Marcel Beyer oder Ulrike Draesner.

Ihr Zwiegespräch mit Dichtern gleicher Wellenlänge geht freilich ein Risiko ein: ihre Texte werden von Außenstehenden, uns Lesern also, nicht auf Anhieb verstanden. Dies allerdings läßt sich von »zugeschüttetes Gesicht« nicht behaupten. Das Gedicht sucht den Dialog mit allen

Lesern, öffnet den Raum für eigene Assoziationen. Schon die Anfangszeile »was wird sein wenn« ist eine Einladung an den Leser, sich seinen eigenen Reim auf eine bange Ausgangsfrage zu machen. Das Nicht-mehr-lesen-Können ließe sich durch eine andere schlimme Ahnung ersetzen.

»zugeschüttetes Gesicht« ist bei allem existentiellen Pathos in formaler Hinsicht ein leichter Text. Mühelos liest man über die Zeilenbrüche hinweg, von kopfzerbrechender Metaphorik und Symbolik keine Spur. Das Gedicht hat kaum noch etwas gemein mit Texten der Lyrikerin in früheren Jahrzehnten, da sie, wie sie selbst einmal sagte, »eingekeilt zwischen den beiden Monstern Dadaismus und Surrealismus« ihren Weg suchte oder im Bann der Wiener Gruppe stand. Ihr zugehörende Autoren wie H. C. Artmann, Gerhard Rühm oder Konrad Bayer brachten in den fünfziger Jahren eine experimentelle Poesie hervor, die auf Sprachcollage, Sprachmontage und Lautmalereien beruhte. Friederike Mayröcker hat sich von diesem Einfluß mit den Jahren immer mehr entfernt. Er ist allenfalls noch, wie in unserem Gedicht, als ein Hauch spürbar. In Schubladen wie »Paradiesvogel der Avantgarde«, »Alchemistin der Sprache« oder »Magierin des Worts« läßt sie sich heute nicht mehr pressen.

An die Stelle von komplizierten linguistischen Textkonstruktionen ist das direkte Sprechen getreten, ohne das Sprachspiel ganz aufgegeben zu haben. Wer erinnert sich nicht an seine Kindheit, in der ihm von der Mutter vorgelesen wurde? Wer hat nicht Angst davor, einmal aus Altersschwäche um seine Lieblingsbeschäftigung, das Lesen, unwiederbringlich gebracht zu werden?

Der Verlust der Lesefähigkeit wäre für Friederike Mayröcker ein Rückfall in die Sprachlosigkeit der frühesten Kind-

heit. Der Titel des Gedichts – es könnte ihm ein Bild von
Arnulf Rainer zugrunde liegen – deutet an: wer nicht mehr
lesen kann, verliert sein Gesicht, sieht nichts, existiert im
Grunde nicht mehr. Aber: Wird da einer sein, der mir im
Alter, wenn ich schon nicht mehr selbst lesen kann, wenig-
stens vorlesen wird?

Das lyrische Ich nimmt eine Einsamkeitserfahrung vor-
weg und erinnert sich zugleich an seine erste Vorleserin,
die Mutter. Das grammatikalische Spiel mit dem Hilfsverb
»werden« (es kommt siebenmal im Text vor) führt indes zu
einem tröstlichen, geradezu heiteren Finale in Futur II:
»und wieder geworden sein werde Analphabet«. Indem
die Autorin das Wort »Analphabet« nicht unmittelbar an
das Wort »wieder« anschließt, sondern an das Ende der
Schlußzeile stellt, deutet sie an, worin der Ursprung ihres
Dichtens liegt: im Durcheinanderbringen des Satzbaus, im
Sprachspiel, im »Analphabet«. Insofern ist »zugeschütte-
tes Gesicht« auch ein poetologisches Statement.

INGEBORG BACHMANN
ALLE TAGE

Der Krieg wird nicht mehr erklärt,
sondern fortgesetzt. Das Unerhörte
ist alltäglich geworden. Der Held
bleibt den Kämpfen fern. Der Schwache
ist in die Feuerzonen gerückt.
Die Uniform des Tages ist die Geduld,
die Auszeichnung der armselige Stern
der Hoffnung über dem Herzen.

Er wird verliehen,
wenn nichts mehr geschieht,
wenn das Trommelfeuer verstummt,
wenn der Feind unsichtbar geworden ist
und der Schatten ewiger Rüstung
den Himmel bedeckt.

Er wird verliehen
für die Flucht von den Fahnen,
für die Tapferkeit vor dem Freund,
für den Verrat unwürdiger Geheimnisse
und die Nichtachtung
jeglichen Befehls.

THOMAS ANZ

KRIEG UND FRIEDEN

»Alle Tage« ist weit mehr als ein gut gemeintes Gedicht ge-
gen den Krieg, bietet literarisch Besseres als bloß eine pazi-
fistische Botschaft. Denn zusammen mit der Illusion, daß
nach 1945 der Frieden zurückgekehrt sei, zerstört es von
Vers zu Vers eine Denkgewohnheit nach der anderen. Die
Gegensätze von Krieg und Frieden, von Unerhörtem und
Alltäglichem, von kämpferischem Heldentum und auswei-
chender Schwäche gibt es nicht mehr. Der Krieg ist fort-
während gegenwärtig, aber er hat sich verändert.
Als das Gedicht 1953, acht Jahre nach Kriegsende, in Inge-
borg Bachmanns Band »Die gestundete Zeit« erschien,
hatte man für diesen Zustand zwei Begriffe bereit, einen
politischen und einen philosophischen: »Kalter Krieg«
und das »Absurde«. Der Krieg ist hier Bild für die allge-
genwärtige Absurdität der Existenz. Ihr läßt sich, so hatte
es Albert Camus am Mythos von Sisyphos veranschau-
licht, mit einem trotzigen, erhabenen »Dennoch« stand-
halten. Etwas von diesem Aufbegehren ist dem Gedicht
eingeschrieben. Das Absurde hat in ihm freilich auch ein
politisches Gesicht. Gegen die verdeckte Fortsetzung des
zuvor offen geführten Krieges, gegen Wiederaufrüstung
und Militarisierung gerichtet, entsprach das Gedicht dem
Protestwillen der jüngeren Generation.
Einer verkehrten Welt, so demonstrierte es, ist nur mit
vollkommener Verkehrung alter Orientierungen beizu-
kommen. Die Etikette und Werte, die im Krieg gelten, sind

hinfällig geworden. Statt der Uniform ist Geduld angesagt, und Orden verdient, wer sich einen Rest Hoffnung bewahrt. Die Todsünden innerhalb der militärischen Ordnung – Fahnenflucht, Geheimnisverrat und Befehlsverweigerung – sind zu Tugenden mutiert. Tapferkeit hat sich im Einsatz nicht mehr gegen den Feind zu beweisen, sondern für den Freund.

Als intellektuelle Mode hatte sich der Existentialismus in den sechziger Jahren verbraucht, der Kalte Krieg endete 1990. Das Gedicht scheint damit unwiederbringlich in historische Ferne gerückt zu sein. Doch noch heute irritiert sein strenger, ganz und gar entschiedener Ton. Denn den militärischen, »männlichen« Werten widerstreitet es mit knappen, begründungslosen Behauptungen, die wie Befehle klingen, selbst der militärischen Sprache nahestehen.

Zu den traditionellen Konstruktionen von Geschlechterrollen gehört es, einer Dichterin das Terrain der Liebes- und Naturlyrik zuzuweisen. Wüßte man nicht, wer »Alle Tage« verfaßt hat, man schriebe, geprägt durch solche Traditionen, die Autorschaft wohl einem Mann zu.

Hinter Masken »männlicher« Perspektiven und Sprechweisen hat die Autorin immer wieder geschrieben. Der Militärhistoriker Malina ist in ihrem 1971 erschienenen Roman als eine Art Doppelgänger die männliche Seite der Ich-Erzählerin. Ihm legt die Autorin Sätze in den Mund, die an das alte Gedicht neu anknüpfen. Dem weiblichen Ich, das in Alpträumen einen Schauplatz aus Tolstojs »Krieg und Frieden« imaginiert, erklärt er: »Es gibt nicht Krieg und Frieden.« Und am Ende des Kapitels wiederholt die Protagonistin in seinem Sinn: *Hier ist immer Kampf. / Es ist der ewige Krieg.*

In einer der letzten öffentlichen Äußerungen vor ihrem

Tod hat Ingeborg Bachmann im Juni 1973, aus »Malina«
zitierend, wiederholt: »Es gibt nicht Krieg und Frieden; es
gibt nur den Krieg«; in dieser Gesellschaft sei »immer
Krieg«. Und sie meinte damit die verborgene, psychische
Gewalt in den alltäglichen »Beziehungen zwischen Men-
schen«, vor allem »zwischen dem Mann und der Frau«.
Schon etliche Jahre vorher hatte sie in mehreren Vorrede-
Entwürfen zu ihrem »Buch Franza« erklärt, daß 1945 kein
geeignetes Datum war, »um sich beruhigt schlafen zu le-
gen«. Die Verbrechen seien in der Gegenwart nicht ver-
schwunden, »bloß weil hier Mord nicht mehr ausgezeich-
net, verlangt, mit Orden bedacht und unterstützt wird«.

INGEBORG BACHMANN
AN DIE SONNE

Schöner als der beachtliche Mond und sein geadeltes
Licht,
Schöner als die Sterne, die berühmten Orden der Nacht,
Viel schöner als der feurige Auftritt eines Kometen
Und zu weit Schönrem berufen als jedes andre Gestirn,
Weil dein und mein Leben jeden Tag an ihr hängt, ist die
Sonne.

Schöne Sonne, die aufgeht, ihr Werk nicht vergessen hat
Und beendet, am schönsten im Sommer, wenn ein Tag
An den Küsten verdampft und ohne Kraft gespiegelt die
Segel
Über dein Aug ziehn, bis du müde wirst und das letzte
verkürzt.

Ohne die Sonne nimmt auch die Kunst wieder den
Schleier,
Du erscheinst mir nicht mehr, und die See und der Sand,
Von Schatten gepeitscht, fliehen unter mein Lid.

Schönes Licht, das uns warm hält, bewahrt und
wunderbar sorgt,
Daß ich wieder sehe und daß ich dich wiederseh!

Nichts Schönres unter der Sonne als unter der Sonne zu
sein ...

Nichts Schönres als den Stab im Wasser zu sehn und
                         den Vogel oben,
Der seinen Flug überlegt, und unten die Fische im
                         Schwarm,

Gefärbt, geformt, in die Welt gekommen mit einer
                         Sendung von Licht,
Und den Umkreis zu sehn, das Geviert eines Felds, das
                         Tausendeck meines Lands
Und das Kleid, das du angetan hast. Und dein Kleid,
                         glockig und blau!

Schönes Blau, in dem die Pfauen spazieren und sich
                         verneigen,
Blau der Fernen, der Zonen des Glücks mit den Wettern
                         für mein Gefühl,
Blauer Zufall am Horizont! Und meine begeisterten
                         Augen
Weiten sich wieder und blinken und brennen sich wund.

Schöne Sonne, der vom Staub noch die größte
                         Bewundrung gebührt,
Drum werde ich nicht wegen dem Mond und den
                         Sternen und nicht,
Weil die Nacht mit Kometen prahlt und in mir einen
                         Narren sucht,
Sondern deinetwegen und bald endlos und wie um nichts
                         sonst
Klage führen über den unabwendbaren Verlust meiner
                         Augen.

PETER VON MATT
DIE UNERSÄTTLICHEN AUGEN

Ist das Gedicht nicht zu schön? Die fließende Pracht dieser langen Verse, feiert sie nicht die Welt, als wäre sie grenzenlos herrlich? Als wäre nichts Böses in ihr, nichts Häßliches und Widerwärtiges? Darf man denn das, lobsingen ohne Vorbehalt, wie einst die Erzengel am Anfang des »Faust«? Und tritt denn nicht sogar dort, kaum haben die drei sonnenverzückten Geister ausgesungen, der Teufel auf, höflich und heimtückisch, den Pferdefuß im eleganten Stiefelchen?

Das Gedicht ist schön, weil es den Mut hat, von der Schönheit zu reden. Was es verkörpert in der grandiosen Parade seiner Bilder, im Fall und Widerhall der Klänge, davon handelt es auch. Ohne Schönheit, meint es, kann niemand leben, so wie niemand leben kann ohne Liebe. Diese elementare Wirklichkeit ist der Gegenstand des Gedichts. Inszeniert wird sie als die dramatische Begegnung des Auges mit der Sonne.

Man achte auf die Verszahl der Strophen: 5 4 3 2 1 2 3 4 5. Das ist eine spiegelbildliche Fügung, und die Achse des Ganzen, der einzelne Vers in der Mitte, ist seinerseits noch einmal spiegelbildlich gebaut: ... *unter der Sonne als unter der Sonne* ... So steht jede Strophe einer Partnerstrophe gegenüber, mit Echowörtern und Echobildern, so steht im Ganzen des Gedichts das Wort »Auge« dem Wort »Sonne« gegenüber.

Soll man jetzt Goethe zitieren: *Wär nicht das Auge sonnen-*

haft, die Sonne könnt es nie erblicken? Das Wissen um
diese Zeilen haust so gewiß in den Strophen Ingeborg
Bachmanns wie die Erinnerung an die »glücklichen Au-
gen« des Türmers im zweiten »Faust« und an Gottfried
Kellers *Trinkt, o Augen, was die Wimper hält!* Alle Hym-
nen, die je an die Sonne gerichtet wurden, sind hier zu einem
letzten Hochgesang vereinigt. Deshalb spielt das Gedicht
auch so gezielt mit altertümlichen Klängen, mit barocken
Reflexen schon im Auftakt.

Das wichtigste Zitat aber ist Hölderlin, die Anrede:
»Schöne Sonne«, großartig und einfach, steht in einem der
Diotima-Gedichte. Und erst wenn man sich erinnert, wie
dort die Geliebte und das Licht zusammengehören, wie
der Dichter die schöne Sonne wahrhaftig der schönen Frau
verdankt – *Diotima! Liebe! wie sah von dir / Zum goldnen
Tage dieses Auge –*, merkt man, daß sich auch bei Ingeborg
Bachmann im Sonnengedicht ein Liebesgedicht versteckt.
Das Du bleibt allerdings namenlos. Und in raffinierter
Weise lassen die Verse immer wieder offen, ob der Anruf
an die Sonne oder an einen Geliebten, an eine Geliebte ge-
richtet sei. *Daß ich wieder sehe und daß ich dich wiederseh!*:
Man kann das »dich« auf das »schöne Licht« beziehen, und
doch wird der Vers erst ganz wunderbar als Beschwörung
eines geliebten Menschen. Selbst das blaue Kleid ist nicht
so ganz unzweideutig nur der weite Himmel, in dem die
Sonne schwimmt, und die »begeisterten Augen« brennen
nicht allein wegen des Gestirns in solchem Entzücken.

Nein, was in der Mitte der Hymne lebt und bebt, sind
keine philosophischen Überlegungen über die Verwandt-
schaft von Auge und Sonne, ist nichts Platonisches oder
Plotinisches, sondern die wilde Leidenschaft zum Licht
und zur Liebe zugleich. Aus ihr allein begründet sich die

Verzweiflung am Schluß, in den letzten zwei Zeilen, wo alles in eine große Klage umschlägt, wo aber auch das so kunstreiche, artistisch perfekt gefügte Gedicht erst zur unbedingten und unkalkulierten, zur schutzlos vollkommenen Dichtung wird – ein Schrei von unvergeßlicher Melodie.

INGEBORG BACHMANN
ANRUFUNG DES GROSSEN BÄREN

Großer Bär, komm herab, zottige Nacht,
Wolkenpelztier mit den alten Augen,
Sternenaugen,
durch das Dickicht brechen schimmernd
deine Pfoten mit den Krallen,
Sternenkrallen,
wachsam halten wir die Herden,
doch gebannt von dir, und mißtrauen
deinen müden Flanken und den scharfen
halbentblößten Zähnen,
alter Bär.

Ein Zapfen: eure Welt.
Ihr: die Schuppen dran.
Ich treib sie, roll sie
von den Tannen am Anfang
zu den Tannen am Ende,
schnaub sie an, prüf sie im Maul
und pack zu mit den Tatzen.

Fürchtet euch oder fürchtet euch nicht!
Zahlt in den Klingelbeutel und gebt
dem blinden Mann ein gutes Wort,
daß er den Bären an der Leine hält.
Und würzt die Lämmer gut.

's könnt sein, daß dieser Bär

sich losreißt, nicht mehr droht
und alle Zapfen jagt, die von den Tannen
gefallen sind, den großen, geflügelten,
die aus dem Paradiese stürzten.

WOLFGANG LEPPMANN
TOTEM STATT TEDDY

Reiz und Wirkung des Gedichts beruhen auf dem unerwarteten Zusammentreffen dreier Motive, die sich auf symbolischer Ebene zu einer neuen Wirklichkeit verdichten, obwohl ein jedes – Sternbild, Bär, Tanne – zunächst seinerseits verfremdet erscheint. Am augenscheinlichsten ist dies beim Anblick eines nächtlichen Himmels, an dem keine goldnen Sternlein prangen und von dem weder Jenseitshoffnung ausgeht noch das Gewahrwerden einer göttlichen Ordnung. Was wir hier verspüren, ist nur mehr die Kälte, die aus dem Weltraum weht.

In ähnlicher Verwandlung erscheint der Bär, der durch Wortschöpfungen wie »Sternenaugen« und »Sternenkrallen« auch sprachlich mit der nach ihm benannten Konstellation verbunden (oder, um den Begriff des Symbolischen in der ursprünglichen Bedeutung anzuwenden, »zusammengeworfen«) wird. Der Hinweis auf Krallen und Zähne zeigt, daß dies kein possierlicher Teddy oder drolliger Tanzbär ist, sondern ein Verwandter des Tigers und der Schlange, ein Wesen, von dem wir uns die höchste Gefahr zu gewärtigen haben. So ist denn auch der Schauplatz weder Kinderzimmer noch Zirkus oder gar Zoo, sondern die unberührte Natur: Wald und Himmel.

Die eigentliche Anrufung wird von Adjektiven eingefaßt: großer Bär, alter Bär. Bei »groß« schwingt im Unterbewußtsein die kontrastierende Vorstellung vom Sternbild des Kleinen Bären mit; auch wirkt das Tier besonders

furchterregend aus einer Perspektive, in der die Welt ein
bloßer Tannenzapfen ist. »Alt« gemahnt zunächst an die
Tatsache, daß wilde Tiere im Alter besonders unberechen-
bar sind; im übrigen erinnert man sich, daß der Bär als
Sternbild ins Altertum zurückreicht und sowohl im »Buch
Hiob« als auch in der »Ilias« vorkommt. Herden und
Lämmer sind keine abgegriffenen Topoi, sondern Aspekte
einer Wirklichkeit, die die nunmehr »alten« Augen des Bä-
ren-Sternbilds zur Zeit der »Tannen am Anfang« erblick-
ten: als die Welt noch jung war.

Das Tier wird von einem Mann geführt, der es im Ernstfall
kaum daran hindern kann, sich loszureißen und mit der
Welt und allem, was in ihr ist, Ball zu spielen. Der Mann ist
nämlich blind. Ist es der liebe Gott, der uns nicht mehr se-
hen kann, oder ist es ein von Almosen lebender Bärenfüh-
rer? Haben wir es mit dem Klingelbeutel in der Kirche zu
tun oder mit einem Hut, in dem die hineingeworfenen
Münzen klimpern? Gleichviel. Sicher ist, daß wir zahlen
und dem Mann gut zureden sollen. Denn außer ihm steht
nichts zwischen uns und dem Bären.

Schließlich ist auch die vom Weihnachtsbaum und von vie-
len Liedern her vertraute Tanne den Assoziationen ent-
rückt, die sie sonst auslöst. In der zweiten, vom Bären ge-
sprochenen Strophe – und wie gesprochenen Strophe!
Könnten Bären sprechen, dann sprächen sie so: gegen-
ständlich, und kurzatmig-schnaubend – werden die Tan-
nen zum Alpha und Omega des Lebens. Weltanfang und
Weltende aus der Sicht des im Walde hausenden Bären: ein
grandioses Bild, zumal es an einen ganz anderen Kultur-
kreis erinnert als den antik-frühchristlichen der Herden
und Lämmer, in dem ja auch die Klassiker ihre existentielle
Dichtung anzusiedeln liebten. Der unter der Lebens-

Tanne spielende Bär entstammt hingegen der Vorstellungs-
welt jener nordamerikanischen Indianer, die den Bären als
Totemtier verehren.

Das Problem unseres Ausgesetzt-Seins ist spätestens seit
dem Barock noch von jeder Generation neu gestellt wor-
den. In der »Anrufung des Großen Bären« von 1956 hat es
Ingeborg Bachmann für ihre eigene Generation in die
Form einer lyrischen Aussage von großer Schönheit und
Überzeugungskraft gebannt.

INGEBORG BACHMANN
ARIA I

Wohin wir uns wenden im Gewitter der Rosen,
ist die Nacht von Dornen erhellt, und der Donner
des Laubs, das so leise war in den Büschen,
folgt uns jetzt auf dem Fuß.

Wo immer gelöscht wird, was die Rosen entzünden,
schwemmt Regen uns in den Fluß. O fernere Nacht!
Doch ein Blatt, das uns traf, treibt auf den Wellen
bis zur Mündung uns nach.

HELMUT KOOPMANN
IM GEHEIMNIS DER WORTE

Es gab Zeiten, da erwartete man von einem Gedicht Beleh-
rung und Aufklärung, Wissen, Erkenntnis. Von diesem
Gedicht der Ingeborg Bachmann darf man nicht einmal
Verständlichkeit verlangen. Das Gedicht überfällt den Le-
ser mit einer Unbegreiflichkeit, denn hier ist miteinander
verbunden, was nichts miteinander zu tun hat. Gewitter
der Rosen? Eine von Dornen erhellte Nacht? Erst wer das
Gedicht weiterliest, gefangengenommen von der unerhör-
ten Kühnheit der Bilder, gerät in eine Zone halbwegs ein-
leuchtender Impressionen. Denn »Donner des Laubs« –
das mag maßlos übertrieben sein, ist aber nicht jenseits un-
seres Vorstellungsvermögens. Daß das Laub schließlich
»leise war in den Büschen« – das ist begreiflich, liegt inner-
halb unserer eigenen Erfahrungen und ist alles andere als
aufregend: eine Allerweltsbeobachtung.
Wir ahnen, daß das Gedicht hier vielleicht seinen Ausgang
nahm: im Geräusch bewegten Laubs in den Büschen. Alles
andere ist poetische Imagination. Ein Nachtbild eigener
Art tut sich auf: die Dunkelheit nicht von Blitzen, sondern
von Dornen erhellt; der Donner als raschelndes Laub zu
Füßen. Hängen die Rosenbüsche wie eine dunkle Wolke
über uns? Oder erinnern die dunklen Wolken mit ihren
grellen Blitzen an nächtliche Rosenbüsche mit roten Blü-
ten? Doch die Fragen sind falsch gestellt, denn hier wird
nichts miteinander verglichen.
Läsen wir das Gedicht verkürzt, ohne das Rosenbild, es

wäre ebenso verständlich wie banal. Denn es hieße dann:
Wohin wir uns wenden im Gewitter, ist die Nacht erhellt,
und der Donner folgt uns jetzt auf dem Fuß. Aber hier ist
etwas beschrieben, was es realiter nicht gibt: ein Rosenge-
witter. Kein vergleichsweises Blumendekor, kein Als-ob –
statt dessen ein neues, unendlich kühnes Bild. Es steht uns
frei, an dunkle Rosen zu denken oder an ein tatsächliches
Gewitter – das Gedicht beschreibt anderes. Sinnesein-
drücke einer Gewitternacht sind mit einer Impression aus
dem Rosengarten verschmolzen, und ein gewaltiges neues
Bild ist entstanden: Gewitter der Rosen.

Die zweite Strophe hat Ingeborg Bachmann später hin-
zugefügt. Der Rosenblitz hat eingeschlagen, Regen löscht
das Feuer. Aber wieso schwemmt uns der Regen in den
Fluß? Spätestens hier wird klar, daß das Rosengewitter ima-
ginärer Natur war. Es hat sich, so anschaulich es sich dar-
bot, am Ende doch nur in der Seele entladen. Schwemmt
uns der Regen in den Fluß des Lebens? Das Gedicht
gibt keine Antwort auf derartige Fragen. Ein Bild be-
schließt es: das nachtreibende Blatt, Erinnerung an das
Rosengewitter, von dem wir nicht wissen, wie tatsächlich
es war.

T. S. Eliot hat einmal vom *objective correlative* in der Lyrik
gesprochen, der Bildentsprechung, die zu verdeutlichen
vermag, was sonst unbezeichenbar wäre. Hier, im Gedicht
vom Rosengewitter, scheint sich ein innerer Vorgang ab-
zuspiegeln, der sich in Bildern naturalisiert hat. So könnte
man das Gedicht lesen. Aber niemand zwingt dazu, am
wenigsten das Gedicht selbst. Läßt man alles Fragen nach
Sinn und Botschaft, nach Anlaß und Ursache weg, bleiben
großartige Bilder: ein Sprachwerk, nichts weiter als ein
Gespinst aus Worten, aber von großer Kühnheit und ein-

zigartiger Eindringlichkeit. Man wird es kaum vergessen
können – vielleicht gerade, weil der Sinn dunkel ist und
nur von Rosen erhellt wird.

INGEBORG BACHMANN
BÖHMEN LIEGT AM MEER

Sind hierorts Häuser grün, tret ich noch in ein Haus.
Sind hier die Brücken heil, geh ich auf gutem Grund.
Ist Liebesmüh in alle Zeit verloren, verlier ich sie hier
gern.

Bin ich's nicht, ist es einer, der ist so gut wie ich.

Grenzt hier ein Wort an mich, so laß ich's grenzen.
Liegt Böhmen noch am Meer, glaub ich den Meeren
wieder.
Und glaub ich noch ans Meer, so hoffe ich auf Land.

Bin ich's, so ist's ein jeder, der ist soviel wie ich.
Ich will nichts mehr für mich. Ich will zugrunde gehn.

Zugrund – das heißt zum Meer, dort find ich Böhmen
wieder.
Zugrund gerichtet, wach ich ruhig auf.
Von Grund auf weiß ich jetzt, und ich bin unverloren.

Kommt her, ihr Böhmen alle, Seefahrer, Hafenhuren und
Schiffe
unverankert. Wollt ihr nicht böhmisch sein, Illyrer,
Veroneser,
und Venezianer alle. Spielt die Komödien, die lachen
machen

Und die zum Weinen sind. Und irrt euch hundertmal,
wie ich mich irrte und Proben nie bestand,
doch hab ich sie bestanden, ein um das andre Mal.

Wie Böhmen sie bestand und eines schönen Tags
ans Meer begnadigt wurde und jetzt am Wasser liegt.

Ich grenz noch an ein Wort und an ein andres Land,
ich grenz, wie wenig auch, an alles immer mehr,

ein Böhme, ein Vagant, der nichts hat, den nichts hält,
begabt nur noch, vom Meer, das strittig ist, Land meiner
                                        Wahl zu sehen.

HERMANN BURGER
BÖHMISCHE UNDINE

Zweimal hörte ich Ingeborg Bachmann dieses Gedicht aus
dem Jahr 1964 vorlesen, in Basel und in Zürich, und nicht
nur vom Text her, auch aus ihrer Vortragsweise wurde klar,
daß es – kurz vor dem endgültigen Versiegen ihrer Lyrik –
eines der letzten sein würde, die sie in melodischen Lang-
zeilen geschrieben hatte. Darum liebe ich »Böhmen liegt
am Meer« besonders, auch wenn es nicht zu ihren besten
Gedichten gehört.
Mit dem Titel spielt die Autorin auf Shakespeares Irrtum
im »Wintermärchen« an, wo es in der dritten Szene des
dritten Aufzugs heißt: »Böhmen, eine wilde Gegend am
Meer«. Die Reminiszenz wird in der sechsten Strophe auf
weitere »Komödien« des englischen Dramatikers erwei-
tert. Doch das geographische Paradox muß in Ingeborg
Bachmanns Sinn gedeutet werden.
Wir kennen die zentrale Rolle, die das Element Wasser in
ihrem Werk spielt, aus der lyrischen Erzählung »Undine
geht«, die auf Motive in Fouqués Märchen »Undine« zu-
rückgreift. Der Ritter Huldbrand, der an ihrem Kuß ster-
ben wird, nennt die Nixe eine »Gauklerin«. Eine Seele
– und damit eine menschliche Sprache – erlangen diese
Elementargeister nur in der irdischen Liebe.
Mit ihrer »Undine« hat Ingeborg Bachmann den Kern ih-
rer Problematik als Frau und gelehrte Dichterin getroffen.
Sie ist die Sirene mit dem betörenden Gesang – hier be-
dient sie sich streckenweise gar des sechsfüßigen Alexan-

driners –, aber auch das rastlose Wellenwesen, das nicht weiß, »wie man Platz nimmt in einem anderen Leben«. Einerseits wird die Liebe erfahren als stärkste Macht der Welt, andererseits ist sie als reine Größe nicht zu verwirklichen.

Was hat dies zu tun mit »Böhmen liegt am Meer«? Das Gedicht führt den Satz »Ich gehe ja schon« aus der Erzählung zu Ende: »Zugrund – das heißt zum Meer, dort find ich Böhmen wieder.« Ein »Böhme« ist ein besitzloser Vagant, den nichts hält.

Das Haus, in dem ihre Vorfahren wohnten, Österreicher und »Windische«, sagt Ingeborg Bachmann im Fragment »Biographisches«, trage heute noch einen fremden Namen. So nahe der Grenze noch einmal die »Grenze der Sprache«. Auch die Studierstadt Wien wird zur Heimat an der Grenze, zwischen einer »großen Vergangenheit und einer dunklen Zukunft«.

Das Gedicht bringt zwei der wichtigsten Lebens- und Schaffenselemente Ingeborg Bachmanns zusammen: das »Haus Österreich« und das Wasser, das Meer. Hier spricht noch einmal Undine, sie taucht im ersten Vers wie am Ende der Erzählung in das »grüne« Haus; sie muß, hier wie dort, zugrunde gehen und zu Grunde, um von »Grund auf« zu wissen: »Ich grenz noch an ein Wort und an ein andres Land.«

»Land meiner Wahl« steht als Chiffre für die eine, das Wasser als Zeichen für die andere Heimat, die Einsamkeit, in die ihr keiner folgt, die sprachlose, aber mächtige Untiefe. Wird Böhmen ans Meer »begnadigt«, im »Widerspiel des Unmöglichen mit dem Möglichen« findet die Dichterin ihren geometrischen Ort zwischen Ost und West, Kontinent und Ozean, Vergessen und Erinnern, auch den lebbaren Kompromiß zwischen Intellekt und Gefühl.

Das nach Verankerung drängende Wellenwesen verkörpert die »utopische Existenz«, von der sie in ihren Frankfurter Vorlesungen spricht: gebunden an die Vergangenheit, für die Zukunft verloren. Ein Liebesgedicht? Ja, eine Hommage an den Raum, wo »alles einen Begriff von mir hat«.

INGEBORG BACHMANN
DIE GESTUNDETE ZEIT

Es kommen härtere Tage.
Die auf Widerruf gestundete Zeit
wird sichtbar am Horizont.
Bald mußt du den Schuh schnüren
und die Hunde zurückjagen in die Marschhöfe.
Denn die Eingeweide der Fische
sind kalt geworden im Wind.
Armlich brennt das Licht der Lupinen.
Dein Blick spurt im Nebel:
die auf Widerruf gestundete Zeit
wird sichtbar am Horizont.

Drüben versinkt dir die Geliebte im Sand,
er steigt um ihr wehendes Haar,
er fällt ihr ins Wort,
er befiehlt ihr zu schweigen,
er findet sie sterblich
und willig dem Abschied
nach jeder Umarmung.

Sieh dich nicht um.
Schnür deinen Schuh.
Jag die Hunde zurück.
Wirf die Fische ins Meer.
Lösch die Lupinen!

Es kommen härtere Tage.

HILDE SPIEL
DAS NEUE DROHT,
DAS ALTE SCHÜTZT NICHT MEHR

Ich liebe das Titelgedicht des Bandes *Die gestundete Zeit*,
weil es alles enthält, was sich in anderen Gedichten Inge-
borg Bachmanns findet, und durch seine Fülle und Dichte
eben mehr. Was ergreift uns denn an einem Werk der
Lyrik? Die Vielfalt der möglichen Assoziationen, die
Eindringlichkeit der Aufrufe, die an uns ergehen, mitzu-
schauen, mitzudenken, mitzuempfinden, verwandte Er-
lebnisse heraufzubeschwören, so lange, bis dieses Wortge-
flecht ein Teil von uns geworden ist.

An Bildern, Gedanken, Gefühlen und Analogien sind die
vierundzwanzig Zeilen überreich. Mitleidlos werden wir
zu Beginn in eine Lage des Ausgesetztseins, der wachsen-
den Gefahr gestoßen. Unsere Dauer ist begrenzt, schon
zeichnet sich das Ende ab. Trotzdem müssen wir weiter,
müssen dem Unausbleiblichen noch entgegeneilen, statt es
in vertrauter Umgebung zu erwarten. Das Neue droht,
aber das Alte schützt uns nicht mehr.

Und nun sogleich das Bild des ausziehenden Odysseus:
jene Hunde, die den ermatteten Rückkehrer begrüßen, jagt
er hier zurück in den Hof. Doch es ist keine übermütige
Eroberungsfahrt, auf die er sich begibt. Dieser Odysseus
wird nicht wiederkommen. Unter verhangenem Himmel,
im Nebel und Wind, vorbei an den dörrenden Fischen –
ich sehe sie an Schnüren hängen, die zwischen Pfosten ge-
spannt sind, ihre Eingeweide, aus denen Böses vorausge-

sagt wurde, in Bottichen auf der Erde – und bedrückt vom
verblassenden Blau der Lupinen, macht er sich zur Reise
zum Abbruch seiner Zeitspanne auf.

Jetzt aber der Anblick, der ihn das Unausweichliche, Un-
rettbare seiner Bestimmung erkennen läßt. Was er liebt,
beginnt vor seinem sehenden Auge schon hinabzugleiten,
und er kann nichts dagegen tun, muß es dulden, darf sich
dem Marschbefehl nicht entziehen. In dieser Vision ist
die antike Landschaft einer Dalí-Wüste gewichen, Sand
ringsum, eine gelbe rieselnde Öde, in der die Süße seines
Lebens, gleich Minnie in Becketts »Glücklichen Tagen«,
langsam versinkt.

Zuletzt noch einmal, wie Hammerschläge, die Sätze seines
Auftrags. Sie sind an ihn gerichtet, den Wanderer und Dul-
der, der mit der vierten Zeile des Gedichts, stellvertretend,
unser aller Schicksal auf sich nimmt. Nichts darf bleiben,
was an das bisherige Dasein erinnert. Und keine Hoffnung
diesmal. Kein Stern. Nur die Verfinsterung und der Weg an
die Grenze. Ein existentielles Gleichnis, im Jahr des »Go-
dot« entstanden und nicht minder profund bewegend als
alles, was man später bei Beckett und Thomas Bernhard
las.

INGEBORG BACHMANN
EINE ART VERLUST

Gemeinsam benutzt: Jahreszeiten, Bücher und eine
Musik.
Die Schlüssel, die Teeschalen, den Brotkorb, Leintücher
und ein Bett.
Eine Aussteuer von Worten, von Gesten, mitgebracht,
verwendet, verbraucht.
Eine Hausordnung beachtet. Gesagt. Getan. Und immer
die Hand gereicht.

In Winter, in ein Wiener Septett und in Sommer habe ich
mich verliebt.
In Landkarten, in ein Bergnest, in einen Strand und in ein
Bett.
Einen Kult getrieben mit Daten, Versprechen für
unkündbar erklärt,
angehimmelt ein Etwas und fromm gewesen vor einem
Nichts,

(– der gefalteten Zeitung, der kalten Asche, dem Zettel
mit einer Notiz)
furchtlos in der Religion, denn die Kirche war dieses
Bett.

Aus dem Seeblick hervor ging meine unerschöpfliche
                                    Malerei.
Von dem Balkon herab waren die Völker, meine
                        Nachbarn, zu grüßen.
Am Kaminfeuer, in der Sicherheit, hatte mein Haar seine
                                    äußerste Farbe.
Das Klingeln an der Tür war der Alarm für meine
                                    Freude.

Nicht dich habe ich verloren,
sondern die Welt.

JOCHEN HIEBER
ZEICHEN DER LIEBE

Dies ist ein Gedicht an und gegen Max Frisch. Vier Jahre
lang, von 1958 bis 1962, waren die beiden das Traumpaar
der deutschen Literatur. Sie, die Magische, er, der Kriti-
sche: Wie außer ihnen nur noch Jean-Paul Sartre und Si-
mone de Beauvoir prägten Ingeborg Bachmann und Max
Frisch die Vorstellungen ihrer Zeitgenossen von der kon-
genialen Gemeinschaft hochgemuter Geister. Aber die Le-
gende, die sie verkörperten, hatte auch einen Alltag – und
der Mythos, den sie lebten, mündete in ein Drama der Hö-
rigkeit und der Eifersucht. »Das Ende«, notierte Frisch in
der Erzählung »Montauk« von 1975, »haben wir nicht gut
bestanden, beide nicht.«

Das Gedicht »Eine Art Verlust«, 1962 entstanden, 1967
von der Dichterin im Hörfunk gelesen und 1978 in der po-
stumen Werkausgabe erstmals gedruckt, unterrichtet über
dieses Ende aus ihrer Sicht – und doch ganz in seinem
nüchternen, betont lakonischen Stil. Jedenfalls verzichten
die sechzehn Verse völlig auf den ausgreifenden, beschwö-
renden, hochfahrenden, kurz: den unbedingten Ton, der
die Poesie der Bachmann so unverwechselbar kennzeich-
net. Deshalb ist das Gedicht einzigartig in ihrem Werk.
Höchst sachlich zieht es Bilanz, es macht Inventur.

Bereits der Titel gibt sich seltsam unbeteiligt, schafft Di-
stanz zur Katastrophe, die er anzuzeigen hat. Das einst
Verbindende wird dann schlicht aufgereiht. Nur ein ge-
nuin poetisches Bild erlauben sich die ersten Zeilen, jene

»Aussteuer von Worten, von Gesten«, die das Paar – ohne
Hochzeit, aber in seiner hohen Zeit – sich selbst bescherte.
Den ersten vollständigen Satz gibt es erst zu Beginn der
zweiten Strophe. Mit ihm meldet sich auch ein »Ich« zu
Wort: müßig übrigens, hier zwischen lyrischer und auto-
biographischer Rede zu unterscheiden.

Nichts Dunkles an dieser Dichtung scheint zur Deutung
zu nötigen. Kein weiterer Sinn etwa ergebe sich, wenn man
das »Wiener Septett« als Beethovens Es-Dur-Septett (opus
20) identifizierte, kein zusätzliches Signal, wenn man den
»Strand« in Ostia vermutete: Rom war der Ort dieses
Paars. Und die Frömmigkeit »vor einem Nichts« erklärt,
in Klammern, die folgende Zeile gleich selbst.

Unüberhörbar indes eine allmähliche Steigerung der Em-
phase, ein Wachsen der Trauer im Erinnern zurückliegen-
der »Freude«. Ästhetische Erleuchtung wird beschworen
beim Blick auf den See, imperiale Phantasie gibt sich kund
beim Grüßen vom Balkon, eigener Schönheit im Schein
des Kaminfeuers wird gedacht: Diese Liebe, deren Zeichen
die Dichterin nun inventarisiert, war jüngst noch sehr groß
und sehr erhaben. Erhaben bis zur befreienden Blasphe-
mie: »denn die Kirche war dieses Bett«. Ein ungeheuer-
liches Bild, vorbereitet durchs Benennen des Betts im
zweiten und sechsten Vers, nun gesteigert zum heiligen
Raum einer »Religion« der Erotik und der Sexualität,
»furchtlos« überdies – den krassen Gegensatz zeigend zum
Katholizismus Kärntner Provenienz, dem die Bachmann
entrann.

»Eine Art Verlust« kündet in Wahrheit von einem totalen
Debakel. Weil sie nur diese Summe ziehen können, sind
die beiden letzten Verse ganz kurz. Und weil sie sich gegen
die totale Verzweiflung wehren, schließen sie vom Verlust

just jenes aus, das ihn bewirkte: Das verlorene Du, die eigentliche Welt. In seiner gesteigerten Sachlichkeit ein ergreifendes Poem.

INGEBORG BACHMANN
FORT MIT DEM SCHNEE

Fort mit dem Schnee von der gewürzten Stadt!
Der Früchte Luft muß durch die Straßen gehen.
Streut die Korinthen aus,
die Feigen bringt, die Kapern!
Belebt den Sommer neu,
den Kreislauf neu,
Geburt, Blut, Kot und Auswurf,
Tod – hakt in die Striemen ein,
die Linien auferlegt
Gesichtern
mißtrauisch, faul und alt,
von Kalk umrissen und in Öl getränkt,
von Händeln schlau,
mit der Gefahr vertraut,
dem Zorn des Lavagotts,
dem Engel Rauch
und der verdammten Glut!

WERNER ROSS
NEAPOLITANISCHE ELEGIE

Ingeborg Bachmann ist durch ihre Gedichte berühmt ge-
worden, aber sie war im landläufigen Sinne keine Lyrike-
rin. Die beiden Gedichtsammlungen, die sie in aller Welt
bekannt machten, »Die gestundete Zeit« und »Anrufung
des Großen Bären«, sind im knappen Abstand von drei
Jahren erschienen, 1953 und 1956, noch das Jahr 1957 war
produktiv, die Gedichte danach sind an den Fingern
zweier Hände abzuzählen. Ihr letztes Gedicht ist eine
wortgewaltige und bildermächtige Absage an die Poesie.
Ein erstaunlicher Produktivitätsschub – früher hätte man
gesagt: ein Musenanruf – hat sie in den fünfziger Jahren be-
flügelt. Es waren die Aufenthalte in Rom, in Neapel und
auf Ischia, die ihn auslösten, zusammen mit einer Liebes-
geschichte, einer glücklich-tragischen, die das eigene Ende
und damit die Katastrophe der Welt voraussah.
Die Begeisterung der Hörer und Leser galt damals dem
Kassandraklang, dem metallenen Pathos (»Es kommen
härtere Tage«), den existentiellen Allgemeinheiten. Heute,
meine ich, hören wir lieber die konkreteren Gedichte, in
denen wenn schon nicht die Personen, so doch die Situa-
tionen faßbar werden, zum Beispiel die »Lieder auf der
Flucht«, die auch »Neapolitanische Elegien« heißen könn-
ten.
In allen dient das winterliche, im Schnee erstarrte Neapel
als Szenerie. Der glühende Vulkan schafft den Kontra-
punkt dazu. Wie im Barock drückt sich das Wechselbad

der Liebe im Aufeinanderprall von »Eis« und »heiß« aus.
Unser Gedicht, das fünfte des Zyklus »Lieder auf der
Flucht«, beginnt mit einer strahlenden Ouvertüre, einem
trompetenhellen Imperativ. Verkündigung, Einzug eines
hohen Herrn steht bevor; wie sonst Blumen werden
Früchte ausgestreut, südliche, versteht sich. Der Winter-
schnee hat auch die Gerüche zugedeckt, nun sollen sie
triumphieren. »Belebt den Sommer neu« heißt die Be-
schwörungsformel, und es stünde um ihn gut, wenn nicht
in diesem Appell auch etwas Zaubermeisterliches steckte,
das großmächtige Ingangsetzen einer versteckten Mecha-
nik oder der Versuch der Auferweckung eines Toten.
Schon der nächste Vers, der den Kreislauf neu zu beleben
heißt, schaltet jäh um. Statt Feigen, Kapern, Korinthen un-
vermittelt Blut, Kot, Auswurf, Tod. Tod wie ein Ausrufe-
zeichen den neuen Vers einleitend. Und nun, nicht leicht
verständlich, ein neues Kommando, scheinbar ganz weit
weg von den Gewürzstreuern. »Hakt in die Striemen
ein…« Das schmerzt, ist grausam, könnte im umgangs-
sprachlichen Deutsch heißen: »Reißt Wunden auf!«
Was nun folgt, scheint keinerlei Beziehung zu dem Jubel-
chor des Anfangs zu haben. Die Striemen, so darf man die
nächsten Verse entschlüsseln, sind die Linien, die Falten
und Runzeln, die das Schicksal den Neapolitanern einge-
zeichnet hat, und es ist gänzlich unwahrscheinlich, daß
diese alt und schlau Gewordenen, diese Ausgekochten,
diese »Verkalkten« sich noch zu irgend etwas hinreißen
ließen. Wozu noch Düfte und Gewürze? Der Süden zeigt
sein anderes Gesicht. Als feixende Zaungäste, als Dottori
und Pantaloni, umstehen die Abgebrühten das Liebespaar.

INGEBORG BACHMANN
HARLEM

Von allen Wolken lösen sich die Dauben,
der Regen wird durch jeden Schacht gesiebt,
der Regen springt von allen Feuerleitern
und klimpert auf dem Kasten voll Musik.

Die schwarze Stadt rollt ihre weißen Augen
und geht um jede Ecke aus der Welt.
Die Regenrhythmen unterwandert Schweigen.
Der Regenblues wird abgestellt.

EVA DEMSKI
DER REGEN SPIELT DEN BLUES

Ein verbotener, unsichtbarer Stadtteil. Die Taxifahrer weigern sich hinzufahren. Harlem: Wer in der Subway einschläft und sich unversehens dort wiederfindet, flieht, so schnell es geht, in die Gegenrichtung. Filme über das schwarze Viertel sind wie Kriegsberichte, von hundert Feinden ist die Rede, Drogen, Gewalt, Arbeitslosigkeit. Wir wissen nichts.

1955 ist der Dichterin Ingeborg Bachmann träumerisch gelungen, was als ausgeschlossen galt und gilt: Sie ist ohne Papiere in die Vereinigten Staaten eingereist. Henry Kissinger, der spätere Außenminister und *homme de lettres*, war dabei behilflich, denn die berühmte Poetin hatte ihren Paß vergessen. Wie ohne Ausweis, ohne bürgerliche Legitimation unsichtbar und so den Ängstlichkeiten und der Fremdheit gleichsam enthoben, schlendert sie durch das auch damals nicht ungefährliche schwarze Herz New Yorks und schreibt ein achtzeiliges lässiges Liedchen: Nichts ereignet sich.

Es regnet in Harlem, dann hört es wieder auf. Sie lauscht dem Regen nach, und er klingt anders als an anderen Orten. Es ist der Regen, der jene Musik spielt, die man in Harlem erwartet – den Blues. Den ahmt das Gedicht aber gerade nicht nach, sondern es klingt wie ein Kinderlied, eine Kindermelodie wird hörbar, von den acht Zeilen reimen sich nur die sechste und die letzte, und trotzdem scheinen Reime den Rhythmus anzugeben.

In der zweiten Strophe wagt sie ein Bild – »Die schwarze Stadt rollt ihre weißen Augen«–, das gefährlich nah an das Sarottimohrenklischee gerät, mit dem sie aber ganz souverän spielt. Auch das eine Kindheitserinnerung: Mehr noch als den Schokoladenmohren ruft die Zeile jene Kirchenmohren ins Gedächtnis, die kindergroß an den Eingängen der katholischen Gotteshäuser standen und die weißen Augen hin und her rollten, wenn man ihnen ein Geldstück in die Hand legte.

Ingeborg Bachmann gelingt mit diesem Gedicht etwas Wunderbares: Wie beiläufig trägt sie da eine kleine Normalität, eine freundlich beobachtete und neugierig wahrgenommene Alltäglichkeit vor an einem Ort, dem die auch in den versunkenen fünfziger Jahren kaum zugestanden worden ist. Die blondhaarige und weißhäutige Dichterin, ohne Papiere und offenbar ganz ohne Angst im Land der Befreier und der Sieger, zehn Jahre ist das damals grade her. Harlem bedeutet ihr nicht Mißtrauen, sondern Musik. Nicht die Menschen machen die Musik für sie, sondern der Regen spielt ihr den Blues, es kann also gar nichts passieren.

Es wäre ganz falsch, auf das kleine Liedchen zu viel Bedeutung zu häufen – dennoch: Es ist bedeutsamer und haltbarer als das berühmte Hörspiel vom Guten Gott von Manhattan mit seiner atemlos hochtönenden, bedrängenden und teilweise sehr angestrengten Sprache. Diese legendäre, vom Amerika-Aufenthalt inspirierte Arbeit ist heute kaum mehr zu lesen, Gefühle teilen sich nicht mehr mit, nicht nur, weil die Stadt ein zerstörtes Gesicht hat und die Menschen seither gegen ganz andere Dämonen kämpfen müssen. Der Gute Gott von Manhattan löst keine Sehnsucht nach dem Einst aus.

Dem kleinen Harlem-Gedicht aber gelingt das Kunst-
stück, den Leser mit auf einen Weg durch den Regen zu
nehmen, hinein in eine oft beschworene und dennoch
fremd gebliebene Musik, den Blues. Die Dichterin läßt den
Leser an ihrer Unbekümmertheit teilnehmen, an einer für
immer festgehaltenen flüchtigen Minute, in der die Stille in
die schwarze Stadt des Unheils eingezogen war. Man weiß,
das wird nie wieder sein. Nur in der Poesie.

INGEBORG BACHMANN
HINTER DER WAND

Ich hänge als Schnee in den Zweigen
in den Frühling des Tals,
als kalte Quelle treibe ich im Wind,
feucht fall ich in die Blüten
als ein Tropfen,
um den sie faulen
wie um einen Sumpf.
Ich bin das Immerzu-ans-Sterben-Denken.

Ich fliege, denn ich kann nicht ruhig gehen,
durch aller Himmel sichere Gebäude
und stürze Pfeiler um und höhle Mauern.
Ich warne, denn ich kann des Nachts nicht schlafen,
die andern mit des Meeres fernem Rauschen.
Ich steige in den Mund der Wasserfälle,
und von den Bergen lös ich polterndes Geröll.

Ich bin der großen Weltangst Kind,
die in den Frieden und die Freude hängt
wie Glockenschläge in des Tages Schreiten
und wie die Sense in den reifen Acker.

Ich bin das Immerzu-ans-Sterben-Denken.

GERTRUD FUSSENEGGER
GEFÄHRLICHES LEBEN

Das Gedicht spricht vom Sterben, genauer gesagt, von der
Fixierung des lyrischen Ich an Tod und Zerstörung. Das
lyrische Ich spricht sich selbst vernichtende Wirkung zu.
Zwar – der Schnee, der den Frühling des Tals zur Unzeit
heimsucht, die kalte Quelle, die im Wind treibt, sind noch
vergleichsweise freundliche Bilder. Dann aber ist vom
Tropfen die Rede, der Fäulnis in die Blüte träufelt: Diese
Metapher weist auf schleichend wirkende morbide Macht,
ein starkes Bild.
Dagegen evoziert das Folgende eher den Auftritt eines un-
gebärdigen alpinen Poltergeistes, der ruhelos, weil schlaf-
los, umherfährt, Pfeiler stürzt, Mauern höhlt und Stein-
schlag niedergehen läßt, die personifizierte Erosionskraft,
immerhin unter »aller Himmel sicherem Gebäude« – also
ist die Welt noch irgendwie in Ordnung, dort mindestens,
wohin das zerstörerisch wütende Ich nicht hinreicht. An-
dernteils warnt dieses Ich »mit des Meeres fernem Rau-
schen«; warnt es vor sich selbst? Und vor dem gefährlichen
Leben, das es im »Mund der Wasserfälle« führt?
Dann aber lenkt das Gedicht in Gedankliches ein: »Ich bin
der großen Weltangst Kind, die in den Frieden und die
Freude hängt«. Was schon in Zeile 8 erklärt worden ist,
wird in der Schlußzeile wiederholt: »Ich bin das Immerzu-
ans-Sterben-Denken.« Das lyrische Ich identifiziert sich
mit dieser düsteren Obsession. Ist diese Feststellung
Klage, ist sie Selbstbezichtigung, ist sie stolze Selbst-

abgrenzung? Der Titel des Gedichts »Hinter der Wand«
läßt alle drei Deutungen zu.

Wir haben es hier mit einem frühen Text zu tun, den Inge-
borg Bachmann als Typoskript hinterlassen hat. Sie hat ihn
nie veröffentlicht. Er ist erst in der Gesamtausgabe er-
schienen. Wir dürfen fragen, was die Dichterin veranlaßt
hat, dieses Gedicht zurückzuhalten. War sie nicht zufrie-
den mit ihm? Vielleicht störte sie die Doppeldeutigkeit
dessen, was sie in diesem Gedicht »Sterben« nennt, viel-
leicht schreckte sie davor zurück, sich selbst verstörend-
vernichtende Kräfte zuzuschreiben; vielleicht kam sie auch
nur mit den zwei vorletzten Zeilen nicht zurecht – »wie
Glockenschläge in des Tages Schreiten / und wie die Sense
in den reifen Acker«. Das klingt weniger nach Bachmann
als nach Weinheber oder nach noch Früherem, Patheti-
schem. So etwas ließ sie sich nicht durchgehen.

Was mich an dem Gedicht beschäftigt, ist ein Doppeltes: er-
stens, daß mir die plakative Aussage »Ich bin das Immerzu-
ans-Sterben-Denken« als treffende Formel erscheint für die
ganze österreichische Literatur von Grillparzer bis Bern-
hard; zweitens berührt mich das hier eingebrachte lokal-al-
pine Erfahrungsgut, das ich mit der Kärntnerin Bachmann
gemeinsam habe: daß der Schnee im Frühling bis ins Tal
herabkommt, daß die Quelle als Wasserfahne im Wind
weht, daß Geröll vom Berg herabpoltert; und die Blüte, die
»wie um einen Sumpf« fault, kann ich mir gut als Schnee-
rose vorstellen.

Daß ein Gedicht beides leisten kann, Formel und Sinnfäl-
ligkeit, Sehr-Allgemeines und Ganz-Besonderes, hat mir
den Text zu langem Nachdenken aufgegeben.

INGEBORG BACHMANN
MEIN VOGEL

Was auch geschieht: die verheerte Welt
sinkt in die Dämmrung zurück,
einen Schlaftrunk halten ihr die Wälder bereit,
und vom Turm, den der Wächter verließ,
blicken ruhig und stet die Augen der Eule herab.

Was auch geschieht: du weißt deine Zeit,
mein Vogel, nimmst deinen Schleier
und fliegst durch den Nebel zu mir.

Wir äugen im Dunstkreis, den das Gelichter bewohnt.
Du folgst meinem Wink, stößt hinaus
und wirbelst Gefieder und Fell –

Mit eisgrauer Schultergenoß, meine Waffe,
mit jener Feder besteckt, meiner einzigen Waffe!
Mein einziger Schmuck: Schleier und Feder von dir.

Wenn auch im Nadeltanz unterm Baum
die Haut mit brennt
und der hüfthohe Strauch
mich mit würzigen Blättern versucht,
wenn meine Locke züngelt,
sich wiegt und nach Feuchte verzehrt,
stürzt mir der Sterne Schutt
doch genau auf das Haar.

Wenn ich vom Rauch behelmt
wieder weiß, was geschieht,
mein Vogel, mein Beistand des Nachts,
wenn ich befeuert bin in der Nacht,
knistert's im dunklen Bestand,
und ich schlage den Funken aus mir.

Wenn ich befeuert bleib wie ich bin
und vom Feuer geliebt,
bis das Harz aus den Stämmen tritt,

auf die Wunden träufelt und warm
die Erde verspinnt,
(und wenn du mein Herz auch ausraubst des Nachts,
mein Vogel auf Glauben und mein Vogel auf Treu!)
rückt jene Warte ins Licht,
die du, besänftigt,
in herrlicher Ruhe erfliegst –
was auch geschieht.

LUDWIG HARIG
SCHLEIER UND FEDER

1955, ein Jahr bevor Ingeborg Bachmanns Gedichtband
»Anrufung des Großen Bären« erschien, hatte Max Bense
mit seiner Zeitschrift »augenblick« Polemik und Wider-
stand gegen das »neue deutsche Nivellement« angekün-
digt. Eine Reihe junger Schriftsteller, darunter auch ich,
teilte sein Mißtrauen gegenüber »metaphysischer Gemüt-
lichkeit« und »ökonomischen Wundern«, vor allem Ben-
ses Angriffe gegen »artistische Regressionen« bewunder-
ten wir; es leuchtete uns ein, daß die poetischen Versuche
auf mathematische Prinzipien gestellt sein müßten.
Unsere Jugend war verdorben von hohler Feierlichkeit
und phrasenhaftem Pathos einer heruntergekommenen, ja
verluderten Bildersprache nationalsozialistischer Blut-
und-Boden- und Parteilyrik: Erst die nüchterne, schmuck-
lose Sprache des »Kahlschlags« und die experimentell erar-
beitete Laborsprache der »Stuttgarter Schule« gaben uns
wieder Vertrauen in die Literatur.
»Keine Anrufung des großen Bären«, hatte Bense ge-
schrieben, »überhaupt keine Anrufung mehr.« Das tat
seine Wirkung, und es hat Jahre gedauert, bis ich – einer
seiner Jünger – nach und nach Zugang zur Lyrik der fünf-
ziger und der sechziger Jahre fand. Etwas, das ich zwei
Jahrzehnte nicht wahrgenommen hatte, wurde mir spät
bewußt: nicht nur wir Wortmetzen und Sprachspieler,
auch eine Dichterin wie Ingeborg Bachmann hatte an
Wort, an Sprach-, an Ausdrucksnot gelitten. Mit ihrem oft

geschmähten hochgestimmten Ton bekundet sie ihre Em-
pörung, ja Verzweiflung. Im Gedicht fragt sie ratlos: *Soll
ich / keine Metapher ausstaffieren / mit einer Mandel-
blüte?*, und verirrt sich im Labyrinth der Bilder. Sie sucht
nach dem rechten, dem brauchbaren Wort, einem zauber-
kräftigen »Sesam, öffne dich!«, das die Tür zum Paradies
aufschließt, aus dem die großen, geflügelten Tannenzapfen
stürzen: Sinnfrüchte für Welt und Mensch, denen der
große, angerufene Bär in Ingeborg Bachmanns Gedicht
nachjagt. »Wort, sei bei uns!« ruft sie, »mein Wort, errette
mich!«
Das Gedicht ist zum Schlüssel, zum Messer, zum Schwert
geworden; Ingeborg Bachmann greift danach. Als einzige
Waffe erscheint ihr die Feder der Eule, womit sie das ret-
tende Wort niederschreiben kann. Die Eule sitzt auf ihrer
Schulter, wie Pallas Athene tritt die Dichterin unter die
Menschen. Das Gedicht »Mein Vogel« ist die Beschwö-
rung des endlich gefundenen rettenden Worts, verkörpert
im klugen Wappentier der Göttin. So wie die Eule stellt
sich auch das Wort zur rechten Zeit ein, durchdringt den
Nebel, folgt dem Wink, stößt hinaus und schwingt sich am
Ende zur höheren Warte empor. Ingeborg Bachmann ver-
traut auf das Wort: Es steht ihr bei und raubt sie zugleich
aus, es verschleiert und entlarvt, es wirbelt auf und besänf-
tigt, ist sowohl durchsichtig als auch geheimnisvoll, dieses
Wort auf Treu und Glauben!
Ingeborg Bachmann, die immer wieder zweifelt und sich
mit Unwägbarkeiten quält: Hier auf einmal scheint ihr
Sprachvertrauen unerschütterlich zu sein. »Was auch ge-
schieht«: Mit diesen Worten hebt das Gedicht zweimal an
und endet mit ihnen. Es gibt keine Macht der Welt, die
dem rechten Wort zu widerstehen vermöchte. Im Schleier,

den die Dichterin über ihr Geheimnis breitet, und in der Feder, womit sie die Rätsel aufschreibt, verbergen sich die Gaben des Vogels, der die Weisheit symbolisiert. Was auch geschieht, nur das Dichterwort bannt die Wirklichkeit und Möglichkeiten in einem. Sechsmal beginnt ein Vers mit »wenn«, dem Zauberwörtchen und -schlüsselchen für Wünsche und unerwartete Erfüllungen. Es züngelt die Locke, schon ahnt man, was bald darauf ausgesprochen wird: das Feuer, das Knistern, der Funkenschlag, der die Dichterin in Brand setzt, im Wortrausch ihrer Phantasie und im wirklichen Leben.

INGEBORG BACHMANN
REKLAME

Wohin aber gehen wir
ohne sorge sei ohne sorge
wenn es dunkel und wenn es kalt wird
sei ohne sorge
aber
mit musik
was sollen wir tun
heiter und mit musik
und denken
heiter
angesichts eines Endes
mit musik
und wohin tragen wir
am besten
unsre Fragen und den Schauer aller Jahre
in die Traumwäscherei ohne sorge sei ohne sorge
was aber geschieht
am besten
wenn Totenstille

eintritt

WALTER HINCK
TRAUMWÄSCHEREI

Als ich diese Verse zum erstenmal las, fiel mir unmittelbar
ein Gedicht aus dem siebzehnten Jahrhundert ein, das So-
nett »Abend« von Andreas Gryphius. Ähnliche Motive:
Dunkelheit, Sorge, Tod und die Frage nach dem Nachher.
Dem Dichter des Barockzeitalters kommen der Tag und
das Leben vor wie eine »renne bahn«, auf der »die zeit ver-
than« ist. Er sammelt alle seine Hoffnungen im Gebet an
den »höchsten Gott«: *Laß / wenn der müde Leib ent-
schläfft / die Seele wachen / Und wenn der letzte Tag wird
mit mir abend machen / So reiß mich auß dem thal der Fin-
sternuß zu Dir.*
Im Sonett ist die Tageszeit, der Abend, nur Fingerzeig auf
eine tiefere Bedeutung, das Sichtbare nur ein Flechtwerk
von Zeichen für eine spirituelle Welt: in die Natur und
Kreatur hat Gott bei der Schöpfung einen Sinn gelegt, den
wir entsiegeln müssen. Für den Gläubigen lichtet sich das
Dunkel des Diesseits durch die Verheißung von Ewig-
keit.
Auch im Gedicht Ingeborg Bachmanns wird der Sorge
Trost angeboten, ja aufgedrängt, in einer Wechselrede von
Frage und Antwort (Scheinantwort). Die Kursivschrift
deutet eine andere Art von Rede an, hilft uns die Antwor-
ten als Einflüsterungen zu verstehen. In der Abfolge der
vier Fragen wird zunehmender Ernst erkennbar. Geht die
erste Frage aus dem Bedürfnis nach Geborgenheit hervor,
so wünscht die zweite Orientierung in der geistigen und

existentiellen Unsicherheit, die aus der Gewißheit unserer Endlichkeit entspringt. Sie löst die Fragen nach einer letzten Instanz aus und nach dem, was beim Eintreten des Todes und danach geschieht.

Ständig unterbricht die Reklame das Fragen, und ihre Scheinantworten sind Versuche, die Fragenden zu beschwichtigen, zu beruhigen, einzulullen; sie möchte abwiegeln. Der Singsang der Werbesprache appelliert an die Sorglosigkeit und verspricht Heiterkeit – Musik ist Droge. Wo im Sonett des Barockdichters das Gebet zum Vermittler der Hoffnung wird, wiederholt die Reklame mit der Eintönigkeit von Gebetsmühlen ihr Beschwörungs- und Betäubungsvokabular. Werbung ist Abwerbung, Ablenkung des Menschen von seiner Suche nach einem Daseinsziel. Die Litanei der Werbesprache reizt Süchte nach flachem Glück.

Alle Züge der Reklame schillern noch einmal auf in der vieldeutigen Metapher »Traumwäscherei«. Erste Assoziationen, die sich bei mir einstellten, waren: Traumfabrik und Gehirnwäsche. Ingeborg Bachmann hat sowohl eine Erzählung wie ein Hörspiel mit dem Titel »Ein Geschäft mit Träumen« geschrieben (1952): Träume können Gegenbilder zur Welt der gesellschaftlichen Zwänge erstehen lassen oder solche Zwänge zu Alpträumen verdeutlichen; fragwürdig sind die Geschäfte der Konsumindustrie, wenn sie mit den Mitteln der Massenbeeinflussung alle menschlichen Ängste, Sehnsüchte und Hoffnungen, die den Verkaufsstrategien entgegenwirken könnten, verdrängen, um dafür Ersatzbefriedigungen anzubieten.

»Traumwäscherei« ist eine Metapher für ebendiese Verdrängung. Das Gedicht zeigt nicht nur, wie der Mensch von verführerischen Stimmen umstellt ist und von Reklameverheißungen berieselt wird, die ins Unterbewußtsein drängen, sondern auch, wann und wo die suggestive Gewalt der Reklame versagt: im Angesicht des Todes. Das Wort »Totenstille« läßt die Sprache der Beschwichtigung plötzlich verstummen.

Zu ihrem Gedicht »Reklame« mag Ingeborg Bachmann Anstöße durch eine Amerika-Reise im Jahre 1955 erhalten haben. Bei uns waren damals Werbeindustrie und Medien, zumal das Fernsehen, noch in der Entwicklung zurück. Heute sind sie in unserem Leben eine Großmacht. Längst auch hat sich bei uns die Zivilisations- und Kulturkritik über das Thema der Bewußtseinsmanipulation hergemacht – und es zerschwätzt. Da ist es gut, wieder ein Gedicht zu lesen, das die Kniffe der Verführung nicht beredet, sondern sie selbst zum sprachlichen Ereignis werden läßt.

INGEBORG BACHMANN
RÖMISCHES NACHTBILD

Wenn das Schaukelbrett die sieben Hügel
nach oben entführt, gleitet es auch,
von uns beschwert und umschlungen,
ins finstere Wasser,

taucht in den Flußschlamm, bis in unsrem
Schoß
die Fische sich sammeln.
Ist die Reihe an uns,
stoßen wir ab.

Es sinken die Hügel,
wir steigen und teilen
jeden Fisch mit der Nacht.

Keiner springt ab.
So gewiß ist's, daß nur die Liebe
und einer den andern erhöht.

ULLA HAHN
SCHAUKELBRETT, TRAGFÄHIG

Gelöster als in diesem Gedicht hat Ingeborg Bachmann nie
wieder von der Liebe geschrieben. Leidenschaftlicher ja,
pathetischer gewiß, mit kühneren Metaphern, grelleren
Bildern und Tönen, doch nie wieder hat sie das »Unsägli-
che«, und dazu gehört nicht zuletzt die Einheit von Liebe
und Glück, mit einer derartigen Gelassenheit zur Sprache
gebracht, als sei diese Glücksgewißheit so selbstverständ-
lich und alltäglich wie ein Gang zum Bäcker.
Dieser Selbstverständlichkeit entspricht das Bild. Zwei
winzige Menschen umschlingen ein »Schaukelbrett«, so
riesig, daß die sieben Hügel Roms auffliegen, wenn das
Paar im »Flußschlamm« des Tiber versinkt. Das Bild ist
kühn, die Sprache kühl, es ist der Tonfall des Berichterstat-
ters, der ungerührt rapportiert. Der weit ausholende, den-
noch klar gegliederte Satz, der sich über sechs Zeilen und
die beiden ersten Strophen des Sonetts schwingt, formt im
Auf und Ab der Betonungen die Schaukelbewegungen
nach. Ein schwindelerregendes Bild, von Metrum und
Rhythmus souverän gebändigt. Die Sprecherin weiß, daß,
mit der Gesetzmäßigkeit von Naturereignissen, sie ge-
meinsam aufsteigen werden, »ist die Reihe an uns«.
Woher diese Sicherheit? Schaukeln kann nur, wer sein
»Schaukelbrett« fest verankert hat. Worin besteht dieser
Dreh- und Angelpunkt? Was garantiert die Balance? Es ist
das »Wir«, das hält und in Bewegung hält, in tollkühner
Bewegung mitunter, und gleichwohl vor Absturz und Ver-

sinken bewahrt. Anders als üblich in Ingeborg Bachmanns Lyrik ist in diesem Gedicht der Gegensatz von Ich und Du überwunden, das »Wir« erobert. Jetzt wird es gelebt und erprobt, und siehe da: Es erweist sich als tragfähig im wahrsten Sinn des Wortes. Vergessen das heillose Entweder-Oder, das immer wieder in der Liebeslyrik, und vor allem später in der Prosa, den für die Bachmann typischen unlösbaren Widerspruch zwischen Liebe und Selbstbewahrung evoziert, da Liebe entweder als Selbstaufgabe oder als Zwang zur Unterwerfung erfahren wird.

Das Gegenteil hier. Dieses Bild des Schaukelns setzt den freien Entschluß und den Mut zweier selbständiger Menschen zu einem unbegrenzten, bedingungslosen Vertrauen in ein gemeinsames »Wir« voraus: »Keiner springt ab.« Denn der Absprung eines wäre beides: Selbstmord und Mord. So aber bildet sich das »Wir« im Prozeß des Schaukelns, des Miteinanderlebens, immer verläßlicher heraus und festigt sich gerade in der Gefahr. Nur dann sammeln sich die Fische im Schoß, fällt, was das »Wir« zum Leben braucht, ihm buchstäblich in den Schoß. Wer so eins ist, wer so selbst und doppelt ist, der kann teilen, mitteilen, denn er lebt aus der Fülle und aus dem Vertrauen, daß sie ihm nie versiege.

Die Sonettform legt sentenzhafte Überhöhungen der vorangegangenen Bilder in den letzten Zeilen nahe. Ingeborg Bachmann formuliert ihr Fazit mit geradezu luzider Klarsicht: »So gewiß ist's, daß nur die Liebe / und einer den andern erhöht.« Das ist ein Satz wie Lackmuspapier, ein Eichmaß für jeden, der behauptet zu lieben. Hier hat sie erfaßt, was Liebe unterscheidet von selbstzerstörerischer Leidenschaft und demütigender Hörigkeit. Erklär mir Liebe! Dieses Gedicht tut es.

INGEBORG BACHMANN
WAHRLICH

für Anna Achmatowa

Wem es ein Wort nie verschlagen hat,
und ich sage es euch,
wer bloß sich zu helfen weiß
und mit den Worten –
dem ist nicht zu helfen.
Über den kurzen Weg nicht
und nicht über den langen.
Einen einzigen Satz haltbar zu machen,
auszuhalten in dem Bimbam von Worten.
Es schreibt diesen Satz keiner,
der nicht unterschreibt.

HORST BIENEK
WEM ES DAS WORT VERSCHLÄGT

Bei der Verleihung des Büchner-Preises an Ingeborg Bach-
mann im Jahre 1964 erklärte die österreichische Autorin,
daß sie »wahrscheinlich keine Gedichte mehr schreiben
werde«. Und in einem Fernseh-Interview in Rom, 1971,
sagte sie schon fest und bestimmt: »Ich werde nie mehr
Gedichte schreiben!« In den letzten zehn Jahren ihres Le-
bens (sie starb nach einem Brandunfall am 17. Oktober
1973) sind nicht mehr als sechs neue Gedichte entstanden,
von denen sie fünf noch zu Lebzeiten in Druck gegeben
hat (1968), das sechste mit dem Titel »Eine Art Verlust«
wurde als einziges im Nachlaß aufgefunden.
Eines dieser späten Gedichte, mit dem biblisch anklingen-
den Titel »Wahrlich«, ist Anna Achmatowa gewidmet, der
sie im Dezember 1964 in Rom begegnet ist – kurz danach
soll auch dieser Text entstanden sein. Ingeborg Bachmann
muß Achmatowas Biographie und einige ihrer Gedichte,
bestimmt »Das Requiem« gekannt haben. Sie muß gewußt
haben, daß die russische Dichterin in ihrem eigenen Land
lange verfemt war und über zwanzig Jahre lang keine Zeile
veröffentlichen durfte. Ihr lyrisches Werk ist schmal; dar-
unter gibt es Verse, die als Zeitraum der Entstehung 1936-60
(so etwa das nur achtzeilige Mandelstam-Gedicht) ange-
ben. Solches bedenkend, setzt wohl das Gedicht von Inge-
borg Bachmann ein: »Wem es ein Wort nie verschlagen hat,
... dem ist nicht zu helfen.«
Angesichts einer Sintflut publizierter Lyrik weist sie ent-

schieden darauf hin, daß es Erlebnisse und Erfahrungen für einen Dichter geben kann, die ihn zum Schweigen veranlassen. Ja, daß unter bestimmten Umständen das rechte Schweigen erst ihn zu einem wirklichen Dichter macht. In ihrer hochfahrenden poetischen Gestik hatte sie ohnehin Verachtung übrig für jene, die immer eine Antwort bereit haben, die sich »weißgott mit den Worten zu helfen wissen«, die »Metaphern ausstaffieren ... die Syntax kreuzigen«, wie sie in einem Gedicht (»Keine Delikatessen«) ein paar Jahre vorher schreibt. Denen sollte man besser gar nicht über den Weg trauen, auch nicht über Umwege. Brauchte man nicht ein Leben, eine »leiderfahrene Existenz« – um einen einzigen Satz haltbar zu machen? Um »auszuhalten in dem Bimbam von Worten«?

»Bimbam von Worten«, das klingt salopp, aber es steckt eine denunzierende Schärfe dahinter; in diesem trivialen Geläut der Wörter: darin muß man aushalten und seinen eigenen Klang hörbar, unüberhörbar machen. Manchmal sogar, indem man schweigt, verstummt. Und deshalb im Schluß dieser beschwörende, bekennende, von einer eisigen Entschiedenheit erfüllte Satz (bei dem man versucht ist, den Titel voranzustellen: »Wahrlich«) »Es schreibt diesen Satz keiner, der nicht unterschreibt.« Was wohl heißen soll: Der sein Urteil nicht unterschreibt! Und bedeutet das Urteil vielleicht: keine Gedichte mehr zu schreiben?

Man weiß, daß Anna Achmatowa nach zwanzig Jahren des Verbots schließlich im Krieg zwei Gedichtbände veröffentlichen durfte, doch bald danach wurde sie von der Partei angegriffen und 1946 aus dem Schriftstellerverband ausgeschlossen. Erst in den sechziger Jahren wurde sie rehabilitiert. – Sie hat geschwiegen. Sich nicht mit dem Bimbam der Worte gewehrt. Aber sie hat die Sätze haltbar ge-

macht in ihren Versen. Eine Haltung, die dem poetischen
Selbstverständnis von Ingeborg Bachmann nahegekom-
men sein muß. So ist »Wahrlich« ein Gedicht, das genauso-
viel über die russische Dichterin Anna Achmatowa wie
über die österreichische Dichterin Bachmann aussagt. Und
über das Ersticken der Poesie in dem uns umlärmenden
Bimbam von Worten.

ELISABETH BORCHERS
DAS BEGRÄBNIS IN BOLLSCHWEIL

Wenn jemand gestorben ist,
den wir gut kannten,
prüfe ich unser Gedächtnis.
Es taugt nichts,
stelle ich fest.
Es ist nicht haltbar.
Wir sind bald verloren.

Wir nehmen den Berg wahr mit erstem Schnee
und den Nebel im Feld
und finden das passend und schön.
Unsere Bedürfnisse sind einfach und stark,
wir frieren, haben Hunger und Durst
und einen nächsten Termin.

Zwischen uns die kleinen langsamen Gespenster.

HILDE DOMIN
KLAGE UM DIE LEBENDEN

Das Begräbnis der Marie Luise Kaschnitz. »Es war ein noch schöner, aber schon deutlich kalter Tag, mit Schnee in den Bergen und diesem ländlichen, einfachen und ernsten Vorgang. Wir saßen im schnell fahrenden Auto, Elisabeth Borchers und ich, auf der Rückfahrt in den Norden«, schreibt hierzu Karl Krolow. Das Gedicht handelt ja nicht von dem Begräbnis, nicht von der Toten, die nicht mehr als ein Bezugspunkt ist, es handelt von dieser Rückfahrt.
Als merkwürdig fällt mir zunächst der Wechsel von »Ich« und »Wir« auf. Mitnichten ein *pluralis majestatis*. Die Sprechende »prüft« nicht das eigene Gedächtnis, sondern »unser« Gedächtnis, das kollektive. Dies Gedächtnis besteht das Examen nicht. Es hält nicht nur nichts fest. Es ist selber »nicht haltbar«, evaporiert, ein verdunstendes Nichts. Woraus der Schluß gezogen wird: »Wir sind bald verloren.« Das sprechende Ich und jeder. Ein Gefühl, das sich sehr unterscheidet von dem »Dahin, wie Blätter; nur wenige Tage / Gehn wir verkleidet umher« Klopstocks beziehungsweise Homers. Es ist nicht die Klage um unser aller Hinfälligkeit, es ist die Angst vor der Vergeßlichkeit der rapide Lebenden, des eigenen rapiden Lebens, die Elisabeth Borchers auf dieser Rückfahrt vor allem bedrückt. Dabei ist es doch die Rückfahrt von der Beerdigung eines Menschen, dessen Wort nicht mitbegraben wurde, dessen Wort lebt. *Non omnis moriar*, »Nicht ganz werd ich sterben«, das gilt doch wohl auch für sie. »Dir in memoriam ...

endlos«, hatte sie geschrieben, wieder und wieder, in ihren Gedichten. »Ich schreibe das Leben.«

Es wird der spätherbstlichen Kulisse dieses Begräbnisses gedacht: »passend und schön«. »Beinah noch nach zeitloser Sitte war die Dichterin zu Grabe getragen worden«, erinnert sich Karl Krolow, anläßlich dieses Gedichts. Intensiv hatte die Tote selber sich über diese Beerdigung ausgesprochen: »Zur Beerdigung meiner / Wünsche ich mir das Te-deum / Den Freudengesang / Unpassender- / Passender-weise. / ... Einen Freudensprung / will ich tun am Ende / Hinab hinauf ...« Ist der Freudengesang gesungen worden? »Es war während der Buchmesse und sehr kalt«, sagt man mir auf meine Frage. »Wir tranken scharfe Getränke.« Das Sterben der andern macht Hunger und Durst, die eigene Leiblichkeit meldet akut ihre Lebendigkeit an, deswegen wird ja auch anschließend meist reichlich aufgetischt, von den Primitiven bis heute.

In diesem so realistischen und selbstkritischen Gedicht gibt es, innerhalb der sich anmeldenden starken und natürlichen Bedürfnisse, und als eines von ihnen, auch noch »den nächsten Termin«: eine Feststellung, die rückblickend und schon auf der Fahrt diese Beerdigung fast zu etwas wie einem »Termin unter Terminen« macht. Davon geht denn auch die Selbstkritik und die Kritik am Lebensstil aller aus, die einmündet ins Fazit: »Wir sind bald verloren.« Der Tote, die Toten, allerdings, fahren mit in dem schnellen Auto: »kleine langsame Gespenster«. »Winzige, ferne Gestalten«, wie die eben Beerdigte das selber einmal genannt hatte.

Elisabeth Borchers stimmt hier also keine Totenklage an, sie beklagt sich nicht über das Sterben, sondern über das Leben: »Alles ist auswendig gelernt ... / Kein Abschweifen durch Wahrnehmungen«, heißt es an anderer Stelle. Oder, kurz darauf, die Klage, die Selbstanklage, an sich und alle gerichtet, ganz wie dies Gedicht: »Es wäre Zeit gewesen / zu hören und zu sehen.« Denn, und das ist mir sehr stark aufgefallen, dies »Bollschweil« ist nur ein Abschnitt in dem einen langen Gedicht, das diese Gedichte darstellen. Das Lebensthema, die Lebensfrage, immer neu gefragt, mit deutlich nachlassender Erwartung, aber um so kritischerer Aufmerksamkeit, ist auch in dies Gedicht eingeschrieben: »Was willst du reden / wenn du kein Herz hast / Worte ohne Lachen und Weinen / ... Sieh / es ist ein Augenblick.«

ELISABETH BORCHERS
DIE GROSSE CHANCE

Abends entspannen uns eilfertige Bilder,
die Story der Gerechtigkeit,
das Epos zu dritt.
Da geht mit dem Killer
das Unrecht des Tags.
Da wird Sehrsucht gelehrt und gestillt.
Da sind wir nach Maß.
Wenn alles vorbei ist
und die Schöne am verwilderten Grab
des Vaters ihr Haupt neigt,
gehen wir schlafen.
Der nächste Morgen
kommt
blütenrein.

WALTER HINCK
SCHÖNHEIT MIT WIDERHAKEN

Das Gedicht nimmt gefangen durch eine poetische Schönheit, die ohne Reim auskommt. Restlos nutzt die rhythmische Bewegung den Spielraum des freien Versmaßes und der freien Zeilenform. Wie entscheidend hier der rhythmische Fluß der Verse ist, zeigt ein Vergleich mit der ersten Fassung des Gedichts (im »Jahresring 76-77«). Dort noch lauten die vierte und die fünfte Zeile: »Da geht das Unrecht des Tags / mit dem Killer zu Grund.« Was als kleine rhythmische »Kante« empfunden werden mag, ist in der neuen Fassung verschliffen.

Die schöne Form fasziniert, aber sie verhindert nicht einen geheimen Widerstand des Lesers. Sie hat die Überredungskraft der »eilfertigen Bilder« selbst, deshalb gilt es auf der Hut zu sein. Das abendliche Fernsehen als Heilkur nach den Strapazen des Tags?

Gewiß, es ist die Rede von einer Wirkung der Kunst, die wir seit Aristoteles Katharsis nennen: von der Erregung, Entladung und Läuterung der Empfindungen und Affekte zum Zwecke größerer Ausgewogenheit im seelischen Haushalt und im Umgang mit den Mitmenschen, zum Zwecke – warum nicht? – größeren Wohlbefindens des einzelnen, vieler. In den Filmgeschichten – auch der sogenannten Western – finden wir unsere Unrechtserfahrungen, zwischenmenschlichen Spannungen und Ängste bestätigt und zugleich entschädigt, aufgehoben in der »poetischen Gerechtigkeit«. Da werden wir mit neuen Sehnsüchten bekannt und mit ihrer Erfüllung, da projizieren wir uns selbst in Menschen hinein, an denen alles stimmt. Und die melancholisch-versöhnliche Schlußsequenz bringt die nötige Gelöstheit für den Schlaf. Die »Bilder« also als Medikament zur Entspannung: »Der nächste Morgen / kommt / blütenrein.«

Es ist das »blütenrein«, vielmehr eine literarische Reminiszenz, die mich endgültig hat stutzig werden lassen: die Erinnerung an Ingeborg Bachmanns Gedicht »Reklame«; »wohin tragen wir«, heißt es dort, »unsre Fragen und den Schauer aller Jahre«, und die Reklame antwortet: *»in die Traumwäscherei ohne sorge sei ohne sorge«*. Das »blütenrein«, wir kennen es auch als einen Slogan der Waschmittelwerbung. Und haben nicht die »eilfertigen Bilder« von Filmgeschichten aus der »Traumfabrik« ähnliche Wirkungen wie die Reklameversprechen: »säubern« sie uns nicht vom existentiellen Ernst, bieten uns Glücksverheißungen als Drogen und beruhigen uns mit Surrogaten?

Das Schlußwort »blütenrein«, auf das Elisabeth Borchers' Verse hinführen, ist zugleich der Wendepunkt, von dem aus das Gedicht anders, also noch einmal gelesen werden will. Und nun fällt das Verführungsmoment in der »Eilfertigkeit« der Bilder auf, das Täuschungsmoment im Vergessenmachen des erlittenen Unrechts, das Schematische in dem Nach-Maß-Sein und in den Mythen des Films: alles Signale der Einschränkung, des Widerrufs.

Aber ist diese die endgültige Lesart? Von jeher hat Kunst auch eine Entlastungsfunktion, und sie ist nun einmal Schein oder Fiktion, nicht die Erfahrungswirklichkeit selbst. Sie vermag tatsächlich zu vermitteln, was mit der Metapher »blütenrein« umschrieben ist. Sie muß kein Surrogat, sie kann auch – nun wird der Titel wichtig – eine

»große Chance« sein, aber eine Chance eben, die richtig wahrgenommen werden will.

Das Gedicht zieht uns ins Gespräch über unser Verhältnis zu den neuen Medien des 20. Jahrhunderts, denen wir nicht entgehen können und wollen. Es gibt keine »eilfertige« Antwort, will nicht recht haben, keine Meinung oktroyieren. Es setzt Reflexion in Gang, löst im Leser produktive Zwiespältigkeit aus. Die Schönheit dieses Gedichts ist eine Schönheit mit Widerhaken.

ELISABETH BORCHERS
HERBST

Wie die Kirchtürme zittern im Licht
wir werden es nicht überleben.
Wie wir uns täuschen lassen
vom Licht, das die Türme bewegt.

GERT UEDING
LAUTLOSES BEBEN

Im Zyklus der poetischen Jahreszeiten kommt dem Herbst
eine zwiespältige Rolle zu. Er erscheint mit Rebe und
Weinlaub, dem ganzen Füllhorn der Natur, mit Zauberfar-
ben und Erntesegen. Doch ist das nur die eine Seite, die,
gleichsam dem Sommer zugeneigt, seine Krone und Erfül-
lung zeigt. Es gibt auch den anderen lyrischen Prospekt:
fallendes Laub, durch das der Herbstwind fährt, die kalten
Abendnebel, kahle Stoppelfelder, die absterbende Pflan-
zenwelt, dazwischen Astern, die todkündenden Lieblings-
blumen Ottilies (in den »Wahlverwandtschaften«) und
Gottfried Benns.
Das eine ist das Inwendige des andern. Sehr früh, aber un-
vergeßlich hat mich einst der Naturkundelehrer davon un-
terrichtet, daß gerade die Früchte mit den schönsten, den
gesündesten Farben im Zerfallsprozeß besonders weit
fortgeschritten sind, denn er ist verantwortlich für die Ver-
färbung der Natur. Auf der Jahreszeitenuhr steht der Zeiger
dann eigentlich auf Abend, der Zenit ist längst überschrit-
ten, ein Wechsel tritt ein. Die Parallele zum Lebensalter liegt
nahe und wurde auch immer schon gezogen. Kein Herbst-
gedicht, das nicht zugleich aufs menschliche Leben zielt
und manchmal durch dies hindurch auch auf das späte
Weltalter.
Elisabeth Borchers' Gedicht führt die Jahreszeit nur im Ti-
tel, die vertrauten Attribute fehlen sonst, allein das Licht
könnte noch aus ihrem Kontext kommen. Ein Seh-Erleb-

nis in vier Versen: sie berichten vom Anblick zitternder
Kirchtürme in jenem besonders klaren und stillen Herbst-
licht, das (um es mit Worten Albin Zollingers zu sagen)
durch gebrochene Lüfte fällt und daher jenen Eindruck
des Zitterns hervorruft, dem beim Zuschauer der jähe
Schrecken folgt und die augenblickliche Gewißheit, dieses
lautlose Beben nicht zu überleben. Eine apokalyptische
Vision, doch gleich darauf die Erleichterung, daß die Erde
sich nicht bewegt, die Kirchtürme fest und sicher und wir
selber mit beiden Beinen unerschüttert auf dem Erdboden
stehen.

Wirklich kein Grund zur Beunruhigung? Wenn der Schein
immer die Außenseite von etwas inwendig Verborgenem
ist, was ist dann eigentlich für einen Augenblick derart er-
zittert, daß es nachbebt in der Empfindung? Wofür wird
das optische Erlebnis zum Gleichnis, vor dem jede Beruhi-
gung dann als die wirkliche Täuschung erscheinen muß?
Manès Sperber berichtete von einem Erlebnis ähnlicher
Art. Es geschah in der Provence, einer Landschaft von
kräftigen Farben, noch dazu im Städtchen Apt; als er den
Fuß aufs Trottoir setzen wollte, fiel er zu Boden: »Ich
wußte, daß ich nicht gestolpert war, sondern einen Augen-
blick lang, in der Tat blitzartig, das Bewußtsein verloren
und es wiedererlangt hatte, noch ehe ich auf den Boden fiel
... Es war ein Signal...«

Von einem solchen Signal handelt auch dieses kleine Ge-
dicht, es kommt hier von außen, löst Erschütterung und
Beschwichtigung aus, weil es als mahnendes Zeichen er-
lebt wird. Ein Herbsterlebnis anderer Art, als wir es sonst
in Gedichten mit diesem Titel finden, und möglicherweise
deutet der kleine apokalyptische Sprung darin noch auf
eine andere, eine tiefere Hoffnungs-Schicht.

Ich komme darauf eines Bildes wegen, das von Caspar David Friedrich stammt; eine Sepiazeichnung, 1803 entstanden und im Besitz der Hamburger Kunsthalle. »Herbst« heißt ihr Titel, und sie wirkt wie eine allegorische Illustration zu unserem Gedicht. In der linken Bildhälfte zeigt sie eine gewaltige schattige Gebirgslandschaft, rechts vorne einen Obelisken mit Sarkophag, und dazwischen führt ein Weg hinab ins sonnendurchglänzte Tal, wo fern, aber doch deutlich die Kirchtürme und Zinnen der Stadt sichtbar werden. Ein Paar geht Hand in Hand den Weg hinab, gleichsam vor dem Betrachter her, und lenkt dessen Blick durch die grüßende Gebärde auf den prächtigen Anblick weit vorne.

Herbstzeit als Lebenszeit und Weltzeit in eins gefaßt: die Melancholie des Abstiegs von den Gipfeln der Berge, des Niedergangs aus erhabener Höhe, des Verfalls und Welkens – doch dann die zitternden Türme im gleißenden Licht, jenseits von Schatten, Urne und Erniedrigung, der Widerschein des himmlischen Jerusalem, der Vorschein einer neuen Frühlingswelt, so daß der Anblick, der uns beben macht, gerade die Versicherung gegen den Tod bedeutet: »Wie wir uns täuschen lassen / vom Licht, das die Türme bewegt.«

ELISABETH BORCHERS
ICH BETRETE NICHT

Ich betrete nicht den Festsaal der Sätze
die Gemächer der vor Grazie
       sich biegenden Nebensätze
die würdigen Hügel des Partizips.
Ich überlasse mich nicht
       den geschmeidigen Perioden
dem rauschhaften Absturz
den komödiantischen Untiefen.
Ich verweigere den Müßiggang der Addition
das Manöver der Unklarheit
die Dämmerung der Klarheit.
Ich stimme nicht an das Lied zur Verführung
       der minderjährigen Ewigkeit.
Ich lehne ab das Plagiat der Klage des Windes
       und des Flächenbrandes.
Ich bediene mich der Notdürftigkeit:
Sie ist gestorben
verdorben
und verfalle der irdischen Einfalt
dem Trost des himmlischen Fests.

JOCHEN HIEBER
DIE LAST DER TRADITION

Ein idealer Ort, um über das Gedicht nachzudenken, ist
das Gedicht selbst; kaum ein Dichter, der diese Möglich-
keit nicht genutzt hätte. Durch Lyrik über Lyrik zu reden
gehört mithin schon seit den Anfängen zum festen Be-
stand der Gattung: Es gibt kein anderes künstlerisches
Genre, das es in Sachen Selbstreflexion mit ihr aufnehmen
kann. Noch die Poetik, die das Wesen der Dichtkunst er-
gründen und lehren will, findet nicht selten dann zu den
einleuchtendsten Resultaten, wenn sie zuhört, wie Poesie
über Poesie räsoniert.

Auch *Ich betrete nicht* ist ein Gedicht vom Gedicht – und
Elisabeth Borchers eine gelehrte Poetin. Also kennt sie die
Tradition des lyrischen Selbstgesprächs, gegen die sie ihr
eigenes ästhetisches Programm bestimmen und behaupten
muß. Entschiedenes Auftreten ist dafür nötig: sechsmal in
sechzehn Versen das *Ich* gleich am Zeilenbeginn, fünfmal
verbunden mit klaren Absagen an die Tradition. Und ihr
gleichwohl von Anbeginn an unentrinnbar verhaftet.
Denn was sie selbst poetisch wollen, haben die Dichter
schon immer gern durch Verneinung ausgedrückt: »Buhlt
länger nicht mit eitlem Wortgeklinge!«, lautete etwa Fried-
rich Schlegels Losung im Gedicht »An die Dichter«. Unter
den Dichtern unserer Zeit ist die Negation fast epidemisch
geworden, in jedem Fall aber gehört sie zum guten Ton des
schlechten Gewissens: Schwer nämlich lastet spätestens
seit Gottfried Kellers Stoßseufzer das »Loos der Epigo-
nen« auf jedem neuen Vers.

Die Zeilen der Elisabeth Borchers sind also ein durch selbstbewußte Verweigerung kunstvoll kaschiertes Lamento über die Last der Überlieferung. Wogegen treten sie an? Wenn sie *das Plagiat der Klage des Windes und des Flächenbrandes* ablehnen: gegen die jahrhundertealten Debatten um die Mimesis, die Nachahmung der Natur durch die Kunst. Wenn sie *das Lied zur Verführung der minderjährigen Ewigkeit* nicht anstimmen: gegen den Topos von der Unsterblichkeit der Poesie. Wenn sie sich *den geschmeidigen Perioden / dem rauschhaften Absturz / den komödiantischen Untiefen* nicht überlassen: gegen die wundervollen Perioden etwa eines Novalis, den Rausch der Verse Baudelaires, das Komödiantentum Heinrich Heines. Und wenn sie sich weigern, *den Festsaal der Sätze* zu betreten, *die Gemächer der vor Grazie sich biegenden Nebensätze* und *die würdigen Hügel des Partizips*: dann lehnen sich diese Verse auf gegen das, was vielen als das Kostbarste unserer Dichtung gilt: nicht zuletzt gegen Hölderlins Gesänge und Rilkes Ton.

Sie müssen sich auflehnen – um des Eigenen willen. Aber sie lehnen nicht ab. Im Gegenteil: Zur Ironie dieses Gedichts zählt, daß es bewundert und herrlich beschreibt, was es verdammt. Paralipse nennt die Rhetorik jene Stilfigur, die etwas gerade dadurch nachdrücklich hervorhebt, daß sie erklärt, es vollkommen übergehen zu wollen; die ersten elf Verse dieses Gedichts sind Paralipse *par excellence*. Und die restlichen fünf? Ein Bekenntnis zur armen Kunst und zur christlichen Demut. Hat das übrige lyrische Werk der Dichterin dieses Programm eingelöst? Gewiß, nur wenige und allemal schmale Bände hat sie in den vergangenen dreißig Jahren veröffentlicht, skrupulös war sie bei jedem Wort und äußerst sparsam mit poetischem

Prunk. Und doch scheinen die Schlußzeilen allzu beschei-
den. Ganz so, als habe die Last der Tradition ein letztes
Mal obsiegt.

Dem aber widerspricht die Lyrik der Elisabeth Borchers
sonst überall: Gerade auch in jenen Gedichten, die sich,
widersetzlich und anerkennend zugleich, an traditionellen
Motiven und Formen versuchen, hat sie das Epigonenlos
keineswegs ereilt, hat sie höchst Eigenes zu finden, zu er-
finden vermocht.

ELISABETH BORCHERS
VON EINER STADT

Die Stadt
hat dreizehn Linden
wir wollen sie festbinden
sie sind so grün

Die Stadt
lebt vom Brot und vom Fisch
es gehen zwei zu Tisch
der Weg ist weit

Die Stadt
lebt von frischen Steinen
wer will nun wen beweinen
es gibt doch zwei

Die Stadt
hat auch drei Eisen
ich kann es nicht beweisen
sie glühen heiß

PETER WAPNEWSKI
SANFTE KUNDE AUS DEM STEINLAND

Nicht: *Die* Stadt. Sondern: *Von* ihr. So beschwört der Titel
nicht die mythische Vision von dem steinernen Unge-
heuer, seinen sich drohend aufreckenden Hochhäusern,
vom gemauerten Moloch, der den Menschen und seinen
Garten (sein Biotop, sagen wir heute) verschlingt – wie etwa
Dichtung und Malerei des Expressionismus das Leben fres-
sende und Seelen mordende Steintier mit grellen oder
dunklen Farben zeichneten. Sondern hingetupfte Impres-
sionen, die sanfte Kunde andeuten von dem, was in der
Stadt geschieht.
Das Gedicht entstammt dem zweiten Band der Lyrikerin:
»Der Tisch an dem wir sitzen« (1967). Ein sehr eigentümli-
ches Kunstgebilde – was als Urteil nicht eben originell
klingt, da man von jedem Gedicht, jedem Kunstwerk, das
als solches gelten will, Eigentümlichkeit erwarten wird.
Aber die Gedichte der Elisabeth Borchers widersetzen
sich auf eigenwillige Weise jeglicher Erwartung an Kon-
vention und Tradition. Sie verzichten auf schlüssige Bot-
schaften, sie schweben gestaltlos und verweigern sich dem
auf- und erklärenden Zugriff, ja schließlich der plausiblen
und resümierenden Deutung. Sie sind sich selbst genug in
ihrem Ton, der klingt wie Kinderlied und summt wie
Schlafweise und raunt wie Märchenstimmen, und vor dem
Versuch einer eiligen oder handfesten Aneignung ver-
flüchtigen sie sich in ihre eigene Welt, »ins Versteck der
Bilder und Träume«, in das »Paradies der Metaphern«, wie

der Kollege und Herausgeber Jürgen Becker sagt. So stand
es schon um die ersten Verse, in denen sich die Dichterin
vorstellte: »eia wasser regnet schlaf ...« (1960). Und em-
pörter Protest aus den Gründen und Abgründen ent-
täuschter Gewohnheit versuchte, zornig oder wütend, den
leisen Singsang zu übertönen – und ertrank doch in seinen
verzauberten und verzaubernden Wellen.

Vier kleine Strophen, streng gebaut. Und, eine Seltenheit
in den Gedichten von Frau Borchers, auch mit Reimen
versehen (im Zentrum). Der Einsatz jeweils: *Die Stadt*,
und sie will sich nicht dem Reim bequemen und bleibt ant-
wortlos so wie der jeweils letzte Vers.

Ein Gedicht auch der Zahlen, wie sie als Strukturelement
die Architektur von Häusern und Straßen bestimmen: Mit
dreizehn setzt es ein in der ersten Strophe, die zweite
kennt die *zwei*, die dritte wieder die *zwei*, die vierte gibt ei-
nes dazu: *drei*. Bedachte Strenge auch im Fortschreiten der
Bilder von der organischen zur unorganischen Natur, von
den Bäumen zum Eisen. Linden *hat* die Stadt, und um de-
ren Grün zu erhalten und sie zu retten inmitten der Steine,
muß man sie festbinden. Hier schlägt im Literaturhistori-
ker, immer im Dienst, eine Glocke an: *Dreizehnlinden* ist
der Titel eines Trivialepos aus der Feder von Friedrich Wil-
helm Weber (1878), das zum Ende des neunzehnten Jahr-
hunderts ein ungezählte Male aufgelegtes Lieblingsbuch
des Bildungsbürgertums war. Aber das – fingierte – na-
mengebende Kloster wird nur aus Zufall in die zweite
Zeile unseres Gedichtes geraten und also ohne weiterfüh-
rende Bedeutung sein.

Was *hat* sie noch, die Stadt? Sie hat *drei Eisen*, aber erst in
der letzten Strophe. Die beiden mittleren *haben* nicht, sie
sprechen von dem, was *lebt*. Sprechen von archaischer

Speise, von Brot und Fisch. Zu denen der Weg weit ist –
weit zumal, wenn man zu zweit ist, den gemeinsamen
Tisch suchend. Und noch einmal die Zweiheit: *Frisch* sind
die Steine der Stadt, die in immerwährendem Aufbau ihrer
selbst die alten Stücke verwirft und neue mauert. Wie alles
Neue gebietet das: Abschied, und Abschied will weinen,
macht weinen. Wer um wen von den *zwein*? Oder beide
gemeinsam um das (eine oder das zweite) Verlorene?
Schließlich: *drei Eisen*, auch die *hat* sie. Das heiße Eisen, es
hält jeden ab, der es unbedacht meint fassen zu dürfen.
Und es erinnert daran, wie schwer es ist, das Gottesurteil
des glühenden Metalls zu bestehen.
Die Stadt als Gehäuse alles dessen, was Menschsein und
Menschenlos einschließt. Sehnsucht nach immergrünen-
der Natur, nach Nahrung der elementaren Art, und nicht
leicht ist der Weg zu ihrem Tisch zu finden. Zwei ist die
Symbolzahl der Gemeinsamkeit, zwei finden sich bei
Fisch und Brot, zwei in ihren Tränen. Und das heiße Eisen
will nicht berührt werden, will ein Geheimnis bleiben, un-
bewiesen. Wie denn überhaupt diese leisen Verse nichts
wissen wollen von der Eindeutigkeit eines Beweises, ihre
Wirklichkeit ist nicht die der klügelnden Vernunft, son-
dern liegt in dem autonomen Anspruch von Impression
und Erinnerung, von aufblitzendem Bewußtsein und
mäandernder Assoziation. Und die flüchtigen Bilder wer-
den gehalten von der klaren Strenge einer sie bindenden
Form.

DAGMAR NICK
HYBRIS

Wir sind nicht mehr die gleichen.
Uns ätzte das Leben leer.
Es gibt keine mystischen Zeichen,
es gibt kein Geheimnis mehr.

Wir treiben durch luftlose Räume
erloschenen Angesichts.
Die Nächte verweigern uns Träume,
die Sterne sagen uns nichts.

Wir haben den Himmel zertrümmert.
Das Weltall umklammert uns kalt.
Der Tod läßt uns unbekümmert.
Wir haben Gewalt.

GÜNTER KUNERT

TRAGISCHE FOLGEN

Manchmal haben Binsenweisheiten und Banalitäten das
Recht, angemerkt zu werden. Etwa diese, daß unser Da-
sein oder, bescheidener gesagt, unsere Biographie der
Herrschaft des Zufalls unterworfen ist. Was wir werden,
was sich an uns vollzieht und dabei wie Schicksal aus-
schaut, stammt häufig genug aus der Hand anderer Mit-
menschen, ohne daß diese, ohne daß wir davon ahnen.

Eine solche Zufallskonstellation mag Dagmar Nick zum
Schreiben veranlaßt und später zu ihrer Entdeckung ge-
führt haben. Da auch an meiner literarischen »Wiege« der
Zufall Pate stand, und zwar im gleichen Jahrzehnt, schien
mir die obige Präambel vonnöten. Gerd Kalow erwähnt
im Nachwort zu Dagmar Nicks vorletztem Gedichtband,
»Fluchtlinien«, wie beiläufig einen Umstand, der damals
sich so oder ähnlich für junge Autoren abgespielt hat:
Erich Kästner, im ach so fernen Jahre 1945 Redakteur der
»Neuen Zeitung«, druckte dort selbst das erste Gedicht
der damals erst Achtzehnjährigen. Ich habe ihre Gedichte
zuerst in der Zeitschrift »Ulenspiegel« gelesen, wo Wolf-
gang Weyrauch nur kurze Zeit danach meine ersten Ge-
dichte veröffentlichte. Wir, Dagmar Nick und ich, sind, ei-
nem billigen Wortspiel zufolge, die »Dichter der ersten
Stunde« – ich wahrscheinlich schon der zweiten.

Wir sind beide nicht ausschließlich beim Gedicht geblie-
ben, sondern vom Pfade der lyrischen Tugend immer wie-
der abgewichen. Dagmar Nick hat auch eines Tages Hör-

spiele geschrieben, Prosa, Reisebücher und bis dato vier Gedichtbände publiziert. Aber es ist keineswegs immer die Fülle, die wesentlich ist.

Mich hat das Gedicht »Hybris« nicht nur aus Gründen der Affinität zu gleichartigem Denken oder einer gewissen spezifischen Zeitgenossenschaft berührt, sondern weil ich es in bezug zu jenen Anfängen lese. Und mich dabei meiner (und nicht ausschließlich meiner) Hoffnungen, Illusionen und Träume erinnere. Ich stimme mit ein: »Wir sind nicht mehr die gleichen. / Uns ätzte das Leben leer...« Eher als das Leben aber doch die global gewordene Misere, das Syndrom aus suizidärer Verblödung und Vergiftung, aus Menschenüberschuß und Willensmangel, am Gang der Dinge noch etwas zu ändern, statt bloß daran herumzudoktern.

Dieses in sich widersprüchliche »Wir«, das seine seelischen und spirituellen Verluste beklagt und zugleich auf seine Fähigkeit wissenschaftlichen »Machens« verweist, auf das Einverständnis mit Tod und Zerstörung, um in der Schlußzeile die einzige und letzte Kompensation für alles Verlorene zu nennen: »Gewalt« – dieses »Wir« umfaßt unsere schuldhafte Unschuld.

Aus einer gewaltbedingten Katastrophe vor über vierzig Jahren hervorgegangen, ist uns nichts anderes beschert worden als weitere Gewalt, auch wenn diese heute eine andere Erscheinungsweise zeigt. Aus der einstigen Gewalt gegen Menschen (die partiell hier und dort immer wieder aufflackert) ist nun eine Gewalt gegen die Sache der Natur entstanden. Und nicht nur gegen die Natur in ihren biologischen, vegetativen Formen, sondern auch und erst recht gegen unsere Menschennatur, indem diese von uns selber gegen uns geübte Gewalt uns »instrumentalisiert« und so-

mit zu Mitteln für die uns nicht mehr erkennbaren Zwecke
gemacht hat.

Die »frevelhafte Selbstüberhebung mit tragischen Fol-
gen«, als welche der Titel übersetzbar ist, verweist zurück
in die Antike, wo über das uns jetzt erreichende Verhäng-
nis schon größere Klarheit bestand als gegenwärtig. Und
obschon das Gedicht den Bestand mystischer Zeichen
leugnet, ist es doch selber eines, wenn auch ein verspätetes
und wahrscheinlich nicht gar so sehr mystisches.

Zwölf Zeilen in einer einfachen Sprache, sachlich, nüch-
tern, eben so, wie man das Schreckliche einzig Wort wer-
den lassen kann. Selbst der nahezu triviale Reim, der uns in
jedem anderen Gedicht minderen Ernstes und geringerer
Ängste unerträglich erschiene, hier ist er die absolute Ent-
sprechung für die Absicht: ein Menetekel an die Wand zu
malen, welche bereits zu stürzen droht.

DAGMAR NICK
TREIBJAGD

Spätsommer, dieses Gespür
von Abschied voraus.
Hinter dir fällt schon die Tür
ins beschattete Haus.

Wind, der die Weite durchmißt:
deine Wege von morgen.
Was du verloren hast, ist
aufs neue zu borgen.

Bis der Herbststurm erwacht,
magst du noch draußen zelten,
die Schüsse während der Nacht
brauchen nicht dir zu gelten.

Fuchsfallen, im Acker getarnt,
findest du blind.
Erst wenn der Häher dich warnt,
weißt du: die Treibjagd beginnt.

WALTER HINCK
ES GESCHIEHT MITTEN UNTER UNS

Ein Spätsommer-, ein Herbstgedicht? Es mag zunächst so scheinen. Die Abschiedsstimmung der August- und Septembertage, die Ankündigung des Herbststurms und sogar der Treibjagd – alles dies deutet auf die Wiederkehr des gleichen im Wechsel der Jahreszeiten, im Kreislauf der Natur.

Vers und Reim stören solchen Eindruck nicht. Das metrische Gerüst, durch die unregelmäßige Folge von Hebungen und Senkungen gelockert, bekommt Halt im Endreim der kreuzweise gereimten Zeilen. Die Strophen unterliegen der Spannung und zugleich dem Ausgleich von Freiheit und Fessel – einem Gesetz, dem auch der Rhythmus des Jahreslaufs sich beugt. Die elegische Stimmung ist in den Klangkorrespondenzen wohlaufgehoben. Ein Gedicht also, das vom herkömmlichen Spätsommer- oder Herbstgedicht nicht sonderlich abzuweichen scheint.

Der Widerruf ist denn auch zunächst überhörbar; der Gegenzug gegen den herkömmlichen Gang des Gedichts setzt unmerklich ein. Eine Tür fällt zu. Der scheinbar belanglose, scheinbar vorläufige Vorgang bekommt aber bald den Charakter des Endgültigen. Die Zuflucht, die Schutz vor den Herbststürmen gewährt, ist versperrt. Die Wege, deren Richtung der Wind weist, führen ins Ungewisse. Kein Besitz bietet Sicherheit. Mitgenommen in die Zukunft wird nur das befristet Entliehene.

Das adverbiale »Noch« bestimmt die Zeitperspektive:

»noch« bietet ein Zelt Notquartier. Aber wie schutzlos der
Untergeschlüpfte schon ist, zeigt sich sogleich: »die
Schüsse während der Nacht / brauchen nicht dir zu gel-
ten.« Sie brauchen nicht, also können sie.

Damit ist die Erwartung, die der Gedichttitel »Treibjagd«
geweckt haben mag, widerlegt. Nicht ein Ereignis der
Jagdsaison, nicht ein fröhliches Jäger-Spektakel steht be-
vor. Der Ausgesperrte selbst wird das Wild sein. Und auch
die Vertrautheit mit dem Gelände kann nicht helfen. Die
Menschenjagd wird beginnen.

Das Gedicht ist doppelbödig. Bis zum Schluß der dritten
Strophe, wenn nicht gar bis zu den letzten beiden Versen
bleibt ein versöhnlicher Ausgang immerhin möglich: seine
Auflösung in eine Herbst- und Jagdidylle. So mag man-
cher Leser in die Falle des Gedichtes gehen. Da ist dann
das Motiv des warnenden Hähers die letzte Warnung auch
an den Leser.

»Keine Zeit mehr zum Warten und Hoffen / diese Jahre
sind abgetan«, heißt es in einem anderen Gedicht des Ban-
des »Gezählte Tage«; »doch die Fluchtwege immer noch
offen / über Länder und Ozean.« Von solcher Offenheit
der Fluchtwege spricht das Gedicht »Treibjagd« nicht.
Nimmt Dagmar Nick hier ein thematisches Grundmuster
ihrer Dichtungen aus den frühen Nachkriegsjahren wieder
auf, knüpft sie an die historischen Erfahrungen der Hitler-
zeit, an die Schrecken der Juden-, der Menschenverfolgun-
gen wieder an?

Die Zeitform der Sprache ist hier nicht das Präteritum.
Vom »draußen zelten« in diesem Augenblick, von den
»Wegen von morgen« ist die Rede. Vergangenheit ist wie-
derholbar, und Menschenjagden – wer abends die Nach-
richten der Welt hört oder morgens sie liest, weiß es – sind
finstere Gegenwart.

Doch lesen wir das Gedicht nicht zu einsinnig! Es gibt die Treibjagden jenseits des Scheinwerferlichts öffentlicher Medien, in den zwischenmenschlichen Verhältnissen, aus seelischer Verhärtung gegen die Außenseiter und Fremden, im psychischen Terror erkalteter Beziehungen. Das »du« des Gedichtes, die Nähe, ist ernst zu nehmen. Das Kesseltreiben geschieht mitten unter uns.

Wirklich, ein Jahreszeiten-Gedicht mit doppeltem Boden.

CHRISTA REINIG
DER ENKEL TRINKT

Wir küssen den stahl der die brücken spannt
wir haben ins herz der atome geschaut
wir pulvern die wuchtigen städte zu sand
und trommeln auf menschenhaut

wir überdämmern die peripetie
der menschheit im u-bahnschacht
versunken im rhythmus der geometrie
befällt uns erotische nacht

wir schleudern ins all unsern amoklauf
das hirn zerstäubt – der schädel blinkt
ein grauer enkel hebt ihn auf
geht an den bach und trinkt

GÜNTER KUNERT
DAS LEBEN GEHT WEITER

Diese wenigen, vor just zwanzig Jahren veröffentlichten
Zeilen erweisen sich als einer der vielen ignorierten Ap-
pelle »an die tauben Ohren der Geschlechter«, wie Peter
Huchel in einem Gedicht gleichen Titels unsere Unfähig-
keit nannte, Warnungen rechtzeitig zu vernehmen, ge-
schweige denn auf sie zu reagieren. Am allerwenigsten
hören wir auf solche, wenn sie von einer derart »inkom-
petenten« Seite kommen, wie sie die Dichtung für unse-
ren eingeschränkten Realitätssinn darstellt.

Dem »Wort der Dichter«, auf das wir immer dann pathe-
tisch verweisen, sobald es andernorts unterdrückt wird,
billigen wir nur geringes Gewicht zu. Es gilt uns als eine
Art geistiges Sparguthaben, von dem wir aber, falls wir
dessen bedürfen, doch nichts abheben können. Offenkun-
dig handelt es sich um einen Besitz, dessen Wert ebenso
fiktiv ist wie er selber. Wir, die wir jedem bramarbasieren-
den Politiker hypnotisiert aufs Maul schauen, bereit, jede
Lüge zu glauben, würden uns hingegen schämen, auf die
mahnenden Stimmen der Dichter zu hören. Denn wir
können nicht glauben, daß Wahrheit sei, was nicht im ärm-
lichen Kauderwelsch unserer Halbbildung brabbelt.

Christa Reinigs Gedicht ist eine jener ahnungsvollen Pro-
phetien, die man zustimmend liest, um sie rasch zu verges-
sen. Dazu verhilft, daß wir heute besserwisserisch feststel-
len können, daß auch diese apokalyptischen Verse Verken-
nungen und Irrtümer enthalten. Etwa, daß der besagte

graue Enkel einfach an den Bach geht, Wasser schöpft und trinkt, als habe es nicht einige Zeilen vorher vermutlich einen radioaktiven »Fallout« gegeben. Zumindest wäre nach dem Amoklauf jedes frei fließende Wasser nur mit Vorsicht zu genießen. Der Autorin, trotz ihres kassandrischen Anspruches, war die Umweltproblematik noch so wenig bewußt wie uns selber zur damaligen Zeit: von Luft- und Wasservergiftung kein Wort.

Auch will uns jetzt der Schluß des letzten Verses geradezu idyllisch, auf jeden Fall hoffnungsvoll vorkommen: Selbst wenn unser Enkel einem neuen Atavismus verfällt, jenseits einer Kultur, in der es uns ohnehin nie recht behagt hat, beweist allein seine Existenz, »daß das Leben weitergeht«. Und mehr kann man ja heutzutage an Positivem kaum von Literatur verlangen.

Doch viel bemerkenswerter als dieses nahezu rousseauisch wirkende Resümee der Katastrophe ist die Sprache des Gedichts. Obschon sie von nicht allzu ferne an Gottfried Benn und den Expressionismus gemahnt, ist sie keineswegs epigonal. Ganz unironisch und ernsthaft gesagt: Die bekannt erscheinenden verbalen Mittel verlieren durch die Stärke der Eingebung ihre Beziehung zur Überlieferung und erhalten damit ein neues Aussehen, eine andere Wirksamkeit. Sie erheben sich fast zur Originalität: einer jener seltenen Vorgänge, die man einen »Wurf« zu nennen pflegt. So etwas gelingt einem Autor nicht alle Tage, denn nicht alle Tage schafft er es, in sich das neurotisch-luzide Spannungsfeld herzustellen, diese eigentümliche Vibration, ohne die alles Geschriebene matt und glanzlos bleibt.

Was Christa Reinig bewegte und anregte, ist in den drei Versen nahtlos aufgegangen. Und wenn wider alles Erwarten und entgegen allen Bemühungen der Weltuntergang doch nicht stattfindet oder zumindest noch ein Weilchen vertagt wird, so behält dieses Gedicht dennoch recht, indem es einen vorherrschenden Wesenszug des Homo faber enthüllt: von seinen eigenen technischen Möglichkeiten überwältigt zu werden, um den Preis der Zerstörung, und gleichzeitig gegen alle Verluste aufs neue blind beginnen zu können.

CHRISTA REINIG
DIE PRÜFUNG DES LÄCHLERS

für meine mutter,
die dem lächler das haupt gehalten hat.

als ihm die luft wegblieb, hat er gelächelt
da hat sein feind ihm kühlung zugefächelt
er lächelte, als er zu eis gefror
der feind rückt ihm die bank ans ofenrohr

er lächelte auch, als man ihn bespuckte
und als er brei aus kuhmist schluckte
er lächelte, als man ihn fester schnürte
und er am hals die klinge spürte

doch als man ihm nach einem wuchtigen tritt
die lippen rundum von den zähnen schnitt
sah man ihn an, erst ratlos, dann erstarrt
wie er im lächeln unentwegt verharrt.

HORST BIENEK
LÄCHELN ÜBER DIE WELT
UND ÜBER SICH SELBST

Das Gedicht ist wie die Beschreibung eines Bildes, das
Francis Bacon gemalt haben könnte. Einfach und lako-
nisch, in grellen Aufrissen, mit einprägsamen, suggestiven
Reimen: ein Mensch, der lächelt, über die Welt, über die
Feinde, über sich selbst, rätselhaft lächelt – und dem man
das Lächeln nicht wegnehmen kann, auch nicht in der Tor-
tur. Ein Gedicht, das ein konkretes wenn auch zeitloses
Ereignis aufschreibt und das damit hinausweist in eine po-
litische oder theologische Metapher. Etwa: der Glaube, der
unverrückbar ist und schließlich den andern, den Feind,
verändert; das weiche Wasser besiegt den harten Stein; der
Schwache besiegt den Tyrannen.
Das sind schon Interpretationen, es ließen sich weitere
hinzufügen. Darum geht es nicht. Es ist ein »offenes« Ge-
dicht, und ich glaube, Christa Reinig geht es eher darum,
auf diese Weise den Leser zur eigenen, aus der Selbsterfah-
rung bestimmten Interpretation aufzurufen. Erst von da-
her kann sich jene Betroffenheit einstellen, die, übers Lite-
rarische hinaus, ins Biographische (oder Nacherlebbare)
geht.
Der Vorgang wird deshalb so lapidar wie möglich »er-
zählt«, kein Dekor, kein Milieu, keine definierte Zeit: im
Grunde ein philosophischer Gedanke, eine theosophische
Idee, die hier in einer zugegeben kühnen und schlüssigen
Parabel konkretisiert werden. Der Titel »die prüfung« ver-

stärkt noch den ideengeschichtlichen Aspekt. Das Gedicht ist vielinterpretierbar, aber doch eindeutig. Es ist privat wie auch öffentlich, politisch wie religiös wie auch literarisch: in dieser Prüfung sind wir, die Leser, ebenfalls Gefolterte; das will in einem konkreten und metaphorischen Sinn verstanden sein.

Christa Reinig hat sich lange mit chinesischer Philosophie beschäftigt, von dort kommt das her – und von Brecht und auch aus der Erfahrung ihrer (damals) isolierten wie gefährdeten Existenz. Die konventionelle Form hält die Kühnheit, die Explosivkraft des Gedankens zusammen, ja, der Zwang des Reims, ohne Umweg, von Zeile zu Zeile, macht erst die Freiheit des Lächlers (auch in der Tortur) offenbar.

Dieses Gedicht, in den fünfziger Jahren entstanden, steht in dem neuen Band »Die Steine von Finisterre«, der alle ihre Gedichte versammelt, mit Ausnahme der römischen Gedichte in dem Buch »Die Schwalbe von Olevano«. Im ganzen sind es wenig mehr als ein halbes Hundert Gedichte; für jemanden, der seit dreißig Jahren schreibt, nicht zu viele. Hier wird deutlich, daß die »neue Einfachheit«, die heute das aktuelle Gedicht immer mehr bestimmt, von Eich, von Huchel und von der Reinig ihren Ausgang genommen hat. Besonders auffällig in ihren kurzen, aphoristisch zugespitzten Zwei- und Vierzeilern. Solche sprachliche Lakonik im Gedicht erreicht heute nur noch Reiner Kunze. Sie haben beide auch die gleiche Herkunft.

Christa Reinig immer noch, wie es seinerzeit Johannes Bobrowski von ihr sagte, ein Geheimtip? Ich glaube ja. Wie es die Lasker-Schüler zu ihren Lebzeiten war.

CHRISTA REINIG
ROBINSON

manchmal weint er wenn die worte
still in seiner kehle stehn
doch er lernt an seinem orte
schweigend mit sich umzugehn

und erfindet alte dinge
halb aus not und halb im spiel
splittert stein zur messerklinge
schnürt die axt an einen stiel

kratzt mit einer muschelkante
seinen namen in die wand
und der allzu oft genannte
wird ihm langsam unbekannt.

PETER MAIWALD
VOM INSELMENSCHEN

In der Lyrik kann Größe auch bedeuten: Ein Dichter, eine
Dichterin hat unseren poetischen Wortschatz erweitert.
Christa Reinig darf dies für sich in Anspruch nehmen. Wir
verdanken ihr ein starkes Dutzend unvergeßlicher Ge-
dichte, etwa »die prüfung des lächlers«, »Die Ballade vom
blutigen Bomme«, »Die Gerechten« – und eben auch die
zwölf Verse über »Robinson«.
1926 in Berlin geboren, hat Christa Reinig manche Etappe
deutscher Geschichte erlebt. Erfahren hat sie die Unlieb-
samkeit ihrer traurig-schönen Poeme in der aufbaufrohen
und aufbaurohen DDR. 1964 verließ sie das Land: Nach
einer kurzen Zeit der Anerkennung und der Ehrungen
blieb ihr im Westen die Bekanntschaft mit dem schlechten
Gedächtnis des literarischen Marktes nicht erspart. Nicht
von ungefähr jedenfalls handelt »Robinson«, ihr noch in
der DDR geschriebenes Gedicht, vom Abgeschnittensein,
von Isolation und Vereinzelung, von der zerstörerischen
Wirkung der Einsamkeit.
»Lyrik als Arbeit« – in einer ihrer raren poetologischen
Notizen hat sich die Autorin zur handwerklichen Mühsal
und zur zähen Geduld ihrer Kunst geäußert: »Ich mußte«,
schreibt sie angesichts der verhärteten Verhältnisse und
der bürokratisch verkrusteten Sprache, »mit Feilen und
Fingernägeln eine Fuge herauskratzen, dann gibt es einen
lockeren Stein, dann breche ich den Stein heraus.« Der
herausgebrochene Stein, der auch von den Mauern zwi-

schen den Menschen spricht und von den Barrikaden in
uns, ist ein zentrales Motiv ihrer Poesie. Im Robinson-Ge-
dicht findet es seine Entsprechung im Bild vom Kratzen
mit der Muschelkante.

Daniel Defoes 1719 erschienener Roman über die »seltsa-
men und erstaunlichen Abenteuer des Robinson Crusoe«
führte uns einen risikobereiten Helden vor, der sich von
Katastrophen und Rückschlägen nicht entmutigen ließ,
vielmehr flexibel auf noch so schwierige Lagen reagierte.
Kurzum: Ein Selfmademan, den Triumph des bürgerlichen
Individuums verkörpernd. Nichts mehr davon bei Christa
Reinig. Es ist, als habe ihr Robinson nach all den Über-
lebensmühen und Fortschrittskämpfen nur noch die Fä-
higkeit zu funktionieren bewahrt, darüber jedoch seine
humane Energie eingebüßt – und mit ihr seine Sprache, ja
seinen Namen. Gnadenlos ist diese neue Robinsonade.
Kein rettendes Schiff in Sicht, und der Horizont leer. Kein
edler Wilder, kein Freitag bietet die Illusion einer gelingen-
den Gesellschaft.

Und doch wirkt das Gedicht anmutig und leicht. Es ver-
birgt keineswegs die artistische Lust am unangestrengten
Reim, es bekennt sich zur Leidenschaft fürs Lapidare und
Lakonische. Natürlich moralisiert es nicht. Seine Moral ist
die Sprache selbst, genauer: die Gegensprache zum herr-
schenden Idiom. Dies herrschende Idiom freilich gibt es
nicht mehr: Mit der DDR verschwand auch ihre doktri-
näre Diktion. Also hätte das Gedicht seine Wirkung getan,
also hätte es uns nichts mehr zu sagen?

Weit gefehlt. Wer unsere Wohninseln und Bürowaben be-
trachtet, wer, bei anschwellendem Geschwätz, den zuneh-
menden Verlust an Kommunikation bemerkt, wer die Ein-
siedler mit ihren Handys und die Eremiten des Internet

beobachtet, wird Christa Reinigs Robinson unschwer wiedererkennen. Fern aller befreienden Inselphantasien steht dieser alte Held heute eher für Autismus und Isolation. Immerhin: »manchmal weint er« – noch.

HERTHA KRÄFTNER
ABENDS

Er schlug nach ihr. Da wurde ihr Gesicht
sehr schmal und farblos wie erstarrter Brei.
Er hätte gern ihr Hirn gesehn. – Das Licht
blieb grell. Ein Hund lief draußen laut vorbei.

Sie dachte nicht an Schuld und Schmerz und nicht
an die Verzeihung. Sie dachte keine Klage.
Sie fühlte nur den Schlag vom nächsten Tage
voraus. Und sie begriff auch diesen nicht.

KURT KLINGER
UNTERWÜRFIGE REVOLTE

Wenn ich an Hertha Kräftner denke, fällt mir als erstes dieses Gedicht ein und der erschreckende Satz: »Er hätte gern ihr Hirn gesehn.« Es ruft mir den regenüberschwemmten Herbstabend 1950 in Erinnerung, an dem ich in einer obskuren Wiener Literatenwohnung im Kreis junger Autoren, die einander Gedichte vorlasen, Hertha Kräftner kennenlernte. Es war ihr nichts anzusehen: wer sie interessierte, wer sie gleichgültig ließ, was in ihr vorging, was sie dachte – nichts. Ein sehr »anständig« frisierter dunkelbrünetter Schatten war auf penetrant unauffällige Weise abwesend.

Als sie las, klang ihre Stimme für mich kühl und kraftlos, in sich zusammengesunken, mit jenem Timbre von Erschöpfung und Ohnmacht, dem man später bei der rezitierenden Ingeborg Bachmann wiederbegegnete. Man hätte die Sensibilität von Tieren besitzen müssen, die einen Schiffsuntergang vorausfühlen, um durch die Tristesse des Tonfalls schon die Botschaft zu ahnen, die Hertha Kräftner wenige Tage vor ihrem Selbstmord – am 13. November 1951, im Alter von dreiundzwanzig Jahren – an ihre Mutter schrieb: »Es ist einfach so, daß ich viel zu traurig und zu müde bin, um noch leben zu wollen.«

Das Gedicht »Abends« deckt brutal eines der Motive auf, die den scheinbar anpassungsfähigen, in Wirklichkeit aber hermetischen und selbstbesessenen Charakter Hertha Kräftners in die Lebensverweigerung getrieben haben.

Warum schlägt dieser Mann (in Kräftners Briefen trägt er
den mißverständlichen Namen »Anatol«) so furchtbar auf
seine Geliebte ein, daß sich ihr Gesicht in Brei verwandelt,
in »erstarrten Brei«? Warum, wenn nicht aus Verzweif-
lung, daß es ihm nicht gelingt, sie so absolut in Besitz zu
nehmen, wie er sich ihr ausliefern möchte? Ein totaler An-
spruch auf Gemeinsamkeit stößt so lange auf eine Zone,
die sich ihm entzieht, ihn ablehnt, ihn sogar in der intim-
sten Vereinigung zurückweist, bis er rasend wird. Er will
den Widerstand brechen, in den Kopf hineinsehen, der
diese Capricen ausheckt, er will das Innerste nach außen
kehren: Prügel als mißglückte Austreibung einer unerklär-
lichen Gegen-Macht. Er muß es tun, und er wird es immer
wieder tun müssen, bis zum Ende oder bis er die Antwort
erpreßt hat, nach der er sich sehnt.
Die geschlagene Frau hingegen bringt keine Klage über die
Lippen. Sie kann nicht einmal an Klage »denken«, auch
nicht an »Schuld« und »Verzeihung«. Warum fühlt sie
nicht den Schmerz des ersten Schlags, sondern den »Schlag
vom nächsten Tage voraus«, den übernächsten und noch-
mals übernächsten – eine nicht mehr abreißende Kette von
Schlägen? Weil sie in der Erstarrung des Nichtbegreifens
doch eines sehr gut begreift: daß sie diesen Mann, obwohl
er sie nur so akzeptieren kann, wie er sie haben will, nicht
verlassen wird, nicht verlassen kann, da nur die Bindung
an ihn die Selbsterkenntnis verzögert, sie sei weder der
rückhaltlosen Hingabe noch der rückhaltlosen Einsamkeit
fähig.
Immerhin beschwört er sie ja noch (wie Hertha Kräftner
im Tagebuch gesteht): »Lebe für mich!« Wer sonst würde
das zu ihr sagen? Der auferlegte Zwang ist immer noch
besser als überhaupt kein Halt – die Konsequenz daraus

kann nichts anderes sein als zielloses Aufbegehren, eine
ständig prolongierte unterwürfige Revolte, die sich die Fä-
higkeit zur Selbstbefreiung abspricht. Wenn das geschieht,
ist im Sinne existentialistischen Philosophierens bereits ein
Todesraum markiert – Hertha Kräftner, die von Sartres
Schriften fasziniert war, konnte das nicht entgangen
sein.

»Abends«, datiert vom 20. März 1949, und benachbarte
Texte, die das »Ausweglose« besingen, sind das melodra-
matische Komprimat einer Entwicklungskrise nicht nur
der unrettbar an sich selber leidenden Autorin. Die auto-
biographische Grundierung birgt fatale Wesenszüge einer
Nachkriegsgeneration, die nach den Verwüstungen, deren
hilfloser Zeuge sie sein mußte, der erhofften besseren Zu-
kunft mit so maßlosen Erwartungen entgegensah, daß sie
dem Sturz aus der Illusion, dem ersten Schlag ins Gesicht,
nicht gewachsen war.

HERTHA KRÄFTNER
»ANNA«, SAGTE DER MANN

»Anna«, sagte der Mann
»ich fahre jetzt heim. Im Schlafwagen…
Ich wollte immer schon einmal
im Schlafwagen reisen,
aber es war mir zu teuer.
Anna? Freust du dich nicht?
Es ist ein langer Zug.
Kannst du die Wagen zählen?«
Er hob die Hand aus seinem Totenbett
und zeigte auf die lange Reihe
der Einmachgläser auf dem Kleiderkasten;
das ist in kleinen Wohnungen üblich.
Da standen Aprikosen in dicken Säften,
geschälte, gelbliche Birnen und rote Beeren,
und die zarten Pfirsiche
leuchteten grün und ein wenig rosa.
»Ein schöner Zug«, sagte der Mann.
»Weine nicht, Anna. Es ist ein Glück,
so zu reisen. Ich glaube,
die Fahrkarte ist sehr teuer gewesen,
aber ich hab sie umsonst bekommen.«
Und die Birnen und Beeren
und die saftigen Aprikosen
begannen zu dampfen und zischen
und rollten in die Ewigkeit.

ELISABETH BORCHERS
MÄRCHEN FÜR ARME LEUTE

Ein Gedicht? Ein Märchen! Ein Märchen für arme Leute.
Ausgestattet mit drei Personen. Der Mann (nicht »arm«,
nicht »alt«, nicht »krank«) und: Anna. Sie spricht nicht,
wird lediglich angesprochen: Anna, sagte der Mann. Und
ein Erzähler. Es wird erzählt, daß der Mann die Hand hebt
aus seinem Totenbett, nachdem er Wesentliches erzählt hat.
Zum Beispiel, er fahre jetzt *heim*; sein innigster Wunsch,
einmal Schlafwagen zu fahren, erfülle sich. Dieser Über-
gang zwischen Leben und Tod muß das Land sein, in dem
Wünsche in Erfüllung gehen. Aus den leuchtenden Ein-
machgläsern oben auf dem Schrank wird ein *schöner Zug*.
Jedes Gedicht sucht sich seine Form, wenn es darauf be-
steht, vollendet zu sein. Das Besondere an diesem vollen-
deten Gedicht ist, daß das Formale nicht auf Kosten des
Inhalts geht, das beides aufeinander zukommt. Auf diese
Weise geschehen zwei Wunder, das formale und das inhalt-
liche. Gedicht und Märchen. Und beide vertragen sich, sie
vertragen sich so sehr, daß sie zum *Glück* werden. Wenn
man ein Leben in Kleinheit und Armut zugebracht hat,
dann ist es gerecht und höchste Zeit, ganz schnell noch ein
Märchen zu erleben, ein Märchen, das einen Wunsch er-
füllt, so daß man den Hinterbliebenen eine Wunscherfül-
lung zurücklassen kann. Statt einer Immobilie etwas Mo-
biles, und sei es ein Zug, der in die Ewigkeit fährt. Die
Ewigkeit, ein Ehrenwort.
Während meiner Kinderzeit wohnte unweit, ja ganz in der

Nähe, Kapitän Küppers, ein Geschichtenerzähler für Kinder. Unverheiratet, kinderlos, die Schwester führte den Haushalt. Und als er gestorben war, ließ sie uns, die Kinder der Nachbarschaft, ein ins Totenzimmer. Da lag er nun – der erste tote Mensch meines Lebens – inmitten der Dunkelheit, weiß war alles, die Kerze, das Flammenlicht, die Laken, die Haut, das Haar, der Bart, selbst das Lächeln war weiß. Da zieht er hin, sagte seine Schwester, das alte Fräulein Mathilde, auf seinem Kahn in die Ewigkeit. Dafür sind Gedichte gut, vor allem wenn es Märchengedichte sind, sie zeigen den Weg.

Die Gedichte von Hertha Kräftner sind Einsamkeitsgedichte höchsten Grades. Es sind Totenlieder. Im Totenlied »An den großen Strömen« wird die Geschichte erzählt von einem, der nach Amerika ging, und von einer, deren Herz zerbrach, weil sie sich hätten in den Strömen Europas ertränken sollen. Erst später dann ertränkt sich der Geliebte »in großer Einsamkeit im Hudson River«. Oder im Gedicht »Dorfabend« begruben sie beim weißen Oleander ihr Kind, nachdem sie es erwürgt hatte. Der Schriftsteller Kurt Klinger hat nicht nur das grausame Gedicht »Abends« interpretiert, er hat Hertha Kräftner auch noch gekannt, hat gesehen, wie heillos sie dasaß und las inmitten der anderen.

Man sollte nun nicht behaupten wollen, sie habe hier eine Art Lieblingsthema gefunden. Es muß wohl zu Hertha Kräftner gehört haben, wie die Überdosis an Schlaftabletten, die sie im Alter von dreiundzwanzig Jahren zu Tode brachte. Das war 1951. So viel Unheil kann in einem Menschen stecken. Soviel in einem Gedicht.

HERTHA KRÄFTNER
DORFABEND

Beim weißen Oleander
begruben sie das Kind,
und horchten miteinander,
ob nicht der falsche Wind
den Nachbarn schon erzähle,
daß es ein wenig schrie,
als seine ungetaufte Seele,
im Halstuch der Marie
erwürgt, zum Himmel floh.
Es roch nach Oleander,
nach Erde und nach Stroh;
sie horchten miteinander,
ob nicht der Wind verriete,
daß sie dem toten Knaben
noch eine weiße Margerite
ans blaue Hälschen gaben...
Sie hörten aber nur
das Rad des Dorfgendarmen,
der pfeifend heimwärts fuhr.
Dann seufzte im Vorübergehn
am Zaun die alte Magdalen:
»Gott hab mit uns Erbarmen.«

PETER HÄRTLING
DAS BÜNDNIS DER MARIEN

Seit ich dieses Gedicht kenne, hastet es durch mein Ge-
dächtnis, höre ich seinen heftigen, am Ende seufzenden
Atem. Es geht mir schon lange nach. 1953 las ich es zum
ersten Mal, in dem von Hans Weigel herausgegebenen
Jahrbuch »Stimmen der Gegenwart«, und aus einer »bio-
graphischen Notiz« erfuhr ich nicht mehr, als daß Hertha
Kräftner 1928 in Wien geboren wurde, im Burgenland auf-
wuchs, hernach wieder in Wien Philosophie und Germani-
stik studierte und im November 1951 starb.
Es war mehr ein Gerücht oder schon der Keim zu einer
Legende. Als dann 1963 Otto Breicha und Andreas Oko-
penko in einem längst vergriffenen Band die Gedichte und
die Prosa Hertha Kräftners vorlegten, brach durch die An-
deutungen eine verzweifelte, an ihrem Ungenügen erstik-
kende Existenz. Das Bild einer alles, aber auch alles Verlan-
genden: Von Kind auf hat sie gelesen, sich Ideale erträumt
und sich vor großen Worten nicht gefürchtet, obwohl sie
auf ihr lasteten; sie hat bedingungslos geliebt und erleben
müssen, daß die Wirklichkeit vor ihrer hochfahrenden
Phantasie zurückwich; schließlich fand sie nur noch
schlichte Sätze, mit denen sie zwischen Anspruch und Ver-
lust eine Grenze zog: »Es ist einfach so, daß ich viel zu
traurig und zu müde bin, um noch leben zu wollen«,
schrieb sie ihrer Mutter, bevor sie sich mit Schlaftabletten
vergiftete.
»Dorfabend« entstand am 3. September 1951, zwei Mo-

nate vor ihrem Tod. Neben einem andern war es das letzte
Gedicht, das Hertha Kräftner schrieb. In ihm gelingt es ihr,
alle ihre Ängste zu bannen, das Grauen in der Schönheit ei-
nes Naturlauts aufgehen zu lassen. Es redet nicht mehr nur
ihre Stimme, es ist auch die des Windes, der falsch und li-
stig, Seelen verderbend durch die ersten neun Verse jagt.
Der Wind, der die üble Nachrede mitnimmt und wie eine
Krankheit verschleppt.

So weit der Raum des Gedichts auch scheint, die Zeilen
reiben sich an einer tödlichen Enge. Und zugleich klingen
sie ergeben, wie eine Rosenkranzlitanei. Der Widerspruch
soll schmerzen, denn er ist das Thema: Aufruhr und Erge-
bung.

Das Gedicht hat drei nicht markierte Strophen. Zweimal
setzt es, wie ein Volkslied, mit einem Blumenmotiv ein.
»Beim weißen Oleander«, also in der verborgenen Wildnis
und nicht auf dem Friedhof, begraben »sie« ein Kind. Man
erfährt, daß Marie es mit dem Halstuch erwürgt habe, und
der Schmerz teilt sich in einem beinahe unauffälligen Zei-
lensprung mit: »im Halstuch der Marie / erwürgt.« Das
Kind kam wohl ledig zur Welt, nun bleibt es auch noch un-
getauft. Alle Verbote einer dörflichen Gemeinschaft sind
verletzt worden – um so mehr kann der »falsche Wind« er-
zählen.

»Es roch nach Oleander / nach Erde und nach Stroh«: das
Grab ist frisch; und daß sie »dem toten Knaben / noch eine
weiße Margerite / ans Hälschen gaben« ist ebenso das Ein-
geständnis der Schuld wie der unerlaubten Liebe.

Zwischen dem zweiten und dritten Einsatz steht gleichsam
eine Generalpause: ein hilfloses Schweigen, in das die Um-
gebung mit banalen Geräuschen rettend einbricht. Die
Enge, die »sie« zu Mördern machte, nimmt sie wieder auf.

Der Gendarm hört nicht auf den Wind, und der Rosen-
kranz der alten Magdalen schließt mit der überkommenen,
tausendfach gemurmelten Floskel eine Geschichte, ein Ge-
dicht, das die eine Marie mit der andern vereint, die der
Kräftner mit der Büchners: »Das Kind gibt mir einen Stich
in's Herz. Fort! Das läuft sich in der Sonne!«
Ich weiß nicht, ob Hertha Kräftner dieses im Trostlosen
aufrührerische Bündnis wollte. Es ist auch gleich. Sie hat
dem Elend Woyzecks auf ihre Weise – und es ist wirklich
eine »Weise« – geantwortet.
Was er dumpf hat einsehen müssen, trägt der »falsche
Wind« nun durch die Zeilen dieses großen Gedichts: »Es
liegt in niemands Gewalt, kein Dummkopf oder Verbre-
cher zu werden.«

REBECCA LUTTER
MEIN PLATZ

I

Im Traum
geh ich in Kinderschuhen
Sommerwege.
Seh das verbrannte Haus
schön aufgerichtet
unter seinen Bäumen.
Meine Zeit
ohne Angst
am Hügel hingebreitet.
Mein lachender Morgen
im Land der Füchse.

II

Böses
liegt unterm Septembermond,
wächst heran
mit Augen und Zungen.
Über die Grenzen
kriecht es
und frißt im Feuersturm
die alten Bilder.
Begräbt das Haus
mit seinen Bäumen
im Berg der Füchse.

III

Zittergras
wächst aus Aschespuren
und der geduldige Wind
sät neue Saat.
Manchmal
in Sommerwinkeln
hört man noch
Kinder und Mutterrufe,
Jägerschritte in der Dämmerung.
Hörner blasen:
›Fuchs tot!‹

HANS JOACHIM SCHRIMPF
SPURENSUCHE

Dies ist ein sehr zartes Gedicht von der unschuldsvollen Kindheit und von dem schuldigen Feuersturm im Land, das einmal Heimat bedeutete, vom Traum einer angstfreien Jugendzeit, die doch ein Albtraum war der Angst vor dem aschenen Tod, dem Meister aus Deutschland. Im Zwielicht der Erinnerung einer doppelten Wahrheit treten drei Zeit-ebenen nacheinander ins Bild: davor – dann – danach.

Doch die assoziative Spurensuche des Traums verwandelt das zeitliche Nacheinander in ein zeitübergreifendes Ne-beneinander. Das Dann ist gegenwärtig auch im Davor und Danach, einen unbetroffenen Freiraum kann es nicht geben. Die zurücktastende Erinnerung verbindet das Vor-gestern mit dem Gestern und Heute zur untrennbaren Einheit.

Die geheime Identität der drei Versgruppen bekundet sich an der Gedichtform auch darin, daß der Brandgeruch durch jede zieht, daß die freirhythmische Wortfolge in al-len Strophen jeweils auf elf Zeilen gebracht ist und stets wie in einem Fluchtpunkt am Erinnerungsplatz der ge-störten Idylle endet: dem *Berg der Füchse.*

Die Träumende erfährt, daß die Zeit der Unschuld – *Mein lachender Morgen* – verloren ist und für immer vergiftet vom Einbruch des Bösen und daß die Zeit danach dies Un-erträgliche für immer aushalten muß, auch wenn *Zitter-gras* wieder wächst aus *Aschespuren* und *der geduldige Wind / sät neue Saat.*

Mein Platz – das ist nicht nur der wiedergesuchte Lieb-
lingsort der Kindheit, an dem *das verbrannte Haus / schön
aufgerichtet / unter seinen Bäumen* war, es ist auch unser
Platz zwischen Vergangenheit und Zukunft. Er ist es für
alle, die es noch miterlebt haben, wie jung sie waren. Was
geschah, ist für immer gewesen.

Der *Septembermond* ist die einzige Realitätspartikel im
Traum des Gedichts, ein Datum, das auf Deutschland im
Jahr 1939 weist. Man muß nicht wissen, daß das Haus der
verlorenen Heimat in Hinterpommern stand: auf dem
Voßberg (dem *Berg der Füchse*) bei Stolp. Aber es ist gut,
daß man von der Wirklichkeit des gelebten Lebens – von
den Sommerwegen der Jugend und von der Flucht durch
den Schnee – jetzt auch in ebenso zarter Prosa in Rebecca
Lutters Erinnerungsbuch lesen kann: »Sommerwege un-
term Schnee. Eine Kindheit in Pommern«, 1989 erschie-
nen.

Die Verfasserin, 1930 geboren, erlebte als Vierzehnjährige
zusammen mit Mutter und jüngeren Geschwistern im Ja-
nuar 1945 die Flucht nach Westen. Sie studierte Germani-
stik und Altphilologie und wurde Lehrerin im Ruhrgebiet,
später in Bonn, wo sie heute lebt. Seit Beginn der achtziger
Jahre veröffentlichte sie poetische Arbeiten zuerst in Zeit-
schriften und Anthologien, darunter den Prosatext »Rat-
lose Heimkehr«. Der Gedichtband »Die Taube ruft mor-
gens den Regen« erschien 1984.

In einem anderen Gedicht ihrer Lyriksammlung, das den
Titel *Stolp-Slupsk* trägt, hat Rebecca Lutter den Zweiklang
dieses Doppel-Namens das *Fremdvertraute* genannt, in
das sie *über die Spinnwebbrücke der Erinnerung* zurück-
gekehrt sei. Im Prosaband wird von der Heldin Anna er-
zählt, wie sie auf ihrer Spurensuche lange nach dem Krieg

polnische Kinder an den alten Plätzen spielen fand: »Sie waren in dieser Stadt geboren worden, lebten mit Eltern und Großeltern schon länger in Slupsk, als Anna in Stolp gelebt hatte.«

Und der Leser sieht sich behutsam zu der Einsicht hingeleitet, daß man fremde Wege gehen muß, um zu Hause anzukommen, daß Heimat kein Anspruch ist, sondern wie die Liebe ein Glück, das geschenkt wird oder versagt nach Wohlgefallen, einem rätselhaften Gesetz zufolge, dessen Erkenntnis auch den Weisesten verschlossen bleibt.

Das Gedicht *Mein Platz* berührt so schmerzhaft, wie es leise dahergeht, aber es beschwört zugleich aus Staub und Aschespuren den Gegenzauber.

EVA STRITTMATTER
DER AMSEL

Wie sehr bewundere ich
Die nach Regeln gebauten Gedichte.
Das Metrum bezaubert mich,
Und die richtig gesetzten Gewichte

Machen mich immer versucht,
Die Zeilen nachzuzählen,
Und ich denke: Ei verflucht,
Mußte der Dichter sich quälen!

Wie kann er das leisten: zu fühlen
Und die Gefühle so einzuteilen,
Daß sie das Sonett nicht zerwühlen
Und heilen in vierzehn Zeilen?

Zum Teufel mit den klassischen Formen,
Wenn der Junigrünwind weht
Und der Amsel zersingt mir die schönsten
                                    Normen,
Weil er nichts vom Singen versteht!

Er pfeift und eifert vor Sonnentollheit,
Weil er grad pflichtlos ist.
Noch muß er nicht die Zweitbrut füttern,
Die bald sein Lied auffrißt.

Wie heiter und herzlich ist dieser Morgen!
Und ich bin gesättigt von Licht.
Was soll ich mich da um Sonette sorgen?
Ich mach einfach ein Gedicht.

STEFANA SABIN
EIN ANTI-SONETT

Seit Mitte der fünfziger Jahre lebt die Dichterin Eva Stritt-
matter, 1930 in Neuruppin geboren, auf einem Gehöft im
märkischen Land: Die Birken und Kiefern rund um den
»Schulzenhof«, die Wiesen und Bäche, die Raben und Tau-
ben kommen immer wieder in ihren Gedichten vor. Kon-
ventionelle Naturbilder, die der klassischen Lyrik ebenso
vertraut sind wie dem Volkslied, verbunden mit Versatz-
stücken des Alltags: Ihre Poesie ist Gebrauchslyrik im be-
sten Sinn. Rhythmus und Reim, Ironie und Sentiment cha-
rakterisieren die Verse, mühelos und spielerisch verweben
sie das Eigene und Private mit dem Gesellschaftlichen und
Allgemeinen. *Wer hat den Drang mir eingezwungen, / Die
Welt in Worten nachzubauen?*: »Frage« heißt das Poem, in
dem sich diese Zeilen finden. In Kinderbüchern, Essays
und erzählender Prosa hat Eva Strittmatter denn auch die
»Welt in Worten« nachgebaut. Vor allem als Lyrikerin aber
trat sie aus dem Schatten ihres vor gut drei Jahren verstor-
benen Mannes Erwin Strittmatter, des wohl populärsten
Schriftstellers der DDR. Von Lew Kopelew ermutigt, trug
sie 1965 ihre Gedichte erstmals öffentlich vor – ausgerech-
net bei einem Schriftstellerkongreß in Tiflis. Eine Vielzahl
von Lyrikbänden hat sie seither publiziert. Im Westen eher
wenig bemerkt, ist sie in ihren östlichen Stammlanden
nach wie vor erfolgreich und beliebt.

»Ich wundere mich immer wieder darüber«, hat Eva Stritt-
matter einmal geäußert, »daß Gedichte, die wehrlosen Ge-

bilde, die oft aus Schwäche gemacht sind, soviel Stärke haben können und weite Wege bewältigen.« Ihre Stärke heißt Einfachheit – und Einfachheit kann auch selbstbewußten Trotz bedeuten gegenüber den geadelten Formen und den hehren Themen der Poesie. Nicht umsonst heißt es in der »Anti-Ode«: *Ich kann keine Ode schreiben. / … / Könnte ich aber welche schreiben, / Schrieb ich die erste nicht / Aufs Vaterland, aufs schöne. / Ich schrieb ein Gedicht // Auf den Geruch von Wäsche.*

Mit einer ironischen Verbeugung vor der Tradition beginnt auch das Gedicht »Der Amsel«. Die »richtig gesetzten Gewichte« des klassischen Sonetts werden zugleich bewundert und in Frage gestellt. Das Gedicht wird zum Anti-Sonett. Auf eigene Formen freilich verzichtet Eva Strittmatter keineswegs. Sie nutzt den Zeilensprung ebenso wie den Kreuzreim und spielt ausgelassen mit den Möglichkeiten der Umgangssprache, kleine Flüche eingeschlossen. Fast programmatisch erscheint der Verzicht auf die Nachtigall, den bevorzugten Naturboten erhabener Oden und Sonette. Dafür darf eine Amsel, mehr noch: »der Amsel« auftreten und »die schönsten Normen« durcheinanderbringen, »weil er nichts vom Singen versteht«. Dem herrlichen Tag und der Heiterkeit des lyrischen Ichs tut dies keinen Abbruch. Amseln übrigens beleben Eva Strittmatters Gedichte immer wieder, sie waren die Lieblinge ihres Mannes.

Daß die Amsel in diesem Gedicht aus den siebziger Jahren zum Männchen mutiert – in einem anderen Poem aus der gleichen Zeit begegnet man »dem Täuber«: auch dies eine Mißachtung der üblichen Normen, ein weiteres lustvolles Signal gegen das ordentliche Sonett. Gleichwohl besteht Eva Strittmatter nicht nur auf dem Recht, »einfach« zu dichten, sie insistiert in der letzten Zeile und in Anspielung auf Gottfried Benns Postulat auch darauf, daß ein Gedicht eben nicht romantisch erfühlt, seherisch erahnt oder intuitiv empfunden wird: es wird gemacht.

ELFRIEDE GERSTL
WER IST DENN SCHON

wer ist denn schon bei sich
wer ist denn schon zu hause
wer ist denn schon zu hause bei sich
wer ist denn schon zu hause
wenn er bei sich ist
wer ist denn schon bei sich
wenn er zu hause ist
wer ist denn schon bei sich
wenn er zu haus bei sich ist
wer denn

ELFRIEDE JELINEK
EIN- UND AUSSPERRUNG

Sie bezweifeln nie, daß sie zu Hause sind, denn dort haben
sie sich ihr Essen gekocht. Wo die Knochen auf den Boden
gefallen sind, diesen bedeckend bis zu den Knöcheln in
glänzenden Schuhen, dort, wissen sie, ist der heimische
Herd, in dem sie immer wieder andere verheizt haben. Da-
her gehört ihnen alles mehr als den anderen. Sie sind mehr
bei sich, denn nirgends ist es schöner als bei sich, um in
sich bei sich zu sein, also doppelt zu sein. Das Eigene müs-
sen sie nicht lernen, denn sie, nur sie haben es ja selbst her-
gestellt. Und daß sie dieses Eigene vor den Fremden behü-
ten, macht sie, so denken sie, um so heimischer. Je mehr sie
das denken, um so fester sitzen sie in sich, wie festgewach-
sen.
Dieses Land, das der Dichterin das Heimischwerden so
lang versagt hat, sie um den Preis ihres Lebens aus dem Bo-
den reißen wollte, ruht so besonders gut in seiner Ge-
schichte, breit thront es da, eingegraben, eingebraten wie
Erdäpfel, oder dieser eingeborene Sohn Gottes, auf den es
sich fortwährend zornig beruft, denn es hat sich immer
schon in sein geschichtliches Wesen gefunden, das Land,
indem es dieses Wesen verleugnet, verdrängt hat.
Daß die Gerstl, die 1932 in Wien geboren wurde, mit dem,
was sie seit langem und immer wieder sagt, hier nicht hei-
misch werden durfte, daß ihr jahrzehntelang niemand die
Möglichkeit zum Sprechen gegeben hat, bis sie ihr eigenes
Sagen nur mehr als Ver-Sagen zu begreifen gezwungen

war, machen das Land und seine Kulturbetriebsamen da-
mit gut, daß sie auch jetzt nicht heimisch werden darf, daß
sie in der Öffentlichkeit als Sprechende nicht zählt, wo
doch nur die Gebührenzahler der öffentlich-rechtlichen
Verunstalter, zur Gebührlichkeit verzerrt, von den Bild-
schirmen herunter niemanden als sich selbst anglotzen;
aber wenigstens in sich, da darf sie brav ruhen, die Gerstl,
solang sie ruhig ist. Gehören tut das Land den Machern,
den Schaffenden, die in ihm zu Hause sein dürfen, weil sie
es unaufhörlich wieder in Besitz nehmen, in einer ununter-
brochenen Aktion Landnahme mittels Landwurst und
Landpomeranzen, für die auf den papierverklebten Schei-
ben der Supermärkte geworben wird, nur damit man nicht
nach drinnen sehen kann, wo die Waren hocken, diese per-
sönlichsten aller Erlebnisse, die den Ländlern geboten
werden können.

Das Draußen, das Aus-sich-Herausgehen ist der Dichterin
nicht gestattet gewesen, das jüdische Kind Elfriede Gerstl
hat sich in einem abgedunkelten Raum jahrelang vor den
Nazis verstecken müssen. Die Wirklichkeit ein Riß in der
Verdunkelungsgardine. Das war das einzige Bei-sich-Sein,
das ermöglicht war, bei Strafe der Entheimung. Die Bajo-
nette haben hinter dem Kohlehaufen im Keller nach ihr ge-
stochert; sie ist damals doch noch davongekommen. Ist
ihre Stimme gerettet worden, nur damit später jeder be-
haupten kann, er hätte sie nicht gehört? Was für ein ge-
schicktes Vaterland, das die einen in die Geschichte hin-
einschickt, damit sie verschwinden, nur ja nicht wieder
zurückkehren, und die anderen, damit sie immer wieder
aufs neue Geschichte zu machen versuchen, in der immer
andre umkommen. Das Leben der Dichterin ist eh nur ge-
borgt von damals, da sie es vor diesen Unguts-Herren ver-

wirkt hatte. Die Türen der Heimat öffnen sich weit und lassen die Darsteller, die sich selbst darstellen und sonst nichts, heraus und verschlucken das Dargestellte, das nicht nur sich selbst meint, weil es kein Selbst sein durfte und darf. Nur das Dargestellte, das sich selbst meint, darf vorgezeigt werden auf den Festspielen in Salzburg und sonstwo, wo nicht jedermann hindarf.

Hier weist die Heimat sich vor und verlangt, daß man sie kaufe. Es gibt sie nicht, die Dichterin, und es gibt, obwohl einige kleine Bände mit Gedichten und Prosa erschienen sind, auch ihre Werke nicht, da es sie einmal schon nicht geben durfte. Was nützt es denn, im Werk zu wohnen, wenn man selbst am Herkunftsort, in Wien also, als unbekannt registriert ist? Hier sind nur die Strick- und Wirkwaren, die wir aus unserer Geschichte hergestellt haben, bekannt, denn sie sitzen fest in uns und auf uns. Die Gerstls dürfen in ihrem Grund, der uns gehört, nicht zu Hause sein. Sie ist wohl nicht ganz bei sich, wenn sie glaubt, sie kann hier was mieten.

SARAH KIRSCH
AM WALFJORD

Die Schafe am Walfjord sahen
Wie meine Moorschafe aus
Überlebenkünstlerinnen und Künstler
Und als der Eiswind die Vliese kämmte
Die Tiere über die Klippen des
Felsjochs sprangen bis an den
Flutsaum geschah es daß ich ihre
Sprache verstand: Der Sommer ist
Kurz der Sommer ist
Schön wenn wir im Schafspelz
Spazierengehn. Darnach
heulten sie daß mir das
Herze rotierte. Hast du was
Neues gehört? fragte ich meinen
Ausgeblichenen Übersetzer der jedenfalls
Nichts von meiner verborgenen
Bösartigkeit ahnte er warn
Hübscher einäugiger König tippte
Auf seinen Taschencomputer sagte:
Noch einen Winter dann gibt es
Bier für Islands furchtlose
Söhne! Ähnliches sprachen die
Bauern als sie die
Schafe und Schäfchen im Lenz
Ausschwärmen ließen. Die letzten
Kehren niemals zurück sondern werden

Von Trollen als lebende Öfen in
Unterirdische Kammern gestellt.

HANNE F. JURITZ
AUCH TROLLE WOLLEN ES WARM HABEN

In einer völlig fremden Umgebung benehme ich mich wie ein Kind. Aufmerksam abwartend suche ich nach Vertrautem, Vergleichbarem zumindest. Ich stehe zwischen dem Erfahrenen und dem Erfahrbaren im Niemandsland – bis der Erfahrungsdrang die Erwartungshaltung, den Zustand, der einem Schockzustand gleicht, beendet.

Vermutlich ist es Sarah Kirsch ähnlich ergangen, als sie in die gigantische Küstenwelt Islands kam. Beim Anblick der Schafe am Walfjord wollte sie augenblicklich bei ihren Moorschafen sein, aber nun war sie hier der bizarren Schönheit des Nordens ausgesetzt. Da gab es Unheimliches zu bestaunen, Gewaltiges, Sagenhaftes. Da mußten, damit es vertrauter wurde, Vergleiche her, Besitzanspruch auch. Das Wort »mein« wurde gebieterisch den fremden Tieren am Felsjoch entgegengesetzt. Die Rückversicherung der heimischen Tiere war nötig, um der Sehnsucht nach Hause Herr zu werden. Der Sommer ist kurz und schön. Nach der Idylle das Elend. Das spöttisch provozierende, Erhabenheit suggerierende »Darnach« stellte das »rotierende Herze« schon wieder in Frage. Schließlich heulen Schafe nicht, sie blöken, wie jedermann weiß, aber ihr »Heulen« leistete dem Heimweh der Autorin Vorschub, es war das Heulen der Schafsfreundin selbst über den eisigen Sommer am Nordmeer – fern von mitteleuropäischer Informationsflut.

»Hast du was Neues gehört?« fragte sie ihren »ausgeblichenen« Übersetzer – was ausgeblichen ist, wird niemals mehr Farbe annehmen, ausgeblichen ist bleicher als blaß. Einäugig war dieser fahle »König« obendrein, auf einem Auge blind, beantwortete er sämtliche Fragen mit dem Taschencomputer, der als Neuigkeit immerhin den Winter als Zeiteinheit zu bieten hat.

»Noch einen Winter« steht für ein Weilchen. So lange wird es dauern, bis der Bedarf an Bier »für Islands furchtlose Söhne« gedeckt ist – und so ein Weilchen ist tröstlich überschaubar, ein Winter eben, ein Dauertrost, eine dauernde Hoffnung wie die Hoffnung der Bauern in jedem Frühling, daß den Schafen übers Jahr nichts zustoßen möge. Nur ist der Winter die längste Jahreszeit hier, wo auch die Trolle es warm haben möchten. So müssen ihnen die kleinsten, die verlorenen Schäfchen als lebende Öfen in verborgenen Kammern dienen.

Schafe sind in ihrer Genügsamkeit bewundernswerte »Überlebenskünstlerinnen und Künstler«, die den Unbilden trotzen. Und in ihr Fell ist die Autorin geschlüpft, denn sie versteht ihre Sprache. Aber Schafe sind alles andere als bösartig. Sie sind im Gegenteil völlig wehrlos jeder Bösartigkeit ausgesetzt. Womöglich ist sie, die Autorin, wenn sie von ihrer »verborgenen Bösartigkeit« spricht, augenzwinkernd als Wölfin in den Schafspelz gekrochen?

Mich beeindrucken die Kontraste in diesem Gedicht. Das muß ein mächtiger Fjord sein, ein riesiges zerklüftetes Becken, wo sich die Wale einfinden, die Kolosse der Meere, und wo sich die Schäfchen wie Winzlinge über die Klippen bewegen, »spazierengehn«, wie es die Autorin nennt, obwohl ihnen der Eiswind durch die Vliese fährt und der Sommer zum Heulen kurz ist. Die nordische Saga

ist hier zu Hause, Naturgewalten werden zum ehrfurcht-
gebietenden Spuk, hier leben die Trolle, die Geister und
des Königs von Thule furchtlose Erben, die freilich mit Ta-
schencomputern hantieren. Mir scheint, als versichere sich
die Autorin neuzeitlicher Requisiten, um nicht befürchten
zu müssen, in ein Märchen gefallen zu sein.

SARAH KIRSCH
BEGINN DER ZERSTÖRUNG

Unbegehbar von Mooren umschlossen
Niemals hat ein Mensch ein vierfüßiges Tier
Diese verhexte lockende Wiese betreten
Die Rinde der schwarzen Bäume, Säulen
Des Himmels, berührt, die vielstimmigen Vögel
Auffahren sehen aus geschüttelten Blättern
Wunderschöne Vögel mit Hauben, Spechte
In sehr großer Menge, blaugefiederte Tauben
Und noch die Kühe, stumpfsinniges Vieh
Benachbarten Graslands versuchen mitunter
Den Saum zu erreichen, es heißt sie mißachten
Den eigenen Zaun und zerreißen
Sich Brust und Kopfschild versinken.
Die rostbraunen Wasser betrügerischen Moose
Werfen uns alle zurück. Wir sehen
Die Wiese vom Tau beglänzt Tag und Nacht
Ihre Blumen, die nie eine irdische Hand
Fällte, Sterne, weitverzweigter Halme
Schwebende Kronen, und sind
Von aller Freude abgeschnitten durch
Unser Wünschen, wir in gewöhnlichen
Kuhweiden stehend voll Sehnsucht.

PETER VON MATT
SCHÖNER ORT MIT HEXE

Schon die Droste hielt es mit dem Moor. Und wie erst Gertrud Kolmar! Beiden waren die Kröten lieb, die Sumpfwesen. Für beide war das Moor mit der Nacht verwandt und mit den Frauen und mit der Dichtung. Die Droste versteckte ihre Faszination hinter Gesten der Abwehr: *Da birst das Moor, ein Seufzer geht / Hervor aus der klaffenden Höhle; / Weh, weh, da ruft die verdammte Margret: / ›Ho, ho, meine arme Seele!‹* »Ho, ho« ist gut. Nicht eben ein Ruf der Zerknirschung. Die hält an ihren Sünden fest. Auch ist sie auf kleine Kinder aus, wie man in der berühmten Ballade nachlesen kann. Ähnlich die »Troglodytin« der Kolmar. Sie wohnt »im Geröhr an Sumpf und Seen« und fängt von Zeit zu Zeit einen Mann, den sie sich dann »zu Willen zwingt«. Die Auswahlbände pflegen das Gedicht nicht aufzunehmen.

Aus Bachofens Studien über das Mutterrecht wissen wir, daß zum alten Frauenreich das unermeßliche Sumpfland gehörte, die Welt vor dem Ackerbau, wo noch niemand seinen Vater kannte: »Darum wird Artemis und Aphrodite ›im Schilf‹ und ›im Sumpf‹ verehrt.« Und weil die gewässerte Erde schwarz ist und aus ihr allein einst alle Nahrung kam, ist Schwarz die älteste Frauenfarbe. Schwarz war die arkadische Demeter, schwarz ist heute noch die Madonna zu Einsiedeln.

Schwarz sind auch die Bäume in diesem geheimnisvollen Gedicht. Als »Säulen des Himmels« bilden sie ein Heiligtum, das nicht betreten werden darf von den Gewöhnlichen. Um das profane Pack fernzuhalten, braucht es hier keine Tempelwächter, keine patrouillierenden Amazonen. Der schöne Ort schützt sich selbst. Aus Mooren und gefährlichen Wassern taucht er auf, in ihnen schwimmt er, schwebt er, abgerückt vom »benachbarten Grasland« des »stumpfsinnigen Viehs«, des Packs eben, der Profanen – »wir in gewöhnlichen Kuhweiden«.

Wohnt wirklich niemand an dem schönen Ort? Die schwebende Insel ist »verhext«. Es muß also jemand den Spruch über sie gesprochen haben. Jemand muß über sie regieren. Jemand muß das Schlimme gewollt haben, muß wollen, was hier geschieht: daß alle in Verzückung geraten, die diese Insel erblicken. Und daß dann die Sehnsucht sie packt, eine erotische Verfallenheit, die das eigene Leben nicht mehr in Rechnung stellt über dem wilden Begehren, dorthin zu gelangen. Die Bauern wissen es. Sie haben Stacheldraht um das Moor gezogen. Aber immer wieder zerreißt ein Tier sich die Brust daran und dringt durch und ersäuft im tückischen Wasser. Den Menschen scheint es ähnlich zu gehen. »Von aller Freude abgeschnitten« kommen sie sich vor, kaum ist ihr Blick auf die leuchtende Stätte gefallen. Ein furchtbarer Satz ist das. Die bisherige Welt, besagt er, das harmlos vergnügte Leben, erlischt. Was bewegt und farbig war, verödet, versteppt, dorrt ab. Nur noch diese Sehnsucht ist da, und wer ihr nachgibt, kommt um.

»Beginn der Zerstörung« – man könnte den Titel als ökologischen Schluchzer lesen: auch dieses Idyll wird noch dran glauben müssen; wir machen ja doch alles kaputt. Damit würde das Gedicht sofort harmlos, eine Belehrung für die ohnehin Belehrten. Vor allem aber müßte diese Deu-

tung in Konflikt geraten mit der Tatsache, daß der schöne
Ort selbst mit Zerstörung droht.

Um sie geht es. Was hier lauert, ist die alte Gefahr, die einst
von der Insel der Sirenen ausging. Auch einer Blumeninsel
übrigens, benannt nach ihren schönen Gewächsen: Anthe-
moissa. Da wollten alle hin, sobald sie den Gesang der Vo-
gelfrauen einmal gehört hatten, und alle kamen dabei um,
ausgenommen ein einziger ausgepichter Schlaukopf.

Die Verse der Sarah Kirsch spielen mit diesem Mythos.
Die »wunderschönen Vögel«, die »vielstimmigen«, sind
die einzigen sichtbaren, hörbaren Bewohner des magi-
schen Landstücks. Sie sind aber nicht selber Zauberinnen.
Vielmehr deuten sie auf eine unsichtbare Hexe hin, die
wahre Herrin des Orts. Diese versteckt sich unter den Kü-
hen, tut so, als könne auch sie nur hinüberglotzen, mit Ku-
gelaugen. Wer sie kennt, entdeckt sie jedoch bald. Ist sie
doch ausgezeichnet unter den Sängerinnen, vielstimmig,
wunderschön.

SARAH KIRSCH
BEI DEN STIEFMÜTTERCHEN

Bei den weißen Stiefmütterchen
im Park wie ers mir auftrug
stehe ich unter der Weide
ungekämmte Alte blattlos
siehst du sagt sie er kommt nicht

Ach sage ich er hat sich den Fuß gebrochen
eine Gräte verschluckt, eine Straße
wurde plötzlich verlegt oder
er kann seiner Frau nicht entkommen
viele Dinge hindern uns Menschen

Die Weide wiegt sich und knarrt
kann auch sein er ist schon tot
sah blaß aus als er dich untern Mantel küßte
kann sein Weide kann sein
so wollen wir hoffen er liebt mich nicht mehr

ULLA HAHN
NACH VORNE LEBEN

Wie kein anderes hielt mich dieses Gedicht von Sarah
Kirsch fest, seit ich es Mitte der siebziger Jahre zum ersten
Mal las. Ich verstand es nicht, genauer, ich begriff die letzte
Zeile nicht. Das mußte doch heißen: so wollen wir hoffen,
er liebt mich noch. Jahrelang blieb mir der Sinn dieses
»nicht mehr« verschlossen, erst seit kurzem glaube ich das
ganze Gedicht zu verstehen.

Ohne Mühe erschließen sich die ersten Zeilen. In knappen
Bildern erzählen sie von einer Frau, die im Park auf ihren
Geliebten wartet. Nichts wird verrätselt, aber alles geht wie
verhext. Der Mann kommt nicht, dafür verwandelt sich die
Weide zum Weib, mißgünstig, alt: »Siehst du er kommt
nicht.« Aber die Frau nimmt den Abwesenden in Schutz,
beschwört alle möglichen und unmöglichen Hindernisse
und muß doch schließlich diesen harten Brocken Wirklich-
keit herauswürgen, sei er auch noch so salopp verpackt zwi-
schen gebrochene Füße, Gräten, verlegte Straßen: »er kann
seiner Frau nicht entkommen«. Ironisch, philosophisch-
abgeklärt sucht der nächste Satz den Ernst des vorangegan-
genen zurückzunehmen. Vergeblich.

Wir kennen nun den Tatbestand und wissen um die Trau-
rigkeit, die er unaufhaltsam mit sich bringt für alle, die in
Mitleidenschaft gezogen sind. Niemand glaubt, daß er
»schon tot« ist, wie die Weide, die die heimliche Liebe
schon lange kennt, stichelt, das wäre zu einfach, ganz wie
im Märchen. Die Wirklichkeit ist trivialer, dafür weniger

dramatisch: er wird seiner Frau die Einkaufstüten nach Hause tragen, weiße Stiefmütterchen pflanzen, eine Weide fällen.

Kann sein, kann sein. Alles mögliche kann sein. Weil das Erwünschte nicht wirklich sein kann.

Und nun hofft die Frau, die so einsam ist, daß sie gemeinsame Sprache spricht mit einem Weidenweib, »er liebt mich nicht mehr«. Hofft das gerade Gegenteil von dem, was alle Liebe begehrt: Gegenliebe. Will die Frau diese nicht? O doch, sonst hätte sie ihn nicht, »wie ers mir auftrug«, ein ums andere Mal erwartet. Aber sie will diese Liebe nicht um jeden Preis. Lieber gibt sie den Geliebten frei, als daß ihm Böses widerführe, alles Ungemach, das in der zweiten Strophe aufgezählt wird.

Wer so selbstlos lieben kann, muß sehr selbstbewußt sein. Die Frau vermag den Geliebten loszulassen, weil sie sich an sich selber halten kann. Freiwillig ist sie zu ihm gekommen, freiwillig kann sie ihn freisprechen und sich. Sie muß sich nicht an einen Geliebten klammern, dem »die Straße verlegt« ist.

Die Frau unter der Trauerweide steht auf eigenen Füßen, sie steht allein, aber ohne Angst, allein zu bestehen. Ehe die Weide zum dritten Mal knarrt, hat die Frau den Bann gebrochen, ist auf und davon.

Traurig und trotzig ist dieses Gedicht, wie so viele von Sarah Kirsch. »Man muß nach vorne leben und nicht nach rückwärts«, hat sie in einem Interview gesagt. Mit ihrem Gedicht »Bei den Stiefmütterchen« bin ich ein Stück vorwärtsgekommen.

SARAH KIRSCH
DER SÜDEN

Wenn es nach mir ginge, ich säße den Tag
Angelehnt auf dem Faulbett, den Himmel
Vergleichend und Bilder vor Augen.
Über der Straße flattert ein Landhund;
Die alten Papierfabriken! Das grüne reine Wasser.
Mein Arm drinnen, der andere
Zugereicht. Höchstens vier Grad die Sorgue.
Petrarca kommt mit Laura den Weg uns entgegen
Auf einem Maultier. Beide über siebzig und Laura
Rauchte Zigarrn. Der Maler Klapper holt aus einem
                                  Schuhkarton
Fünfundzwanzig angefangene Bilder. Ein Ockertagebau
Ein Schwemmsystem um den Farbstoff zu fangen – alles
Unterm Mont Ventoux eines Tags im September, der
Währt schon ein Jahr

LUDWIG HARIG
DAUER DES AUGENBLICKS

Chiron, der weise, menschenfreundliche Kentaur, erklärt
Faust die Macht der Poesie. Er hat die schöne Helena auf
seinem Rücken getragen; seitdem verteidigt er den groß-
herzigen Dichter, der überschwenglich ihre Alterslosigkeit
rühmt, gegen den Philologen, der pedantisch die Jahre
zählt – und sagt zu ihm: »Den Poeten bindet keine Zeit.«
Dieses Wort gilt unverbrüchlich. So lautet auch die poeti-
sche Quintessenz des Gedichts »Der Süden« von Sarah
Kirsch: *eines Tags im September; der / Währt schon ein
Jahr.* Eine Beschwörung der angehaltenen Dauer, eine An-
rufung des ewigen Augenblicks! Mitte der siebziger Jahre
hatte die Dichterin sich »aus dem Ländchen gemogelt«,
war für kurze Zeit aus der DDR ausgereist, einer Einla-
dung nach Südfrankreich gefolgt und bei ihrer Ankunft in
den lieblichen Gärten der Provence sogleich dem Reiz des
Mediterranen verfallen. An der Südflanke des Mont Ven-
toux, in Weinhängen und Zypressenhainen, in lichtüber-
gossenen Bezirken, wo für die aus den nördlichen Nebeln
Kommenden ein unwiderstehlicher Zauber zu wirken be-
ginnt, empfand sie wohl zum erstenmal in ihrem Leben die
Leichtigkeit des Seins – und sie singt davon.
Der Lobpreis des Südens hat Tradition. Schon vor Sarah
Kirsch haben wortkräftige Dichter wie René Char und
Philippe Jaccottet das Land besungen, ihm Schwerkraft
und Zeitlichkeit genommen. Petrarca, der den »Windigen
Berg« vor sechshundertsechzig Jahren bestieg, schwang

sich »auf Gedankenflügeln vom Körperlichen zum Un-
körperlichen hinüber«, beschritt die beschwerlichsten
Wege am sichersten und erfolgreichsten im Kopf, »ohne
jede Fortbewegung im Nu des Augenwinkels«. Jede Auf-
geregtheit ist vermieden, jede körperliche Anstrengung ge-
mindert.

In Sarah Kirschs Gedicht sind die abgegriffenen Redensar-
ten von Muße und Nichtstun, vom süßen, heiteren Leben
in blitzblanke Bilder gewendet: Sie hockt auf dem Faul-
bett, vergleicht den Himmel, nimmt die überraschenden
Eindrücke wahr. »Den Himmel vergleichend«, sagt sie; aus
dem unscharfen grammatischen Bezug lesen wir eine ge-
naue Aussage heraus: Sie vergleicht den südlichen mit dem
nördlichen Himmel; er lädt nicht zum Faulenzen und auf
ganz andere Weise zum gedankenverlorenen Betrachten
ein.

Mit ihrem Begleiter am Ufer der Sorgue unterwegs, begeg-
net sie Laura und Petrarca, die vom Gipfel des Mont Ven-
toux zurückgekehrt sind, alt und grau geworden –, doch
unsterblich geblieben. Fünfundzwanzig Bilder hat Herr
Klapper zu malen begonnen; er kann keins beenden, denn
immer neue Motive bedrängen ihn, und auch die nahen
Ockergruben liefern ihm mehr Farben, als er zu vermalen
imstande ist. Maler und Dichterin brauchen sich nicht zu
beeilen, ihre Wahrnehmungen in Bilder und Metaphern zu
verwandeln, die Zeit ist stehengeblieben, der Raum zur
Wunschgegend geworden: *Wenn es nach mir ginge, ich
säße den Tag / Angelehnt auf dem Faulbett.*
Raum und Zeit sind aufgehoben. Das provenzalische Idyll
erstreckt sich über die ganze nördliche Halbkugel und ent-
facht ein Glücksgefühl, wie es der kleine Marcel Proust in
Swanns Welt empfand – Geborgenheit im Imaginären,

worin die festgeschriebenen Naturgesetze ihre Geltung verloren haben. Er »kehrte zu dem Weißdorn zurück wie zu einem Kunstwerk, von dem man meint, man werde besser sehen, wenn man es einen Augenblick inzwischen nicht angeschaut hat« – »und als sei es dort immer und ewig sieben Uhr abends gewesen«.

SARAH KIRSCH
DIE HEIDE

Die Sonne blendete mich ich ging
Auf irischer Heide
Schnepfenvögel eilige klappernde Flügel
Trugen Herzklopfen ein
Birken schlugen mir grob auf den Rücken
Von weitem hörte ich
Äxte stürzende Bäume
Eine Zeitung die ich nicht lesen konnte
Trieb im Wind, aus den Dünen
Kamen Gestalten mit lichten Haaren
Augen wie Sterne schwebenden Füßen
Wie sie in alten Büchern
Beschrieben werden schossen sich nieder.

JOACHIM KAISER
GRIMMIGE SYMPATHIE-LENKUNG

Wolfgang Clemen, der große Münchener Anglist, wies seine Studenten gern darauf hin, wie Shakespeare nicht nur Monologe strukturiere, Szenen-Rhythmen entwerfe, Figuren charakterisiere – sondern auch »Sympathie-Lenkung« betreibe. Nun gut: Daß es im dialektischen Genre des Dramas, wo Menschen und Mächte einander spannungsvoll konfrontiert werden, eine solche Technik mehr oder weniger raffinierter Sympathie-Lenkung gibt, braucht nicht zu überraschen.

Bei einer Lyrikerin wie Sarah Kirsch indessen – die doch für ihren lakonischen »Ton« berühmt wurde, für den »Sarah-Sound«, der »Sarah-Suchtkranke« zur Folge habe – dürfte man Technik und Taktik der unauffälligen, am Ende um so effektvolleren lyrischen Sympathie-Lenkung kaum erwarten. Aber sie kommt durchaus vor. Mehrere Gedichte des 1984 erstmals erschienenen Bandes »Katzenleben« sind so gemacht. Musterbeispiel: »Die Heide«.

Sarah Kirschs lyrisches Ich geht auf irischer Heide spazieren. Was ihm dabei begegnet, ist lästig, unangenehm, widerwärtig und mit unerquicklichen Assoziationen verbunden. Zunächst fällt es noch nicht so sehr auf. Sicherlich könnte man ganz konkret-zeitgeschichtlich an die gegenwärtigen kriegerischen Konflikte Irlands denken, welche die Autorin vielleicht sogar primär im Sinn hatte. Aber die Sache scheint doch noch vertrackter zu sein. Die Sonne blendet – was vorkommt, aber lästig sein kann. Eilige

»klappernde Flügel« bewirken Herzklopfen, als ob dieses Geklapper die Dichterin nicht nur störe, sondern verfolge. Dann mehren sich die Unannehmlichkeiten beim irischen Spaziergang. *Birken schlugen mir grob auf den Rücken.* Da spielt offenbar mit, daß »Birkenreis« keineswegs etwas holdselig Edles ist, sondern, so wußte und dichtete der junge Goethe, den Steiß reinigt.

Blendung, Geklapper, grobe Schläge: das könnte genügen. Doch Sarah Kirsch fügt dann noch das scheußliche Geräusch von Äxten hinzu, die Vorstellung gefällter, stürzender Bäume. Wer hätte alles das nicht im letzten Akt des Tschechowschen »Kirschgarten« hassen gelernt? Dabei sind wir in trivialer Gegenwart: *Eine Zeitung die ich nicht lesen konnte / Trieb im Wind.*

Abscheuliche Heide-Szenerie. Nun aber ändert sich der Ton. Ins Positive und Romantisch-Verklärende. Figuren mit »lichten Haaren« erscheinen, mit Augen »wie Sterne« und auf »schwebenden Füßen«. Die stammen anscheinend aus erhabener Vergangenheit. Welch Kontrast zur häßlichen Gegenwart! Zweimal lenkte die Dichterin unsere Sympathie und Antipathie ebenso eindeutig wie vorsätzlich. Und zwar einer hintergründigen Schlußpointe wegen. Denn: Was taten die Heroen aus edleren Jahrhunderten? *schossen sich nieder.* Und wir ahnen verwirrt: Unsere unedle bürgerliche Neuzeit hat auch einiges für sich.

SARAH KIRSCH
DIE LUFT RIECHT SCHON NACH SCHNEE

Die Luft riecht schon nach Schnee, mein Geliebter
Trägt langes Haar, ach der Winter, der Winter der uns
Eng zusammenwirft steht vor der Tür, kommt
Mit dem Windhundgespann. Eisblumen
Streut er ans Fenster, die Kohlen glühen im Herd, und
Du Schönster Schneeweißer legst mir deinen Kopf in den
                                                    Schoß
Ich sage das ist
Der Schlitten der nicht mehr hält, Schnee fällt uns
Mitten ins Herz, er glüht
Auf den Aschekübeln im Hof Darling flüstert die Amsel

HORST BIENEK
LIEBE UND SCHNEE

Es heißt, es werden wieder Liebesgedichte geschrieben,
man findet neuerdings sogar Versbücher, die mutig das
Wort Liebe im Titel tragen; ja, und es erscheinen Antholo-
gien, die ungeniert »Liebesgedichte aus unserer Zeit« ver-
sammeln. Doch ich glaube, das alles täuscht. Wahrhaftige
Gedichte der Liebe werden kaum noch verfaßt – und
schon gar nicht von Männern. Die Handvoll überzeugen-
der Liebesgedichte, die in den letzten zehn, zwanzig Jah-
ren in deutscher Sprache geschrieben wurde, stammt von
Frauen, von Marie Luise Kaschnitz, von Ingeborg Bach-
mann, von Rose Ausländer, von Sarah Kirsch.
Genau besehen, ist das nebenstehende Gedicht ein Ge-
dicht des Abschieds von der Liebe, auch wenn im Titel und
in der gleichlautenden ersten Zeile eine Erwartung ver-
kündet wird. Es spricht von der Zeit der schönen Täu-
schung. Denn wenn die Luft nach Schnee riecht, ist der
Sommer vergangen, die hohe Zeit der Liebe, der Begier-
den, der Ekstasen, wie es einst aus den alten Versen
klang.
Doch trotzig und gegen das Überlieferte wird hier dafür
der kommende Winter reklamiert, ach, der Winter – ohne
einen Seufzer geht das nicht ab. Der schöne Parlandoton,
der die Sprache so geschmeidig macht, die Wörter fluten
läßt, er kann uns über das Verhängnis, das in der Luft liegt,
nicht hinwegtäuschen, oder höchstens nur so lange, wie
die Zeit der Wörter reicht. Beschwörend wird dieser Win-

ter angerufen, er soll die Liebenden zusammenführen, sie zusammenwerfen, er soll die Gemeinsamkeit enger, die Liebe größer, gewaltiger machen.

Die Autorin scheut sich nicht, in den Bildern und Metaphern der Kindheit zu träumen: die Eisblumen am Fenster, die glühenden Kohlen im Herd und das Windhundgespann, lautlos, vor der Tür. Es ist die Sehnsucht nach Geborgenheit, die uns im Märchenton von »Schönster Schneeweißer«, von der Zeitlosigkeit der Gefühle erzählen will – doch dahinter lauert das Ende, die Einsamkeit, die Kälte.

In einer eindringlich schönen Geste bettet die Frau den Kopf des Geliebten in ihren Schoß, zärtlich, und weiß doch, daß es keinen Aufschub gibt, daß in ekstatischen Augenblicken der Liebe die Luft schon nach Schnee, nach Kälte riecht und in der Hitze der Leiber sich bereits der Frost des Abschieds ankündigt. Der Schnee fällt mitten ins Herz. Ein Wort bleibt, vielleicht; dahingeworfen: Darling. Ganz äußerlich, banal. Und auch das ist bald Asche, wird in den Kübeln fortgetragen wie jeglicher Müll.

Ein Gedicht der Halluzination, das mit Hitze beginnt und in Vereisung endet. Liebe und Schnee. Ein Schlitten, der mit allen Sehnsüchten und Träumen vorbeifährt.

Doch tröstlich: das Gedicht redet nicht vom Tod. Am Schluß flüstert die Amsel. Vom nächsten Sommer, von der nächsten Liebe? Der Geliebte trägt langes Haar. Sulamith ist allein.

SARAH KIRSCH
DIE VERDAMMUNG

Weil ihm zu sterben verwehrt war
Angekettet an den heimischen Felsen der Blick
Auf die ziehenden Wolken gerichtet und immer
Allein die Bilder im Kopf stimmlos
Vom Rufen Anrufen Verdammen
Das Leben fristen war nicht zu bedenken
Göttliche Hinterlist nährte ihn so gewöhnte
Er sich langsam ins Schicksal nach Jahren
Sah er den Adler gern wenn er nahte und sprach
Stotternd mit ihm bei der Verrichtung

Oder mit entzündeten Augen verrenktem Hals
Weil der Flügelschlag ausblieb die niederen Wälder
Aufschub ihm angedeihn ließen um Tage
Harrte er des einzigen Wesens und glaubte
In der Leere des Winds der glühenden Sonne
Wenn der Fittiche Dunkel fürn Augenblick
Erquickung schenkte geborgen zu sein
Liebte den Folterer dichtete Tugend ihm an

Als die Ketten zerfielen der Gott
Müde geworden an ihn noch zu denken
Der Adler weiterhin flog weil kein
Auftrag ihn innezuhalten erreichte
Gelang es ihm nicht sich zu erheben den
Furchtbaren Ort für immer zu verlassen

In alle Ewigkeit hält er am Mittag
Ausschau nach seinem Beschatter.

RUTH KLÜGER
PROMETHEUS BESCHATTET

Zäh sind die alten Sagen, zum Beispiel die von Prome-
theus, der den Menschen das Feuer brachte und dafür von
den Göttern an den Kaukasus geschmiedet und von einem
Adler gefoltert wurde, der seine immer nachwachsende
Leber fraß. Im aufgeklärten achtzehnten Jahrhundert
liebte der junge Goethe nicht den leidenden, sondern den
rebellischen, aktiven Prometheus, der den schöpferischen
Geist schlechthin verkörperte und für dessen »heilig-glü-
hend Herz« keine anderen Autoritäten als »die allmächtige
Zeit und das ewige Schicksal« galten. Im neunzehnten
Jahrhundert, damals, als man noch Utopien entwarf, fei-
erte Shelley in seinem *Prometheus Unbound* einen erlö-
sten, geläuterten Wohltäter, der ein neues Zeitalter der Hu-
manität heraufbeschwört.
Dagegen war Kafkas Prometheus ein Besiegter und sinnlos
Duldender. Nach Kafka »wurde in den Jahrtausenden sein
Verrat vergessen, die Götter vergaßen« und »wurden
müde, die Adler wurden müde, die Wunde schloß sich
müde«. Hier knüpft unser Gedicht an, das in der letzten
Strophe den müde gewordenen Gott ausdrücklich er-
wähnt. Doch Sarah Kirsch geht über Kafka hinaus. Sie
zeichnet einen willenlosen, innerlich gebrochenen Helden,
der die Befreiung nicht übersteht und der »göttlichen Hin-
terlist« samt seinem Peiniger ausgeliefert bleibt.
Es gibt ein Phänomen, das die Psychologie das »Stock-
holm-Syndrom« nennt, nach einem Fall, bei dem Ver-

schleppte sich mit ihren Kidnappern identifizierten und
deren Partei ergriffen. Unser Gedicht beschäftigt sich mit
einer solchen Psychopathologie des vereinnahmten Ge-
fangenen, der sich an das »einzige Wesen«, das mit ihm
verkehrt, klammert. Doch ist er kein Durchschnitts-
mensch, dessen Urteilsfähigkeit sich bis zur Selbstverleug-
nung vermindert, sondern ein Titan, und das Gedicht ist
keine Fallstudie, sondern geht von einer uralten Tradition
aus, ist also eine poetische, überdimensionale Gestaltung
geistiger Labilität.

Die flüchtig skizzierte Landschaft – heimischer Felsen,
ziehende Wolken, niedere Wälder – könnte aus einem aus-
gewogenen Naturgedicht des Biedermeier stammen, wenn
der Wahrnehmende nur keinen verrenkten Hals und ent-
zündete Augen hätte. Sarah Kirschs berühmte Enjambe-
ments (man ist versucht, sie »Super-Enjambements« zu
nennen), die, zusammen mit fehlenden Satzzeichen, die
Leser zwingen, sich in jeder Zeile neu zu orientieren, ver-
mitteln das fließende, nur halbwache Bewußtsein des Ge-
fesselten. Teils sind es Konstruktionen, die sowohl auf den
vorhergehenden wie auf den folgenden Satzteil Bezug neh-
men, eine gleitende grammatische Technik, *Apokoinu* ge-
nannt, die in der mittelalterlichen Dichtung häufig vor-
kommt und sich, wie man sieht, auch für die Ambivalenzen
moderner Lyrik eignet. So kann sich das Wort »stimmlos«,
am Ende des vierten Verses, auf die stummen Bilder im
Kopf ebenso wie auf den heiseren Protagonisten beziehen;
»nach Jahren«, im achten Vers, paßt ebenso auf Prome-
theus' Gewöhnung ins Schicksal wie auf seine Begrüßung
des Adlers.

Der Sonne ausgesetzt, ist ihm dieser Vogel ein Folter-
knecht und ein Schattenspender, weshalb das Wort »Be-

schatter« seine zweite Bedeutung als Spitzel, Überwacher, beibehält. Ohne Stilbruch gewinnt das Dargestellte so seinen furchtbaren politischen Sinn: Prometheus »liebte den Folterer dichtete Tugend ihm an«, gesteigert bis an die Grenze des Erträglichen in dem einseitigen Gespräch zwischen Vollstrecker und Gefoltertem *während* der Folter: *Sah er den Adler gern wenn er nahte und sprach / Stotternd mit ihm bei der Verrichtung.* Das verharmlosende Wort »Verrichtung« für Tortur entlarvt die zynische Sprache der Machthaber.

Wir erkennen diesen Helden, weil er seit ein paar Jahrtausenden von sich reden macht; doch sein beruhigend klassischer Name bleibt im Gedicht ausgespart. So wird er uns zum zeitlosen Zeitgenossen – man spürt's in der Magengrube –, dem »zu sterben verwehrt war«.

SARAH KIRSCH
EINÄUGIG

Wie Ölbäume schimmern die Weiden
Blaugrün und zitternd, die Pappeln
Ahmen Zypressen nach (dunkler
Dunkler! Vertieft eure Schatten!). Der Wind
Übt Fall und Flug seines Bruders Mistral

HARALD WEINRICH
LANGSAM GELESEN

Die neuere Poesie hat für gewöhnlich mit der Landschaft
(außer der »Stadtlandschaft«) nicht viel im Sinn, und von
Bäumen zu reden ist seit Brecht schon gar nicht erlaubt.
Auch Vergleiche, zumal solche mit »wie«, gelten bei vielen
zeitgenössischen Autoren als unmodern. Sarah Kirsch hat
sich nicht angestrengt, ihr Gedicht nach den neuesten Re-
geln der Modernität zu schreiben. Nur die Form der Verse,
auffällig durch die Stellung der Satzsubjekte an der hinte-
ren Versgrenze, läßt das Gedicht als modernes Gedicht er-
kennen. Man kann sagen, daß dieses Formmerkmal, von
dem viele neuere Lyriker Gebrauch gemacht haben, ein
prosodischer Ausgleich für den in der Neuzeit abhanden
gekommenen Reim ist.
Das Gedicht »Einäugig« beruht auf einem dreifachen Ver-
gleich. Weiden werden mit Ölbäumen, Pappeln mit Zy-
pressen und der nicht näher bezeichnete Wind wird mit
dem Mistral verglichen. Die Weiden, Pappeln und der
Wind sind Elemente einer Landschaft, die nördlichen Le-
sern vertraut ist. Sie bilden die Basis des Vergleichs. Von
dieser Basis aus soll sich die Phantasie des Lesers nach den
Anweisungen des Vergleichs entfernen, um sich in eine an-
dere Landschaft zu begeben, die durch Ölbäume, Zypres-
sen und den Mistral als südliche, mediterrane, provenzali-
sche Landschaft gekennzeichnet ist. Das Gedicht ist also
insgesamt ein Landschaftsgedicht, jedoch sehen wir eine
doppelte Landschaft vor uns.

Die erste Zeile hat die einfache Form eines Wie-Vergleichs. Indes: die ferne Landschaft (»Ölbäume«), zu der der Vergleich hinführt, ist an erster Stelle genannt, so daß der Leser, wenn er die Anweisung des Vergleichs ausführen will, sein Verständnis einen Augenblick in der Schwebe halten muß, bis die Vergleichsbasis (»Weiden«) genannt ist. Die gemeinsame Eigenschaft beider Vergleichsglieder (das »tertium commune«) liegt im Verb »schimmern«. Die Adjektive »blaugrün« und »zitternd«, die ohne Flexionsmerkmale am Anfang des zweiten Verses stehen, könnten von der Grammatik her auch den beiden zuerst genannten Bäumen zugeordnet werden; von der Bedeutung her müssen sie aber auf die (Zitter-)Pappeln und die dunklen Zypressen bezogen werden. Daß die Autorin nach diesen Adjektiven entgegen den Regeln der deutschen Grammatik auf eine Inversion des Subjekts verzichtet, ist eine »poetische Freiheit«.

Die zweite Stufe des Vergleichs, die nun einsetzt, ist dynamischer als die erste Stufe; das ausdrückliche »wie« ist jetzt verschwunden und in das Verb »nachahmen« hineingezogen. Die Pappeln scheinen sich selber Mühe zu geben, zu beweisen, daß sie mit Zypressen vergleichbar sind. Es muß ihnen wohl ziemlich schwerfallen, denn die Autorin, die wir uns als parteiliche Beobachterin dieses Landschaftsspiels vorstellen dürfen, hilft mit gutem Rat nach, ruft der Natur mithelfend zu.

Auch der Wind strengt sich an, daß der Vergleich gut zustande kommt, er »übt« Fall und Flug. Denn der Mistral, so wissen die Wetterkundigen, ist ein Fallwind, und darin gleicht ihm nicht jeder schlichte nördliche Wind. Aber es wird ihm schon gelingen, darf der Leser hoffen, denn der Mistral ist der Bruder dieses Windes. Hier kommt zum

Schluß ein freundlich-franziskanischer Ton in das Ge-
dicht. Immerhin heißt auch der Band, in dem dieses Ge-
dicht steht, »Rückenwind«.

Als das Gedicht entstand, im Jahre 1976, erhielt Sarah
Kirsch, zusammen mit Ernst Meister, den Petrarca-Preis.
Er wurde auf dem Mount Ventoux, den Petrarca als erster
bestiegen hatte, verliehen. Dieser Berg liegt in der Pro-
vence. Nach dieser Preisverleihung ist das Gedicht »Ein-
äugig« in der DDR, wo Sarah Kirsch damals noch lebte,
geschrieben worden. Zwischen der einen und der anderen
Landschaft liegen also Staatsgrenzen, die für viele Men-
schen unüberwindbar sind. Nur die Phantasie ist frei, diese
Grenzen zu überspringen. So ist dieses nord-südliche
Landschaftsgedicht gleichzeitig ein politisches Gedicht.

SARAH KIRSCH
EINE SCHLEHE IM MUND
KOMME ICH ÜBERS FELD

Eine Schlehe im Mund komme ich übers Feld
sie rollt auf der Zunge stößt Zähne an wenn ich geh
mein Kopf eine Schelle klappert und macht
einen traurigen Mund
                    meiner mit einer Schlehe
deiner Sand schon und Kieselstein
ich drüber du drunter
Ebereschen blutrot samtrot liegts auf dem Weg
Drosseln freßt freßt
den Herbst lang euch Vogelfett an

2. 9. 66

REINER KUNZE
POESIE

Ihr Kopf ist eine Schelle, die nur sie selbst hört, und sie schüttelt ihn. Über wen, worüber? Und warum macht sie einen traurigen Mund? In ihm rollt auf der Zunge eine schwarzblaue Beere. *Sein* Mund dagegen ist »Sand schon und Kieselstein...« Wer ist *er*? Richtiger: Wer *war* er? Einer, dessen Mund schon Sand und Kieselstein ist, muß vor langer Zeit gestorben sein. Und warum entsinnt sie sich seines *Mundes*? Kann sie seine Küsse nicht vergessen? Warum aber ist dann ihr Kopf mit der Schlehe im Mund eine Narrenschelle? »...ich drüber du drunter«. Kein Zweifel – die Rede ist vom Geliebten. Aber der Ton ist eher triumphal, und so spricht man nicht von einem Toten. Der Geliebte ist nicht gestorben. Nur für sie ist er's. Ihre Liebe ist tot.
Sie schüttelt den Kopf über sich selbst. Sie war eine Närrin. Sie hatte geglaubt, ohne ihn werde das Leben nicht weitergehen, und auch er hatte wohl geglaubt, das Leben werde ohne ihn nicht weitergehn für sie. Er war wohl allzu sehr davon überzeugt gewesen, daß das Drüber ihm, das Drunter ihr zustehe. Bis es drunter und drüber gegangen war. Nun geht sie drüber hin und redet sich ein, darüber hinweg zu sein. Sand sei sein Mund schon und Kieselstein. Doch sie ist eine Närrin und weiß, daß sie's ist: Ihr Kopf ist eine Schelle. »Ebereschen blutrot samtrot liegts auf dem Weg«. Ihre Seele liegt bloß, und ihr graut vor der Zeit, die nun kommen wird. Ihr graut vor der Einsamkeit, vor der Kälte.

»Drosseln freßt freßt / den Herbst lang euch Vogelfett an«.
Ihr bleibt nichts anderes, als auf der Zunge die Schlehe zu
rollen. Als Schelle sorgt ihr Kopf dafür, daß sie ihn nicht
verliert.

Die alte, uralte Geschichte vom Liebesleid – keine dürfte
öfter erzählt worden sein als diese –, und Sarah Kirsch er-
zählt sie, wie sie noch nie erzählt worden sein dürfte. Ei-
nen Kirschkern hat jeder schon im Mund gehabt, im Kopf
aber nicht den Einfall, dieser sei nun eine Schelle. Und der
Einfall ist nur das eine. Das andere ist, nicht mehr zu brau-
chen als dieses eine poetische Bild, um die ungezählte Male
erzählte Geschichte unvergeßlich neu zu erzählen.

Und so zu erzählen, daß jeder eine etwas andere Ge-
schichte erzählt bekommt – die, für die er geschaffen ist.
Das Bild hält bereit, was jeder für seine Geschichte
braucht. Das, was das eigene Gedicht der Dichterin er-
zählt, weiß vielleicht nur sie selbst. Falls nicht auch sie es
erst zu einem Teil weiß. Und das ist Poesie.

SARAH KIRSCH
ERDREICH

Nachrichten aus dem Leben der Raupen
Der Kuckuck stottert und die gebackenen Beete
Zerreißen sich wenn ich Gießkannen schleppe
Die mir überantworteten Gewächse verlausten Gemüse
Hilflos betrachte, als ich vor Jahren
In meines Vaters Garten ging
Gab es die siebfachen Plagen
Höllisches Ungeziefer nicht und der Boden
Tat noch das Seine, der hier
Ist ein Aussteiger niederträchtig und faul
Ihn muß man bitten den Dung
Vorn und Hinten einblasen sonst bringt er
Nicht maln Pfifferling vor was müssen die Menschen
Das Erdreich beleidigt haben, mir erscheint
Siebenundzwanzig Rosenstöcke zu retten
Ein versprengter Engel den gelben Kanister
Über die stockfleckigen Flügel geschnallt
Der himmlische Daumen im Gummihandschuh
Senkt das Ventil und es riecht
Für Stunden nach bitteren Mandeln.

HERMANN LENZ
VERWANDELTE GARTENARBEIT

Nach einer Reise in die DDR erzählte mir eine Kollegin bannenden Blicks von ihrer Begegnung mit Sarah Kirsch und nannte deren Gedichte phänomenal. Ein junger Schriftsteller, der mit mehreren ostdeutschen Literaturkennern befreundet war, widersprach und ließ mich wissen, er habe zu denen da drüben gesagt, was die mache, sei der reine Eskapismus.

Das war 1971, wenn mir recht ist. Ich kannte damals kein Gedicht von Sarah Kirsch. Inzwischen sind mir ihre Verse so nahe wie die von Annette von Droste-Hülshoff, weil sich bei ihr Alltägliches in einen großen Zusammenhang einfügt.

Mich freut's, wenn ich neben dem Erstaunlichen etwas Augenzwinkerndes entdecke wie hier in »Erdreich«, wo jeder Vers mit präzisen Beobachtungen gefüllt ist und eine starke Empfindung alles durchleuchtet. Dabei wird nur von der Gartenarbeit erzählt.

Unter »Nachrichten aus dem Leben der Raupen« stelle ich mir das Stadium der Verpuppung vor, in dem die Raupe starr wird oder am dünnen weißen Faden hängt. Daß der Kuckuck »stottert«, verrät, wie froh Sarah Kirsch ist, daß auch der mal nervös wird. Und sie ist der ausgedörrten Erde und den Pflanzen nah, als verflüchtige sie sich zwischen ihnen und leide mit ihnen am Verlaustsein. Der Boden tut ihr weh, als wär's ihr Leib, und sie weiß, warum er nicht mehr das Seine tun will. Wie ein »Aussteiger, niederträchtig und faul« läßt er sich von seiner Geliebten aufpäppeln.

So wird, was im Garten geschieht, mit der eigenen Erfahrung durchtränkt, und der Boden verwandelt sich für sie in einen Erschlafften, der ihr leid tut und dem sie vorn und hinten was reinschieben muß, damit er wieder hochkommt. Das Saloppe in diesen Versen (»sonst bringt der nicht maln Pfifferling vor«) kräftigt das Rhythmische des Gedichts. Nach dem habhaften Dung-Vergleich wird der Vers mit der schmerzhaften Überlegung durchtränkt: »...was müssen die Menschen / Das Erdreich beleidigt haben«.

Die poetische Verwandlungskraft läßt alles Kreatürliche erneuert hervorsteigen. Beständig wechseln die Bilder und legen neue Empfindungsschichten bloß. Der gelbe Kanister mit der Lösung, die das »höllische Ungeziefer« bekämpft, gehört zum »versprengten Engel mit stockfleckigen Flügeln«. Der vertreibt die »siebfachen Plagen« der Gewächse, die Sarah Kirsch auf der Haut spürt und den Leser in ihre Haut verzaubert.

Die stockfleckigen Flügel des versprengten Engels aber werden wohl an den fleckigen Gärtnerkittel eines Freundes von Sarah Kirsch erinnern, dem sie dankbar ist, weil er im Gummihandschuh die nach bitteren Mandeln riechende Lösung versprüht, damit die Gewächse gesunden; wobei der Geruch nach bitteren Mandeln daran erinnert, daß die heilende Flüssigkeit ein Insektengift ist.

So wird nichts verharmlost und aus Erfahrungen, die jeder kennt, der im Garten arbeitet, das Gedicht zusammengefügt. »Die gebackenen Beete zerreißen sich, wenn ich Gießkannen schleppe« erinnert an die hitzetrockene Erde, die zertreten wird; denn durch solche kaum merkbaren

Bedeutungsverschiebungen und Widersprüche wird das, was jeder kennt und was nichts Besonderes ist, zu etwas Besonderem.

SARAH KIRSCH
IM JUNI

Gott mit uns! Der Herr Pastor
Sah Rübezahl ähnlich und fuhr wie der Teufel.
Überholte die vornehmsten Wagen, indem er
Sich an die Stoßstangen hängte und wild übersprang.
Weißen Haares glaubte ich die Stadt zu erreichen, da
           begann
Die Gegend lieblich zu werden; manche Allee
Aus Linden Kastanien, ein und der andere Weiher
Zeigten sich her; die blaue Chaussee
Ward ein buckliges hüpfendes Schlänglein.
Wie leicht mir der Mut war. Ich grüßte ein schönes
Zweifarbnes Pferd auf der Weide, mein Kind
Zählte an fünfhundert Bäume. Der Pastor
Sagte, was glauben bedeutet, so fuhrn wir
Hin auf die Insel, wo Caspar David
Einst in die Kreide gestiegen war. In grüner
Dann blauer Farbe lag nun das Meer
Mit Muscheln und zitterndem See-Stern zu Füßen.
Ich saß auf einem Wegstein und sah
Die dunkle, die weggleitende Sonne, dich
Auf der anderen Seite der Welt. Ich schlief
Und fror die ganze Nacht. Der Pastor aus Dranske
Las in der Schrift von Jakob und Rahel.

ROLF SCHNEIDER
ZWISCHEN AUFGANG UND UNTERGANG

Jemand reist mit seinem Kind ans Meer; es ist nichts
Außergewöhnliches. Straßen werden benutzt, Bäume ge-
hen vorbei, ein weidendes Pferd gerät ins Bild, schließlich
das Ziel: zweifarbenes Wasser, Sonnenuntergang, Mu-
scheln, ein Seestern. Es ist nichts Außergewöhnliches? Am
Steuer des Wagens sitzt ein geschwindigkeitsbesessener
Pfarrer, langhaarig, langbärtig; beim Rasen meditiert er
über sein ureigenes Geschäft, den Glauben. Der Zielort ist
Dranske. Das liegt am nordwestlichen Rand der Insel Rü-
gen, und die Insel Rügen liegt weit östlich der Darßer
Schwelle, wo das Ostsee-Wasser ausgesüßt ist und keinen
Seestern mehr leben läßt.
Die Verfasserin, als sie mit Vornamen noch Ingrid hieß,
war eine Studentin der Biologie. Sie wird sich gerade in
diesem ihrem Fach keine unbedachten Freiheiten einräu-
men. Der »zitternde See-Stern« ist freilich auch kein mari-
timer Stachelhäuter, sondern, ausgewiesen schon durch die
Schreibweise, ein optisches Zeichen und ein metaphori-
sches Zeichen außerdem: es will Verheißung, Verzückung,
Unerreichbarkeit assoziieren, auf dem Untergrund von
ozeanischer Kälte. Und die Sonne, Urheberin solcher Re-
flexe und Reflexionen, wandelt sich alsbald in ein mensch-
liches Du: »auf der anderen Seite der Welt«.
Dieses Gedicht erzählt in Wahrheit von Liebe, von Tren-
nung, von Sehnsüchten. Der beschriebene Ortswechsel ist
gleichermaßen Suche und Flucht. Die Erinnerung an Cas-

par David Friedrich soll nicht bloß denen, die den Ort Dranske auf Landkarten nicht finden, die Orientierung erleichtern; es wird auch an ein bestimmtes Bild erinnert, das manieristischste dieses Malers, es zeigt ihn gemeinsam mit seiner Braut. Stubbenkammer, Ort dieser Verlobten, befindet sich auf der Dranske genau gegenüberliegenden Seite der Insel Rügen. Die ist nun Osten gegenüber jenem Westen, wo das Du und die Sonne entgleiten. Dem Verlöbnis des romantischen Malers antwortet die Gedichtzeile einer, die eine ganze Nacht hindurch frierend liegt. Dem aber antwortet die Erinnerung an Rahel und Jakob, an die rührendste Liebesgeschichte des Alten Testaments. Sie handelt von Sehnsüchten und von Trennung. Sie endet glücklich. Aber die Bibel ist ein Mythos und weit fort von der Gegenwart.

»Im Juni« stammt aus dem Bande »Rückenwind« der Sarah Kirsch. Es steht in der zweiten Abteilung des Bandes, die fast durchweg Liebeslyrik enthält: verstellte und unverstellte, Strophen der Glückseligkeit, des Verlustes, der Trauer, angesiedelt in Topographien, die können auch städtisch sein oder auch mediterran. Vorspruch ist dieser Zweizeiler: »Freundbruder aus Wolfsland wir wollen / Unsere Blicke anzünden an etwas glauben«.

Dazu ist »Im Juni« fast schon wieder der Abgesang. Glauben wird zu einem Thema, das ein Pfarrer beim Autofahren abhandelt, womit wohl auch gemeint ist: vorübergehend und endlich wie jegliche Fahrt.

Zwei Seiten vor diesem Gedicht steht eines, das heißt »Ende Mai«, und schon die Titel korrespondieren miteinander. »Ende Mai« schließt mit diesen Versen: »Wenn mein Leib / Meine nicht berechenbare Seele sich aus den Stäben / Der Längen- und Breitengrade endlich befreit hat.«

Glauben ist eine Dimension der irdischen Liebe, auch jener himmlischen, die Religion heißt; es ist eine Dimension jeder menschlichen Entscheidung. Glauben, wer wüßte es denn nicht, kann genährt und beschworen und gestärkt werden; man kann ihn auch zerstören, er kann vergehen. Zwischen Aufgang und Untergang der Sonne, das sind Osten und Westen, liegen die Stäbe der Meridiane: unsichtbar oder aus Stahl und Beton.

Sarah Kirsch hat sich aus ihnen befreit, einen Augenblick lang. Sie hat sich in andere begeben. Vielleicht holen Kälte und Traurigkeit sie dort nicht mehr ein.

SARAH KIRSCH
KLOSTERRUINE DSHWARI

Die braunen Mönche gehn im Gänsemarsch
Sie sind sehr alt, nur ihre Stimmen
Sind kunstvoll auf ein Band gebracht
Sie psalmodieren, ein Knopfdruck macht sie stille.

Da harren sie, die Füße starr erhoben
Bis ihren Mund der Bauer wiedersingen läßt
Die Hände in die Ärmel eingeschoben
Gehn sie der Schwalbe durch das achte Nest.

Bis Abend kommt, die Zeit des Weins
Sie schlafen in der vollen Spule
Der Abt auf seinem hohen Stuhle
Zählt die Kopeken in die Höhlung eines Steins.

EBERHARD LÄMMERT
STIMMENZAUBER

Wer sich nicht täuschen läßt beim Lesen und sie nicht zie-
hen sieht, die Reihe kahler Köpfe über braunen Kutten,
und hört, wie unter ihrer Litanei Sandalen ab und an den
Boden schleifen, den lassen die zwölf Verse nicht ein in
ihre kleine Geschichte. Wer wiederum nicht stutzt und
nachliest, was es mit »Band« und »Knopfdruck« auf sich
hat, wenn alte Mönche ihren Gebetsgang tun, der hat
kaum die Chance, noch zu erfahren, was hier vor sich
geht.

Die alten Mönche singen längst nicht mehr, und leicht
wäre es, lakonisch zu berichten, daß nun ein Tonband
seine Dienste tut, wenn ein Besucher sie zitieren will. So
hat die Technik einmal mehr dem Umgang von Menschen
miteinander seine Unmittelbarkeit genommen und am
Ende einen Flecken Erde entseelt, an dem bis dahin sogar
Gott, auch in der Sowjetunion, noch seine Stundengebete
hatte und dazwischen seine Ruhe.

Die DDR-Autorin Sarah Kirsch, Jahrgang 1935, schrieb
ein Gegenwartsgedicht, das mit der List der Poesie erzählt,
wie wenig diese alte Rechnung stimmt. Die List besteht,
nicht anders übrigens als die List der Vernunft im besten
Falle, darin, daß die Poesie in der Geschichte vom Kloster
Dshwari selber ruht und ihr nicht erst aufgesetzt ist.

Der erste Vers macht einen Zug von Mönchen gegenwärtig,
doch schon der zweite springt, als wäre nichts natürlicher,
um zu der Nachricht, es gebe nur noch ihre präparierten

Stimmen; zwischenhinein psalmodieren sie. Vorstellungen und die Vorrichtungen, sie zu erzeugen, werden in diesen vier Versen gleich indikativisch vorgeführt: die Illusion wird so erzeugt, wie sie jedem Besucher angeboten wird, um ihn anderes und mehr von diesem Ort wissen zu lassen, als das stumme Gemäuer ihm noch sagen kann.

Was anders machen eigentlich – heute wie je – Gedichte, wenn sie etwas taugen? Sie sind eine der menschlichen Vorkehrungen, um Vorstellungen so deutlich gegenwärtig zu machen wie Gegebenheiten, mithin einer unserer Kunstgriffe, mehr Leben einzufangen als das bloß vorfindliche.

Doch Vorsicht, wenn die Vorstellungen ihr Eigenleben beginnen! Da stehen die konservierten Mönche nun auf Abruf und sehr unbequem, bis einer da ist, der sie singen macht. Sarah Kirsch erlaubt ihren Versen den Übergang zum vollen Reimklang in dem Augenblick, in dem die künstliche Vorkehrung ganz durchschaubar wird. Wer es nun genauer weiß, der kann nicht nur die Mönche nach ihrer Regel weiterziehen sehen, sondern auch belächeln, wie ein Lautsprecher im Gebälk ihnen alle Erdenschwere nimmt und sie durch Schwalbenlöcher schlüpfen läßt.

Die letzte Strophe läßt das Spiel mit den frommen Stimmen gewesen sein; doch ist von seinem Nutzen nun die Rede, und da umarmen die Reime sich am innigsten. Der Abt, der die Spenden eines Tages bedächtig einstreicht, mag mit den Seinen der Verdiener sein – doch ist womöglich auch er selbst »auf seinem hohen Stuhle« nur ein heraufbeschworenes Bild, und andere verdienen nun an der Macht, die auch vergangene Frömmigkeit noch über die Gemüter hat.

Von Mallarmé stammt die Einsicht, daß zwischen den

alten Praktiken und der in der Poesie wirksamen Zauberei eine geheime Verwandtschaft bestehe. Der »Zauberspruch« von Sarah Kirsch praktiziert sie unbefangen. Er gibt Rätsel auf, löst sie und läßt doch das meiste offen. Doch zeigt er auch, wovon die Künste leben: Ein bißchen Zauberwerk, um anderen den Sinn zu trüben oder auch zu weiten, ist heute so begehrt wie in den Zeiten, als die Technik erst die Bambusflöte hervorgebracht hatte.

In diesem kleinen Gedicht, das nicht von Weltbegebenheiten handelt und nicht vom Labyrinth der eigenen Brust, läßt sich lesen, daß Poesie nicht nur in Büchern, sondern auch im Leben ziemlich unverwüstlich ihren Sitz hat, jedenfalls in Dshwari.

SARAH KIRSCH
MOORLAND

Erst springe ich über die Gräben
Die seidenen Unterröcke leuchten
Im rostbraunen Wasser der Wind
Bläst mich von Sode zu Sode im Kreis
Roter niedergeschlagener Gräser
Blasen steigen auf aus den Tümpeln
Grünfunkelndes Moos es keuchen
Die zerbrochenen sinkenden Erlen
Speckige Pilze Koboldkanzeln
Bedecken flatternde Maste
Wie Patronen glänzt der Kot wilder Tiere
Der blitzgespaltene kopflose Stamm
Stellt sich mir in den Weg
Mit ausgebreiteten flehenden Armen
Die Ratte die ehdem mein Gutsherr war
Läuft voran auf befestigten Boden.

KERSTIN HENSEL
BLUTENDES GRAS

Das Gedicht beginnt harmlos. Wer über das Moor läuft,
scheint einem dänischen Märchen zu entstammen. Die sei-
denen Unterröcke verraten das zarte elfische Geschöpf. Es
könnte Erlkönigs Tochter sein. Aber schon in Vers 3 tritt
Merkwürdiges ein: Die Seide leuchtet *Im rostbraunen
Wasser.* Eine Lufttäuschung auf eisenhaltigem Wasser?
Oder ist da wer zwischen Schrott versunken?
Mit dem Wind wird der leichte Sprung, von dem wir noch
nicht wissen, für welches Ziel er ausgeführt wird, zum Flug.
Das Ich verliert den ohnehin unsicheren Boden unter den
Füßen, die Soden (so nennt man in der beschriebenen Land-
schaft ausgestochene Rasen- oder Torfstücke) geben keinen
Halt mehr: *Im Kreis* weist auf die Verstärkung des Windes
zum Wirbelsturm hin, aber folgender Vers meint auch den
Kreis *Roter niedergeschlagener Gräser,* die das Ich regel-
recht umstellen. Ein genau beobachtetes Naturbild. Oder
ahnt das Ich (und damit der Leser) nicht schon die dem
Moor eigene, jedes Leben in den Abgrund ziehende Gefahr,
die ins grausig Menschliche reicht? Rote Gräser können
vom Wind niedergedrückte Sumpfpflanzen, es kann aber
übernatürliche Gewalt darin verborgen sein, von deren An-
griff das Gras blutet. Nun beginnen die Tümpel zu »leben«:
Faulgase steigen auf, Stoffe leuchten aus sich heraus, *keu-
chen* deutet auf tierische Not und – was als Hüpfen über das
Moor begann, ist zur Flucht vor der angreifenden und
gleichzeitig sterbenden Natur geworden.

Kopflos wird das Ich weitergetrieben durch *kopflose* Natur. Immer bedrohlicher, ganz wie Papa Erlkönigs Regierungsmethoden, wird alles, was das Kind umgibt. Uralte monströse Vegetation, Nebel predigende Kobolde und zu Fahnen zerweichte Maste verhindern die Flucht aus dem Chaos.

Ab Mitte des Gedichtes wird nun deutlich: *die Gräben* sind Schützengräben, und was unter dem *rostbraunen Wasser* verborgen liegt, keine metallischen Spurenelemente, sondern Patronen. Auch wenn der *Kot wilder Tiere* nur so scheint. Es ist etwas anderes Wildes, was diese Landschaft in seinen Untergang getrieben hat. Das Ich prallt vor dem toten *Stamm* zurück, der sich ihm in den weglosen Weg stellt. *Stamm* kann neben Baumstamm auch altgediente Militärmannschaft oder Sippe bedeuten. Die Flucht der Prinzessin hat ein Ende und die Angst ihren Höhepunkt erreicht. Angst herrscht auf beiden Seiten, denn der fluchtverhindernde *Stamm* wird ebenso als ein um Bleiben *flehender* gezeigt.

Das Moorland-Bild wird schließlich vom unerwarteten Auftritt einer *Ratte* durchbrochen und das Flehen auf sie übertragen. Der Schrecken über den Versuch des *Stammes*, die flüchtende Landstochter zurückzuhalten, wird zum Schrecken über die Erkenntnis, daß die Flucht nur der *Ratte* gelingen wird. Der *Gutsherr*, sowohl rattenhafter Verwalter von Erlkönigs Reich als auch verwandelte Ratte, verläßt die verrottete Gesellschaft auf sicherem Boden. Das Ich, von reiner Seele, aber aller Macht beraubt, hat keine Chance, dem Sumpf zu entkommen. Erlkönigs Tochter bleibt das Zusehen, wie der Verrat Land gewinnt.

Das 1983 geschriebene Gedicht von Sarah Kirsch handelt

von vergeblicher Flucht aus fiebrig-krankem Land. Dieses
Land ist der Vortod, ein archaisches Gebiet verkommen-
den Lebens. Der daktylische Rhythmus gleicht dem Tanz
der Irrlichter über faulendem Gebiet. Die Verse stehen
ohne Interpunktion, weil es für die Umhergetriebene nir-
gendwo einen Halt gibt. Der Punkt am Schluß *befestigt*
nur den *Boden* der mächtigen Feiglinge.

SARAH KIRSCH
NACHRICHT AUS LESBOS

Ich weiche ab und kann mich den Gesetzen
Die hierorts walten länger nicht ergeben:
Durch einen Zufall oder starren Regen
Trat Wandlung ein in meinen grauen Zellen
Ich kann nicht wie die Schwestern wollen leben.

Nicht liebe ich das Nichts das bei uns herrscht
Ich sah den Ast gehalten mich zu halten
An anderes Geschlecht ich lieb hinfort
Die runden Wangen nicht wie ehegestern
Nachts ruht ein Bärtiger auf meinem Bett.

Und wenn die Schwestern erst entdecken werden
Daß ich leibhaft bin der Taten meines Nachbilds
Täterin und ich nicht meine Schranke
Muß Feuer mich verzehren und verberg ichs
Verrät mich bald die Plumpheit meines Leibs.

HEINZ POLITZER
VERHOHLENE LEIDENSCHAFT
ALS POLITISCHE METAPHER

Genossen unserer Zeitläufte werden nicht umhinkönnen, zu den drei ersten Wörtern dieses Gedichts das Wort »Parteilinie« zu assoziieren. Politische Links- oder Rechtsabweichungen haben sich in den monolithischen Gesellschaften der Moderne für die Abweichenden als ebenso schicksalsträchtig erwiesen wie für die Berichterstatterin die Hinwendung vom weiblichen zum männlichen Geschlecht.

Der Grundkonflikt, mit dem sich diese konfrontiert sieht, liegt in der inneren Widersprüchlichkeit ihrer Erfahrung. Den Wechsel von Frauen- zu Männerliebe verteidigt sie als intellektuelles Abenteuer, das sich in den »grauen Zellen« ihres Gehirns vollzogen hat, als einen Willensakt, als Willkür im eigentlichen Verstande.

Von Seele oder Gefühl ist zunächst nicht die Rede. In der Inversion »wollen leben«, den beiden letzten Wörtern der ersten Strophe, führt nicht das Leben, sondern das Wollen, obgleich das Leben das einzige Reimwort des Gedichtes bildet. Es reimt mit dem »nicht ergeben«, das den »hierorts« (welches Amtsdeutsch!) waltenden Gesetzen gilt. Bewußt zweideutig wird die Phrase von den »grauen Zellen« ihres Hirns hingesetzt; sie verweist unterschwellig auf den Kerker, in dem sich die Schreiberin unter ihren »Schwestern« schon lange gefühlt haben mag. Diese aber, die »Schwestern«, die zweimal im Inneren der Verse auftreten, verschränken sich in einer Art von ausgedehntem Binnenreim mit dem »ehegestern« am Ende der vorletzten Zeile in der zweiten Strophe. Zumindest andeutungsweise gehören die Schwestern schon der Vergangenheit an.

Der »Bärtige«, der all dieses Wandels Anlaß war, bleibt anonym; er hat nichts zu melden; lediglich der unbestimmte Artikel »ein« ist ihm gegönnt. Nur sie, die Frau, ist leibhaft; leibhaft in einem Ausmaß, das den sonst kühlen und ebenmäßigen Fluß der Verse in den Zeilen »Daß ich leibhaft bin der Taten meines Nachbilds / Täterin« unterbricht, eine Stockung erzeugt und den Vers selbst stolpern läßt. Der »Bärtige« ist dazu verurteilt, ein schattenhaftes »Nachbild« zu bleiben, dessen Tat, die Umarmung, die Abgewichene allein unternommen zu haben behauptet.

Sie allein übernimmt auch die Verantwortung für die Folgen der Tat, die sie über sich herabgerufen hat. Das »muß« in »Muß Feuer mich verzehren« hat normativen Charakter: Noch immer untersteht sie den Gesetzen, denen sie mit vollem Wissen und Willen zuwidergehandelt hat, und nennt noch jene, die die Fackel an den Scheiterhaufen legt, »Schwester«. Daß sie jedoch mit einem Kinde schwanger geht, will besagen, daß sie sich ebenso wissentlich wie willentlich einem anderen Gesetz unterstellt hat, dem Gesetz der Natur.

»Durch einen Zufall oder starren Regen« ist die Wandlung ausgelöst worden, die Entscheidung eingetreten. Wieder verrät jedoch die Zweideutigkeit ihrer Sprache das Unbewußte der Frau: »Ich sah den Ast gehalten mich zu halten.« Der Ast ist ein anthropologisches Sexualsymbol und steht für das primäre männliche Geschlechtsmerkmal, wie die Bezeichnung des Mannes als »Bärtiger« für das sekundäre steht.

»Ich [bin] nicht meine Schranke.« Intellektuelle Entschei-
dungen sind ihrer Natur nach selten schrankenlos, Ge-
fühle sind es oft. Hier bricht die Berichterstatterin das
Schweigen, unter dem sie ihre Leidenschaft verborgen hat.
Die Schrankenlose ist mitgenommen. Die politische Meta-
pher, der hochbewußte Bruch eines Gemeinschaftsprin-
zips, das aber, so gesteht's die Übeltäterin, wider die Natur
geht, und, wie die Welt nun einmal beschaffen ist, nicht
ausschließlich *ihre* Natur, tritt zurück hinter diesem un-
willkürlichen Bekenntnis zu einem Umschwung des Ge-
fühls, das die Abgewichene buchstäblich bis zum letzten
Wort ihres Gedichtes wahrzunehmen sich nicht gestattet.
Von diesem Widerspruch, diesem Konflikt, will das gan-
ze Gebilde zum Bersten gespannt erscheinen, wie eine
Saite.

SARAH KIRSCH
NATURSCHUTZGEBIET

Die weltstädtischen Kaninchen
Hüpfen sich aus auf dem Potsdamer Platz
Wie soll ich angesichts dieser Wiesen
Glauben was mir mein Großvater sagte
Hier war der Nabel der Welt
Als er in jungen Jahren mit seinem Adler
Ein schönes Mädchen chauffierte.
Durch das verschwundene Hotel
Fliegen die Mauersegler
Die Nebel steigen
Aus wunderbaren Wiesen und Sträuchern
Kaum sperrt man den Menschen den Zugang
Tut die Natur das ihre durchwächst
Noch das Pflaster die Straßenbahnschienen.

CHRISTOPH PERELS
GESCHICHTE, DIE NICHT VERGEHT

Werden mir meine Enkel glauben, wenn ich erzähle, daß
einst am Potsdamer Platz zu Berlin angesichts weiter, neb-
liger Wiesen Reminiszenzen an Matthias Claudius auf-
kommen konnten, wo sich schon bald wieder Hochhäuser
erheben und Geschäftsviertel hinziehen werden? Seit der
S-Bahnhof wieder eröffnet ist, betritt der Besucher die Wie-
sen, und wo gestern noch Mauer und Grenzstreifen das
Niemandsland als »Naturschutzgebiet« den »weltstäd-
tischen Kaninchen« vorbehielten und man die »Mauerseg-
ler« als Metapher las, strömt über die Kreuzung Potsda-
mer/Leipziger Straße und Stresemann-/Ebertstraße schon
heute ein endloser Verkehr.
Sarah Kirschs Gedicht gliche einem veralteten Stadtführer,
Redaktionsschluß Oktober 1989, wenn es nur etwas von
der Geschichte dieses Platzes zu erzählen hätte, vergangen
wie die Automarke »Adler« aus Großvaters Zeiten. Es
spricht aber, indem es Vergangenes und Gegenwärtiges an-
einander mißt, zugleich vom wechselhaften Ineins von
Natur und Geschichte.
Unter dem unheimlich-leichten, etwas atemlosen Par-
lando-Ton entwickelt der Text ein konsequentes Modell:
eine erste siebenzeilige Versfolge, vorwiegend einem ver-
gangenen Zustand zugewandt, und eine zweite, ebenso
lange, vorwiegend mit einem gegenwärtigen Zustand be-
faßt, so wahr und so wunderbar wie ein Märchen, kein
liebliches freilich, und jede der zwei Versfolgen teilt sich

wieder in zwei Gruppen zu drei und vier Versen. Drei Eingangszeilen konstatieren kopfschüttelnd, was doch der Augenschein beglaubigt: Kaninchen bevölkern den einst verkehrsreichsten Platz Berlins, den »Nabel der Welt« für ein halbes Jahrhundert.

Drei Schlußverse ziehen ein Resümee von sarkastischer Dialektik: *Kaum sperrt man den Menschen den Zugang / Tut die Natur das ihre* – an dieser Stelle im Gedicht und an diesem Ort in Berlin ein tief ironischer Satz, denn jedermann weiß, daß den Menschen am bestbewachten Abschnitt des »Schutzwalles«, wie die Grenze in der Propagandasprache der DDR hieß, der Zugang nicht in naturschützender Absicht versperrt wurde und daß die »Mauersegler« mehr als eine Vogelart, daß sie ein Bild der Freiheit sind.

So kehren sich die Verhältnisse um: im Bereich des Menschen und der Geschichte, wo Freiheit herrschen sollte, stehen die Sperren; und wo alles determiniert ist, im Bereich der Natur, findet der Text die Erinnerung an Spiel, Ungebundenheit und kraftvolles Leben.

Die Zukunft des Potsdamer Platzes mag aussehen, wie sie will, nachdem nur noch ein »Mauerbasar« von der Mauer übrig ist. Die Menschenwelt bleibt dennoch verschattet und tut eben nicht »das ihre«. Sie läßt keinen Atem, der anarchisch und frei durch einengende Ordnungslinien hindurchströmte wie der Atem der Sprechenden durch die strenge Versfolge dieses Gedichts. Im melancholischen Spiel seiner Bilder lebt eine andere Geschichte weiter, länger als die, die im Oktober 1989 zu Ende ging, die Geschichte unserer Sehnsucht.

SARAH KIRSCH
REISEZEHRUNG

Ich mußte eine Menge Zaubersprüche lernen
Mit großer Kühnheit im preußischen Wald
Pentagramme kritzeln das kleine Land
Bei Nacht und Nebel verlassen die Könige auch
Und wieder frei sein.
Die grauen Feldjäger die fleißigen Flurhüter
Hatten das Nachsehn. So halten sie mir
Heute und morgen den Schlagbaum geschlossen.

Ich gedenke nicht am Heimweh zu sterben.
Unauslöschlich hab ich die Bilder im Kopf
Die hellen die dunklen. Ich kann in Palermo sitzen
Und doch durch Mecklenburgs Felder gehn
Auf gelben Stoppeln schwenkt mir der Bauer den
                                       Hut.
Die Schwalben stürzen und steigen vorm Fenster
Vertraute Schatten, sie finden mich
Wo ich auch bin und ohne Verzweiflung.

GERHARD SCHULZ
OHNE HEIMWEH

Gedanken über die Dauer des Exils? Inzwischen sind es
andere Zeiten als die des Emigranten Brecht, da man öfter
die Länder als die Schuhe wechselte und an der Grenze auf
den Tag der Rückkehr wartete. Jetzt sind mitten durch das
Land und die eine Stadt Mauern gezogen, deren Existenz
nicht vom Stehen oder Fallen eines einzelnen Regimes ab-
hängt. Ein Schauplatz für das Machtspiel der Weltge-
schichte ist aus dem Lande geworden, so daß mit den alten
Kategorien von Heimat und Fremde, Exil und Heimkehr
wenig anzufangen ist.

Sarah Kirschs Verse bilden das letzte von acht Gedichten
des kleinen Zyklus »Reisezehrung« aus dem Jahre 1982.
Jemand fährt über die Transitstraße nach oder von Berlin,
von West nach West, wie es in der kuriosen politischen
Geographie unserer Tage heißen muß, aber es ist eine
Fahrt durch märkische Landschaft, in der man einstmals
zu Hause war. Literaturlandschaft ist es mit dem Landsitz
des Herrn Ribbeck zu Ribbeck von Fontanes Gnaden oder
dem Wiepersdorf der Bettine. Märchenlandschaft auch,
denn »wir sollen den Weg nicht verlassen, keine Blumen
abpflücken, den müden Wanderer im Wagen nicht aufneh-
men, sonst schnappt uns der Wolf«. So steht es im ersten
der acht Gedichte. Nur wird der Jäger nicht kommen als
Befreier, um dem Wolf den Bauch aufzuschneiden: die
grauen Feldjäger sind fleißige Flurhüter im preußischen
Walde.

Da ist also ein Mensch – eine Frau, ein Mann, Sarah Kirsch, irgendwer – davongegangen aus diesem Land bei Nacht und Nebel, um frei zu sein, unter anderem von der Not, Zaubersprüche zu lernen und zu schreiben, geheime Zeichen, um Wahres zu sagen. »Zaubersprüche« hieß ein Gedichtband Sarah Kirschs von 1973, als sie noch im kleinen Lande lebte. Daß ihre Verse auch später Zaubersprüche geblieben sind, Verse, die verzaubern durch die Kraft ihrer Bilder und entzaubern durch die Klarheit ihrer Gedanken, ist eine andere Sache. Der Weg hinaus jedenfalls ist ein Weg ohne Rückkehr geworden. Aber keine Rührseligkeit kommt auf über Heimat und Heimweh. Rom sei nicht mehr in Rom, sondern nur dort, wo er selbst sich befinde, sagt der Feldherr Sertorius in einer Tragödie von Corneille. Es ist eine Erfahrung, die ihm in diesem Jahrhundert Tausende bestätigen werden wie denn auch dieses Gedicht.

In der äußersten Kondensation von zwei Zeilen hat sich das Ich in ein starkes Bild der Erinnerung hineingemalt, sich in Beziehung setzend zu dieser fernen, verlorenen Wirklichkeit durch den Gruß des Bauern und durch die Schwalben, die Zeit und Raum durchbrechen, wie das Fenster zwei Sphären verbindet. Ein faksimiliertes Manuskriptblatt Sarah Kirschs verrät etwas von dem Mutationsprozeß zwischen diesem Ich und den Schwalben auf dem Wege zu den vertrauten Schatten: »antreffen, erfahren, finden, stoßen auf, entdecken, begegnen, ausfindig machen, ermitteln, auffinden, nicht entgehen« sind da notiert vor der endgültigen Fassung. So mühelos und selbstverständlich erscheint sie, als hätte sie nie anders lauten können, geht es doch darum, die Vögel zu nehmen als Bürgen für die Unverlierbarkeit des Erinnerten, ohne sie erstarren zu lassen im Gleichnis.

»Vertraute Schatten« einer vergangenen Welt, denn es gehört ebenfalls zu den Kuriositäten unserer Zeit, daß sich bei ihren politischen Konstellationen der Raum in die Zeit verwandelt, daß geographische Gegenwart zugleich persönliche Vergangenheit zu sein hat. »Vertraute Schatten«: das Gedicht bewahrt das Vergangene, es artikuliert Erinnerung, macht sie mitteilbar und damit teilbar.

Aber freilich ist alle Entfernung ein Schritt in der Zeit. Es ist freies Selbstbewußtsein in diesem Gedicht statt der Klage. »Zwischen Weimar und Palermo hab ich manche Veränderung gehabt«, schreibt Goethe in seiner *Italienischen Reise*. Auch wir sind andere geworden und sitzen in unserem Palermo ohne Verzweiflung, Schmerz und Ungeduld.

HELGA M. NOVAK
TSCHECHOW NACH SACHALIN

als Tschechow sich auf den Weg begab
blühten bei ihm zu Hause die Maiglocken
der Flieder und das Tränende Herz
noch betäubt von Akazienduft geriet er
von Tjumen nach Tomsk am Ende der
                              Schienen-
strecke in kahle Wälder die Seen vereist
Schnepfen Wildenten und wilde Gänse
Schwäne zogen mit und ein Kranichpaar
1890 auf der uralten Straße nach Sachalin

Steilufer Weiden gichtknotige Äste
Möwenflügelschlag wo sie bloß das viele
Fett herholen gegen den stillschreienden
maßlosen baumaufreißenden Frost
dies Wegstück ist es vielleicht gewesen
wo Tschechow rumpelnd ungefedert stöhnend
einen einsamen Mann überholte Bastschuhe
Fußlappen dürre Mütze ›ein unnützer Mensch‹
mit nichts als zwei Violinen auf dem Rücken

HEINZ LUDWIG ARNOLD
DER UNNÜTZE MENSCH

Dieses Gedicht steht in Helga M. Novaks poetischem Zyklus »Legende Transsib«. Sie schrieb an ihm zur Vorbereitung einer Reise nach China, die sie mit der Transsibirischen Eisenbahn machen wollte, 1985. Sie reiste, aber nicht mit der Transsib; dafür bekam sie kein Visum; denn neunzehn Jahre zuvor hatte ihr die DDR die Staatsbürgerschaft aberkannt. Auch solche Erfahrungen, deren Folgen für viele auf schrecklichere Weise »transsibirisch« wurden, bezeugen ihre Gedichte: eine »Geistreise« (so nannte der Barockdichter Quirinus Kuhlmann seine topographisch real phantasierten Reisen ins heilige Jerusalem), die in Räume und Zeiten führt, zu denen die zwischen 1891 und 1906 erbaute Transsibirische Eisenbahn nie gelangt. In der sitzt man nämlich, so meine eigene sechstägige Erfahrung aus dem April 1977, bei 28 Grad Wärme hinter Fenstern, die nicht zu öffnen sind, während draußen bei 20 Grad Kälte Millionen Birken vorbeirauschen. Man hat viel Zeit für Tee und die Lektüre dicker russischer Romane.

Auch Geistreisen halten sich an Realien. Sie konzentrieren konkretes Material. Seinen realen Phantasieort hat Helga M. Novaks Gedicht in einem Pferdewagen, der im Mai 1890 von Tjumen, dem damaligen Endpunkt der Eisenbahn östlich des Ural, durch Sibirien holpert. Darin der Schriftsteller Anton Tschechow auf dem noch viertausend Kilometer langen Weg nach Sachalin, dem fernsten Deportationsort für Schwerverbrecher und andere Verbannte.

Tschechow reiste, um die »Kolonisation durch Verbrecher« zu studieren, blieb etwas über drei Monate und schrieb den Erfahrungsbericht »Die Insel Sachalin«. Nebenbei entstand ein kleines Reise-Tagebuch: »Aus Sibirien«.

Helga M. Novaks Gedicht entwickelt die Momentaufnahme einer historischen Station auf dem langen Weg Tschechows: Er ist aufgebrochen von daheim aus einem blühenden Mai; nun, ins rauhe Sibirien geraten, wenden sich seine Sinne erinnernd zurück. Der Weg nach Sibirien führt in eine Ödnis, die auch den Wasservögeln ihr Element verwehrt. Die uralte Straße wird mit jedem Kilometer unwegsamer, die Kälte immer schärfer, so daß man nicht weiß, wie man da überhaupt existieren kann. Der rumpelnde Wagen führt den stöhnenden Tschechow unerbittlich aus der Zivilisation hinaus.

In dieser maßlos gequälten Landschaft überholt Tschechow einen armselig gekleideten »einsamen Mann«, der ihm – das ausgewiesene Zitat legt diese Zuordnung nahe – als »unnützer Mensch« erscheint, »mit nichts als zwei Violinen auf dem Rücken«.

Das Zitat steht in Tschechows kleinem Reise-Tagebuch. Von dessen erster Seite bezieht das Gedicht sein Material: »Durch die Stille tönt plötzlich ein vertrauter melodischer Ruf, wir schauen nach oben und erblicken in geringer Höhe ein Kranichpaar, und irgendwie wird einem beklommen zumute. Da fliegen Wildgänse, da zieht ein Schwarm schöner, schneeweißer Schwäne dahin. Überall stöhnen Schnepfen und weinen Möwen ...«

Auch der »unnütze Mensch« kommt da vor, einer, der seiner verarmten Verwandtschaft, die ihn ein Leben lang mitschleppte und nun ein neues Leben im freien Sibirien

sucht, auf dem Wege dorthin hinterherwankt: ein kränklicher Liederjan, der die Kälte scheut, manchmal einem
Schnäpschen nicht abgeneigt, schüchtern – und ein Leben
lang unnütz und überflüssig, einer, der dummes Zeug
schwätzte, »nur Violine spielen und mit den Kindern auf
dem Ofen Schabernack treiben« konnte. »Er spielte in der
Schenke, auf Hochzeiten, auf dem Felde, ach, und wie er
spielte!« So wie nur ein Künstler spielt, ein sonst »unnützer Mensch«, der es zu nichts brachte als zu zwei Violinen:
den Meisterwerkzeugen seiner Kunst.

Und so kreuzt Helga M. Novak auf ihrer lyrischen Geistreise, die sie nach China bringen sollte, zwischen Tjumen
und Tomsk immer wieder den Weg ihres Bruders im Geiste Anton Tschechows auf seiner Forschungsreise in die
Strafkolonie Sachalins.

CHRISTINE NÖSTLINGER
AUSZÄHLREIME

Einer ist reich
und einer ist arm,
einer erfriert
und einer hat's warm.

Einer stiehlt
und einer kauft,
einer schwimmt oben
und einer ersauft.

Einer springt
und einer hinkt,
einer fährt weg
und einer winkt.

Einer stinkt
und einer duftet,
einer ist faul
und einer schuftet.

Einer hat Hunger
und einer hat Brot,
einer lebt noch
und einer ist tot.

Einer hat's lustig
und einer hat Sorgen,
einer kann schenken
und einer muß borgen.

Zu den einen zählst du,
zu den andern zähl ich,
ich hab's lustig und warm,
also pfeif ich auf dich!

Ich bin lebendig
und faul und reich,
und ob du schon tot bist,
ist mir doch ganz gleich!

LUDWIG HARIG
VERWORFEN UND VERSTOSSEN

Das Märchen weiß, wer die Guten und wer die Schlechten sind, da gibt es kein Vertun, weder Zweifel noch Kompromisse. Was gut ist, bleibt erhalten zur besseren Verwendung, was schlecht ist, gerät unverzüglich zwischen die Reißzähne. Ja, das Schlechte wird zermahlen, zerstoßen, zerdrückt, es wird mit Haut und Haaren verschlungen, nicht mit Appetit, der es genießen ließe, sondern mit Freßlust, damit es vernichtet sei.

Ich erinnere mich, wie wir als Kinder ausgelesen haben und ausgelesen wurden: Wir standen im Kreis, Buben und Mädchen, einer ging innen rund, zeigte nacheinander auf jeden, sprach: »Ine mine mu und aus bist du!«, und die Ausgezählten stoben davon, waren Freiwild für den Fänger. Wenn der Auszähler aber den anderen Spruch gebrauchte und mit spitzer Stimme rief: »Ine mine mei und aus sind zwei!«, dann teilte sich der Kreis in Räuber und Gendarmen, in Trapper und Indianer, später dann in Deutsche und Franzosen. Beim Auszählen galt als goldene Regel: Jeder mußte ordentlich in der Reihe stehen, denn dem Außenseiter drohte Unheil, und schon am ersten Schultag beim Aufstellen hatten wir gelernt: »Weh dem, der aus der Reihe tanzt!«

Danach waren Hitlerjugendführer, Feldmeister und Unteroffiziere die Auszähler. Das Auszählen wurde subtiler, raffinierter: Es wurde abgezählt, durchgezählt, ausgezählt, die Willkür der Scheidung in zwei Gruppen mit zweierlei

Rechten, in die einen und die anderen, in Stehende und
Liegende, in Angreifer und Verteidiger wurde wettge-
macht, indem sich die Positionen tauschten und jeder jedes
sein und tun mußte. Wer zu den Schlägern ausgezählt war,
tat das von ihm Erwartete in gleicher lustvoller Intensität,
wie er es schon als Kind getan hatte: grausam und erbar-
mungslos. Und wer zu den Geschlagenen gehörte, mußte
erdulden, daß die Schläger gehörig zuschlugen: Das war
das Spiel. Die Geschlagenen waren ausgezählt, ausgeson-
dert, verworfen und verstoßen.

Dabei blieb es nicht. Das Auszählspiel fröhlicher Manöver
ging in Schreckenskommandos über und wurde fort- und
weitergespielt in den Aussonderungs- und Erschießungs-
trupps von Oradour und anderswo und schließlich in Dr.
Mengeles Selektionen auf der Rampe von Auschwitz.
Schon Jacob und Wilhelm Grimms »Deutsches Wörter-
buch« beschreibt dieses Auszählen als ein Aussondern und
Dezimieren, ein Verwerfen und Verstoßen.

All das kehrte in mein Gedächtnis zurück, als ich vor eini-
gen Jahren Christine Nöstlingers beschwörendes Aus-
zählgedicht in einer Anthologie mit dem Titel »Überall
und neben dir« las. Es ist ein Gedicht für Kinder, die Aus-
gezählten sind die Armen und Schwachen, die Faulen und
Gauner, die Schuldner und Sozialrentenempfänger. Chri-
stine Nöstlingers Reime sind aktuell geblieben, doch mit
einem Male sprengt das Gedicht die Grenzen des Bereichs,
für den es gemünzt ist, und gewinnt neue Dimensionen.

Es hat sich zwar nichts geändert seit der Kinderzeit, auch
nicht Einstellung und Denkweise des Auszählers. Die
Grausamkeit hat sich nicht in Milde, die Erbarmungslosig-
keit nicht in Güte und Verständnis gewandelt. Nun, da wir
erwachsen sind und vom Leben gelernt haben sollten,

spielen wir das deutsch-deutsche Auszählspiel. Wir plappern den Politikern und den Moralaposteln unserer Gesellschaft nach, wir sagen: Hier und dort, hüben und drüben, doch wir meinen das Land, in dem Milch und Honig fließen, und das Land, in dem nur Dornen und Disteln gediehen sind.

Wir spielen das Auszählspiel der Gerechten und Ungerechten, denn hinter den politischen Appellen zu Wohlverhalten und Mitgefühl verbirgt sich die Unerbittlichkeit der Menschennatur und ihre pharisäische Selbstgerechtigkeit: Die einen sitzen schon zur Rechten Gottes, und die anderen müssen zur Hölle fahren.

ILONA BODDEN
EPITAPH

Den Kater,
meinen Gefährten,
haben die Kinder gesteinigt.

Der Apfelbaum
hinten im Garten
wurde im Winter gefällt.

Nur noch im Traum
blüht er fort
in der bienendurchsummten Stille,
und der schwarze geduldige Kater
hascht nach den Schatten im Gras.

Wer aber wird, wenn ich sterbe,
zuweilen ihrer gedenken,
und sie lebendig erhalten
ein paar Herztakte lang?

BENNO VON WIESE
EINE POETISCHE FRAGE

Das Gedicht »Epitaph« von Ilona Bodden steht in einem
schmalen Gedichtband von 1974. Es meint mit seiner
Überschrift das Gedenken an Tote, den ihnen gesetzten
Denkstein der Erinnerung. Erinnert werden in diesem Ge-
dicht ein Kater und ein Apfelbaum. Das scheint in den Be-
reich der privaten Idylle, weit ab vom Geschehen dieser
Welt zu führen, zumal Kater und Apfelbaum nur noch als
geträumte, bereits gestorbene Wesen in diesem Gedicht
vorkommen. Aber eine solche Auslegung würde an dem
Rang dieses Gedichtes völlig vorbeisehen.
Dennoch: machen wir es nicht zu leicht. Was soll noch
die lyrische Melancholie um Kater und Apfelbaum, wenn
wir vielleicht gerade in den Tageszeitungen vorher von den
unvorstellbaren Grausamkeiten gelesen haben, die sich
Menschen und Völker in aller Welt gegenseitig zufügen?
Hat ein solches leises und verhaltenes Gedicht, in dem die
Poesie sich noch nicht selbst aufgegeben hat, damit noch
etwas zu tun?
Aber Verse müssen oft verschlüsselter zu uns sprechen.
Das gilt auch von »Epitaph«, einem Gedicht, das mir tage-
lang nachgegangen ist, gerade, weil es so genau die Ur-
sprünge des Bösen kennt. Den Kater, den »Gefährten« der
Dichterin, vielleicht sogar ihren einzigen Gefährten, haben
»Kinder gesteinigt«. Der versteckte Gleichklang Kater-
Kinder unterstreicht das Lapidare dieses Verses. Kinder
sollten mit Katern spielen, nicht aber sie steinigen. Die

Grausamkeit bis zum Mord, auch wo sie »nur« dem Tier gilt, gehört hier bereits zur Signatur der frühen Phase des Menschen. Sehr vieles hat sich seit den Tagen der Romantik geändert. Denn damals konnte die Kindheit noch als Paradies der Unschuld verklärt werden.

Aber auch ein Apfelbaum hinten im Garten wurde »gemordet«, im Winter gefällt. Wiegt dieser Verlust so schwer? Der Vorgang steht jedoch stellvertretend nicht nur für das Sterben in der Natur, sondern ebenso für die Verödung und Zerstörung jeder dem Menschen liebgewordenen Landschaft. Auch mit dem alleinstehenden Apfelbaum geht Unwiederbringliches verloren.

Doch Kater und Apfelbaum leben im Traume weiter fort. Das sommerliche Bild von der »bienendurchsummten Stille« und dem schwarzen geduldigen Kater, der im Gras nach dem Schatten hascht, den der Apfelbaum geworfen hat, ist von einer diskreten Zartheit. Sie erhält zugleich einen melodischen Reiz durch das Spiel mit den Vokalen, zunächst mit dem I, dann ausdrücklicher, sonorer und voller mit dem A. Das ist bereits eine »innere Landschaft«, eine nach innen zurückgenommene Impression: geträumte Musik, geträumte durchsummte Stille, geträumtes Weiterleben des Verlorenen, das in der Wirklichkeit bereits ruiniert worden ist.

Die letzte Strophe nimmt das Motiv des Todes erneut auf. Auch der Traum ist vergänglich. Er bleibt an die Person der Träumenden gebunden. Was wird geschehen, wenn auch sie sterben muß? Gibt es dann kein Gedenken mehr für Tier und Pflanze, das sie lebendig hält, und sei es auch nur »ein paar Herztakte lang«? Die poetische Frage steht da; sie darf nicht überhört werden, wenn nicht alles im Nichts versinken soll und nur noch der hier nicht erinnerte

und auch nicht erinnernswerte Mensch übrigbleibt, der die
»geduldigen« Kreaturen, seien es nun Tiere oder Pflanzen,
aus welchen Gründen auch immer, ausrottet.

Die Dichterin ist hier die Außenseiterin, die uns einlädt,
»ein paar Herztakte lang« – den kleinsten Zeitraum bei
höchster Intensität – ihren so lebenswichtigen Traum mit
ihr oder sogar noch nach ihr weiterzuträumen. Nur indem
sie ein solches Epitaph niederschreibt, kann sie dem Bö-
sen, dem Vergessen und dem Tod eine Grenze setzen. Das
Gedicht selbst beantwortet als Gedenken seine Frage nach
der Möglichkeit des Gedenkens überhaupt.

KARIN KIWUS
IM ERSTEN LICHT

Wenn wir uns gedankenlos getrunken haben
aus einem langen Sommerabend
in eine kurze heiße Nacht
wenn die Vögel dann früh
davonjagen aus gedämpften Färbungen
in den hellen tönenden frischgespannten Himmel

wenn ich dann über mir in den Lüften
weit und feierlich mich dehne
in den mächtigen Armen meiner Toccata

wenn du dann neben mir im Bett
deinen ausladenden Klangkörper bewegst
dich dumpf aufrichtest und zur Tür gehst

und wenn ich dann im ersten Licht
deinen fetten Arsch sehe
deinen Arsch
verstehst du
deinen trüben verstimmten ausgeleierten Arsch

dann weiß ich wieder
daß ich dich nicht liebe
wirklich
daß ich dich einfach nicht liebe

WOLFGANG HILDESHEIMER
ENTTÄUSCHUNG EINKALKULIERT

Dieses Gedicht ist dem Band »Von beiden Seiten der Gegenwart« entnommen. Zwar ist es nicht das stärkste der Sammlung – es gibt da zarte Gedichte, voller kunstvoll verhaltener Sehnsüchtigkeit –, doch in seinem unverbrauchten Wortlaut, seinem unverblümten Ausdruck ist es typisch für die in diesen Texten sich offenbarende Erfahrungswelt der Autorin, für die Frische und Freiheit ihrer Mitteilung, die der Hermetik nicht bedarf, den Krampf nicht kennt und deren sparsame Anwendung der Metapher durchweg glücklich ist.

Dankbar konstatiert der Leser, daß ihm kein Mitleiden an Neurosen auferlegt wird, sondern die zwanglose Aufforderung, flüchtige, meist schmerzliche Erfahrung nachzukosten, deren Zauber der Wiedergabe in ihrer Gefaßtheit liegt, der Kontrolle von Emotionen; der Mitvollzug von Augenblicken hellwacher Sensibilität und die Prüfung der Wahrhaftigkeit ihrer Wortgebung, die ihren Gegenstand analysiert, indem sie ihn wegwischt.

In der Tat gelingt es Karin Kiwus meist, in einem einzigen Gedicht mehr Wirklichkeit einzufangen, als anderen in seitenlanger fiktionsgetränkter Prosa, die Gebundenheit ihrer Sprache erscheint genau berechnet, um den »Erguß« abzuschnüren. Ihre Wirklichkeit ist subjektiv, aber eben zutiefst erlebt. In jedem Wort spüren wir Erfahrung des Sinnlichen, zugleich die Melancholie seiner Vergänglichkeit und den ebenso mutigen wie mutwilligen Zugriff, um ihrer Herr zu werden.

Sie kann den Partner umreißen, an dem ihre Kritik sich entzündet, die Luft, in der ihr körperliches Wohlsein sich entfaltet, und die Wasser, mit denen sie gewaschen ist; ihre oft atemberaubende Spontaneität erfrischt den Leser auch dort, wo ihr Objekt die Abgegriffenheit der Erfahrung darstellt. Denn Schwermut und Desillusion folgen dem Erlebnis wie die Nacht dem Tag. Der emotionalen Erfahrung folgt die ernüchternde rationale Verarbeitung. In diesem Prozeß ist die Enttäuschung nicht nur einkalkuliert: der Akt der Läuterung wird zur Quelle der Eingebung –, ich denke: sofern sie einmal wunschloses Glück erfährt, wird es nicht notiert, damit das Erlebnis nicht wegerklärt werde.

Die Erkenntnis, daß die Autorin der »zwischenmenschlichen Beziehungen« letztlich nicht froh werden kann, wird zwar niemals verallgemeinert, doch bietet sie sich dem Vergleich mit eigener Erfahrung an. In Karin Kiwus' Verneinung liegt eine Qualität *sui generis*, sie macht uns nicht zu Zeugen der Verzweiflung, sondern zu Teilnehmern scheiternder Versuche der Annäherung an eine immer wieder als banal entlarvte Wirklichkeit.

Im »ersten Licht« am »tönenden frischgespannten Himmel« erklingt hier noch ein – wahrscheinlich uns allen bekanntes, von vielen vielleicht schon vergessenes – Glücksgefühl auf, noch ist das bittere Erwachen nicht vollzogen, noch ist die Möglichkeit der Dauer gegeben. Dann aber beginnt es, Schlechtes verheißend, mit dem »ausladenden Klangkörper«, der sich »dumpf« aufrichtet, und vorbei ist es mit der frischen Frühe, das Licht fällt auf prosaischste Körperlichkeit, den »trüben verstimmten Arsch«, der die noch in den »mächtigen Armen« ihrer »Toccata« Liegende aus ihren Wolken fallen läßt, und nun ist alles aus, Verstimmtheit herrscht, der Arsch wird zum Zentrum, zum Symbol der Seele des nunmehr Ungeliebten.

Eindringlich und definitiv – »verstehst du« – wird die mit ihm verbrachte Nacht zum retrospektiv sich auswirkenden Irrtum. Und auch der Leser sieht nunmehr den Besitzer dieses *corpus delicti* mit den Augen derer, die ihn so negativ besingt: der Mann ist erledigt, freilich auch ein wenig bedauernswert, da er es noch nicht weiß. Diese Szene ist wahrhaftig und vollkommen, die Mitteilung ist geglückt, wie alle Mitteilungen der Karin Kiwus.

KARIN KIWUS
KLEINE ERINNERUNG
AN DEN FORTSCHRITT

Ja, damals, als wir Kinder waren,
nach der Revolution, haben wir
in Baschkirien noch
den Großvater gesehen, wie er
mit hellen lachenden Augen
die erste Glühbirne verfolgt hat,
die blitzend nackt durch unser
Dorfschulzimmer gependelt ist,
hin und her und hin und her.

Aber nun?

ELISABETH BORCHERS
DAS LICHT VON BASCHKIRIEN

Als wir Kinder waren, das war nach der Revolution und
die war 1917...
Immer wenn man sich dem ausgewählten Sujet annähern
will, so tun will, als sei man, zum Beispiel, im südlichen
Ural, zum Beispiel in Baschkirien, zu Hause, und dies in
einer Zeit, die längst vergangen ist, schlüpft man in eine
Rolle, um das, was man sagen will, glaubwürdig zu ma-
chen. Man tritt eine Zeitreise an. Das nennt man Rollen-
prosa oder wie hier: ein Rollengedicht.
Damals, so behauptet man, lebte der Großvater noch, der
vielleicht der Dorfschullehrer in Person war und der
Zeuge eines ungeheuren Ereignisses wurde. Das erklärt
das Sieghafte seiner Freude angesichts einer pendelnden
Glühbirne im Schulhaus. Lenin hatte proklamiert: Kom-
munismus – das ist Sowjetmacht plus Elektrifizierung des
ganzen Landes. Allen Hindernissen zum Trotz, vor kei-
nem Opfer zurückscheuend, das heißt, um jeden Preis
müsse der Plan der Elektrifizierung Rußlands und der
ganzen Sowjetunion verwirklicht werden. Und nun war es
soweit.
Die Dorfkinder waren wohl anwesend, und er, der Lehrer,
der jahrzehntelang, wie die Schüler, im Halbdunkel han-
tiert hatte, der gab der herabhängenden Glühbirne einen
Stups, damit sie pendele, vor aller Augen, seht her, hin und
her, und wieder zurück. Welch eine revolutionierende Be-
gebenheit im Leben eines Volkes, das sich Jahr um Jahr mit

den Unbilden Baschkiriens herumgeplagt hatte, und nun eine Zivilisationssensation erleben durfte. Ein Wunderwerk: der Sieg über die Dürftigkeiten eines Landes als Beginn eines neuen Zeitalters. Und die Kinder saßen stumm vor Staunen. Die Glühbirne, die Besiegerin der Dunkelheit, die Erleuchterin der Winterszeit, die Wegweiserin in eine strahlende Zukunft, ein enormes Licht – welch eine Revolution.

Ich stellte mir die Szene vor in einem gottverlassenen Schulhaus, erfüllt von den Mühsalen des Lesens und Schreibens, raus aus der Unwirtlichkeit des Analphabetismus. Die Kinder sehen das Hin und Her der Glühbirne, als sei da ein neuer Stern aufgegangen. Wie damals über Bethlehem, der aber nicht wirklich hatte etwas ausrichten können, nichts Endgültiges, der nicht die grundlegende Erleuchtung gebracht hatte. Hier aber strahlt ein größerer Hoffnungsschimmer auf, und die Glühbirne schafft, was Sterne nicht schaffen können.

Dieser Erinnerung folgt eine Leerzeile, eine Pause für den Leser, daß er zu Atem kommt, sich faßt und stärkt für die letzte Zeile, für die aus zwei Wörtern bestehende Frage: Aber nun? Wir, die wir wissen, was der Glühbirne im Schulhaus folgte, weil wir Zeiten, Kriege und Katastrophen für ein Weilchen überlebt haben, weil wir, zum Beispiel, mit eigenen Augen das Betreten des Mondes gesehen haben – wir werden diese Frage nach so viel Fortschritt ganz gewiß nicht beantworten müssen.

KARIN KIWUS
STRAIGHT FLUSH

Wenn du Glück hast
mit uns und dieses stille
Leuchten in deinem Gesicht
übergreift auf mich,

dann möchte ich wieder
einfach zusammenfallen
wie ein Haus
an der Kartenstraße
Herz.

GABRIELE WOHMANN
HERZPOKER

Dieser Tip für die Liebe beruht auf einer über Glück oder
Pech entscheidenden Erfahrung. Das Überschwangssta-
dium der Anfänger (die keine Zeit fürs genaue Beobachten
haben) liegt hinter den beiden. Trotzdem hat auf dieser
Zwischenstation die Liebe noch Chancen, große Chancen
sogar, aber strikt unter Vorbehalt. Die Absenderin der kla-
ren Botschaft besteht selbstbewußt auf einer Bedingung,
und wenn der Mann sie nicht erfüllt (vermutlich hat sie ihn
schon einmal beim Mogeln ertappt), dann wird es sein
Pech sein und kein »Glück mit uns«. Keine Tricks! Falsch-
spieler werden enttarnt, ob es um die Liebe geht oder ums
Pokern, das der Titel allegorisch zitiert.
»Wenn *du* Glück hast mit *uns*«: Sofort überrascht die ori-
ginelle und auf ungewohnte Art Rollenparts zuweisende
Betrachtungsentschiedenheit. Energisch und mit sanfter
Strenge heißt das: *Du* bist verantwortlich, wenn du keine
Fehler machst, wird das ein erfolgreiches Spiel. Das ist
korrekt und ein freundlicher Deal. Für den Adressaten be-
deutet der Liebesvorschlag mit Konditionsklausel: Eine
bequeme Selbstbedienung wird nicht erlaubt. Mit her-
kömmlich weiblich-erbötiger Serviceleistung kannst du
nicht rechnen. Du *könntest* Glück haben (wie früher
schon, und was für ein Glück!), aber nicht mit dir allein,
mit *uns*, weil ich keine Vollstreckungsgehilfin sein werde.
Daraus, daß die Frau den Tip-Empfänger so radikal be-
handelt (und ehe ich ihn bemitleide), schließe ich: Ihr Al-

les-oder-nichts-Entschluß gibt sich mit angeknacktem Glück nicht mehr zufrieden. Sie braucht den Übergriff. Fünf Karten gleicher Farbe, As, König, Dame, Bube, Zehn: *Straight Flush*. Doch an die Spielregel mit unterschwelliger Nimm-dich-in-acht-Mahnung ist eine zärtlich einladende Verlockung geknüpft. Es wird sich lohnen, aufzupassen.

Die Präzision der Anweisung nimmt dem »stillen Leuchten« alles Prekäre und mulmig Sentimentale, das in einem taumelig affirmativen »positiven« Liebesgedicht vom wohligen Gelingen aller schönen Aktionen nichts weiter als kitschig wäre. Inmitten der kassiberhaften coolen Einfachheit dieser zwei Strophen aber nützt ein »stilles Leuchten« sogar als Akzent, der sich in den lakonischen Kontext als Geheimnis setzt. Und ob Liebe oder Poker, wenn es nicht öde zugehen soll, bedarf es einander ebenbürtiger Gegner. Ohne »stilles Leuchten« kein Signal an die anspruchsvolle Partnerin in diesem Spiel, von dem sie verlangt: Es muß sein. Es ist uns ernst. Wir machen's nicht so nebenbei, weil es ganz nett ist und eine Ablenkung und dazugehört, aber natürlich, wir könnten es auch lassen. Sie ist nicht für halbe Sachen. Ihr macht man nichts vor. Will einer Glück haben mit ihr und sich, muß er aufs Ganze gehen und den *Straight Flush* in der Hand halten. Damit wirkt sie auf den ersten Blick als sehr modernemanzipiert und auf Liebhaber vielleicht abschreckend. Ist sie nicht aber vielmehr mit derart beharrlich puritanischer Ernsthaftigkeit beim Maßstab für das Lieben und das Glück beinah auch altmodisch? Fast anachronistisch, so überaus gewissensgenau? Ihr Tip, eine maskierte Forderung, ist kein schnell hinzuschluderndes, recht annehmbares Dessert aus der Gefriertruhe, jederzeit praktisch rasch aufzutauen und zu verschmausen und ebenso schnell zu vergessen. O ja, so betrachtet, sehen wir in ihr eine unzeitgemäße, höchst beachtliche Person, keineswegs bloß *sexy*, und ihre Verheißung, beim »Glück mit uns«, ist wahrlich nicht von schlechten Eltern. Immerhin kündigt sie, sofern der Geliebte den *Straight Flush* hinlegt, diese hochwertige Straße von Karten (alias »stilles Leuchten«), jeder Blick ein As, nichts Geringeres an als ihr »Zusammenfallen an der Kartenstraße / Herz« – was für eine trickreich wundervolle Wortspiel-Adresse! Leicht pokert und liebt es sich nicht mit ihr, aber sie lohnt jede Mühe: Ihr Einsturz, den sie sich ja wünscht (»... *möchte ich wieder / einfach zusammenfallen*...«), wird keine Nebensache sein.

Nachdem ich mich ganz auf die Meßlatte der Frau konzentriert habe, die keinen Rabatt gibt, fällt mir wieder ihr Gegenüber ein: der Bedauernswerte! Ihm könnte doch, wenn es so definitiv abverlangt wird, das »stille Leuchten« mißlingen, und was kann er dazu, wenn er schlechte Karten hingeworfen kriegt? Fordert sie zuviel?

RESI CHROMIK
CHRISTIAN

Leben
mit dir
war.

Leben
war
mit dir.

Mit dir
war
Leben.

ERICH TRUNZ
MIT VIER WORTEN

Die Überschrift des Gedichts ist ein männlicher Vorname. Die erste Strophe sagt, daß das Leben mit ihm Vergangenheit sei. Die langsame Sprache – angedeutet dadurch, daß jede Zeile nur ein oder zwei Wörter hat – und der Ton auf »war« sprechen mit großem Ernst. Der Leser ahnt, daß der Genannte gestorben ist. Die zweite Strophe legt den Ton auf die Worte »mit dir«. Das Leben war eine Gemeinschaft. Jede Strophe ist ganz kurz, die Strophen sind gleich lang, das Betonte steht am Ende. Dieser Klang ist nach zwei Strophen bereits in den Hörer eingegangen. Das Besondere in der dritten Strophe ist das Wort »Leben«. Es ist so herausgehoben, daß wir sofort spüren, was gemeint ist: erfülltes Leben, Leben in seiner höchsten Möglichkeit.

Das sind die kurzen Aussagen des Gedichts. Das Besondere ist, wie es gefügt ist und welchen Klang dadurch jedes Wort hat. Durch den Klang wird der Wortinhalt gesteigert in eine Melodie, die bei aller Knappheit Größe hat. Das Gedicht hat drei Hauptmotive. Diese kehren in veränderter Stellung wieder. Es hat also Ähnlichkeit mit einem Dreiklang in der Musik. Man kann ihn so anschlagen, daß in der Oberstimme der Grundton ist oder die Terz oder die Quinte. Jedesmal derselbe Akkord, aber anders klingend, weil jedesmal ein anderer Ton herausgehoben ist. So auch in diesem Gedicht.

Das Gedicht hat eine geradezu mathematische Strenge.

Diese Strenge des Baus zeigt sich besonders, weil das Gedicht so knapp ist. Jede Strophe hat nur vier Worte. Und drei von diesen sind einsilbig: »mit – dir – war«. Nur das Wort »Leben« hat zwei Silben. So hat jede Strophe nur fünf Silben. In fünfzehn Silben ist ein Lebensschicksal ausgesprochen.

Die drei Glieder des Satzes werden dreimal untereinander vertauscht, so daß jedes Glied einmal am Schluß der Strophe steht. Und der Schluß ist die betonte Stelle. Dabei wird vor der letzten Zeile eine kleine Pause gemacht, dann hat der Satzschluß seinen besonderen Ton. Das Gedicht nutzt also den Ausdruckswert der deutschen Wortstellung und des deutschen Satzakzents bis in alle Feinheiten. Es lebt weitgehend durch den Klang.

Die Worte sagen nur: Ein gemeinsames Leben ist zu Ende. Hört man aber die Satzmelodie der ersten Strophe, die Pause nach dem Wort »dir« und das betonte »war«, so fühlt man den Schmerz. Und so ist in der zweiten Strophe das Glück. Es lebt aber nur in der Fügung des Satzes und im Klang. In der dritten Strophe ist das Gewesene aufgehoben im Jetzt. Kein Wort darüber, wieweit es Schmerz, wieweit es Kraftquelle ist. Aber es besteht ein Wissen, wie Leben sein kann. Dieses Wissen ist Gegenwart. Dadurch ist dieses Gedicht des Schmerzes ein Hinweis auf die Möglichkeit erfüllten Lebens, an welche manche nicht glauben mögen.

Durch die Umordnung der Satzglieder klingen die sich wiederholenden Worte an den verschiedenen Stellen ganz verschieden. Das Gedicht beginnt und endet mit dem Wort »Leben«. Doch zu Beginn klingt es ganz anders als am Ende. Die zweite Strophe endet »mit dir«. Die dritte Strophe beginnt mit den gleichen Worten, doch hier sind sie höher im Ton, rascher im Tempo, so daß die Gleichheit nicht stört, sondern die Variation aufhorchen macht.

Durch den Klang, den ruhigen Klang, spüren wir, daß die Beziehung zu dem Du harmonisch war. Es ist nichts von Gespanntheit, von Problematik in diesem Klang. Durch die Satzmelodie ist das Gedicht voll Gefühl. Blickt man aber auf die Worte, spricht keins von ihnen irgendein Gefühl aus. Diese Verbindung macht einen wesentlichen Zug des Gedichts aus. Dieses Gedicht eines Lebensschicksals, das dessen verschiedene Seiten aufleuchten läßt, ist nicht nur knapp – fünfzehn Silben –, sondern es benutzt nur vier Worte. Mit diesen vier Worten ist alles gesagt.

DORIS RUNGE
ICH

sagt diese stimme
mein erbstück
mein wortführer
mein lispelnder versucher
mein mönchischer bruder
ich teile deine zelle
die verrückten früchte
deiner hirnschale
ich bin deine hand
dein mund
ich bin da
wenn der kuß fort ist
(dein bißchen glück war immer sprachlos)
ich zimmre dir ein leben
beleg dich rückwärts mit daten
beschönige verschweige
das macht sinn
ich war dein himmelschreiender anfang
deine greisenhafte verweigerung
dein trotziges ja hier bin ich
und ich bin
auf dem rückzug
langsam
unaufhaltsam

ECKHARD HEFTRICH
SCHEIN UND SELBSTBETRUG

So viele Zeilen hat diese Poetin der gewagten Verkürzungen sich und dem Leser nur selten gegönnt. Dennoch fehlt auch den vierundzwanzig Versen, von denen ohnehin einige nur zwei oder drei Wörter umfassen, die einem raschen Verständnis entgegenkommende Eloquenz. So bleibt das Gewicht der Worte erhalten.

Die Gedichte ihres ersten Bandes, »jagdlied« von 1985, schrieb Doris Runge in einem Alter, wo so manches als Junggenie gefeierte Talent schon wieder verstummt ist oder vom Betrieb verschlissen wird. Mit einem späten Beginn, der ein langes Reifen voraussetzt, hängt zusammen, daß sogleich jener ganz eigene Ton dominiert, der in den folgenden Bänden zum unverwechselbaren Stil dieser Autorin wurde. Noch ein scheinbar äußerliches Merkmal, die Kleinschreibung ohne Satzzeichen, ist deshalb keine avantgardistische Attitüde, sondern die Konsequenz sowohl der Verdichtung wie der ganz dem inneren Rhythmus des freien Verses folgenden Wortfügungen und Zeilenumbrüche. Vom Ohr zuerst wird daher auch das bewußt eingesetzte Spiel mit dem Doppel- und Mehrfachsinn mancher Wörter bemerkt.

Car je est un autre, »Ich ist ein anderes«: Die triumphierende Parole, mit der Rimbaud drei Jahrzehnte vor dem letzten *Fin du siècle* noch einmal den Dichter als Seher zum Aufbruch ins Unbekannte aufrief, fand hundertfältigen Widerhall in der Lyrik unseres Jahrhunderts. An dessen

Ende ertönt, als fernes Echo, dieses Gedicht von Doris Runge. Nicht mehr erwacht, wie bei Rimbaud, »das Messing als Trompete«. Was hier vielmehr schon zu Beginn gebrochen klingt, wenn es als Stimme *ich* zu sagen anhebt, verhallt zuletzt *langsam / unaufhaltsam*.

Im Band »jagdlied« findet sich eine Vorstufe mit dem Titel »bruderschaft«. Das ist nicht ironisch gemeint, wie die Verse über die hier noch traulich anmutende Zwiesprache des lyrischen Ich mit sich selbst verraten: »*nächtliches gespräch / wörter / ein fetzten papier / eine stimme raschelt / die eigene // so reden wir oft miteinander.*« In den beiden folgenden Sammlungen (»kommt zeit«, 1988, und »wintergrün«, 1991) kann man Stationen eines Passionsweges entdecken und den immer wieder aufgenommenen und abgewandelten Bildern entnehmen, warum der frühere Bruder nun als *mönchischer* erscheint, und zudem noch in der zweifelhaften Verwandtschaft zum Wortführer und zum Versucher. Mit der zunehmenden Konzentration hat sich auch die Skepsis verdüstert. Aber wir bleiben von narzißtischem Weltschmerz so gut wie von der kostengünstigen Untergangsstimmung verschont.

Hirnschale, Hand, Mund: Sie stehen für das, was unser genetisches Erbe ausmacht, und auch die Stimme ist dergestalt körperhaft vorgegeben. Solange in der Wechselwirkung von Erbanlagen und Einflüssen sich ein Ich entwickelt, sich behauptet und noch im Zerfall sich zu bewahren sucht, dient die Stimme, die Sprache, dem blinden Willen, noch im Beschönigen und Verschweigen.

Da entsteht, was pathetisch ein Schicksal heißt und heute meist die eigene Biographie genannt wird. Daß es sich dabei auch um Schein und Selbstbetrug handelt, verrät der Satz, mit dem die verkommene Rede der falschen Tröstung in das schon verstummende Gedicht hineinspricht: *das macht sinn*. Erst wenn man diese laute Trivialität als Ironie erkennt, wird ganz verständlich, warum die eigentliche Botschaft in die Mitte des Gedichtes gesetzt wurde, unaufdringlich und verschlüsselt durch die zweideutige Klammer.

So verhalten und diskret ist selten über die prästabilierte Disharmonie, das vorgeprägte Mißlingen der Liebe, geklagt worden wie in diesem nur scheinbar wie nebenbei gesagten Satz. Abschätzig spricht *diese* das Gedicht vordergründig dominierende *stimme* vom *bißchen glück*. Aber indem sie es sprachlos nennt, wird gerade jene andere Stimme des anderen Ich vernehmbar, dem allein wir die wahren, dem Verstummen abgewonnenen Gedichte verdanken – auch die stets verschatteten Liebesgedichte von Doris Runge.

DORIS RUNGE
IKARUS

das herz randvoll
mit himmel
als die erde
mein raubvogel
immer größer
und dunkler werdend
mich mitten
im flüchtigen traum
schlug

RUDOLF WALTER LEONHARDT
SPRÖDER VERZICHT
AUF GEFÜHLSÜBERSCHWANG

Einige Gedichte von Doris Runge sind in Zeitungen und
Zeitschriften (auch in der F.A.Z.), andere vor Jahren bei-
nahe unter Ausschluß der Öffentlichkeit erschienen in ei-
nem Prachtband auf Bütten, tausend Exemplare nur, der
seine Wirkung eher den Lithographien von Wolfgang
Fratzscher verdankte. Aber seit 1985 gibt es ein schmales
Bändchen »jagdlied«. Dort steht auch das Gedicht »ika-
rus«. Und es steht dort gut als Beispiel für Eigentümlich-
keiten einer Lyrik, die so, ganz so nur bei Doris Runge zu
finden und durch vier Eigentümlichkeiten charakterisier-
bar ist:
1. Äußerste Verkürzung ist Stilprinzip.
2. Chiffren treten an die Stelle von Aussagen.
3. Das Visuelle hat Priorität vor dem Intellektuellen.
4. Vorherrschende Stimmung ist eine resignierende
   Melancholie.
Zu 1. Die Länge dieses Gedichtes hält sich im Durch-
schnitt der Runge-Längen. Ein Thema, das Stoff für eine
Ballade liefern könnte, wird in neun Versen abgehandelt,
deren jeder höchstens drei Worte hat. Man glaubt zu
spüren, wie die Autorin es scheut, redselig oder gar senti-
mental zu erscheinen. Dabei sind die Aussparungen auch
eine Form der Diskretion: nur ja nicht zu viel sagen. Das
wirkt sich besonders bei Doris Runges wenigen erotischen
Gedichten aus, wo es jede erotische Schwülheit auslöscht

und statt ihrer spröde Gefühlslandschaften entstehen
läßt.

Zu 2. Der Verzicht auf Großschreibung und Interpunktion ist hier keine Manier. Die Sätze sind keine Sätze, keine
greifbaren Aussagen. Alles schwebt. Das Objekt des ausklingenden Satzes kann zum Subjekt des anklingenden
werden. Der Leser denke sich das Seine, und der Interpret
ist frei, sich Gedanken darüber zu machen, was sich die
Autorin wohl gedacht hat. Also zum Beispiel der Titel
»ikarus«. Nichts wird erzählt von jenem Flug des Dädalus-Sohnes, der der Sonne zu nahe kam, so daß das Wachs
in seinen kunstvoll gefertigten Flügeln schmolz und er abstürzte. Hier stürzt nicht der Fliegende. Hier wird das Bild
umgedreht und dadurch neu: die Erde stürzt auf ihn, oder
eher wohl auf sie, zu.

Zu 3. Jede Chiffre zeichnet ein Bild: den Jubel des Aufstiegs, wie ihn alle, die gern fliegen, empfinden; den größer
und dunkler werdenden »Raubvogel« Erde, der in Doris
Runges »jagdlied« besser paßt als in die Ikarus-Legende;
das Ende einer Ur-Angst, die nachträglich zum »flüchtigen Traum« verharmlost wird.

Zu 4. Doris Runges Lieblings-Bilder zeigen das Jagen, das
Fliegen und das Abstürzen. Alle diese Bilder sind sprachlich auf das Mindeste, das Allermindeste eingeengt. Erotisches läßt sich dabei immer heraushören oder hineinlesen.
Frauen und Männer: Gejagte und Jagende, Fliegende und
Abstürzende – oder umgekehrt. Weder Frauenrechtlerinnen noch Hierarchen können Doris Runges Gedichte für
sich in Anspruch nehmen. Beide sind Täter und Opfer zugleich.

Mir gefallen diese Gedichte, für die »ikarus« ein Beispiel
ist, wegen ihrer äußersten Sparsamkeit an Worten in einer

Welt der Geschwätzigkeit; wegen ihres unbedingten Willens zur Aufrichtigkeit, wenn auch nicht zur Entschiedenheit – gerade die Ambivalenz versöhnt; wegen der Genauigkeit, mit der Bilder in Worte umgesetzt werden; wegen der – bei aller Freude an Herzen, die randvoll mit Himmel sind – resignierenden Melancholie, die auf die Höhepunkte folgt.

Ob wir alle Lyriker besonders mögen, die unseren eigenen Gefühlen und Stimmungen Ausdruck geben auf eine Weise, die wir als echt empfinden und makellos? So jedenfalls erkläre ich mir die Anziehungskraft, die die Gedichte von Doris Runge auf mich ausgeübt haben.

DORIS RUNGE
MIT BLICK AUF
DEN KÖLNER DOM

wir sehen nicht
was wir wissen
den doppellauf
der türme
den himmlischen
rücken küssen
wir frühstücken
apfel und ei
erkennen
daß wir im nebel
reisen müssen

ULLA HAHN
EIN PAAR IN EINEM HOTELZIMMER

wir sehen nicht / was wir wissen: Ein Satz, der ebensogut
als Motto einer philosophischen Abhandlung vorangehen
könnte. Und auch hier zu Beginn des Gedichtes verleitet er
den Leser zum Apriori jeder philosophischen Tätigkeit:
zum Fragen. Denn sogleich hat er hinter diese beiden Zei-
len in Gedanken einen Doppelpunkt gesetzt und steht nun
ratlos da: Was sieht dieses »wir« nicht, und wer ist denn
dieses »wir« überhaupt?
Die nächste Zeile schafft mit einem Objekt Klarheit; das
»wir« sieht »den doppellauf« nicht. Das klingt nach Flinte,
nach Jagd – »jagdlied« heißt der erste Lyrikband Doris
Runges –, gar nach Gefahr, doch die nächste Zeile wandelt
das Wort in die Metapher: *den doppellauf / der türme*. Wel-
che »türme«? Ach ja, da war doch die Überschrift: die
Türme des Kölner Doms sind gemeint; eine ungewöhnli-
che, höchst männliche Sicht auf ein sakrales Bauwerk, aber
schon hebt die nächste Zeile mit ihrem Adjektiv den krie-
gerisch-maskulinen Aspekt wieder auf, wenn »der dop-
pellauf« als »himmlisch« apostrophiert wird. Oder? Dem
Leser wird eine weitere philosophische Anstrengung ab-
verlangt: der Zweifel. Denn ist nicht eher von einem
»himmlischen rücken«, einem ganz außerordentlichen
Rücken, vergleichbar einem himmelstürmenden Bauwerk,
die Rede? Beginnt das »wir« am Ende selbst zu »rücken«,
sich also jener Tätigkeit hinzugeben, die das »Tier mit den
zwei Rücken« macht? (O Doris Runge, was tust du uns

mit deiner Kleinschreibung an!) Denn zweifelsfrei beginnt
das »wir« zu »küssen«. Oder?
Doris Runge schüttelt die Zeilen zu immer neuen über-
raschenden Bildern und Perspektiven, zu einem sinnen-,
keineswegs jedoch sinnverwirrenden Kaleidoskop. Die
Autorin behält die Fäden, die sinnstiftenden, in der Hand,
hat am Ende Erbarmen mit dem Leser und hält ein: »wir
frühstücken«. Den »himmlischen« sei dank, die Erde hat
sie wieder, die beiden, auch wenn das »wir« immer noch
nicht nicht sieht, was es weiß. Der Leser weiß nun, was er
sieht: ein nach glücklicher Umarmung frühstückendes
Paar. Zeile für Zeile hat Doris Runge die Szene enthüllt.
Welches Behagen, wieviel irdisches Vergnügen ruht in die-
sem Tatbestand: »wir frühstücken« und dazu noch »apfel
und ei«, das ist gesund und gut, das ist sichtbar, nahrhaft,
konkret und ganz und gar von dieser Welt. Wer wollte da
noch nach Philosophie oder Kunstgenuß verlangen, wo
die hand- und fußfesten, die mundgerechten Genüsse
doch so nah liegen?
Die berühmte Liebe, die blind macht, Selbstversunken-,
Selbstvergessenheit zu zweit wäre also die Antwort auf die
Frage, warum unserem »wir« der Blick auf den Kölner
Dom entgeht. Oder? Klipp und klar die Mitteilung der
Autorin: *erkennen / daß wir im nebel / reisen müssen.* Hier
endet das Gedicht, und der Leser hat endlich das ganze
Bild: ein Paar hat in einem Hotelzimmer, »mit blick auf
den kölner dom« übernachtet, wahrscheinlich auf der an-
deren Rheinseite, so ist auch der Nebel durchaus konkret.
Man ist aufgewacht, hat einen Blick aus dem Fenster getan,
um den mitbezahlten »blick« zu haben, und siehe da: *wir
sehen nicht / was wir wissen.* Also ziehen sich die beiden
auf sich zurück, verkürzen einander die Wartezeit in der

Hoffnung, daß sich der Nebel lichtet, aufs schönste und finden sich schließlich damit ab, »im nebel« reisen zu müssen. Wohin? Nach Hause, in die Ferne? Das wird nicht mehr mitgeteilt.

Das Bild des Menschen im Nebel hat eine lange Tradition in der Lyrik. Der Nebel, der uns unsicher tasten, stolpern, straucheln läßt, Gefahren wie Chancen gleichermaßen vor uns verbirgt, stand seit jeher als Allegorie für das Leben des Menschen. Wem klingen nicht gleich die berühmten melancholisch-resignativen Zeilen Hermann Hesses im Ohr »Seltsam, im Nebel zu wandern« ... und »... Jeder ist allein«. Doris Runge hat diesem Topos eine Variante hinzugefügt. Bei ihr hat der Nebel seine Schrecken verloren, wenn er mit einem geliebten Menschen erfahren wird. Dann wird der Nebel, die Ungewißheit allen Lebens, als Tatbestand akzeptiert, der weder als »seltsam« noch als bedrohlich erscheint. Diese verhaltene Zuversicht finden wir bei Doris Runge selten. Sie macht das Gedicht zu einem ihrer schönsten Liebesgedichte.

DORIS RUNGE
VENEDIG

deine schönheit venedig
erschreckt deine liebhaber
sie tragen ihre liebe
in immer dunklere kanäle

du schlägst ihnen jede brücke
schaukelst ihre ergriffenen
spiegelbilder in deinen
moorigen armen
jedem trunkenen wirfst du
eine weiße taube
auf den markusplatz
brichst blutrote
scherben muranoglas
aus deinem herzen

dir bleibt
von soviel liebe
nur ein schlechter atem

MATTHIAS HERMANN
HOHES KLAGELIED

»Sie weint des Nachts, daß ihr die Tränen über die Backen laufen. Es ist niemand unter allen ihren Liebhabern, der sie tröstet.« Mitnichten hat der klagende Prophet Jeremia eine Frau im Sinn. Oder doch? Ist Jerusalem, denn dieser Stadt gilt des Propheten Klage, für ihn mehr als ein Ort? Jerusalem, Metapher für das Schönste des Schönen – die Frau? Doris Runge bewegt sich, wahrscheinlich unbewußt, mit ihrem Venediggedicht auf biblischen Spuren. Wie Jeremia spricht sie augenscheinlich über die Stadt. Doch hinter der venezianischen Maskerade verbirgt sich mehr. Wie jedes gute Gedicht hat auch dieses einen doppelten Boden. *deine schönheit venedig / erschreckt deine liebhaber.* Die ersten Zeilen führen sofort auf besagte Doppelbödigkeit. Erste Ebene: die Stadt und ihre Besucher. Zweite Ebene: die Frau und ihre Liebhaber. *sie tragen ihre liebe / in immer dunklere kanäle.* Dieses Bild, pointiert an den Schluß der ersten Strophe gesetzt, deckt beide Ebenen ab. Einmal sieht man die Stadt mit ihren unzähligen Wasserläufen, sieht begierige Touristen ihren rücksichtslosen Reiselüsten frönen – und man sieht eine Frau, die ihre Liebhaber durch ihre Schönheit in schaurigschöne Schrecken versetzt. *du schlägst ihnen jede brücke.* Venedigs Brücken werden zum Liebesanerbieten. Die Frau reicht ihre Hände wie Brücken einladend entgegen. *schaukelst ihre ergriffenen / spiegelbilder in deinen moorigen armen.* Diese Zeilen sind der dramatische Verhältnis-

wechsel innerhalb der zweiten Bedeutungsebene. Aus der
großzügig sich hingebenden Frau wird eine benutzte. Sie,
die ihre Brücken herreicht, wird zum Objekt versteckter
Selbstbefriedigung. Ihre Liebhaber sind nicht auf der Su-
che nach der Liebe, sie sind auf der Suche nach sich. Ihre
Spiegelbilder suchen und finden sie in den Armen der
Frau. Eine so mißbrauchte gerät zwangsläufig in den Ruf,
eine Hure zu sein. Da hilft ihr auch nicht, daß sie jedem
Trunkenen jungfräuliche weiße Tauben zuwirft.

Doris Runge hat in ihrem Gedicht nicht nur die zwei Ebe-
nen bis zum bitteren Ende durchgehalten, sie hat in fast je-
der Zeile ein hochpoetisches Bild erfunden. An diesem
Versgeschmeide prangt nicht eine billige Zuchtperle.

Der Prophet Jesaja über Jerusalem: »Wie geht das zu, daß
die treue Stadt zur Hure geworden ist? ... Dein Silber ist
Schlacke geworden und Deine Weine mit Wasser ver-
fälscht.« Nun, wie geht das zu, daß uns *ein schlechter atem*
entgegenschlägt? Es ist nicht, wie wir uns gerne vorma-
chen, der schlechte Atem der Geschichte; es ist unser eige-
ner.

ULLA HAHN
ANSTÄNDIGES SONETT

Schreib doch mal
ein anständiges Sonett
St. H.

Komm beiß dich fest ich halte nichts
vom Nippen. Dreimal am Anfang küß
mich wo's gut tut. Miß
mich von Mund zu Mund. Mal angesichts

der Augen mir Ringe um
und laß mich springen unter
der Hand in deine. Zeig mir wie's drunter
geht und drüber. Ich schreie ich bin stumm.

Bleib bei mir. Warte. Ich komm wieder
zu mir zu dir dann auch
»ganz wie ein Kehrreim schöner alter Lieder«.

Verreib die Sonnenkringel auf dem Bauch
mir ein und allemal. Die Lider
halt mir offen. Die Lippen auch.

WALTER HINDERER
LIEBE IM ZEILENSPRUNG

Unter dem Stichwort »Das poetische Joujou« meinte 1803
ein Sachverständiger: »Der Sonette giebt es im Deutschen
eine so ungeheure Menge, daß man das ganze große Bed-
lam, Erde, über und über damit tapezieren könnte; allenfalls
blieben noch genug übrig zu einem Futteral von *papier ma-
ché* für den Mond.« Von einer solchen »Sonettenwut« ist in
unserer Lyriklandschaft allerdings nichts mehr zu spüren.
Im Gegenteil: die alten, bewährten Formen scheint es
heute nur noch in den Lyrik-Museen zu geben. Manche
Kritiker werfen den Gedichten der Gegenwart sogar vor,
sie seien eigentlich keine Poesie mehr, sondern von dilet-
tantischer, unkontrollierbarer Beliebigkeit, oft »bloß stek-
kengebliebene Prosa«.
Die hier vorgestellte ingeniöse Aneignung des Sonetts, ei-
ner schwierigen, artifiziellen lyrischen Form, ist für mich
ein besonders überzeugender Gegenbeweis. Ulla Hahn un-
terlegt dem Adjektiv »anständig«, das sich auf die gewählte
Form bezieht, noch eine zweite Bedeutung, die gewisser-
maßen augenzwinkernd auf den Inhalt anspielt. Es handelt
sich nämlich nicht nur um ein »richtiges Sonett«, sondern
auch um ein anständiges über ein heikles Thema.
In diesem Gedicht scheint alles gewagt: der amouröse In-
halt, die spröde, stark reflektierte Form und die gleichsam
gemeißelte Sprache. Doch das Kunststück gelingt: Kalku-
lierte Gestalt und erotischer Gehalt gehen eine vollkom-
mene Verbindung ein.

Die beiden Quartette sind sowohl thematisch als auch formal durch Zeilensprung miteinander verklammert. Sie bestehen aus sechs Liebesanweisungen in fünf Sätzen und einem Empfindungsstenogramm (»Ich schreie ich bin stumm«). Die Liebesanweisungen des lyrischen Ichs weisen gezielt auf den ersten Höhepunkt hin – die sexuelle Vereinigung. Sind bei der ersten Strophe die Pausen deutlich dem Zeileninnern eingeschrieben, so hält der vierte, längste Satz, der drei Zeilen weit ins zweite Quartett hinübergreift, die rhythmische Bewegung ein paar Zeilen durch, bis dann mit der siebten Anweisung (»Zeig mir wie's drunter / geht und drüber«) der Gipfel der erotischen Aufforderungen erreicht ist. Den eigentlichen Höhepunkt der beiden Quartette freilich liefert das Empfindungsstenogramm, das zwei körperliche Reaktionen auf die ausgeführten Liebesanweisungen nennt und das Ende der ersten Phase des Liebesspiels auch deutlich mit der Zäsur am Zeilenende markiert.

In dem ersten Terzett dramatisieren zwei kurze Aufforderungen und eine längere Anweisung Wiederholung (»wie ein Kehrreim schöner alter Lieder«) und Fortsetzung des erotischen Vorgangs. Das zweite Terzett malt eine äußere und innere Situation aus: es ist Tag (»Sonnenkringel«), die Leidenschaft klingt jetzt verhalten, sublimiert, der Wunsch nach Dauer (»ein und allemal«) verstärkt sich noch in den beiden letzten kurzen Sätzen, dem zweiten und endgültigen Höhepunkt des ganzen Sonetts. Sie unterscheiden sich von den zum Teil ebenso kessen wie herausfordernden Liebesanweisungen am Anfang durch einen anderen Ton. Er ist fast volksliedhaft in seiner Schlichtheit (»Die Lider / halt mir offen. Die Lippen auch«).

Zwar weist dieser Schluß thematisch auf den zweiten, drit-

ten und vierten Satz der Quartette zurück, aber die Emp-
findungsqualität hat sich verändert, sie ist gefühlsintensi-
ver; aus der gezielten erotischen Herausforderung ist ein
allgemeiner Wunsch nach einem andauernden Zustand ge-
worden. Deutlich wechselt auch die rhythmische Bewe-
gung vom ersten Kulminationspunkt (»Ich schreie ich bin
stumm«), dem Schlußpfeiler der Quartette, zum zweiten,
dem betonten Ausklang der Terzette und des gesamten So-
netts. Danach ist kein Wort mehr denkbar.

Ulla Hahn hat mit diesem Gedicht nicht bloß mottogetreu
ein »anständiges Sonett« geschrieben, das nach August
Wilhelm Schlegels kundiger Bestimmung »im Gehalt wie
in der Form Symmetrie und Antithese in der höchsten
Fülle und Gedrängtheit« vereinigt, sondern ein gewagtes
Thema und eine spröde Form in Poesie verwandelt. Ich
halte dieses »Anständige Sonett« für eines der kunstvoll-
sten erotischen Gedichte nach 1945.

ULLA HAHN
ARS POETICA

Danke ich brauch keine neuen
Formen ich stehe auf
festen Versesfüßen und alten
Normen Reimen zu Hauf

zu Papier und zu euren
Ohren bring ich was klingen soll
klingt mir das Lied aus den
Poren rinnen die Zeilen voll

und über und drüber und drunter
und drauf und dran und wohlan
und das hat mit ihrem Singen
die Loreley getan.

THOMAS ANZ
POSTMODERNE POETIK

Immer wenn mich in den achtziger Jahren jene Kritiker är-
gerten, die sich über die angeblich so schlichte und deshalb
erfolgreiche Konventionalität der Lyrik von Ulla Hahn
mokierten, wollte ich ihnen am Beispiel dieses Gedichts
den Beweis ihrer Blindheit entgegenhalten. In der Litera-
turkritik läßt sich freilich nichts »beweisen«, sondern nur
auf manches hinweisen. Dabei bringt es manchmal Vor-
teile, eine Weile zu warten. In diesem Fall jedenfalls zeigt
sich erst in der Rückschau, daß das 1981 erschienene Ge-
dicht ein poetologisches Programm nicht nur zu Ulla
Hahns erstem Lyrikband enthält, sondern auch zu einem
gewichtigen Teil der Literatur eines ganzen Jahrzehnts.
In den achtziger Jahren brach der die literarische Moderne
prägende Glaube an den ästhetischen Wert des Neuen und
Originellen in sich zusammen. Ulla Hahns Absage an
»neue Formen« und die Berufung auf »alte Normen«
kommt zu einem Zeitpunkt, als in Deutschland mit einiger
Verspätung intensive Debatten zur »Postmoderne« einset-
zen. Daß sich das angestrengte Bemühen um Innovationen
erschöpft habe, daß nicht avantgardistische Vorgriffe auf
Zukünftiges, sondern Rückgriffe auf Vergangenes die Mo-
derne aus ihrer Erschöpfung befreien könnten, solche Vor-
stellungen gehören zu den Voraussetzungen »postmo-
dern« genannter Literatur – und dieses Gedichts. Es führt
dabei vor, wie sehr sich Rückgriffe auf Altes von epigona-
len Rückfällen in Konventionelles unterscheiden können.

Denn mit alten Formen und mit Texten aus dem tradierten Kanon der Weltliteratur treibt dieses Gedicht ein artistisches Spiel. Es beginnt und endet mit einem Zitat.

An die »Ars poetica« des Horaz knüpft Ulla Hahn insofern an, als sie hier über Poesie in poetischer Form reflektiert. Sie führt literarisch vor, worüber sie spricht. Schon der Titel ist jedoch zugleich voll spielerischer Ironie. Das Gewicht und die Autorität der lange Zeit verbindlichen Poetik weist das kurze Gedicht mit Leichtigkeit von sich. Regeln der Dichtkunst stellt es nicht auf, »alten Normen« folgt es nur unzuverlässig. Nicht einmal auf »festen Versesfüßen« steht das Gedicht, obwohl es das Gegenteil behauptet. Es spielt mit ihnen wie mit den Reimen, die sich dem naheliegenden Schema demonstrativ verweigern. Wenn das Gedicht, auch metrisch, einigermaßen regelentsprechend hätte sein wollen, dann müßte zum Beispiel die zweite Strophe so umbrochen sein: *zu Papier und zu euren Ohren / bring ich was klingen soll / klingt mir das Lied aus den Poren / rinnen die Zeilen voll.* Allenfalls in dieser Form ließe sich das Gedicht mit einigem Recht als »konventionell« oder »epigonal« abqualifizieren. Indem es jedoch »Poren« und »Ohren« jeweils am Ende des Verses an den Anfang des folgenden verrückt, spielt es mit den Konventionen auf zugleich de- und konstruktive Weise. Zu Beginn der dritten Strophe schlägt die zunehmend ausgelassene Lust am Spiel in eine so sinnleere wie klangvolle Reihung gleicher Laute um, die nur noch den Gesetzen der Musikalität folgt – einer nicht aus dem Kopf, sondern aus dem Körper und seinen Poren kommenden Musikalität, die sich romantischen Liedtraditionen verbunden sieht. Ein Signal dafür gibt das abschließende Heine-Zitat.

Der Schluß jenes berühmten Gedichts, das mit den Versen beginnt *Ich weiß nicht, was soll es bedeuten, / daß ich so traurig bin*, ist von todtraurigem Ernst. Das Singen der Loreley hat hier bewirkt, daß am Ende Schiffer und Kahn von den Wellen verschlungen werden. In Ulla Hahns Gedicht verführt es das lyrische Ich zu unbekümmerter Heiterkeit. Sie mag in den neunziger Jahren dem Ernst einer gefährlich unstabil gewordenen Weltlage nicht mehr angemessen sein, etwas von ihrer befreienden Wirkung im vorigen Jahrzehnt ist jedoch noch heute geblieben.

ULLA HAHN
BALLADE VOM SCHRIFTSTELLER

Er hat es wieder getan. Bei Brot und Wein im Monden
Schein im Sonnenschein. Allein. Kann nit
Verstan. Das wahre Sein. Pfingstrosen Asylanten
Heim die Augen gingen ihm über
Die Schreibtischkante hinaus und zurück ins
Als ins Nichts ins Kinkerlitz mit Kraft Süß Spreng
Stoff Aberwitz. Er tut es immer wieder.

WULF SEGEBRECHT
FÜR ALLE FÄLLE

»Er hat es wieder getan.« Er kann es nicht lassen. »Er tut es immer wieder.« So spricht man von einem rückfälligen Übeltäter, vielleicht gar von einem Verbrecher. Hier wird vom Schriftsteller so gesprochen, als wäre er ein Wiederholungs- und Triebtäter, dem auf Grund des Befundes keine günstige Prognose gestellt werden kann: Er ist unverbesserlich, unheilbar, ein Besessener.

Was ist es, das ihn »wieder« und »immer wieder« antreibt? Davon ist zwischen dem ersten und dem letzten Satz des Gedichts, also zwischen dem Befund und der Prognose, offenbar die Rede, freilich auf eine Art und Weise, die nicht eindeutige, sondern mehrdeutige Aussagen über die Schreibmotivation und -intention des Schriftstellers zuläßt. Für solche Mehrdeutigkeiten sorgen die unvollständigen Sätze, die Zitate, die Getrenntschreibungen solcher zusammengesetzter Wörter, die über die Zeilen hinweggehen (»Monden / Schein«, »Asylanten / Heim«, »Süß Spreng / Stoff«) sowie die rätselhaften Reihungen (»ins / Als ins Nichts ins Kinkerlitz«).

Einiges scheint immerhin entschlüsselbar zu sein: So wird anfangs offensichtlich die Verführungskraft herkömmlicher, typisch lyrischer Situationen (»im Monden / Schein im Sonnenschein«) und typisch lyrischer Mittel (des Reims auf »-ein«) angesprochen; sie können den Schriftsteller nach wie vor veranlassen, »es« wieder zu tun, nämlich zu dichten; und das um so mehr, als diese Situationen und Mittel gleichsam nobilitiert werden durch »Brot und Wein«, wobei man an das Abendmahl ebenso erinnert wird wie an Hölderlins große Hymne: Sakrale Themen und klassische Vorbilder sind für den Schriftsteller »immer wieder« mögliche Veranlassungen seiner Poesie.

Weitere Bedingungen, Motivationen und Absichten des besessenen Schriftstellers sind, folgt man dem Gedichtverlauf: seine Einsamkeit; die Schwierigkeit, sich durch Sprache verständlich zu machen (unter Bezug auf Hebels Kalendergeschichte »Kannitverstan«); das Ringen um existentielle Wahrheit; Natureindrücke; das soziale Engagement aus aktuellem Anlaß (»Asylanten / Heim«); Liebeserfahrungen (in Anspielung auf Goethes Ballade »Der König in Thule«).

Zum Ende hin beschleunigt sich die Aufzählung möglicher Gründe für die unwiderstehliche Lust, die den Schriftsteller »immer wieder« zur Poesie treibt: Die Außenwelt jenseits und die Innenwelt diesseits der »Schreibtischkante«, das geruhsame Erzählen (»Als«) und die Einsicht in die Aussichtslosigkeit aller Bemühungen, die reine Freude am Spiel – das alles ist für ihn ebenso verlockend wie provozierend, ebenso angenehm wie gefährlich. Es ist eigentlich, recht besehen, zuletzt aberwitzig, überhaupt noch Poesie zu machen, aber gerade dieser Aberwitz ist für ihn unwiderstehlich, er ist bezeichnend für seine unheilbare Obsession.

Und warum nennt Ulla Hahn das Gedicht eine Ballade? Hier wird kein Einzelfall erzählt, keine Moritat und schon gar nicht ein Heldenstück. Hier wird aus Zitaten und Anspielungen, aus historischer Kenntnis und aus produktiver Phantasie alles mögliche zusammengetragen, summiert und generalisiert zu einer Ballade vom besessenen Schriftsteller schlechthin. Die einzelnen Geschichten, die zu dieser Ballade passen, mag sich jeder Leser aus seinem Wissen und seinen Lese-Erfahrungen in Erinnerung rufen. Sie sind bereits vorhanden, sie sind abrufbar: Den nüchternen und den trunkenen, den sozial engagierten und den artistisch verspielten, den verzweifelten und den sentimentalen, den reflektierenden und den verliebten Schriftsteller kennt jeder bereits; die daraus resultierende Ballade vom unheilbaren Rückfalltäter liest er bei Ulla Hahn. Ihre Balladen sind keine Fallgeschichten, sondern Geschichten für alle Fälle.

ULLA HAHN
BLINDE FLECKEN

Daß wir so uneins sind hält uns zusammen
du dort ich hier – wir sind auf andrer Fahrt:
Dein Istgewesen mein Eswirdnochkommen
zwei blinde Flecken in der Gegenwart
die uns gehört wie Träume vorm Erwachen
wenn wir schon wissen daß wir Träumer sind
die mit uns spielt ein Weilchen in den Winden
bis jedes hier und dort sich wiederfindet.

WERNER ROSS
DISSONANZ IST SCHÖN

Was war das für eine imponierende Reihe: Nelly Sachs,
Marie Luise Kaschnitz, Rose Ausländer, Ingeborg Bach-
mann, die Dichterinnen! Dagegen trat 1981 fünfunddrei-
ßigjährig Ulla Hahn an, mit der Gedichtsammlung »Herz
über Kopf«, deren Titel an »Hals über Kopf« erinnern
sollte, an ein keckes, ungeplantes Unternehmen, an einen
Handstreich. Die Feierlichkeit wurde außer Kraft gesetzt,
das Pathos, das, modern gewandet, immer noch in Titeln
wie »Anrufung des Großen Bären« nistete, wurde konter-
kariert. »... Erde, Meer und Himmel. Von Küssen zer-
wühlt / die Erde, / das Meer und der Himmel« – so kos-
misch war die Bachmann gestimmt. Und nun dagegen als
Titel »Tschüs«, »Auf und davon«, »Ach was«, »Mit leeren
Händen«; nun auf einmal »Ich hab die Schnauze voll«,
statt der gewaltigen vulkanischen Machart die Bezie-
hungskiste, das Anmachen und der rasche Abschied – wir,
wie wir sind. Natürlich war das männlicherseits, sagen wir
von Enzensberger, vorgeprobt. Aber nun kam Lyrik keß
und keck aus Weibermund. Eine Art Kodex oder Kampf-
gesang dieser neuen Liebe ist das Gedicht »Blinde Flek-
ken« – ein Lehrgedicht, das man nicht zu persönlich ver-
stehen sollte. Jedenfalls fängt es sehr programmatisch an:
»Daß wir so uneins sind, hält uns zusammen«. Umkeh-
rung des Dogmas von der zwischen Liebenden obligaten
Harmonie. Jede Liebesverbindung des alten Typus würde
sich unter den obwaltenden Umständen schnell als Illu-

sion erweisen. Lobe ich die Dissonanz, habe ich schon
halb gewonnen. Der Satz ist nach dem Muster alter em-
phatischer Versicherungen gebaut (»daß du nicht enden
kannst, das macht dich groß«) und travestiert sie.
»du dort ich hier«, das ist die Standortbestimmung der
neuen Liebe. Zwei gegensätzliche Seh- und, wie man fol-
gern kann, Lebensweisen, und wenn nun endlich die
»zwei« kommt, die Summierung von »du dort« und »ich
hier«, dann zieht sie ernüchternd die Charakterisierung
»blinde Flecken« nach.
Der blinde Fleck ist im Auge an der Stelle angesiedelt, wo
der Sehnerv austritt. Er sieht nichts. Bekanntlich macht
auch die Liebe blind. Ist das gemeint? Ich vermute. Denn
was nun folgt, ist keineswegs schnöd modern, *cool*, Liebe
abgebrüht, sondern, trotz oder wegen »uneins«, romanti-
sches Zusammenspiel. »Fahrt«, also gemeinsame Unter-
nehmung, auf Gedeih und Verderb. »Wir sind auf anderer
Fahrt.« Darum »blinde Flecken« in der Gegenwart, im
Jetzt und Hier, und was nun folgt, scheint aus dem resolu-
ten Jetzt-Ton völlig auszubrechen, klingt nach Volkslied
oder Sommernachtstraum, »lyrisch«, sangbar zwischen
Träumen und Wachen, zwischen Spiel und Wirklichkeit.
Schön wär's. Aber das Romantische täuscht. Es gibt nicht
die Melodie an, sondern bleibt ein Anklang, leicht ver-
wechselbar, aber nicht zu verwechseln. Denn im letzten
rasch schwindenden Traum vor dem Erwachen *weiß* der
Träumer schon, daß er ein Träumer ist, und das Spiel in den
Winden wirbelt die Liebenden nur ein bißchen herum und
läßt sie wieder fallen.
Und damit erreicht das Gedicht seine perfekte Pointe.
Ach, wie leicht wäre es gewesen, auf »Winden« den Plural
»wiederfinden« zu reimen, statt auf »sind« das altertüm-

lich klingende »wiederfindt« in der dritten Person Singularis. Aber der Singular ist gemeint: denn »jedes« findet sich wieder, wo es war, hier und dort und dort und hier – allein. Eine Zeitlang gegenwartsblind, dann jedes wieder schön parzelliert. Wie geht es weiter? Der erste Vers ist zuversichtlich, Bindungslosigkeit als Formel für neue Bindungsmöglichkeit. Wie dem auch sei: Der Vision dieser neuen Liebe sind die letzten Verse des Gedichts gewidmet, die so schön sind wie große Liebesdichtung eh und je.

ULLA HAHN
ENDLICH

Endlich besoffen und ehrlich
und immer noch'n Sonett
Reißt mir den Himmel auf
legt mir die Welt ins Bett:
Ich hab genug
ich steh mir selbst bis oben
und werd dies Leben nicht
vor seinem Tode loben.
Jaja ich weiß ihr habt mir keinen Grund
für dieses Wut- und Wehgeschrei gegeben
Mir geht es gut, ich halt ja schon den Mund
nur eine Frage sei noch zugegeben
Seid ihr ganz sicher daß ihr lebt und
heißt Nichttotsein schon Leben?

HERMANN BURGER
KEINE SCHÖNSCHRIFT DES HERZENS

»Anständiges Sonett«, so hat Ulla Hahn eines ihrer schönsten Liebesgedichte im Band »Herz über Kopf« betitelt.
Dies hier ist ein unanständiges. Frech und salopp, »besoffen« kommt es daher als liederlicher Reigen. Es wirft die
Konvention der Strophengliederung über den Haufen und
ist doch »immer noch'n Sonett«, sofern man dem Reimschema trauen darf.

»Spielende« heißt nicht nur das Buch, dem es entstammt,
der Titel bezeichnet auch eine paradoxe Poetologie: spielerischer Umgang mit Worten und Formen in einer spielfeindlichen Zeit. *Les jeux sont faits.* So wird der Anfang des
bekannten Adventsliedes »O Heiland reiß die Himmel
auf« ebenso frei abgewandelt wie die Redensart »Man soll
den Tag nicht vor dem Abend loben«.

Die schnauzige Wendung »ich halt ja schon den Mund«
steht neben der philosophischen Frage, ob Nichttotsein
denn schon Leben bedeute. Die unmißverständliche Antwort gibt Ulla Hahn im Gedicht »Lieber tot«: »Ich bleibe
lieber tot und schreie weiter.« Die Autorin zieht das sprechende Leiden dem stummen, weil zufriedenen Mittelmaß
vor.

Wer verspricht, das Leben nicht vor dem Tod zu loben,
dem geht es natürlich alles andere als gut, der wird gewiß
nicht den Mund halten, sondern weiterhin sein »Wut- und
Wehgeschrei« ertönen lassen. Wer sich selbst bis oben
steht, sich also immer wieder als Naturkatastrophe erfährt,

glaubt nicht an das Scheinleben derer, die ein honett Sonett so nett finden.

»Endlich« ist bis hin zum ambivalenten Titel, der an Gryphius gemahnt, an das »vanitas-mundi«-Gefühl (»Die Herrlichkeit der Erden / Muß Rauch und Aschen werden«), ein barockes Gedicht: mit seinem Anspruch, die ganze Welt ins Bett zu kriegen, mit seinem Lebensüberdruß.

»Mitten im Leben« heißt ein Lied über die Melancholie, welches das Luthersche »media vita in morte sumus« aufgreift, die Allgegenwart des Todes im barocken Lebensgefühl auf die Trauer überträgt, und in »Lieber tot« operiert die Autorin mit dem in dieser Epoche so beliebten Motiv des Scheintodes.

Die Vertauschung der Attribute »lebendig« und »tot« kommt auch in der rhetorischen Schlußfrage des zweiten Terzetts zum Zug. Doch wer ist »ihr«, und wie definiert sich das »ich«? Durch radikale Verweigerung, die bei Ulla Hahn bis zum Eß-, Atem- und Liebesstreik geht. Ihre Absage an das geregelte Vegetieren ist gleichzeitig eine Bejahung der äußersten Schmerzerfahrung, jener Grenzzustände, in denen man schreit, nicht singt.

So bleibt hier vom Sonett als formales »memento mori« nur noch das Gerippe übrig. Die Strophen sind unkenntlich gemacht, das Metrum wird zerfetzt, die Reime gehen unter oder fallen als Schminke auf wie in dem nachgestotterten »und« der zweitletzten Zeile.

Der Text macht wahr, was die Schlußverse von »Verschreibungspflichtig« programmatisch versprechen: »Mein muskulöses Zentralorgan ... / reimt sich nicht mehr / auf Schmerz.« Das Gedicht, oft mit einem Kardiogramm verglichen, will keine Schönschrift des Herzens sein.

Ulla Hahn beherrscht das Rondo ebenso wie die Volks-
liedstrophe, den Kreuz-, den Paarreim und den umarmen-
den Reim. An dem ruinierten Lottersonett demonstriert
sie die Hinfälligkeit einer anderen Tradition: »Die Zeit der
großen Gesten ist vorbei.« Gemeint sind die archaischen
Gefühle. Sie hervorzupflügen und gegen die Kränkung des
moderierten Lebens zu setzen ist die Aufgabe des Ge-
dichts.

ULLA HAHN
FÜR

Gott und alle Engel sollten ihn schützen
Wen Den der da liegt Wo liegt Wo
Gras wächst liegt er wie man so
auf Wiesen liegt die Beine ein wenig
gespreizt entspannt die Sprache
eines Körpers der schläft die Täuschung
einer Sprache des Körpers der da liegt Wo
sein Helm liegt blau in den Blumen
von denen ich nicht einen Namen weiß
wunschlos traumlos
nie wieder ein Verlangen nach weichen
                    Versprechungen
nie wieder auf roten Tigern über die Champs-Élysées
liegt er
unter dem hohen Warnruf des Vogels
den er nicht hört In seiner Mulde
zwischen Schlüsselbein und Schulter ein Körperchen
von einem Zoll gebundene Füße
ausgestreckt Arme männlich nackt
auf einem Sterlingsilberkreuz liegt leicht auf dem
der schwer im Gras liegt die Augen weit offen
als suchten sie den Himmel ab Stechmücken
fliegen hüfthoch auf in einer losen Wolke
zerstreun sich im Gestrüpp purpurn orange violett.

ALEXANDER VON BORMANN
DIE WAHRHEIT DER TÄUSCHUNG
EINER SPRACHE DES KÖRPERS

Zwischen Titel und Text ist ein Zwischenraum. Der läßt Platz für einen Namen. Unser Jahrhundert hat dafür gesorgt, daß sehr viele an dieser Stelle eine Eintragung machen können. Weltweit gesehen, soll es in ihm kaum Tage ohne Krieg gegeben haben, und der trifft ja nicht nur Soldaten. Da vergehen auch ältere Tröstungen: die Stilisierung der Getöteten zu Helden des Vaterlands, zu Opfern ›der‹ Geschichte verfängt nicht mehr. Es bleiben Nachrufe, für Gläubige Fürbitten, auch Zorn und Schmerz, Auflehnung, Ergebung vielleicht, Trauer, Zuspruch.

Ulla Hahns Gedicht sammelt diese Gefühle, Haltungen, Sprachgesten in einen Text, den man sich vorsprechen muß. Seine Rede ist von einer unausgesprochenen Wut grundiert, noch ganz dicht bei der Entdeckung des Toten, ärgerlich über alle Begriffsstutzigkeit, die nur den Augenschein kennt, auf die Täuschung einer Körpersprache hereinzufallen droht, die man anders, als friedliche, gelernt hat.

»Im Grase« – das war seit alters ein Ort der Versunkenheit und der Einkehr, unmittelbarer Tuchfühlung mit der Natur. »Wo Gras wächst«, das ist das Gegenteil der Idylle: der Tote soll vergessen werden, damit das Leben ungestört weitergehen kann. Er »sollte« vor diesem Los geschützt werden – das ist Vergangenheit (Gott und alle Engel taten nichts) oder erinnerter Wunsch (die Abschiedsformel hat versagt).

Die hin und her laufenden Frage- und Antwortsätze im Anfang spiegeln die Aufregung bei der Entdeckung des Toten. Die eine Stimme weiß mehr als die andere, die an diesen Fund nicht recht heranwill. Es ist nicht nötig, an zwei Personen zu denken, ein Zwiegespräch im Ich ist wahrscheinlicher. So bilden die stockenden Sätze eine Einsicht ab: wie das Bewußtsein zögert, das Gesehene aufzunehmen, wahr-zu-nehmen. Der tapfere Zweifel – der Tod als Schlafes Bruder – muß der Sprache helfen, ihre Fassung wiederzugewinnen. Wie human, daß ein einzelner Toter noch Betrachter verstören kann. Und ein wenig auch die Natur: der Ruf des Vogels warnt vor dem Menschen, wir denken, könnte auch den Toten warnen wollen.

Erst im Mittelteil des Gedichts, im Hinblick auf das Blau, das dem Helm wie den Blumen gehören kann und das dem Himmel antwortet, faßt sich die Rede: »wunschlos traumlos / liegt er«. Das sind sechs Silben und zugleich sechs Hebungen, keine Unruhe mehr, Einkehr beim Tode. Die »Nie wieder«-Zeilen sprechen aus, was zu diesem Leben gehört hätte, Liebe und Ausgelassenheit, beziehen sich auf Wunsch und Traum.

Zum Schluß hin lenkt sich der Blick auf den Leib, der gedoppelt erscheint: als Christus-Amulett, mit der merkwürdigen Umschreibung »Körperchen von einem Zoll«, was wie nebenher an eine Gewehrkugel denken läßt. Doch es wiegt leicht, der Tote (vielleicht ein Blauhelm-Soldat der UN-Truppen) schwer. Immerhin wirkt die Christusfigur noch auf die Wahrnehmung dieses Todes ein: »die Augen weit offen / als suchten sie den Himmel ab«, das mag den feindlichen Fliegern gelten, das könnte auch auf die Gottverlassenheit deuten, die Christus im Tode erfuhr.

Lyrik ist abgebrochene Rede, die Brechungen hier erzeu-

gen Mehrdeutigkeit, und die Bildebenen informieren sich
gegenseitig. Das Opfer bleibt ohne Namen und Identität:
ein Stellvertreter für viele andere, wie die Lücke nach dem
»Für« im Titel ausweist. Das Amulett, das kein beliebiges
ist, hat nicht geholfen. So steht auch die Mückenwolke
nicht mythisch versöhnend für die aufschwebende Seele,
dazu ist sie viel zu realistisch bezeichnet. Die auffliegenden
Stechmücken zeigen eher an, daß da einer kommt und den
Heimgang in die Natur, die Auflösung, stört. So wird ein
Nachruf möglich, ein menschliches Wort. Den Schluß be-
stimmen Farbwahrnehmungen, mehrere Vorschläge. So
findet sich das beobachtende Ich bei seiner Tröstung wie-
der, der Täuschung der Linien und Farben. Schrecken und
Ästhetik gingen ihm von Anfang an zusammen: Gewalt,
Natur und Kunst in einem Gespräch, das den Skandal die-
ses Todes gewiß nicht beschwichtigen kann.

ULLA HAHN
FÜR EINEN FLIEGER

Wenn du in Bausch und Bogen vorwärtsschreitend
das Erdreich mit den Füßen trittst bis weich
du abhebst in die höheren Regionen
und dir die Erde leicht wird oder seicht

erscheint beim Anblick dieser Millionen Toten
der Sisyphos der Tantalos die schwer
einander in den offenen Armen hängen
glaubst du von fern: sie liebten sich so sehr.

Als Lied erreicht ihr Stöhnen deine Ohren
Kains Hand scheint dir führt Abel hin zum Tanz
ein Abendlicht quillt allen aus den Poren

vergoldet dir die Sicht die Wiederkehr
zur Erde die du fast wie mich verloren
flieg höher nicht: du findest uns nicht mehr.

PETER DEMETZ
VERBORGENE IRONIE

Es gibt zwei Arten von Fliegergedichten, die einen, von
Gabriele d'Anunzio und den italienischen Futuristen her,
die den Piloten als heroische Figur eines neuen technischen
Zeitalters rühmen, und die anderen, in der Nachfolge
Brechts und Günter Kunerts, welche die Flieger, als Ika-
rus-Söhne, eines selbstherrischen Hochmuts bezichti-
gen.

Ulla Hahns Gedicht gehört in die zweite Tradition, aber
sie denkt nicht an einen Herrscher der Technik, sondern an
einen Meister der Worte, der sich leider in allzu dünne
Lüfte emporschreibt. Wer ist dieser Flieger? Der lyrische
Detektiv findet seinen ersten Schlüssel in der Form des So-
nettes selbst, denn wenn er im Gedichtband »Herz über
Kopf« nur ein wenig zurückblättert, entdeckt er nur *ein*
anderes Gedicht ähnlicher Art, und das unter dem Motto
»Schreib doch mal ein anständiges Sonett. St. H.«

Damit hat der Maigret der Poesie auch schon seine Spur
vor Augen, denn St. H. ist niemand anders als der DDR-
Schriftsteller Stephan Hermlin, dessen Aufsätze und Er-
zählungen Ulla Hahn edierte (1980), und wer nach einer
Bestätigung im Text des Gedichts selbst verlangt, darf sie
in dem wichtigen Worte »Abendlicht« (Zeile 11) finden –
so hat ja Hermlin seine poetischen Memoiren genannt, in
welchen die tragische Figur seines Bruders (er fiel als Pilot
der Royal Air Force im Kriege) eine ganz besondere Rolle
spielt.

Die verborgene Ironie liegt darin, daß die Schreiberin dem Rate des Dichters folgt, aber das Sonett, die dialektische, argumentative, reflexive Form *par excellence*, gegen ihn wendet. Sie schreibt ja ein Warngedicht an einen »Flieger«, der sich ihr – und uns – als Mentor, Freund und Dichter in eine Wolkenhöhe zu entziehen droht, aus welcher das Menschliche drunten nur mehr in abstrakten, verzerrten und verschönten Zügen sichtbar wird. Ob ein »anständiges« Sonett oder nicht, das Charakteristische der Schreibart Ulla Hahns ist wieder in den geglückten Kombinationen alltagssprachlicher Klischees und der rhetorisch hohen Ausdrucksweise zu entdecken und in der geradezu inständigen Diskretion, in der sie ihre Warnung ausspricht, ohne je ihre Stimme zu heben. »In Bausch und Bogen vorwärtsschreitend« läßt allerdings an Skepsis nichts zu wünschen übrig (der idiomatische Hinweis auf die törichten Verallgemeinerungen verbindet sich mit dem ironischen Bild des Schriftstellers, der sich in ganzen »Bogen«, das heißt im Papiermaß der Bücher, wie auf einer Startbahn vorwärtsbewegt); und da sind die spielerischen, die verräterischen Binnenreime (leicht/seicht), die Ulla Hahn ganz besonders liebt, und die Kette der antiken und biblischen Assoziationen, die zeigen, wie verzerrt sich, aus der luftigen Höhe des allzu Poetischen, unsere geplagte »Erde« ausnimmt. Optische Vexier- und Betrugsbilder: die entsetzliche Gebärde der absurden Hoffnungslosigkeit wird zu einer Geste der Liebe; die Brüder gehen zum Tanz, nicht zur Mordstätte; und das »Abendlicht« umgießt alles mit einer kitschigen Aura der Serenität, in der es nichts mehr Entsetzliches, Historisches und Einzelnes gibt. »Flieg höher nicht« – die Verfasserin des Sonetts will den gefährdeten Dichter durchaus nicht an das Machbare, ohne Träume, fesseln.

Aber sie besteht doch auf ihrem eigenen, festen Standpunkt im »Erdreich« und distanziert sich, in einem Emanzipationsakt eigener Art, von jeder wolkigen Perspektive, auch der revolutionären, welche unser geplagtes Leben, so wie es ist, aus dem Blick verliert.

Ein intimes Gedicht also, Ulla Hahn und Stephan Hermlin, die Schülerin und der Mentor? Intim und ganz öffentlich zugleich, denn sie spricht längst nicht mehr für sich allein, und der verletzte, der verlorene Glaube einer ganzen Generation, an die allzu abstrakten Flüge der gesellschaftlichen Phantasie, kommt in ihrem Gedichte stellvertretend zur Sprache.

ULLA HAHN
GIBT ES EINE WEIBLICHE
ÄSTHETIK

Ich sehe deine Augen
mit den hängenden
Lidern am Kinn
Fettfalten die Stirn
gefurcht deine
dünnen spitzen
Ohren überm fahlen
Haar die
kahle Stelle
am Hinterkopf ich
denke du bist
von allen Männern
der schönste.

HELMUTH KIESEL
DER BLICK DER LIEBE

Erbarmungsloser – und freundlicher zugleich – wurde
wohl noch nie mit Männern umgegangen. Einen von ih-
nen, und offenbar den ihr liebsten, faßt die Sprecherin die-
ses Gedichts unter ästhetischem Aspekt einmal genauer ins
Auge. Was sie zu sehen bekommt, indem sie ihren Blick
über sein Gesicht gleiten läßt, nimmt die Züge einer
ästhetischen Endlos-Katastrophe an.
Da ist nicht etwa in dem einen oder anderen separaten Vers
von einem vereinzelten Schönheitsfehler die Rede, der nur
eine kaum bemerkenswerte Beeinträchtigung eines ansons-
ten als schön zu bezeichnenden Antlitzes wäre, oder von
einem besonders markanten Zug, der zwar nicht dem Ideal
der Schönheit entspräche, aber als Indiz einer beachtlichen
Lebensleistung und als Merkmal einer gereiften Persön-
lichkeit gelten dürfte. Da wird vielmehr in einer Diktion,
in der sich die Benennungen der verschiedenen Unschön-
heiten und der von ihnen gezeichneten Gesichtspartien fu-
genlos ineinanderschieben, auf eine gleichsam sich über-
schlagende Weise aufgezählt, was der Blick einer Ästhetin,
der von den hängenden Augenlidern über die Fettfalten
des Kinns zu den Furchen der Stirn und von dort über die
spitzen Ohren bis zum fahlen Haar wandert, wahrzuneh-
men hat: ein einziges Kontinuum des Unschönen. Und
nicht genug damit. Zuletzt erlaubt sich die Betrachterin
noch einen Blick, der in dem Maße indiskret und verunsi-
chernd wirkt, in dem man ihn selber nicht haben kann: den

Blick auf den Hinterkopf. In der Tat läßt er ein neues demütigendes Defizit gewahr werden und macht die ästhetische Katastrophe total: vorne fahl, hinten kahl!
Mit diesem vollends entlarvenden Blick auf »die kahle Stelle am Hinterkopf« hat sich das lyrische Subjekt allerdings nicht nur eine letzte Indezenz geleistet. Dieses als weiblich ausgewiesene Subjekt ist zugleich einem Verlangen gefolgt, das man als ein grundlegendes Postulat der weiblichen Ästhetik bezeichnen kann, ja mehr noch: als jenes Postulat, welches die weibliche Ästhetik für uns unentbehrlich macht. Das wird evident, wenn man die vielleicht wichtigste Anregung für eine spezifisch weibliche Poetik liest: Virginia Woolfs »Ein Zimmer für sich allein«. Dort wird nämlich – gegen Ende des fünften Kapitels – gesagt, wie wichtig es für beide Geschlechter ist, sich gegenseitig schonungslos wahrzunehmen und zu beschreiben. Und dann heißt es: »Da gibt es einen Fleck am eigenen Hinterkopf, so groß wie ein Markstück, den man nie selbst sehen kann. Es ist einer der guten Dienste, die ein Geschlecht dem anderen leisten kann, diesen markstückgroßen Fleck am Hinterkopf zu beschreiben ... Ein wahres Bild des Mannes als einem ganzen kann niemals gezeichnet werden, bevor nicht eine Frau diesen markstückgroßen Fleck beschrieben hat.«
Nun ist er also beschrieben, dieser markstückgroße Fleck der Männer, nicht nur in dem Gedicht von Ulla Hahn, sondern vielfach auch in Gedichten und Romanen anderer Frauen. Und meist ist er kahl. Aber in dieser ernüchternden Feststellung hat die weibliche Ästhetik, die von Virginia Woolf 1928 gefordert und von Ulla Hahn mit ihrem Gedicht 1981 in prägnanter Form zur Sprache gebracht wurde, nicht ihr letztes Wort. Wenn die fugenlos wirkende

Beschreibung der ästhetischen Endlos-Katastrophe mit der Wahrnehmung der kahlen Stelle am Hinterkopf auf dem vernichtenden Höhepunkt angelangt ist, beginnt ebenso fugenlos die Liebe zu reden.

ULLA HAHN
KATZENMAHLZEIT

Alles ist in Roma eßbar
Artischocken schwarzes Schaf
Ciceroni Chips Cypressen
Rosmarin Maroni

Alles ist in Rom vergeßbar
Esbahn Uhahn Alster Spree
Villen Pillen Brillenträger
Papa Papperlap

Alles ist vergeßbar eßbar
Colosseum Marzipan
Minestrone Mama Mia
Dolce Duce Du

PETER DEMETZ
DIE SCHÖNEN ZEITEN SIND VORBEI

Inmitten einer Gruppe von Gedichten über italienische
Sonne, Amseln und Orangen nimmt sich Ulla Hahns
»Katzenmahlzeit« ein wenig wunderlich aus, und aus vie-
len Gründen. Ulla Hahn ist nicht als Autorin schwierig
hermetischer Lyrik bekannt geworden, und ich lese mich
plötzlich in einem Text fest, der meinen Erwartungen ganz
und gar nicht entspricht. Die erfindungsreichen und witzi-
gen phonetischen Spiele verbergen das Bittere des Gedich-
tes nicht, sondern steigern es auf modern widersprüchliche
Art. Sobald ich den Titel und die erste Zeile überfliege,
denke ich schon an die streunenden, halbwilden und räu-
digen Tiere in den Ruinen, deren »Mahlzeit« aus den Ab-
fällen besteht, die andere hinterlassen haben.
Ganz Rom ein archäologisch-historischer Abhub, für Spä-
tere? Die schönen Zeiten sind vorbei, da Goethe noch an
Jacobi schrieb, er sei, nachdem er vom »großen italieni-
schen Gastmahl aufgestanden«, genötigt gewesen, »sich an
einem nordischen Katzentisch« zu nähren. Die nachgebo-
rene Autorin spricht von einer Erfahrung, in der die melo-
dramatischen Kontraste, gerade die, nicht mehr gültig
sind; und ich denke mir diese Erfahrung als eine Art von
Kulturschock, als eine plötzliche Dürre der Seele, oder
als jene radikale Indifferenz, die alles in Gleichgültigkeit,
Bedeutungslosigkeit, in einen geradezu metaphysischen
Überdruß an Vielfalt und Dasein hineinzieht. Bezeich-
nend, aber nicht überraschend für das moderne Bewußt-

sein, daß das gerade an einem Orte geschieht, der seit Jahrtausenden Weltgeschichte den imperialen Anspruch darauf erhob, weltliche und geistliche Bedeutungen zu schaffen und ins Monumentale zu verklären.

In diesem Katzenjammer-Gedicht für den denkenden Rom-Flaneur äußert sich der Schock, dem sich das Bewußtsein noch spielend zu widersetzen sucht, in einer Parlando-Tonart des Widerwillens. Das Gedicht selbst stört den Versuch, logische Sätze zu konstruieren, und bildet seine Zeilen durch Assoziationen, die anderen Ordnungen folgen. Das Entscheidende sind einzelne Laute, Lautgruppen und Binnenreime, durch die sich die auftauchenden Einzelworte widerstrebend, am Rande des Kurt-Schwitters-Nonsens, in glücklicher Notwendigkeit zusammenfügen (lyrische Experten geraten in Versuchung, vom technischen Triumph des Phonetischen über das Semantische zu sprechen).

Das »Eßbare«/»Vergeßbare« wird in Staccato-Reihen aufgezählt, die von bestimmten Konsonanten und Vokalen ausgelöst werden, so durch das italienisch-englisch-lateinische Spiel mit Ci/CHi/Cy (I, 3), die o/s/m/a-Mutation, oder die -ill-Echos (II, 3). Die sogenannte Lautmusik täuscht, zumindest beim ersten Hinhören: »Papa Papperlap« klingt wie eine heile Erinnerung an Kinderstube und Kindermund, aber ich lese, in diesem römischen Gedicht, »Papa« als »Papst« und »Papperlap« als traditionelle deutsche Parodie auf die mechanisch hingesagten Worte des religiösen Rituals (siehe den Eintrag im Grimmschen Wörterbuch) und die ganze Zeile als widerborstigen Spott.

Ein Streitgedicht also, und wie die Konkrete Poesie (an die das Gedicht deutlich erinnert) »gezeigte« Sprache ohne jede Subjektivität? Mitnichten. Ulla Hahn hat ihre Signatur »Uhahn«, auf »Esbahn« reimend (II, 2), in die genaue Mitte des Gedichtes gesetzt, und ich wage nicht zu sagen, wie man die letzte Zeile lesen soll – das »Du« ebenso gleichgültig wie die Süße Macht, oder, gegen die Absicht des Gedichtes, erhoben und gestärkt gerade durch sie? Ein Grund, das ganze Gedicht noch einmal zu lesen, Wort für Wort, und vom Anfang an; und das tut man ja nur, wenn's ein wirklich gutes Gedicht ist, wie dieses.

ULLA HAHN
LIED DER AMSEL

Flieg mit mir hinauf
auf diesen Ast und schau
auf dich hinunter:
Auf dich in den Blumen
auf dich in den Steinen
im Gras am Wasser
auf dich unterm Baum
Du hier oben und
du da unten:
Das ist alles.

JOCHEN HIEBER
EINE FRAGE DER PERSPEKTIVE

In der poetischen Welt der Ulla Hahn diente die Amsel
bisher als Lockvogel. *Samstags sang die Amsel lauter*
lockte in / verborgene Büsche hieß es 1993 im Gedicht »Auf
dem Dorfe«. *Glückselige Musik von Amseln und alten*
Meistern kündete 1988 im Poem »Fast« von einem Abend
im März und dem Anruf des Geliebten. *Eine schöne Amsel*
öffnet mir morgens / die Augen erzählte das lyrische Ich
1983 im Gedicht »Erwachen« und ließ uns wissen, sie habe
das Lied der Liebe von einst gesungen. Alles klar mithin:
Wenn es um Liebe ging, dann war es die Amsel.
Die Amsel in unserem Gedicht ist nicht mehr Objekt der
Betrachtung und nicht mehr Sinnbild der Sehnsucht. Sie
nimmt selbst das Wort, gibt Anweisungen, macht Vor-
schläge, zieht die Summe am Schluß. Von der Liebe ist
nicht mehr die Rede, wohl aber vom Leben und dem unge-
wöhnlichen Blick darauf: Es geht um die richtige Perspek-
tive.
Perspektivenwechsel: So läßt sich annähernd ausdrücken,
was Ulla Hahns bisher jüngsten Lyrikband »Epikurs Gar-
ten« von den Vorgängern unterscheidet. Seit dem überaus
erfolgreichen Debüt »Herz über Kopf« aus dem Jahr 1981
hatte sie vor allem die Landschaften der Liebe vermessen,
sie hatte, von der Kritik ebenso angefeindet wie gerühmt,
in kunstvoll unangestrengten Versen Gefühle und Gedan-
ken artikuliert, mit denen sich ihre Leser allemal freudig
identifizierten. »Spielende«, »Freudenfeuer«, »Unerhörte

Nähe«: die Bände der achtziger Jahre waren eine Art Arsenal höchst gegenwärtiger Empfindungen, zusammengetragen von einer Autorin, die mit Alltagssprache und lyrischer Tradition gleichermaßen spielerisch umzugehen verstand.

Gegen das Spielerische nun die Strenge, gegen die Schönheit von Lust und Leiden nun überall Zeichen von Vergänglichkeit und stillem Verfall. »Epikurs Garten« versucht sich an einer Lebenskunst jenseits der Emphasen – aber auch jenseits der Resignation. Seelenruhe und Welterkenntnis werden poetisch erprobt, »Älterwerden« heißt, nicht umsonst, eines der reifsten Poeme des Bands. Das »Lied der Amsel« steht dabei, als erstes Gedicht im titelgebenden Zyklus, absichtsvoll an zentralem Ort.

Elf Verse von berückender Einfachheit. Und keinerlei Kummer, sie zu verstehen. Aber zu wem spricht die Amsel? Nehmen wir an: Zu einem von uns. Nehmen wir ferner an, wir seien für einen Moment auch fähig, der Aufforderung mitzufliegen mühelos nachzukommen: Sogleich befinden wir uns in der Lage des sonderbaren und sympathischen Helden aus Italo Calvinos Roman »Der Baron auf den Bäumen«, jenes zwölfjährigen Cosimo, der aus Abscheu vor der Gewöhnlichkeit den festen Boden verläßt und dann zeitlebens über der Erde bleibt. Calvino läßt seinen Roman im achtzehnten Jahrhundert, im Zeitalter der Aufklärung, spielen: Über den Dingen stehen lautet die Botschaft. Das heißt auch: die Dinge besser, mithin vernünftiger erkennen und durchschauen.

Ulla Hahn verdichtet Calvinos Fabel zum lyrischen Bild – und fügt ihr Entscheidendes hinzu. Vom Baum herabschauend, sieht der Betrachter wie weiland Cosimo zwar auch die Welt – vor allem jedoch sich selbst in ihr. Unversehens ist der Lockvogel darüber zum Lebensphilosophen geworden. Den Optimismus der Aufklärung aber teilt er nicht mehr: Oben und unten gelten ihm gleich viel. Allerdings ist es ratsam, sich der jeweiligen Perspektive bewußt zu sein – und sie bisweilen zu wechseln. Ist das alles? Ja, und es ist viel.

ULLA HAHN
MIT HAUT UND HAAR

Ich zog dich aus der Senke deiner Jahre
und tauchte dich in meinen Sommer ein
ich leckte dir die Hand und Haut und Haare
und schwor dir ewig mein und dein zu sein.

Du wendetest mich um. Du branntest mir dein Zeichen
mit sanftem Feuer in das dünne Fell.
Da ließ ich von mir ab. Und schnell
begann ich vor mir selbst zurückzuweichen

und meinem Schwur. Anfangs blieb noch Erinnern
ein schöner Überrest der nach mir rief.
Da aber war ich schon in deinem Innern
vor mir verborgen. Du verbargst mich tief.

Bis ich ganz in dir aufgegangen war:
da spucktest du mich aus mit Haut und Haar.

RENATE SCHOSTACK
DIE FALLE NAMENS LIEBE

Über dem Gedicht, das getragen einsetzt, mit drei vollen
Silben, liegt eine geschlossene Wolkendecke. Die Atmo-
sphäre ist gedrückt, der Himmel bleiern. Von einem unge-
heuren Vorgang ist die Rede: Ein menschliches Wesen wird
von einem anderen in Besitz genommen, völlig, die Aneig-
nung geschieht als Brandmarkung wie bei einem Stück
Vieh, es ist ein Akt der Verletzung, dem sich der Gebrand-
markte indessen freudig fügt. Seine Selbstaufopferung
zahlt sich freilich nicht aus.
Das Seltsame: es gibt keinen Aufschrei, keinen Laut des
Schmerzes, keinen Protest. Das Gedicht ist kein Klagege-
sang, keine Elegie, es ist ein Sonett. Das Sonett, durch seine
Strenge eine kühle Form, reflektiert einen Sachverhalt. Der
Gewaltakt wird, in die Gußform gezwungen, als ein ver-
gangener, über dem die Aktendeckel geschlossen sind, eis-
kalt serviert.
Noch seltsamer: das Wort Liebe fehlt. Darum aber geht es.
Um die Liebe einer Frau. Das sprechende Ich, daran kann
kein Zweifel sein, ist eine Frau. Die Gleichsetzung von
Frau und Tier ist in der abendländischen Kultur geläufig.
Der Halter ist der Mann; ihm, dem Herrn, sind die zweit-
rangigen Wesen Gehorsam schuldig, er darf mit ihnen tun,
was er will. Das steht nicht im Gedicht, es schwingt mit.
Der Einsatz ist anders. Da ist aufgeklärte Gegenwart, Mo-
derne, Emanzipation. Selbstbewußt, mit Autorität, hat
dieses weibliche Ich gehandelt, das im Glanz der Jahre

prangt, das noch in der Erniedrigung einen »schönen Überrest« besitzt. Kein Mickerwesen, das auf den Mann, einen älteren, der es wohl nötig hatte, zuging; auch keine Undine (»halb zog sie ihn ...«). Sie spricht mit großem Ernst. Ihr Geschenk: die völlige Hingabe, »mit Haut und Haar«.

Aber der Mann, freilich nur durch die Augen der Frau gesehen, kann mit der Gabe nicht umgehen. Er eignet sich den anderen Menschen an. Kein Wort davon, daß es um ihn geschehen wäre. In den beiden letzten Versen, so zugespitzt, wie es nur in dieser, der englischen, der Shakespeareschen Form des Sonetts – drei Quartette, keine Terzinen – möglich ist, die Pointe: totale Selbstaufgabe, totale Verschmähung. »Ausspucken« – das klingt burschikos und meint doch: Verachtung. Tat die Frau den ersten schönen Schritt, so der Mann den letzten schlimmen. Das Gesetz des Handelns ist auf ihn übergegangen, längst; er zieht den Schlußstrich.

Indes, das eigentliche Drama besteht nicht darin, daß der Mann unwürdig ist, sondern daß die Frau sich, Hände leckend wie ein Hund, in ein Herrschaftsverhältnis begibt. Das Thema des Gedichts ist die allmähliche Selbstentfremdung der Frau durch die Liebe. Sie hat den Schwur, sich selbst treu zu bleiben, gebrochen. Die Hauptsünde steht genau in der Mitte der Verse: »Da ließ ich von mir ab.« Wie? Auslöschung des Ich, gänzliches Aufgehen im Geliebten – war es nicht genau das, was man sonst unter Liebe verstand?

Die moderne Frauenbewegung hat diese Art der Liebe – welche doch die alleinseligmachende ist – als Hauptursache der verhinderten Emanzipation an den Pranger gestellt. Kein Wunder, daß das Wort Liebe hier fehlt. Liebe, die nicht sein soll und doch sein will, ist eines der großen Themen der feministischen Literatur der Epoche. Niemand hat das in der Lyrik mit solcher Konsequenz, solcher Inbrunst, solcher Kunst behandelt wie Ulla Hahn. »Mit Haut und Haar« ist das dritte Gedicht in ihrem ersten Gedichtband. Dort begann sie, diese ihre lyrische Goldader zu entdecken, das neue Lied von der modernen Frau zu singen, die wohl weiß, was sie sich schuldig wäre, und dennoch von der Liebe nicht lassen kann.

ULLA HAHN
MITTEILUNGEN DER MUTTER

Sie hat Krebs sie hat Krebs sagt sie
nimm von der Suppe nimm
Mettwürstchen Rindfleisch sie liegt
schon vier Wochen man hat
sie aufgemacht zugemacht hier
ist der Essig der Senf sie war
zuletzt ganz geschwollen der Bauch
immer dick und sie trank
hier der Saft aus dem Garten es gibt
auch noch Pudding es gibt
keine Hoffnung mehr nur noch
Wochen Monate höchstens sie ist
nur zwei Jahre älter als du.

WERNER ROSS
VERGIFTETE IDYLLE

Wie man aus dem Alltag ein Gedicht macht, war immer ein
Problem. Man sieht Apoll vor sich, wie er die Leier
schlägt, göttlich-feierlich, auf hohem Stilniveau. Dem Silen
Marsyas, der zu konkurrieren versucht, wird die Haut ab-
gezogen. Recht geschieht dem Unwürdigen. Erst seit man
Lyrik auch zur Gitarre machen kann, ist es leichter, im
Plauderton zu dichten: Belangloses, Banales, das unver-
mutet in einen lyrischen Kontext gesetzt wird, das ver-
fremdet wird durch die bloße Tatsache des Drucks in Ab-
sätzen und ohne Satzzeichen.
Ulla Hahn hat sich ihren Namen durch solche »kleine
Prosa in Gedichtform« gemacht, durch gereimt Spitzes,
Bitteres, Wildes, Scharfes, durch Pointen, die bei Heine ge-
lernt sind und ihn hinter sich lassen, durch Nostalgien, in
die es wie eine Ohrfeige knallen kann, durch kunstvoll ge-
mischte Töne aus Alltagssatz-Fetzen. So auch in diesen
»Mitteilungen der Mutter«, denen andere Mutter-Ge-
dichte zur Seite stehen, schonungslos wie dieses.
Das lyrisch verläßliche Urgefühl, Mutterliebe, Kindes-
liebe, ist erloschen, nur die Situationskomik übriggeblie-
ben: Die Tochter ist eingeladen zum Sonntagsessen und
wird bedient. Mutterliebe, so weiß jeder Kundige, setzt
sich in Nahrungsmittelzufuhr um, in schmeichelnde Lek-
kerbissen, sozusagen mit dem Schnabel dargereicht. Auch
die Mitteilungen werden häppchenweise serviert. Es ist ja
das ewige Klagelied der Mütter, daß die Töchter ihnen

nichts zu erzählen haben; also müssen *sie* reden. Die Frage ist heute nicht mehr: Wie sag ich's meinem Kinde?, sondern: Wie sag ich's meinen Eltern? Ein anderer Lebenszuschnitt setzt sich bei der jüngeren Generation nicht mehr in jene Art wollüstiger Mitteilung um, die von Übelmeinenden als Klatsch verpönt wird.

Klatsch, würde die Mutter entrüstet fragen, den Blick zum Himmel gerichtet, und in ihren Mitteilungen über die krebskranke Verwandte nichts anderes erblicken als menschliche Anteilnahme. So hat sie gelernt, die Dinge zu sehen: Liebe hier, Liebe dort, Menschlichkeit ringsum. Sie versorgt die Tochter und fühlt sich an frühe Zeiten erinnert, als die ein Kind, ein kleines Mädchen war. Sie versorgt sie auch mit allem Wissenswerten, und nie würde ihr der Gedanke kommen, daß Pudding und Krebs, in einem Atem genannt, Fütterung und Hoffnungslosigkeit, eine krasse Dissonanz erzeugen.

Bis dahin wäre als Genre Satire zu vermerken, Familiensatire als ätzende Durchlöcherung jenes Gefühlskomplexes, der einmal Pietät hieß. Aber das Gedicht führt darüber hinaus, oder: die Mitteilungen werden erst indem sie darüber hinausführen, zum Gedicht. Der Satz »sie ist / nur zwei Jahre älter als du«, von der Mutter vielleicht nur als Mitleidsverstärker eingebracht, trifft die Tochter so, als ob die Mutter ihre gesamten Liebesbeziehungen nur auf diesen Dolchstoß hin zugespitzt hätte.

Nun erst wird aus der Tischszene mit Senf und Saft, aus der Betreuungs-Idylle die alte lyrische Botschaft: »Warte nur: balde ...« Nun erst wird deutlich, daß auch dieses Wort- und Wurst-Geplänkel sich der alten lyrischen Form, der Musik, nähert. Die Sätze der Mutter stellen sich als perfekter Kontrapunkt heraus; das Fehlen der Satzzeichen unterstreicht, daß da nicht logisch verfahren wird, sondern daß ein Melodiebogen weiterträgt bis zum Finale: »als du«, in dem das Goethische »du auch« zeitgemäß wieder aufklingt, nachklingt, abklingt.

ULLA HAHN
NACH JAHR UND TAG

Ein Waggon fährt vorbei
Er hat Kohle geladen

Männer links Frauen rechts
Zu den Kabinen im Freibad

Schuhe liegen auf einem Haufen
Im Sommerschlußverkauf

Haare werden geschnitten
Zu einer neuen Frisur

Menschen gehen ins Bad
Zum Baden

Ein Feuer brennt
Es wärmt

Rauch steigt auf
Eine Kerze verlischt

WALTER HINCK
ZEITENBRÜCKE

Diese Verse werden in Ulla Hahns Band »Spielende« flankiert von zwei Gedichten, die zu ihrem Verständnis nicht nötig sind, aber doch unmittelbar den Blick in jene geschichtliche Tiefe freigeben, die hier der Leser erst noch entdecken muß. Sie stehen zwischen einer Fürsprache für die Männer und Frauen, die dem KZ entronnen sind, und einer Hommage an die jüdische Dichterin Gertrud Kolmar, der keine Rückkehr beschieden war – wir wissen nur, daß sie im März 1943 deportiert wurde. Ulla Hahn hat jüngst eine Sammlung von Dichtungen dieser Verschollenen herausgegeben.

Zu den sieben Doppelversen gehört unbedingt die Überschrift hinzu; sie stellt das Gedicht nicht nur unter ein Stichwort oder ein Resümee, sie ist vielmehr die Angel, in der die Gedichtaussage hängt. Ohne sie könnte der Leser die Beobachtung von Alltagsoberfläche, die das Gedicht gerade durchbricht, auf sich beruhen lassen. Der Titel »Nach Jahr und Tag« nötigt zur Doppelsicht, schlägt eine Zeitenbrücke, so daß in der Beobachtung des Gegenwärtigen die Vergangenheit herbeizitiert wird.

In den Verspaaren sind die Zeilen nicht einfach gekoppelt, eine ausgeprägte Zweigliedrigkeit fällt auf. Eine Wahrnehmung in der ersten Zeile wird in der zweiten erläutert. Diese Erklärungen sind von geradezu aufreizender Selbstverständlichkeit, zumal in der fünften Strophe: »Menschen gehen ins Bad / Zum Baden.« So viel Normalität macht sich verdächtig, ist sprachliches Signal. Und tatsächlich hat jede beobachtete Erscheinung, die auf so naheliegende Weise begründet wird, ihren doppelten Boden.

Liest man die ersten Verse der sieben Strophen im Zusammenhang, so rufen die Bilder eine zweite, ganz andere, eine dem historischen Gedächtnis eingebrannte Wirklichkeit herbei. Der Beobachter verliert seinen Halt in der Gegenwart eines friedlichen Wohllebens und sieht sich in eines der Konzentrationslager versetzt, wo Deportierte sortiert, entkleidet, geschoren, in Duschräumen vergast und schließlich verbrannt werden. Bei alledem begnügt sich die Sprache mit Andeutungen.

Daß gerade die einfachsten Ursache- und Zweckverhältnisse denaturiert worden sind, daß gerade wohltätige Einrichtungen, die das Leben erleichtern, der Vernichtung des Lebens dienten und gerade im Freundlichen das Böse brütete, das ist die Erkenntnis, die in denkender Beobachtung alltäglicher heutiger Abläufe mit dem Erschrecken aufzuckt.

Die Sprache dieses Gedichts verdeckt nur eine Zeitlang, daß sie sowohl an den Bildern unserer täglichen Erfahrung wie an denen der geschichtlichen Erinnerung teilhat und daß die Wortbedeutungen einander überlagern. Wir haben die Neigung zu vergessen, wie sehr unsere Sprache und unser Bewußtsein durch die Schrecknisse von einst gezeichnet sind. Das Gedicht »Nach Jahr und Tag« hebt diese Verdrängung auf, und zwar so, daß es den Leser dazu bringt, sie zu durchschauen. Man hat mit Recht die These von der Kollektivschuld der Deutschen zurückgewiesen und vorgeschlagen, statt dessen von Kollektivscham zu sprechen. Es ist etwas von unserem Kollektivtrauma, das sich in diesem Gedicht Ulla Hahns zugleich verbirgt und enthüllt.

ULLA HAHN
WINTERLIED

Als ich heute von dir ging
fiel der erste Schnee
und es machte sich mein Kopf
einen Reim auf Weh.

Denn es war die Kälte nicht
die die Tränen mir
in die Augen trieb es war
vielmehr Ungereimtes.

Ach da warst du schon zu weit
als ich nach dir rief
und dich fragte wer die Nacht
in deinen Reimen schlief.

KARL KROLOW
ABSCHIED UND ZWEIFEL

Ulla Hahn hat mit ihrem ersten Gedichtband großen Erfolg gehabt. Eigentlich zeigt jedes Gedicht in ihrem Buch »Herz über Kopf«, wie es zu ihm kam. Ein »Winterlied«, zwölf Zeilen lang, spricht für viele der übrigen Texte im Band. Es ist volksliednah, so schlicht wie denkbar, gereimt und doch nicht ganz so gereimt, wie es einmal üblich war. Es ist kantabel. Das Liedhafte als ruhige Arie gibt es in einzelnen ihrer Gedichte. Doch das Lied ist in sich variabel. Hier ist es ein Liebes- und ein Abschiedslied, das dem anderen, der verlassen wurde, nachgesagt, nachgesungen wurde.

Ist es ein Abschied mit Tränen, wie in alter Zeit? Im »Winterlied« von Ulla Hahn ist trotz aller Schlichtheit nichts unterdrückt, kein Gefühl, aber auch keine Komplikation. Leise Distanz und Skepsis artikulieren sich in den Versen. Das charakterisiert die Situation: die Bewegung der Frau, ihr Fortgehen und wie »Ungereimtes«, nicht Ausgesprochenes, nicht Geklärtes sie weinen ließen: »es war vielmehr Ungereimtes«.

So glatt geht überhaupt der wiedergefundene Reim bei Ulla Hahn nicht auf. Emotion bleibt ohnehin dezent und schützt vor allem Gefühligen. Das Liedhafte ist gedämpft. (Ein anderes Lied nennt sich »Mäßig bewegt«.) Emotionen werden unter Kontrolle gehalten. Die Scheu vor dem schieren Gefühl ist groß. Fast spielerisch ist alles vorbedacht. Im Weggehen beim ersten Schneefall »machte sich mein Kopf / einen Reim auf Weh«. Das klingt auch ein wenig kokett. Was hier leichthin in den Kopf kommt, zeugt doch auch davon, daß dem Spieler, der Spielerin »mitgespielt« wurde. Die Dichterin stellt sich vor, was nach dem »Ungereimten« zurückbleiben und wie es weitergehen könnte.

Und nochmals ist von Reimen die Rede. Der Entfernte, nach dem aus der Entfernung gerufen wird, muß sich etwas fragen lassen. Doch es ist kein Verhör, eine zarte Besorgnis vielmehr, ein leiser Zweifel. Und hier spätestens beginnt das, was ich meinte, wenn ich vom »Mitspielen« sprach. Die Frau fragt den Mann, wer »die Nacht / in deinen Reimen schlief«. Reime mögen hier für manches stehen: für Leben, Dasein, für Liebe und Zärtlichkeit, für Nähe, auch für trügerische Harmonie möglicherweise. Denn – wie gesagt – diese Reime sind nicht die hergebrachten Reime, die bei uns – von den Ausnahmen abgesehen – vor etwa zwei Jahrzehnten nach und nach verstummten, die sich aus deutschen Gedichten zurückzogen.

Der neue Reim – so schlicht er sich gibt – hat doch dieses Schweigen, dieses Fortgelassenwerden in sich aufgenommen: bei Ulla Hahn, in ihrem »Winterlied«, lebt er als kleines Bedenken, als zarte Vorsicht, die keinerlei rückhaltlose Reimerei aufkommen läßt (die als Protest auch denkbar wäre). Das Ungereimte ist anwesend. Es schleicht sich gewissermaßen ein, sowohl im Artistischen als auch im Vitalen. Ulla Hahns Liebesreime üben eine Zurückhaltung, die bis zur Strenge gehen kann, zu einer Strenge unter Tränen, die aber jedenfalls keine Weinerlichkeit ist. Der Kopf – sprich: Phantasie – soll über Wasser gehalten werden, überm Schnee, der schmelzen wird, damit das obligatori-

sche Weh – gerade, indem es unverblümt genannt wird –
nicht überwältigt. Die herbe Schönheit und die Renitenz
halten sich in diesen anschmiegsamen Worten die
Waage.

URSULA KRECHEL
EPISODE AM ENDE

Kaum hat der unbequeme junge Schriftsteller
die Schlösser seines Koffers zuschnappen lassen
kaum hat er seiner Freundin, der kurzweiligen
noch einmal über das Haar gestrichen, ich
komme ja wieder, bestimmt, sagt er, aber
mit seinem Kopf ist er schon weg.
Halte dich aufrecht, Mädchen!
Sie weiß nicht, ob sie weinen soll. Schließlich
hat sie keine Übung im Umgang mit Männern wie
                                                ihm.
Kaum ist er ins Taxi gestiegen, das hier sonnengelb ist
hat diese knappe Liebe und diese Stadt
mein Gott, diese wahnsinnige Stadt am anderen Ende
der Welt, in der einer wie er ein Mädchen braucht
wie das tägliche Brot, wie Toast, was sag ich
wie Buchweizenpfannkuchen mit Sirup
zuhause wird er es selbst nicht mehr glauben
hinter sich gelassen am Nachmittag
kaum ist im Flughafengebäude sein Körper
flüchtig abgetastet von einem Uniformierten
sitzt er schon im Flugzeug, Fensterplatz, Raucher
angeschnallt zwischen jetzt und später
macht es sich bequem in seinen fliegenden Schuhen
und schreibt ein Gedicht: kaum hab ich
die Schlösser meines Koffers zuschnappen lassen.

WALTER HELMUT FRITZ
DER SCHRIFTSTELLER UND DAS MÄDCHEN

In nicht wenige zeitgenössische Gedichte dringen seit einer Reihe von Jahren in verstärktem Maß erzählende Elemente ein. Ursula Krechels Text ist ein Beispiel für diese Tendenz. Ein kleiner Vorgang bringt Bewegung in die Zeilen. Eine »Episode« wird erzählt.

In diesem Fall das Ende einer »knappen Liebe« zwischen einem jungen Schriftsteller und seiner »kurzweiligen« Freundin. Der Ton ist kühl, von betonter Sachlichkeit. Die Beteuerung des Mannes, er komme wieder, ist leer, denn mit seinem Kopf ist er schon »weg«. Von einem Gefühl ist kaum die Rede, dennoch ist es – zumindest bei der jungen Frau – als Schmerz vorhanden, erkennbar in der Bemerkung, sie wisse nicht, ob sie weinen soll, und in der Art, wie sie sich selbst zuspricht: »Halt dich aufrecht«. Die Erfahrung, die sie macht, die Flüchtigkeit der Beziehung, ist für sie neu, im Umgang mit Männern wie ihm, heißt es, habe sie noch keine »Übung«.

Wird sie sie noch bekommen? Wird sie sich darauf einstellen? Wird sie darunter leiden? Woher rührt die Distanz, woher der Verlust an Intensität? Ist Glück etwas, woran sie schon nicht mehr denkt? Woher die Ratlosigkeit?

Das Gedicht ist diskret. Es deutet bei aller Ausführlichkeit nur an, zielt auf den Schluß: kaum sitzt der Schriftsteller im Flugzeug, hat er es sich bequem gemacht, ist er angeschnallt »zwischen jetzt und später«, schreibt er ein Gedicht über seine Begegnung mit dem Mädchen, und das

Gedicht fängt an mit den (variierten) Worten, mit denen
Ursula Krechel das ihre beginnt.

Erfahrung vor allem als Material, Anlaß, Vorwand für das
Gedicht? Denkt man nicht einen Moment an Max Frischs
Bemerkung (in »Montauk«), Leben sei langweilig, er ma-
che Erfahrungen nur noch beim Schreiben? Der Schrift-
steller, als er seiner Freundin beim Abschied noch einmal
übers Haar streicht, ist in Gedanken schon draußen, im
Taxi, in der Stadt, im Flughafengebäude – auch schon bei
seinem Gedicht?

Ursula Krechel geht gerade so weit, daß die Fragen im Le-
senden sich von selbst einstellen. Die Gleichgültigkeit
(mehr von seiten des Mannes), Irritation, Sprachlosigkeit,
die zwischen den beiden bestehen, ergeben sich, ganz indi-
rekt, aus der Wiedergabe des Ablaufs der Episode. Der
Schriftsteller erscheint als der, der Emotionen eher vor-
täuscht, der schon im Augenblick der Erfahrung keine
Hemmung hat, daran zu denken, was er daraus machen
wird. Keine Scheu, das Erlebte sofort umzumünzen? Zy-
nismus? Oder selbstverständliche Voraussetzung für seine
Arbeit?

Ein einfaches Gedicht, aber keins, das es sich einfach
macht. Ein Gedicht, das Schwierigkeiten, die aus der Be-
ziehungslosigkeit unter Menschen resultieren, ohne Um-
stände, auch mit geheimer Trauer, auch mit einem Anflug
von Ironie, zeigt, das nicht dazu auffordert, ihnen auszu-
weichen, sondern ins Auge zu sehen. An anderer Stelle ih-
res Bandes (es ist Ursula Krechels erster) sagt sie, die gro-
ßen Vereinfacher hätten das Schwierige einfach genannt.
»Jetzt müssen wir das Schwierige schwierig nennen …«

FRIEDERIKE ROTH
AUF UND NIRGENDS AN

Mir durch Wort und Gemurmel
in zügelloser Phantasie
einen tiefblassen Mann erschaffen
Federlin, Hölderlein, Allerleiwollust.

Und ein unbekanntes dunkles Weib
einsam, einfältig trauernd, bedrängt
will sie den Mond
vom Himmel herab reißen.

Im vertrauten Verhältnis
mit jungen, hübschen Verderbten
hinterläßt er sein Mal
an Bauch, Hüften, Schenkeln
am Leib der Schönen.

So über Nacht
verwandelt sich manches zu Dung, dürrem Laub.

Ihr aber durch Wort und Gemurmel
zerplatzt der Rachen der Natter
auch die Eich', aus dem Boden gerüttelt,
    rafft sie hinweg
und reißt den Mond vom Himmel herab
fahrig, wunderbar kalt.

HARALD HARTUNG
MONDZAUBER UND HEXENTRADITION

»Auf und nirgends an« – das scheint keine verlockende Überschrift für ein Gedicht, kein heiteres »up, up and away«, das uns entführt. Und doch ist Verführung im Spiel, Zauberei; schwermütig, schwerblütig, und sie zieht uns ein Stück weit ins Vertrauen.

Jemand beginnt, wie aus tiefem Selbstgespräch, mit einem Vorsatz – und gleich mit dem kühnsten, der sich denken läßt: Menschen zu erschaffen. Aber die Zeit der Götter und Halbgötter ist vorbei und auch die des Genies, das stellvertretend sagen kann: »Hier sitz' ich und forme Menschen nach meinem Bilde.« Eine vorsichtigere, weichere Stimme spricht wie zu sich selbst: »Mir durch Wort und Gemurmel«. Und in diesem Schwanken zwischen Artikulation und Beschwörung soll etwas zustande kommen, soll der Vorsatz Gestalt werden: ein Mensch, ein Mann.

Und da die Phantasie sich schon einmal verstiegen hat, was die Sprechende als »zügellos« leise zu rügen scheint, kann sie auch gleich aufs Ganze gehen: der »tiefblasse« Mann – *tiefblaß*, weil noch vom Schöpfungsakt gezeichnet – muß selber ein Mann der Schöpfung, der Feder, der Poesie sein, im Silbentausch dem höchsten, holdesten Namen verwandt und doch – im zärtlichen Diminutiv »Federlin, Hölderlein« – dem Gefühl erreichbar.

Denn auch die Fühlende ist schon zur Stelle, als Liebende und Geliebte, auf jeden Fall unbekannt und dunkel, dazu im voraus verlassen – denn nur so kann ihre Kapazität un-

geheuer sein; im Leiden, aber auch im Handeln, das alles Leiden kompensiert. Denn sie leidet ja nur – so läßt sich vermuten –, damit sie nach dem Höchsten greifen kann. Warum aber nicht prometheisch nach der Sonne, sondern nach dem Mond, dem Widerschein wirklichen Feuers? Vielleicht, weil längst etwas vorgefallen ist, das Einsamkeit, Trauer und Bedrängnis erzeugte: die alte Geschichte von Untreue, Schuld und Verletzung. Sie muß nicht ausführlich erzählt werden – auf das Mal, das sie hinterläßt, kommt es an. Und so lautet sibyllinisch und zugleich sehr nüchtern das Resümee: »So über Nacht / verwandelt sich manches zu Dung, dürrem Laub.«
Manches, aber nicht alles. Denn jetzt beginnt die eigentliche Aufwärtsbewegung, wird der Zauber gültig, wird die weibliche Figur zur Zauberin, die ihren Vorsatz wahr macht durch »Wort und Gemurmel«. Wie überzeugend, daß ihr die Routine noch fernliegt. »Ihr aber zerplatzt« – so könnte ein Mißgeschick beginnen; aber es ist ihr erster Triumph. Fragen wir nicht der Natter nach, woher sie kommt und wen sie verschlingen will; und bei der »Eich'« nicht, ob sie etwa ein Relikt aus Goethes Prometheus ist. Das wird offenkundig alles hinweggerafft, um freie Bahn zu haben für den entscheidenden Griff, der noch Ungeduld und Nervosität zeigt, »fahrig« ist. »Wunderbar kalt«, so darf man annehmen, ist schließlich beides: die Gebärde und das Errungene, der vom Abglanz leuchtende Mond – das poetische Objekt, die Poesie selbst. Alle Bewegung mündet in diesem »nirgends«, dem Nicht-Ort, der U-topie des Gedichts.
»Tollkirschenhochzeit« ist der Titel des ersten Gedichtbands von Friederike Roth; dort steht auch dieses Gedicht. »Schöne Braut«, heißt es im Titelpoem, »sie soll sich auf

mancherlei Künste verstehn.« Nicht daß Friederike Roth
einmal Linguistik studierte, macht diese Kunst aus, son-
dern daß sie in die Gegenwartslyrik Zauberei, Goldmache-
rei, ja Hexerei brachte. Auf der »Bettelmannswies'« der ge-
räderten und verdorbenen Sprache soll noch einmal die
»Wunderblume« erwachsen. Nur ist sie nicht mehr blau
wie die der Romantik, sondern eine »milchweiße Blume
mit schwarzer Wurzel« – eine Blume auf dem Papier, das
Schwarze der Buchstaben auf dem Weiß des Papiers, eine
Blume aus Sprache.
Von Mallarmé über George zu Paul Celan führt die Reihe
der Sprachmagier, die solche – wenn man so sagen darf –
»linguistische« Poesie schufen. Friederike Roth ist Enkelin
von Enkeln, wie sollte es anders sein. Auch Hexen haben
Tradition.

FRIEDERIKE ROTH
MIMOSEN

Mimosen, schau!
Schon breche ich aus ins Ach
Bin ich wach? oder was
hab ich denn immer gelesen, gehört
von der Mimosenhaftigkeit.
Mich stört
dieses fast selbstbewußt kräftige Gelb.

Eine Frau
die scheinbar nie etwas anficht
die gelegentlich doch in Tränen ausbricht
erklärt mir ruhig lächelnd dann:
Der Mimosenbaum sei wie ein Schwamm
Nicht daß die Blätter bei Berührung zucken

Nicht daß die gelben Blütenstände
sonnenlos
sich ducken
sei das Mimosenhafte der Mimose.

Aber wenn es tagelang regnet
betet
vollgesogen von
sagen wir ruhig statt Regen
den Wassern des Himmels
schwer und schwerer geworden

der Mimosenbaum
sich der Erde entgegen
und reißt
mit mimosenhaft müdschwerer Kraft
die eigenen Wurzeln sich aus dem Saft.

LUDWIG HARIG
NEUE EMPFINDLICHKEIT

Schaue ich aus meinem Vorderfenster der Villa Massimo
hinaus in den Park, dann fällt mein Blick auf zwei graue
steinerne Löwen, schaue ich aus dem Hinterfenster, dann
erkenne ich zwei Mimosenbäume, grün und quicklebendig. Vorne die Löwen und hinten die Mimosen, das sind,
metaphorisch betrachtet, empfindsam gedeutet, so etwas
wie die poetischen Außenpfeiler der Villa und ihrer Bewohner, die Schaustücke ihres Wesens.

Friederike Roth, die aus denselben Fenstern auf dieselben
Dinge schaute, hatten es die Mimosen angetan, und in ihrem Gedicht gibt sie, frisch und unbefangen, eine neue
Auslegung der Mimosenhaftigkeit. Erst fordert sie zum
Schauen auf, bricht selbst in Erstaunen aus, dann fragt sie
verwundert, fällt es ihr wie Schuppen von den Augen:
nicht etwas Zartes, Feines, im überlieferten Sinne Empfindliches entdeckt sie beim Betrachten dieser Pflanze,
sondern Anzeichen eines unerwarteten Selbstbewußtseins, das sie sogar stört, das kräftige Gelb der Blüten.

Von einer Frau hört sie die Erklärung, die herkömmlichen
Attribute seien, wolle man das Wesen der Mimose begreifen, durch ganz neue zu ersetzen. »Der Mimosenbaum sei
wie ein Schwamm«, heißt es in indirekter Rede, aber am
Ende wechselt die Autorin in direkte Rede über, und da ist
es nicht mehr die ungenannte Frau, die spricht. Vollgesogen von Regenwasser, sagt nun die Sprecherin Friederike
Roth, neige sich der Baum schließlich tief zur Erde nieder
und entwurzele sich selbst.

Was ist daran so mimosenhaft? Und was ist das Neue dabei? Friederike Roth macht die Mimose zur Dulderin, zur selbstbewußten Schmerzensfrau, die ihr Leid erträgt, ihr Kreuz auf sich nimmt, bis die Kräfte erschöpft sind, und auch dann gibt sie nicht auf. Sie reißt »die eigenen Wurzeln sich aus dem Saft«, heißt es wörtlich, sie selbst entscheidet über ihr Leben. Das Mimosenhafte ist eine »müdschwere Kraft«, sagt Friederike Roth, damit ist die Eigenschaft angezeigt, die man bislang an der Mimose nicht beobachtet hat, ein ganz besonderes Merkmal: die neue Empfindlichkeit.

Das Gedicht ist der Direktorin der Villa Massimo in Rom gewidmet. Ist sie die Frau, »die scheinbar nie etwas anficht«? Ist sie die Frau, »die gelegentlich in Tränen ausbricht«, dieses mimosenhafte Geschöpf, das sich mit »müdschwerer Kraft« selbst entwurzelt?

Friederike Roths Gelegenheitsgedicht, einer Lebenden gewidmet, keck im Tonfall, zuweilen keß gereimt, gibt womöglich Intimitäten preis, ist aber darüber hinaus eine poetische Signalisierung des neuen Frauenbilds, ein Zeichen der neuen Empfindlichkeit. Diese versteht sich von innen heraus als eine »müdschwere Kraft« und gibt sich nach außen durch ein »fast selbstbewußt kräftiges Gelb« zu erkennen.

Es ist bemerkenswert, daß gerade die Kraft in beiden Aussagen als Begriff der neuen weiblichen Empfindlichkeit auftaucht, und folgerichtig wird sie substantivisch zum Benennen des Wesens und attributiv zum Bezeichnen des Erscheinungsbildes benutzt.

Das soll jeder hören. Und vor allem jede.

FRIEDERIKE ROTH
WIR BEIDE

Draußen bei den stillen, den schönen
Lippenblütlern, ach dieses Wort
(weißt du noch die alte Mühle?)
hab ich von dir, Lippenblütler
sagen gelernt. Du hast

was weiß ich
erzählt von blassen von ins Traurigzart
getauchten Farben.

Ich hab nicht zugehört.
Bloß deine Lippen mir
die weichen angesehen
so dünnhäutig damals so zart
ach, wie denn
verschwindet warum
so eine Lippenkleinigkeit?

Geh nicht fort.
Ich find dir den Ort.

Geschichten hast du erzählt
von Wolken vom herabgefallenen Mond
vom alleinigen Wind
und von der Kraft der Wörter der Töne
der Farben.

Dann waren
wie denn verschwinden warum
eingezogen die Lippen ein Schnitt.

Hier steh ich. Hier
neben dir
erloschenem Bündel aus Narben.

Beide lachen wir
lange schon nicht mehr über die Kraft
der Farben.

HARALD HARTUNG
DIE BLÜTE DER LIPPEN

Ein Wort berührt uns. Wir denken ihm nicht weiter nach. Eines Tages aber kann der nicht mehr zu uns reden, von dem wir es hörten. Da erinnern wir uns. »Ach dieses Wort«, seufzen wir und meinen schon mehr als bloß das Wort. Doch auch das Wort bleibt uns wichtig – dieses alltägliche oder ungewöhnliche, für uns jedenfalls bedeutsame Wort. In Friederike Roths Gedicht ist es ein Fachwort aus der Botanik, aber ein besonders anschauliches, sprechendes, ein wahrhaftes Blumenwort: »Lippenblütler«. Pflanzliches und Menschliches kommen darin zusammen. Was wunder, daß der, der es sprach, für die Hörende zu dem wurde, von dem er redete: zum Lippenblütler – zu jener Blütenform, deren Kronblätter zwei Lippen zeigen.

Wie immer damals seine Erläuterung gelautet haben mag, die Zuhörende war nicht bei der Sache gewesen. »Ich hab nicht zugehört«, sagt sie heute knapp. Denn sie war bei einer ganz anderen Sache. Sie hat nicht zugehört, sie hat sich – wie der Volksmund sagen würde – »verguckt«. Verguckt in die zarten Details eines menschlichen Mundes, wie sie nur das Auge der Liebe festhalten kann. Festhalten? Der Schmerz des Verlusts läßt sich nicht betrügen. Die Beschreibung der »Lippenkleinigkeit« gerät zu einem zweiten Ach, zur fast schon stammelnden Frage nach Wie und Warum des Verlusts.

Doch schon die nächste Zeile will ihn nicht wahrhaben,

nimmt ihn zurück, macht ihn ungeschehen in der beschwörenden Bitte. In der höchsten Verlegenheit ist Magie zur Stelle, ein schneller Reim – der erste dieses Gedichts: »Geh nicht fort. / Ich find dir den Ort.« Ein un-bedachtes, ein kühnes Versprechen – wer wird schon fragen, wo und wann?

Vielleicht hilft Erinnerung, hilft der »Lippenblütler« selbst. Er war ja nicht bloß der sorgsame Erklärer, er war auch ein Geschichtenerzähler der schönen und bitteren Märchen vom »herabgefallenen Mond«. Und er erzählte ja von der »Kraft der Wörter der Töne der Farben«. Da drängt sich wieder das Gefühl des Verlusts ins Bewußtsein: Die geliebte »Lippenkleinigkeit« wird jetzt wahrhaft klein, der Mund eingezogen zu einer schmalen Linie im Schnitt des Todes. Angesichts des erloschenen Bündels aus Narben scheint die Kraft der Farben nicht einmal ein Gelächter wert – aber doch einen Reim! Und auch das Hier, das die Sprechende zweimal evoziert, reimt sich auf ein Gemeinsames, das sich – so dürfen wir vermuten – erst jetzt einstellt. Das saloppe »Wir beide« des Titels erhält hier sein Pathos. »Hier steh ich«, das klingt wie Bekenntnis, und man ist versucht fortzufahren: »ich kann nicht anders ...« Diesen Bekenntniston im Ohr, begreift man, warum die beiden schon lange nicht mehr über die Kraft der Farben lachen konnten. Wohl weil sie größer ist als gedacht.

Und auch der jähe Wunsch ging in Erfüllung und das kühne Versprechen. Der Freund ging ja nicht fort. Das Hier seines Todes ist ohne Flüchtigkeit. Der Ort ist gefunden: das Gedicht, eine Blüte der Lippen, mit »blassen«, »ins Traurigzart getauchten Farben«.

BRIGITTE OLESCHINSKI
WIE ENG, WIE LEICHT:
EIN TANKFLÜGEL–

stutzen, weil in den Tankstutzengriff sich eine
                                staubweiche Falte
schmiegt, Fühler und Augen

und das meilenweite

Summen rundum, das tief in der Hitze
sich entspannt

wie in der Hand der Bügel
der Zapfpistole

HUBERT WINKELS
VOLLGETANKT UND ABGEHOBEN

»Mental heat control« heißt der erste Gedichtband von
Brigitte Oleschinski. Er erschien 1990. Seitdem gilt die
heute zweiundvierzigjährige Berlinerin als eine der wich-
tigsten lyrischen Stimmen der mittleren Generation. Der
modernistische Titel des Buchs ist indes eine Täuschung.
Hinter ihm verbergen sich privat und hermetisch wir-
kende Gedichte mit einer eigenwilligen Bildsprache, die
manchmal an Träume erinnert, aber immer streng kalku-
liert bleibt. Nicht selten öffnen sich die Gedichte auf die
dunklen Seiten der deutschen Geschichte hin. Die Autorin
arbeitete als wissenschaftliche Mitarbeiterin an der ›Ge-
denkstätte Deutscher Widerstand‹. Sie hat sich erfolgreich
dafür eingesetzt, das für die brutale Strafpraxis der NS-Ju-
stiz berüchtigte Wehrmachtsgefängnis im sächsischen Tor-
gau, das nach dem Krieg den Sowjets als Internierungsla-
ger diente, in ein Dokumentations- und Informationszen-
trum umzuwandeln, und sie hat es bis 1996 auch geleitet.
Doch von hier führt kein Königsweg zu ihren Gedichten.
Auch nicht zu den neuen des Bandes »Your passport is not
guilty«. Dieser etwas schwergängige Titel mit seiner An-
spielung auf Asylsuche und auf das Verhältnis von Schuld
und Identität führt wiederum in die Irre. Vor allem läßt er
nichts ahnen von der Leichtigkeit und gelegentlich auch
Anmut, die den strengen Gedichten zu eigen ist.
Nehmen wir die acht Zeilen des ›Tankstellengedichts‹, das
mir beim ersten Lesen eher beiläufig hingetupft erschien.

Es blieb ein eigenwilliger Geruch von ihm übrig, oder bes-
ser eine Empfindung, die an einen Geruch gekoppelt ist.
Ich mußte zurückblättern und mir noch einmal ansehen,
wie diese Zeilen es vermögen, jenen flüchtigen Augenblick
hervorzurufen, in dem bei heißem Wetter an einer Tank-
stelle rund um Zapfpistole und Einfüllstutzen die Luft zu
flirren beginnt und eine irreale, traumhafte Zone sich mit-
ten im alltäglichen Ablauf zeigt, unscheinbar und wirk-
sam, wie das Gedicht selbst.

Wie heißt es eigentlich richtig: Tankstutzen, Tankfüllstut-
zen, Einfüllstutzen? Der Gedichttitel, bereits Teil der
Versfolge, provoziert eine kurze Unsicherheit über den
korrekten technischen Begriff. Das Vorstellungsvermögen
beschäftigt sich mit der alltäglichen Situation des Auftan-
kens an einer SB-Tankstelle. Es stellt einen normalen funk-
tionalen Ablauf vor Augen, und es transportiert die Atmo-
sphäre einer nur allzu vertrauten Situation. Zugleich ist das
eingeübte Sprachvermögen herausgefordert. »Tankflügel-
stutzen« – der in den technischen Begriff eingefügte ›flü-
gel‹, ein Element der organischen, bewegten Welt, sprengt
die sprachliche Routine, mit der wir uns über praktische
Abläufe verständigen. Und auf der Stelle wird auch der
Ablauf, also die Situation des Tankens selbst, in unserer
Vorstellung fremd. Was tun wir, wenn wir tanken? Wir
transportieren flüssige Energie, Rest und Abfall organi-
schen Lebens auf der Erde. Und während wir dies tun, fal-
len wir, ohne es deutlich zu registrieren, momentweise in
Träume.

Von hier aus lassen sich auch die ersten beiden Wendungen
der Titelzeile verstehen: »Wie eng« – die Begriffe und Ab-
läufe des Alltags; »wie leicht« – die poetische Öffnung der
Situation: ein »flügel« genügt, und wir erheben uns über

die enge Weltauslegung, die eine funktionale Handlung trägt. Ein solch Geringes genügt, um einen prosaischen, etwas stumpfen Weltausschnitt wie eine Tankstelle für einen Augenblick buchstäblich ›auf-fliegen‹ zu lassen.

Der Fortgang des Gedichts ist das Protokoll dieses Aufflugs. Mit der ›staubweichen Falte‹, dem ›Fühler‹, den ›Augen‹ sind wir im Reich der Insekten, der Schmetterlinge, den zarten Farben auf ihren Flügeln. Wir hören Bienen bei der Arbeit der Befruchtung. Doch verläßt das Gedicht nicht die Ebene der Tankstelle, um sich romantisch-sehnsuchtsvoll davonzumachen ins Ungefähre der zarten Natur. Es hält seine technischen und organischen Teile strikt zusammen: ein frühlingshaftes Fluggeräusch und das Betriebsgeräusch einer Benzinpumpe; ein Schmetterlingsflügel und der weiche Widerstand des Griffs der Tankpistole. Die zwei Sphären Natur und Technik sind zusammengedacht, und sie klingen zusammen. »Meilenweit« ist jetzt der Raum der freien Natur, aber auch die Fahrleistung eines vollgetankten Fahrzeugs. Lesend vereinen wir das Unvereinbare. Die Spannung der Gegensätze verliert sich. In der Hitze flimmert das vom Benzingemisch aufsteigende Gas. Konturen verschwimmen, Trennungen heben sich auf, Entspannung setzt ein. Ganz leicht nur berührt das Gedicht das Motiv der Aufhebung aller Gegensätze. Doch es ist zu klug und zu ironisch, um seine Tricks an einen solch schweren Effekt zu verraten.

Das Gedicht besteht aus einem einzigen Satz, dessen buchstäblicher Schwerpunkt zu Beginn die harten Konsonanten des ›Tankstutzens‹ bilden und an dessen Ende die martialische Zapfpistole steht. Dazwischen der poetische Aufflug. Brigitte Oleschinski karikiert nicht die Tankstelle als unwirtlichen Ort von Naturausbeutung und Technikkult;

im Gegenteil: sie erotisiert die Tankstelle, macht sie zum Ort der Poesie selbst. Sie braucht kein Pathos, um die banalen Dinge in Schwingung zu versetzen. Sie schafft es, indem sie uns die sprachlichen Mittel, die dazu nötig sind, vorführt. Seht her, sagt sie: »Wie eng« die Welt ist, und »wie leicht« wir sie öffnen können: mit einem weit ausschwingenden Satz in wenigen Versen, mit einem »flügel« und einer »staubweichen falte«. So einfach ist das. Nein, so einfach sieht das aus. Sieben Jahre hat Brigitte Oleschinski gewartet, bis sie ihren neuen Gedichtband vorlegte. Vierundvierzig Gedichte umfaßt er, sprachlich hochkonzentrierte Gebilde; die besten leicht wie ein Tankflügelstutzen.

LIOBA HAPPEL
ICH SAH IM ABENDROT

Und ich sah einen Kahn
Und ich sah einen Kahn auf dem Weiher
Und ich sah einen Kahn auf dem Weiher am Abend
Und ich sah Schilf und es richtete die Segel auf
Und ich sah ich schwöre ich sah Vogelaufschwung

(Zungenblatt, den roten Hals im Wasser, schwarz
geblähte Stirnkrause, den Abendüberschall
im Schattenrachen) und es war zum Verrücktwerden

Ich sah Nachtwolkenanprall
Ich sah das Sägeblatt der Tannenwipfel wanken
Und Sturmstrenge herrschte die Nacht an
Die bellwütigen Fichtenföhren rissen sich
Querübersfeld und ich öffnete meine Hand meine Hand

Und ich sah einen verfemten Mond durch die Finger
Aufsteigen, in der Augenschräge sah ich

Und ich sah einen Kahn
Und ich sah einen Kahn auf dem Weiher
Und ich sah einen Kahn auf dem Weiher am Abend

Und ich schwöre ich sah einen Kahn auf dem Weiher am
                                                    Abend

Und ich sah Schilf und es richtete die Segel auf
Und ich schwöre ich sah Vogelaufschwung

HEINRICH DETERING
DIE SCHÖNE APOKALYPSE

Die Bedenken und Verbote sind schnell bei der Hand: von
Vogelsang im Abendrot zu singen, von Kahn und gar
»Weiher« wie zu romantischen Zeiten – du liebe Zeit! Bil-
der und Wörter wie diese gehören zu denen, die als un-
möglich gelten, ungehörig. »Verfemt« ist der Mond, und
aus gutem Grund. Mag ja sein, daß Leser, denen die Tages-
nachrichten angst machen, einen besonderen Bedarf an Es-
kapismus haben – aber diesen Bedarf zu stillen, sind doch
schon die Musikantenstadln da. Wie also fängt eine Dich-
terin es an, trotzdem Verse zu schreiben über Tannenwi-
pfel am abendlichen See?
Das Anfangen fällt diesem Gedicht so schwer, daß es zur
Hälfte aus Anfang besteht. In fünf Anläufen bringt es her-
aus, was es über das Verfemte zu sagen hat. Vorsichtig,
durch die Finger nur sieht es den Mond an, gegen begrün-
dete Zweifel hebt es die Hand zum Schwur; der Rest ist
Bekräftigung, schließlich triumphierende Wiederholung.
Denn was es da zu sehen gab am abendlichen Weiher, das
»war zum Verrücktwerden«.
Tatsächlich, je näher man hinsieht, desto bedrohlicher
zeigt sich die Idylle: Kämpfe spielen sich ab im Übergang
vom Tag zur Nacht, Sturm und Bäume liegen im Streit,
selbst der Ruf der Wasservögel hat als »Abendüberschall«
einen gefährlichen Klang. Unter dieser Übermacht des Ge-
schehens wirkt das Öffnen der Hand wie eine magische
Beschwörung. Und nicht nur diese Geste hat etwas son-

derbar Zeremonielles, sondern das ganze Gedicht, mit wachsendem, beschwörendem Nachdruck.

»Und ich sah« – das ist die Formel, mit der die biblischen Propheten die Schilderungen ihrer Offenbarungen einleiten. Der Seher Johannes auf Patmos eröffnet mit diesen Worten die Visionen seiner Apokalypse von den Kämpfen der Endzeit, vom Gericht über die alte Welt und dem Anbruch einer neuen. Eine große und heikle Tradition der Poesie hat diese Pose aufgenommen und den Dichter als Offenbarer inszeniert, der im Alleinbesitz höherer Wahrheiten ist und sie in dunkler Rede verkündet. Hölderlins Hymne nennt den biblischen Ursprungsort dieser Poesie beim Namen: »Patmos«.

Aber wie eigentümlich verschoben ist diese Position hier! Schilf und Sturm, Kahn und See; weiter gibt es hier eigentlich nichts zu sehen. Keine richtenden Engel, kein neuer Himmel, bloß eine Landschaft im Zwielicht. Vom beinah Alltäglichen ist die Rede – aber so, als sei es das Ende der Welt. Eine herausfordernd pathetische Verklärung des Gewöhnlichen vollziehen, nein: sehen diese Verse vor sich – den »Schattenrachen« des Todes und die Offenbarung einer Schönheit, die alltäglich ist und doch nicht ganz von dieser Welt; ein Abendrot, in dem sich die Erde zeigt, wie sie vielleicht einmal gemeint war.

Lioba Happel ist eine Idyllikerin der Apokalypse. Und eben in dieser Vereinbarung des Unvereinbaren entfaltet ihr Gedicht eine ganz zarte Ironie. So macht sie das Pathos möglich, indem sie es anlächelt. So wird die heilige Ekstase salopp wiederbelebt: »es war zum Verrücktwerden«. Man muß die Verse laut lesen, um etwas von diesem Zauber zu spüren.

Soviel Wohlklang ist ungehörig. Aber ein Gedicht, so steht

es kurz zuvor im selben Band, ist ja auch »eine Scheußlich-
keit«, denn »es hat sich der Schönheit verpflichtet«. Eska-
pismus? Im Gegenteil: Das schöne Gedicht ist »das böse
Gewissen der Welt«.

BARBARA KÖHLER
GUTEN TAG

immer hinterher im regen stehen
gelassen bleiben als ob gehen
die frage sei: dahingestellt
& was aus allen wolken fällt

mir zu betrifft mich offenherzig
verheult verlacht den rest verschmerz ich
vergeh verkomme auf dich zu
entferne mich was bleibt bist du

bei trost bei dir beizeiten
JUST TRAVELLIN' es kommt nicht an
auf sprüche soviel ist versprochen

und haltlos was ich sagen kann
verstummt verspielt zwischen uns beiden
der regen naß bis auf die knochen

WERNER FULD
ALLES VERSPIELT

Das Sonett ist nicht nur eine der bekanntesten, sondern auch eine der traditionellsten Gedichtformen. Durch seine klare tektonische Struktur bestimmt es die strophische Gliederung des Inhalts und läßt dabei kaum Experimente zu. So beliebt es einst war, so verpönt ist es heute, zumal bei der jüngeren Dichtergeneration. Deshalb ist es um so überraschender, wenn eine experimentierfreudige, junge Autorin wie Barbara Köhler (geboren 1959) auf diese scheinbar abgenutzte Form zurückgreift. Was macht sie damit?

Auf den ersten Blick erfüllt sie das literarhistorisch geforderte Muster. Ihr Gedicht ist sofort als Sonett kenntlich und wirbt mit dieser formalen Vertrautheit. Dann aber merkt man, daß etwas so nicht ganz stimmen kann: Die Zeilen bieten nämlich verschiedene Lesarten an. Eine Möglichkeit ist, das Zeilenende traditionell als Zäsur zu verstehen; die andere, über dieses Ende hinwegzulesen und mit neuen Zäsuren einen ganz anderen Sinn zu finden. Das sähe am Beispiel der ersten Strophe dann so aus: *immer hinterher im regen stehen gelassen / bleiben als ob gehen die frage sei: / dahingestellt / & was aus allen wolken fällt mir zu ...*

Solche Varianten lassen sich durch das ganze Gedicht verfolgen. Die Autorin eröffnet also hinter der soliden Fassade ihres Sonetts eine zweite Sprechbühne, auf der das Geschehen, quasi aus dem *Off*, kommentiert wird. Sie fällt sich selbst ins wohlgesetzte Wort, verdreht und variiert es. Dabei bleibt die Situation immer eindeutig: die schmerzliche Trennung von einem Freund oder einer Freundin. Doch das abschiedsschwere, wenngleich noch immer liebevolle Ende des zweiten Quartetts *was bleibt bist du* ist keineswegs das letzte Wort, denn anders gelesen heißt es in der Verknüpfung mit der ersten Terzine *bist du bei trost* – das schießt wie ein Bewußtseinsblitz widerständig durch die gleichsam offizielle Lesart.

Solche Doppelbödigkeit des Sprachspiels ist für Barbara Köhlers Gedichte charakteristisch. Vielleicht hängt es mit ihrer Herkunft aus der DDR zusammen, daß sie eine eigene deutsche Zweisprachigkeit entwickelt hat, um sich inmitten aller Sprachschablonen noch mit sich selbst verständigen zu können. Daß es eine Sprache geben könnte, »die nicht gebraucht werden kann«, ist ihre immer wieder auf die poetische Probe gestellte Hoffnung. Deshalb erschließen sich ihre Gedichte, wie dieses Sonett, nicht bei der ersten, beiläufigen Lektüre. Doch wäre es ein Mißverständnis, sie für kompliziert zu halten. Im Gegenteil: Kompliziert wäre der Versuch einer Einigung auf eine verbindliche Lesart, während die Freiheit, beim Lesen zwischen den Sinnebenen wählen zu dürfen, sich mit der Phantasie des Lesers verbündet und gelernte Regeln einfach außer Kraft setzt.

Am Ergebnis ändert das hier freilich nichts; am Ende ist alles *verspielt*, und beide sind *naß bis auf die knochen*. Nur der Titel »Guten Tag« setzt da noch einen ironischen Akzent.

KERSTIN HENSEL
VITA

Wem dient ich? dient ich nicht
Dem eignen Schwein.
Wem sagt ich (halbwegs züngelnd) was
Allein zu sagen mir den Kopf bedrohlich knicken
Ließ? und alles bog man
Ab zum Nicken!
Nach Maulschelln heischt ich, da mich
Dieses rühmte, doch bläht sich mir das
Haupt vom Streicheln.
Das Speicheln hinter mir, vor mir das Schmeicheln.
Ich bin zerschlagen, vor ich schlage: was
Mich trifft.
Seh ich mich an und weiß: ich fresse Gift –
Es schluckt das Ekle mich, weil ich
Es bin. So häng ich
An dem alten
Simplen Sehnen: sein was
Nicht anficht – und erwach:
Zu viele Höfe waren für mich lohnend
Der ich, im Hinterhofe wohnend,
Doch nur das Saure, nicht die Sau rausließ.
Ist was vorbei? Bin ich
Der Mächtgen Konterfei
Des Machtlosen nun frei?

WALTER HINCK
SELBSTPORTRÄT IN GIFTFARBE

Dieses Gedicht handelt zwar auch vom Schmeicheln, aber
es schmeichelt sich nicht ein. Wörter und Wendungen wie
»eignes Schwein« oder »die Sau rauslassen« gehören der
Vulgärsprache an; die unregelmäßigen Verse, mal reimend,
mal nicht, und Satzfügungen, die das Fließende des Enjam-
bements verschmähen und den Rhythmus beim Übergang
vom einen zum anderen Vers zerhacken, legen sich der Ge-
dichtlektüre sperrig in den Weg. Weder lyrische Einstim-
mung noch poetische Verklärung ist beabsichtigt, auch
keine Selbstbespiegelung. Ziemlich in der Mitte des Ge-
dichts gibt sich ein Beweggrund des Sprechens zu erken-
nen: *Es schluckt das Ekle mich, weil ich / Es bin.*
Kerstin Hensel, 1961 in Sachsen geboren, lebt als freie
Schriftstellerin in Berlin. Drei Gedichtbände der Trägerin
des Leonce-und-Lena-Preises von 1991 liegen vor: »Still-
leben mit Zukunft« (1988), »Gewitterfront« (1991) und
»Angestaut« (1993). Mit den beiden Erzählungen »Im
Schlauch« und »Tanz am Kanal« teilt unser Gedicht das
Thema: die Rückschau auf Lebensverhältnisse und
Lebenshaltungen in der DDR. Anders aber als in den Er-
zählungen verzichtet die Autorin im Gedicht auf Ausma-
lung von Milieukolorit. Metaphern ziehen auf prägnante
Weise Situation und Verhalten zusammen. So wird die
konzentrierende Kraft des lyrischen Bildes genutzt.
Der Anfang intoniert sogleich das Leitmotiv: »Dienen«
hieß die Forderung. Doch fächert das Gedicht die beiden

Bedeutungsvarianten des Wortes auseinander: Dienen als Untertansein bediente das eigene Vorteilsstreben, da der Unterwerfung Belohnung winkte. Dieses Grundmuster des Paradoxen, des steten inneren Widerspruchs beherrscht das ganze Gedicht. Ungesagt blieb, womit man den eigenen Kopf riskierte. Das Kopfnicken, das Jasagen wurde zur Ausdruckshaltung der ganzen Person. Der deswegen Gerühmte war sich selbst zuwider, aber die zugeteilte Huld ließ sein Selbstbewußtsein schwellen. Diese erbötige Haltung faßt sich zusammen im Wort »Speicheln«, das seinen eigentlichen Sinn preisgibt und die Bedeutung von »Speichellecken« aufnimmt.

Und zum erstenmal kommt nun zur Sprache, was bevorsteht: Schmeicheln als andere Form der Erbötigkeit, Überleben als Geschlagenwerden und Schlagen. Das Selbstbild in der Mitte steht unter dem Widerspruch von Sucht und Selbstekel. So gewinnt noch einmal der alte Sehnsuchtstraum von einem konflikt- und anfechtungslosen Dasein seine Faszination zurück. Aber für die Erwachte wird das Selbstgericht unausweichlich. Trotz der Wohnung im Hinterhof wie ein Höfling belohnt, verletzte sie auch niemals ernstlich die Regeln des Höflings.

Die drei letzten Verse richten ihre Frage an die Zukunft. Das Verständnis dieser Schlußzeilen hängt davon ab, wie man die fehlenden Satzzeichen in Gedanken ergänzt. *Bin ich / Der Mächtigen Konterfei, / Des Machtlosen nun frei?* Oder: *Bin ich / Der Mächtigen, Konterfei / Des Machtlosen, nun frei?* Im ersten Falle hätte die Fragende teil an der Freiheit der Mächtigen, im anderen wäre sie machtlos, aber dennoch frei. Dieser doppelte Kunstgriff der Offenheit des Fragens und der zweifachen Deutbarkeit der Frage zeigt: die Fragende ist zwar aus der Unfreiheit entlassen, aber nicht aus der Skepsis.

Absichtsvoll aufgerauht wirkt die lyrische Form. An vertrackte barocke Sprachformen erinnert manchmal der
Satzbau. Selbst der End- und Binnenreim der Worttrias
»Streicheln«, »Speicheln« und »Schmeicheln« entwickelt
keinen Klangreiz, sondern weckt die Assoziation des Widerwärtigen. Dieses lyrische Selbstporträt beschönigt
nichts, überzeichnet eher, ist wie mit giftiger Farbe übertuscht. In keine Selbstberuhigung geht die bohrende
Selbstanalyse über. So spricht Kerstin Hensel in diesem
Gedicht exemplarisch für alle, die in ihrer Vita Vergangenes nicht unter den Teppich kehren, aber auch nicht auf
dem fliegenden Teppich neuer Illusionen Platz nehmen
wollen.

ULRIKE DRAESNER
SCHNABELHEIM

hackt den küken nie
die augen aus sich die milchfarbene
brust auf, schnäbelnde pelikänin
überm gebrüt einbrechender schützenraum heute ist
die muttersprache in den meisten
vamilien überflüssig, »s werd scho«,
»s schert mi an feuchten«, undsofort
geflunschter schnabel schreit sich rot die
verzogene milchperle der untern vater als plastikente
gestopften pelikänin maulversiegt
mit verdämmernden augen im
angstgeflößten gitterbett:
der rest, blutfeder kind,
nacht um nacht die
nacht hinab-
geflößt.

HERMANN KURZKE
ERLÖSUNG, MIT FÜSSEN GETRETEN

Was andere nicht mehr brauchen können, liebt der Poet.
Er durchstreift die Rumpelkammern der Sprache, ange-
füllt mit dem Vergessenen der Jahrtausende. Die Pelikänin,
lehrte die allegorische Naturkunde des Mittelalters, reißt
sich, wenn ihre Kinder tot sind, mit dem Schnabel die
Brust auf, das Blut tropft auf die Leichen der Jungen und
erweckt sie wieder. Der Pelikan gilt deshalb als Bild Chri-
sti, der die Menschen mit seinem Blut erlöst hat.
Abgelegenen Pfaden muß nachspüren, wer der Lyrik von
Ulrike Draesner folgen will. Das Geheimnislose ist un-
brauchbar. Das heißt nicht, daß künstliche Geheimnistue-
rei angesagt wäre. Eher folgt Ulrike Draesner dem Satz des
Novalis: »Jedes wahre Geheimnis muß die Profanen von
selbst ausschließen.« Die Sprache der Gewöhnlichen ist
verdorben, wie das unartikulierte »s werd scho« und »s
schert mi an feuchten« des der »Va-milie« vorstehenden
Vaters, das ins filigran Geschnäbelte einbricht wie eine
Wildsau ins Biedermeier. Die Sprache der Mutter aber ist
eine schützende Nisthöhle voller Geheimgänge, Umwege,
Durchschlüpfe und Guckfenster, wo man, selber ungese-
hen, den flutenden Hauptverkehr der Vatersprache beob-
achten und ihm doch aus dem Weg gehen kann.
Das versteckte Wissen der Sprache will Ulrike Draesner
zum Sprechen bringen. Sie sucht dabei nicht in erster Linie
die ehelichen Kinder der Sprachwissenschaft, die syn- und
diachronen Wortverwandtschaften, sondern die Assozia-

tionsbastarde, die das Unerlaubte zueinander in Beziehung setzen. Der Schutzraum ist eingebrochen, weil er unversehens zum Schützenraum, zum Schießstand mutiert war; Krieg ist, wo Kinderstube sein müßte. Von der milchfarbenen Brust reicht eine andere Anspielungsbrücke zur Milchperle, zum Perlmutt, zur Muttermuschel, die die Perle in sich trägt, und damit wieder zu einem verschlüsselten Bild Christi, der von alters her seine Gottheit als Perle in der Muschel seiner Menschheit verbirgt.

Aber Gräßliches geschieht. Der Kostbarkeit, als Plastikente untern Vater gestopft, ist der Schnabel gestopft, »maulversiegt« ist sie, das heißt maulversiegelt, so daß ihr Maul versiegt und sie am schnäbelnden Erlösungswerk gehindert ist. Ihre Augen verdämmern, Nacht wird es. Das Gitterbett, in ihm das blutbetropfte Kind, »blutfeder kind«, ist nicht heimelig, sondern ein Ort der Angst. Allzu kompakt erscheint die Metapher »angstgeflößt«. Haben die Küken Angst, denen Blut eingeflößt wird? Liegt die Pelikänin selbst geängstet im gestäbten Bett, vom Vergewaltiger ins ohnmächtig Kindliche zurückgedrückt? Wird das Gitterbett einen nächtlichen Angststrom hinabgeflößt, und zwar nicht zum Tage hin, sondern die Nacht hinab, in den Strudel der Nacht hinunter, mit seiner hilflos erlösten Fracht?

Jedenfalls eine Rücknahme, eine Klage, »geflunschter schnabel schreit sich rot«, die Erlösung wurde niedergetreten von einer fühllosen Vaterwelt. Überm Gebrüt bricht der Schutzraum ein. »Vater« muß man freilich als Chiffre nehmen, nicht platt feministisch. Dann ist das verknäulte Gedicht ein authentischer Ausdruck der Panik, die von der alltäglichen Wohlstandswelt nur unvollkommen übertäubt wird.

VERZEICHNIS DER INTERPRETEN

THOMAS ANZ geboren 1948 in Göttingen, ist Professor für Neuere Deutsche Literatur und Literaturvermittlung an der Universität Bamberg. Er veröffentlichte unter anderem: »Literatur der Existenz im Expressionismus« (1977), »Expressionismus. Manifeste und Dokumente« (1982), »Gesund oder krank? Medizin, Moral und Ästhetik in der Gegenwartsliteratur« (1989), »Franz Kafka« (1989), »Es geht nicht um Christa Wolf« (1992).

HEINZ LUDWIG ARNOLD geboren 1940 in Essen, ist freiberuflicher Publizist in Göttingen und Honorarprofessor der Göttinger Universität. Er ist Herausgeber der Zeitschrift »TEXT + KRITIK«, des »Kritischen Lexikons zur deutschsprachigen Gegenwartsliteratur« sowie des »Kritischen Lexikons zur fremdsprachigen Gegenwartsliteratur«. Er veröffentlichte unter anderem die inzwischen in sieben Bänden vorliegende Anthologie »Die deutsche Literatur seit 1945« (1995 ff.).

HORST BIENEK geboren 1930 in Gleiwitz, starb 1990 in München. Er veröffentlichte die Gedichte »Gleiwitzer Kindheit« (1976), die Romane »Die Zelle« (1968), »Die erste Polka« (1975), »Septemberlicht« (1977), »Zeit ohne Glocken« (1979) und »Erde und Feuer« (1982) sowie den Essay »Das allmähliche Ersticken von Schreien, Sprache im Exil und heute« (1987).

GÜNTER BLÖCKER geboren 1913 in Hamburg, lebt in Berlin. Er ist Literaturkritiker und Essayist. Hauptwerke: »Die neuen Wirklichkeiten« (1957), »Heinrich von Kleist oder Das absolute Ich« (1960), »Kritisches Lesebuch« (1962) und »Literatur als Teilhabe« (1966).

ELISABETH BORCHERS geboren 1926 in Homberg am Niederrhein, veröffentlichte unter anderem: »Gedichte« (1961), »Der Tisch an dem wir sitzen« (1967), »Eine glückliche Familie und andere Prosa« (1970), »Gedichte« (1976), »Wer lebt« (1986), »Von der Grammatik des heutigen Tages« (1992) und »Was ist die Antwort« (1998).

DIETER BORCHMEYER geboren 1941 in Essen, ist Professor für neuere deutsche Literatur- und Theaterwissenschaft an der Universität Heidelberg. Er veröffentlichte unter anderem: »Das Theater Richard Wagners« (1982), »Macht und Melancholie. Schillers Wallenstein« (1988), »Die Götter tanzen Cancan. Richard Wagners Liebesrevolten« (1992), »Weimarer Klassik. Portrait einer Epoche« (1994) und »Des Grauens Süße. Annette von Droste-Hülshoff« (1997).

ALEXANDER VON BORMANN geboren 1936 auf Menzlin/Pommern, ist Professor für Neuere deutsche Literatur an der Universität von Amsterdam. Er veröffentlichte unter anderem: »Naturpoesie und emblematische Formel bei Joseph von Eichendorff« (1968) und »Geschichte der deutschen Literatur von 1945 bis zur Gegenwart. Lyrik West« (1994).

HERMANN BURGER geboren 1942 in Burg/Schweiz, starb 1989 in Brunegg/Schweiz. Er veröffentlichte die Romane »Schilten« (1976), »Die künstliche Mutter« (1982), und »Brunsleben« (1989), Gedichte (»Kirchberger Idyllen«, 1980), Erzählungen (»Diabelli«, 1979, »Blankenburg«, 1986) und Essays (»Ein Mann aus Wörtern«, 1983).

FRIEDRICH CHRISTIAN DELIUS geboren 1943 in Rom, lebt in Berlin. Veröffentlichte zuletzt den Gedichtband »Japanische Rolltreppen« (1989), die Romane »Mogadischu Fensterplatz« (1987), »Himmelfahrt eines Staatsfeindes« (1992) und »Amerikahaus und der Tanz um die Frauen« (1997) sowie die Erzählungen »Die Birnen von Ribbeck« (1991) und »Der Sonntag, an dem ich Weltmeister wurde« (1994).

PETER DEMETZ geboren 1922 in Prag. Er ist emeritierter Professor für Germanistik und Vergleichende Literaturwissenschaft an der Yale University in New Haven (USA). Hauptwerke: »Renée Rilkes Prager Jahre« (1953), »Marx, Engels und die Dichter« (1959), »Formen des Realismus – Theodor Fontane« (1964), »Die süße Anarchie« (1970) und »Worte in Freiheit: Der italienische Futurismus und die deutsche literarische Avantgarde« (1990).

EVA DEMSKI geboren 1944 in Regensburg, lebt in Frankfurt. Sie veröffentlichte die Romane »Goldkind« (1979), »Karneval« (1981), »Scheintod« (1984), »Hotel Hölle, guten Tag …« (1987), »Afra« (1992) und »Das Narrenhaus« (1997), die Essaybände »Unterwegs« (1988), »Käferchen und Apfel« (1989) und »Land und Leute« (1994).

HEINRICH DETERING geboren 1959 in Neumünster, ist Professor für Neuere deutsche und nordische Literaturen an der Universität Kiel. Er veröffentlichte unter anderem: »Theodizee und Erzählverfahren:

Wilhelm Raabe« (1990). »Das offene Geheimnis« (1994), »Grundzüge der Literaturwissenschaft« (1996) und »Grenzgänge« (1997).

HILDE DOMIN geboren 1912 in Köln, lebt in Heidelberg. Zu ihren Hauptwerken gehören die Gedichtsammlungen »Nur eine Rose als Stütze« (1959), »Rückkehr der Schiffe« (1962), »Hier« (1964) und »Ich will dich« (1970) und die Prosabücher »Wozu Lyrik heute« (1968), »Das zweite Paradies« (1968, 86), »Von der Natur nicht vorgesehen. Autobiographisches« (1974), »Aber die Hoffnung. Autobiographisches aus und über Deutschland« (1982).

ERICH FRIED geboren 1921 in Wien, starb 1988 in Baden-Baden. Er veröffentlichte unter anderem die Lyrikbände: »Warngedichte« (1963), »Anfechtungen« (1967), »Zeitfragen« (1968), »Gegengift« (1974), »Die bunten Getüme« (1977), »Liebesgedichte« (1979), »Lebensschatten« (1981) und »Um Klarheit« (1985).

BARBARA FRISCHMUTH geboren 1941 in Altaussee (Steiermark), lebt als freie Schriftstellerin in Altaussee. Sie veröffentlichte unter anderem die »Sternwieser Trilogie« (1986), die Romane »Über die Verhältnisse« (1988), »Einander Kind« (1990), »Machtnix oder Der Lauf, den die Welt nahm« (1993). den Erzählband »Hexenherz« (1994) sowie Theaterstücke, Hörspiele und Kinderbücher.

WALTER HELMUT FRITZ geboren 1929 in Karlsruhe, lebt dort. Er ist Lyriker und Erzähler und veröffentlichte unter anderem die Bände »Cornelias Traum und andere Aufzeichnungen« (1985), »Immer einfacher, immer schwieriger« (1987) »Zeit des Sehens« (1989), »Die Schlüssel sind vertauscht« (1992). »Gesammelte Gedichte 1979 – 1994« (1994) und »Das offene Fenster« (1997).

WERNER FULD geboren 1947 in Heidelberg, lebt in Inning/Ammersee. Er veröffentlichte unter anderem die Biographien Walter Benjamins (»Zwischen den Stühlen«, 1979) und Wilhelm Raabes (1993) sowie die Erzählung »Als Kafka noch die Frauen liebte« (1994).

GERTRUD FUSSENEGGER geboren 1912 in Pilsen, lebt in Leonding/ Oberösterreich. Sie schrieb Romane, Erzählungen, Essayistisches und Dramatisches. Hauptwerke »Die Pulvermühle« (1969), »Maria Theresia« (1980), »Sie waren Zeitgenossen« (1983), »Nur ein Regenbogen« (1987) und »Herrscherinnen« (1991).

ROBERT GERNHARDT geboren 1937 in Reval/Estland, lebt in Frankfurt am Main. Er veröffentlichte unter anderem »Ich Ich Ich« (1982), »Kippfigur« (1986), »Körper in Cafés« (1987), »Was gibt's denn da zu lachen?« (1988), »Gedanken zum Gedicht« (1990), »Lug und Trug« (1991), »Wege zum Ruhm« (1996) und »Lichte Gedichte« (1997).

RÜDIGER GÖRNER geboren 1957 in Rottweil/Neckar, lebt in London und lehrt an der Aston University Neuere Deutsche Literatur und Kulturgeschichte. Wichtigste Veröffentlichungen: »Das Tagebuch« (1986), »Mozarts Wagnis« (1991), »Badener Etüden« (1992), »Hölderlins Mitte« (1993) und »Grenzgänger« (1995).

FRANZ JOSEF GÖRTZ geboren 1947 in Aachen, lebt als Literaturredakteur der »Frankfurter Allgemeinen Zeitung« bei Frankfurt am Main. Er veröffentlichte unter anderem: »Günter Grass – Auskunft für Leser« (1984) und »Innenansichten« (1987).

WILHELM GÖSSMANN geboren 1926 in Langenstraße / Kreis Soest, lebt in Düsseldorf und ist Professor em. für deutsche Sprache und Literatur an der Heinrich-Heine-Universität Düsseldorf. Er veröffentlichte unter anderem: »Theorie und Praxis des Schreibens. Wege zu einer neuen Schreibkultur«.

ULLA HAHN geboren 1946 im Sauerland, lebt als Schriftstellerin in Hamburg. Sie veröffentlichte die Gedichtbände »Herz über Kopf« (1981), »Spielende« (1983), »Freudenfeuer« (1985), »Unerhörte Nähe« (1988), »Liebesgedichte« (1993), »Epikurs Garten« (1995) und »Galileo und zwei Frauen« (1997) sowie den Roman »Ein Mann im Haus« (1991).

PETER HÄRTLING geboren 1933 in Chemnitz, lebt in Walldorf bei Frankfurt am Main. Er veröffentlichte Romane, Gedichte und Kinderbücher, unter anderem: »Hölderlin« (1976), »Die dreifache Maria« (1982), »Das Windrad« (1983), »Waiblingers Augen« (1987), »Der Wanderer« (1988), »Die Gedichte 1953-1987« (1989), »Herzwand« (1990), »Schubert« (1992) sowie die Novelle »Bozena« (1994).

LUDWIG HARIG geboren 1927 in Sulzbach/Saarland, lebt dort. Er veröffentlichte unter anderem: »Sprechstunden« (1971), »Die saarländische Freude« (1977), »Rousseau« (1978), »Der kleine Brixius« (1980), »Trierer Spaziergänge« (1983), »Ordnung ist das ganze Leben« (1986), »Weh dem, der aus der Reihe tanzt« (1990), »Die Hortensien der Frau von Roselius« (1992), »Der Uhrwerker von Glarus« (1993) und »Wer mit den Wölfen heult, wird Wolf« (1996).

HARALD HARTUNG geboren 1932 in Herne, lehrt an der Technischen Universität Berlin deutsche Sprache und Literatur. Er veröffentlichte die Darstellungen »Experimentelle Literatur und konkrete Poesie«

(1975) und »Deutsche Lyrik seit 1965«, dazu die Lyrikbände »Hase und Hegel« (1970), »Reichsbahngelände« (1974), »Das gewöhnliche Licht« (1976), »Augenzeit« (1978) und »Traum im Deutschen Museum« (1986).

ECKHARD HEFTRICH geboren 1928 in Stockach/Bodensee, ist emeritierter Professor für Neuere Deutsche Literatur und Vergleichende Literaturwissenschaft an der Universität Münster. Er veröffentlichte unter anderem: »Nietzsches Philosophie« (1962), »Stefan George« (1968), »Novalis« (1969), »Lessings Aufklärung« (1977), sowie »Musil« (1986).

KERSTIN HENSEL geboren 1961 in Karl-Marx-Stadt, lebt als freie Autorin in Berlin. Lehrauftrag an der Hochschule für Schauspielkunst. Sie veröffentlichte unter anderem die Gedichtbände »Stilleben mit Zukunft« (1986), »Gewitterfront« (1989) und »Freistoß« (1995), die Erzählungen »Tanz am Kanal« (1994) und »Neunerlei« (1997) sowie den Roman »Auditorium panopticum« (1991).

MATTHIAS HERMANN 1958 in Bitterfeld geboren, wuchs in Ost-Berlin auf und lebt jetzt im Odenwald. Er veröffentlichte unter anderem den Gedichtband »72 Buchstaben« (1989).

JOCHEN HIEBER geboren 1951 in Aalen/Württemberg, lebt in Stornfels (Vogelsberg). Ab 1983 in der »Frankfurter Allgemeinen Zeitung«, zuerst in der Literaturredaktion, seit 1994 in der Wochenendbeilage »Bilder und Zeiten«. Er veröffentlichte den Band »Wörterhelden, Landvermesser. Aufsätze und Kritiken« (1994).

WOLFGANG HILDESHEIMER geboren 1916 in Hamburg, starb 1991 in Poschiavo/Schweiz. Er veröffentlichte unter anderem die Romane »Tynset« (1965) und »Masante« (1973), die Erzählungsbände »Lieblose Legenden« (1952) und »Vergebliche Aufzeichnungen« (1963) sowie die Monographie »Mozart« (1977).

WALTER HINCK geboren 1922 in Selsingen/Niedersachsen, ist Professor für Deutsche Literatur an der Universität Köln. Er veröffentlichte unter anderem: »Das moderne Drama in Deutschland« (1973), »Goethe – Mann des Theaters« (1982), »Theater der Hoffnung« (1988), »Die Wunde Deutschland. Heinrich Heines Dichtung« (1990) und »Magie und Tagtraum. Das Selbstbild des Dichters in der deutschen Lyrik« (1994).

WALTER HINDERER geboren 1934 in Ulm, ist Professor für Neuere Deutsche Literatur an der Princeton-University/USA. Er veröffentlichte

unter anderem: »Elemente der Literaturkritik« (1976), »Büchner-
Kommentar zum dichterischen Werk« (1977), »Der Mensch in der
Geschichte. Ein Versuch über Schillers ›Wallenstein‹« (1980), »Über
deutsche Literatur und Rede« (1981) sowie »Arbeit an der Gegen-
wart« (1994).

JÜRGEN JACOBS geboren 1936 in Aachen, ist Professor für Neuere Deut-
sche Literatur an der Bergischen Universität in Wuppertal. Er veröf-
fentlichte unter anderem Bücher zu Wieland (1969) und zum Bil-
dungsroman (1972), ferner »Prosa der Aufklärung« (1976), »Der
deutsche Schelmenroman« (1983), »Lessing« (1986) und »Don Qui-
jote in der Aufklärung« (1992).

ELFRIEDE JELINEK geboren 1946 in Mürzzuschlag (Steiermark), stu-
dierte Theaterwissenschaften, Kunstgeschichte und Musik. Sie lebt als
Schriftstellerin in Wien und München. Sie schrieb Theaterstücke
»Krankheit oder Moderne Frauen« (1987), »Totenauberg« und die
Romane »Die Klavierspielerin« (1983) und »Lust« (1989).

KLAUS JEZIORKOWSKI geboren 1935 in Chemnitz, lebt in Dreieich. Er ist
Professor für Germanistik an der Universität Frankfurt am Main und
veröffentlichte unter anderem: »Rhythmus und Figur« (1968), »Lite-
rarität und Historismus« (1979) und »Gottfried Keller: Kleider ma-
chen Leute. Literatur-Kommentar« (1984).

HANNE F. JURITZ geboren 1942 in Straßburg, lebt in Dreieich. Sie veröf-
fentlichte unter anderem die Erzählungen »Die Unbezähmbarkeit der
Piranhas« (1982), die Gedichtbände »Die Nacht des Trommlers«
(1986), »Verwehung im Park« (1988) und »Blicke eines Freundes«
(1993).

JOACHIM KAISER geboren 1928 in Milken/Ostpreußen, ist Redakteur bei
der »Süddeutschen Zeitung« und war von 1977 bis 1996 ordentlicher
Professor an der Staatlichen Hochschule für Musik und Darstellende
Kunst in Stuttgart. Hauptwerke: »Große Pianisten unserer Zeit«
(1965), »Beethovens 32 Klaviersonaten und ihre Interpreten« (1975),
»Wie ich sie sah ... und wie sie waren. Zwölf kleine Porträts« (1985),
»Erlebte Literatur« (1988), »Leben mit Wagner« (1990) und »Vieles ist
auf Erden zu thun« (1991).

HELMUTH KIESEL geboren 1947, ist seit 1990 Professor für Neuere Deut-
sche Literaturgeschichte in Heidelberg. Er veröffentlichte zahlreiche
Bücher und Aufsätze zur Literatur des 15. bis 18. und 20. Jahrhun-
derts.

SEBASTIAN KLEINSCHMIDT geboren 1948 in Schwerin, ist Chefredakteur der Zeitschrift »Sinn und Form«. Er veröffentlichte unter anderem: »Walter Benjamin. Allegorien kultureller Erfahrung« (1984), »Georg Lukàcs. Über die Vernunft in der Kultur« (1985), und »Walter Benjamin. Beroliniana« (1987).

ECKART KLESSMANN geboren 1933 in Lemgo/Lippe, lebt in Mecklenburg. Er veröffentlichte Bücher über den Prinzen Louis Ferdinand von Preußen (1972), Caroline Schlegel-Schelling (1975) und E.T.A. Hoffmann (1988) sowie »Die Mendelssohns. Bilder aus einer deutschen Familie« (1990) und »Christiane – Goethes Geliebte und Gefährtin« (1992).

KURT KLINGER geboren 1928 in Linz, lebt in Wien. Er ist Herausgeber der Monatszeitschrift »Literatur und Kritik«, unter anderem veröffentlichte er die Gedichtbände »Auf dem Limes« (1980) und »Zeitsprung« (1987), die Erzählungen »Die vierte Wand« (1966) und »Erinnerung an Gärten« (1989) sowie den Essayband »Theater und Tabus« (1984).

RUTH KLÜGER geboren 1931 in Wien, ist Literaturwissenschaftlerin an der University of California, Irvine (USA). Sie veröffentlichte unter anderem: »weiter leben. Eine Jugend« (1992), »Katastrophen. Über deutsche Literatur« (1994), »Von hoher und niedriger Literatur« (1996) und »Frauen lesen anders. Essays« (1996).

WOLFGANG KOEPPEN geboren 1906 in Greifswald, starb 1996 in München. Er veröffentlichte die Romane »Eine unglückliche Liebe« (1934), »Tauben im Gras« (1951), »Das Treibhaus« (1953) und »Der Tod in Rom« (1954), die Erzählung »Jugend« (1976), den Aufsatzband »Die elenden Skribenten« (1981) sowie Reisebücher, unter anderem »Nach Rußland und anderswohin« (1958).

HELMUT KOOPMANN geboren 1933 in Bochum, ist seit 1974 Professor für Neuere Deutsche Literaturwissenschaft an der Universität Augsburg. Er veröffentlichte unter anderem: »Das junge Deutschland« (1970), »Das Drama der Aufklärung« (1978), »Der klassisch-moderne Roman in Deutschland. Thomas Mann – Döblin – Broch« (1983), »Schiller« (1988), das »Thomas-Mann-Handbuch« (1990) und »Thomas Mann: Buddenbrooks« (1995).

HANS CHRISTIAN KOSLER geboren 1950 in Dresden, lebt in München. Er veröffentlichte unter anderem: »Peter Altenberg. Leben und Werk in Texten und Bildern« (1981) und »Gert Hofmann. Auskunft für Leser« (1987).

RUDOLF KRÄMER-BADONI geboren 1913 in Rüdesheim, starb 1989 in Wiesbaden. Er veröffentlichte Romane und Essays, unter anderem: »In der großen Drift« (1949), »Der arme Reinhold« (1951), »Vorsicht, gute Menschen von links« (1962), »Gleichung mit einer Unbekannten« (1977), »Galileo Galilei« (1983) und »Zwischen allen Stühlen« (1985).

URSULA KRECHEL geboren 1947 in Trier, lebt in Frankfurt am Main. Sie veröffentlichte die Gedichtbände »Nach Mainz!« (1977), »Verwundbar wie in den besten Zeiten« (1979), »Rohschnitt« (1983), »Vom Feuer lernen« (1985), »Kakaoblau« (1989), »Technik des Erwachens« (1992) und die Erzählung »Sizilianer des Gefühls« (1993).

KARL KROLOW geboren 1915 in Hannover, lebt in Darmstadt. Er veröffentlichte unter anderem die Lyrikbände »Nichts weiter als Leben« (1970), »Zeitvergehen« (1972), »Der Einfachheit halber« (1977), »Herbstsonett mit Hegel« (1981), »Als es soweit war« (1988), »Ich höre mich sagen« (1992) sowie die Prosabände »Im Gehen« (1980), »In Kupfer gestochen« (1987) sowie »Etwas brennt« (1994).

HORST KRÜGER geboren 1919 in Magdeburg, lebt in Frankfurt am Main. Er schrieb die Prosabücher »Das zerbrochene Haus« (1966), »Deutsche Augenblicke« (1969), »Fremde Vaterländer« (1971), »Zeitgelächter« (1973), »Ostwest-Passagen« (1975), »Poetische Erdkunde« (1978), »Spötterdämmerung« (1981) und »Tiefer deutscher Traum« (1983).

JOSEPH ANTON KRUSE geboren 1944 in Dingden bei Bocholt, ist seit 1975 Direktor des Heinrich-Heine-Instituts in Düsseldorf und Honorarprofessor an der dortigen Universität. Er veröffentlichte unter anderem: »Heines Hamburger Zeit« (1972), »Heinrich Heine. Leben und Werk in Daten und Bildern« (1983) sowie »Denk ich an Heine« (1986).

GÜNTER KUNERT geboren 1929 in Berlin, lebt in Kaisborstel/Schleswig-Holstein. Hauptwerke: Die Gedichtsammlungen »Erinnerungen an einen Planeten« (1963), »Unterwegs nach Utopia« (1977), »Abtötungsverfahren« (1980), »Berlin bei Zeiten« (1987) und »Mein Golem« (1996) sowie die Prosabände »Die Beerdigung findet in aller Stille statt« (1968), »Verspätete Monologe« (1981) und »Baum Stein Beton« (1995).

REINER KUNZE geboren 1933 in Oelsnitz/Erzgebirge, lebt in Obernzell-Erlau/Niederbayern. Hauptwerke: Die Gedichtsammlungen »Sensible Wege« (1969), »Zimmerlautstärke« (1972), »Eines jeden einziges Leben« (1986) und »Wohin der Schlaf sich schlafen legt« (1991) sowie die Prosabände »Die wunderbaren Jahre« (1976), »Das weiße Gedicht« (1989) und »Am Sonnenhang« (1993).

HERMANN KURZKE geboren 1943 in Berlin, lehrt Neuere Deutsche Literaturgeschichte an der Universität Mainz. Er veröffentlichte unter anderem: »Romantik und Konservatismus. Das politische Werk Friedrich von Hardenbergs (Novalis) im Horizont seiner Wirkungsgeschichte« (1983), »Thomas Mann. Epoche – Werk – Wirkung« (1985) und »Hymnen und Lieder der Deutschen« (1990).

EBERHARD LÄMMERT geboren 1924 in Bonn, war Professor für Deutsche Philologie an der Universität Heidelberg und von 1976 bis 1983 Präsident der Freien Universität Berlin. Hauptwerke: »Bauformen des Erzählens« (1955) und »Reimsprecherkunst im Spätmittelalter« (1969).

SIEGFRIED LENZ geboren 1926 in Lyck/Ostpreußen, lebt seit 1945 in Hamburg. Er veröffentlichte unter anderem die Romane »Brot und Spiele« (1959), »Deutschstunde« (1968), »Das Vorbild« (1973), »Heimatmuseum« (1978) und »Exerzierplatz« (1985) sowie die Erzählungsbände »So zärtlich war Suleyken« (1955), »Jäger des Spotts« (1958), »Das Feuerschiff« (1960), »Einstein überquert die Elbe bei Hamburg« (1975).

RUDOLF WALTER LEONHARDT geboren 1921 in Altenburg, gehört seit 1957 der Redaktion der Wochenzeitung »Die Zeit« an, deren stellvertretender Chefredakteur er von 1973 bis 1985 war. Er veröffentlichte unter anderem: »Xmal Deutschland« (1961), »Wer wirft den ersten Stein« (1969) und »Das Weib, das ich geliebet hab'. Heines Mädchen und Frauen« (1975).

WOLFGANG LEPPMANN geboren 1922 in Berlin, war Professor für Deutsche Literatur an der University of Oregon (USA). Hauptwerke: »Goethe und die Deutschen« (1962), »Pompeji, eine Stadt in Literatur und Leben« (1966), »J.J. Winckelmann« (1971), »Rilke – Leben und Werk« (1981), »Gerhart Hauptmann« (1986) und »Die Roaring Twenties« (1992).

HANS MAIER geboren 1931 in Freiburg, ist seit 1962 Professor für politische Wissenschaft, seit 1988 für Religions- und Kulturtheorie an der Universität München. 1970-1986 war er Bayerischer Staatsminister für Unterricht und Kultur. Hauptveröffentlichungen: »Revolution und Kirche« (1959/1988), »Die ältere deutsche Staats- und Verwaltungslehre« (1966/1986), »Klassiker des politischen Denkens« (1968/ 1986).

PETER MAIWALD geboren 1946 in Grötzingen/Kreis Esslingen, lebt in Düsseldorf. Er veröffentlichte unter anderem die Gedichtbände »Balladen von Samstag auf Sonntag« (1984), »Guter Dinge« (1987), »Der Baum, das Haus, der Himmel« (1989), »Das Gutenbergsche Völkchen« (1990), »Springinsfeld« (1992) und »Lebenszeichen« (1997).

PETER VON MATT geboren 1937 in Luzern, ist Professor für Neuere Deutsche Literatur an der Universität Zürich. Er veröffentlichte Bücher über Grillparzer (1965) und E.T.A. Hoffmann (1971) sowie die Untersuchungen »Literaturwissenschaft und Psychoanalyse« (1972), »... fertig ist das Angesicht« (1984), »Liebesverrat« (1989), »Das Schicksal der Phantasie« (1994) und »Verkommene Söhne, mißratene Töchter« (1995).

CHRISTA MELCHINGER geboren 1943 in Frankfurt am Main, lebt in Freiburg. Sie veröffentlichte unter anderem: »Illusion und Wirklichkeit im dramatischen Werk Arthur Schnitzlers« (1968) und die Monographie »Albert Camus« (1969).

ELISABETH NOELLE-NEUMANN geboren 1916 in Berlin, ist Leiterin des von ihr gegründeten Instituts für Demoskopie Allensbach. Von 1965-1983 war sie Direktorin des Instituts für Publizistik der Universität Mainz, seit 1978 ist sie Gastprofessorin der University of Chicago. Sie veröffentlichte unter anderem »Einführung in die Methoden der Demoskopie« (1963), »Die Schweigespirale« (1980/1991) und ist Mitherausgeberin der »Allensbacher Jahrbücher für Demoskopie«.

CHRISTOPH PERELS geboren 1938, ist seit 1983 Direktor des Freien Deutschen Hochstifts in Frankfurt am Main. Er veröffentlichte unter anderem: »Studien zur Aufnahme und Kritik der Rokokolyrik zwischen 1740 und 1760« (1974), »Lyrik verlegen in dunkler Zeit. Heinrich Ellermanns Blätter für die Dichtung 1934-1944« (1984) und »Sturm und Drang« (1988).

BEATE PINKERNEIL geboren 1942 in Bochum, lebt in Köln. Von 1983 bis 1991 leitete sie die Redaktion »Literatur und Kunst« im Zweiten Deutschen Fernsehen. Seitdem ist sie Literaturredakteurin im ZDF. Sie gab Gedichtanthologien und literaturwissenschaftliche Sammelbände heraus.

HEINZ PIONTEK geboren 1925 in Kreuzburg, lebt in München. Unter anderem veröffentlichte er die Gedichtbände »Mit einer Kranichfeder«

(1962), »Klartext« (1966), »Gesammelte Gedichte« (1975), »Wie sich Musik durchschlug« (1978), »Was mich nicht losläßt« (1981) und »Früh im September« (1982) sowie den Essayband »Männer, die Gedichte machen« (1970).

HEINZ POLITZER geboren 1910 in Wien, starb 1978 in Berkeley. Er lehrte Deutsche Literatur an der University of California in Berkeley (USA). Hauptwerke: »Franz Kafka, der Künstler« (1965), »Das Schweigen der Sirenen« (1968) und »Hatte Ödipus einen Ödipus-Komplex?« (1974).

MARCEL REICH-RANICKI geboren 1920 in Wloclawek an der Weichsel, leitete von 1973 bis 1988 die Literatur-Redaktion der »Frankfurter Allgemeinen Zeitung«. Er veröffentlichte unter anderem: »Nachprüfung« (1977), »Thomas Mann und die Seinen« (1987), »Der doppelte Boden« (1992), »Die Anwälte der Literatur« (1994), »Martin Walser« (1994), »Vladimir Nabokov« (1995), »Ungeheuer oben. Über Bertolt Brecht« (1996), »Wolfgang Koeppen« (1996) und »Der Fall Heine« (1997).

WERNER ROSS geboren 1912 in Uerdingen am Niederrhein, lebt in München. Er veröffentlichte unter anderem die Nietzschebiographie »Der ängstliche Adler« (1980), die Aufsatzsammlung »Die Feder führend« (1987), »Lou Andreas-Salomé« (1992), »Baudelaire und die Moderne« (1993), »Der wilde Nietzsche« (1994), zuletzt »Venezianische Promenade« (1996).

HORST RÜDIGER geboren 1908 in Geringswald, starb 1984 in Patschins. Er war Professor für Komparatistik an der Universität Bonn und veröffentlichte unter anderem: »Italien ganz privat« (1933) und »Winkkelmann und Italien« (1956).

DORIS RUNGE geboren 1943 in Mecklenburg, lebt als freie Schriftstellerin in Cismar/Ostholstein. Sie veröffentlichte unter anderem die Gedichtbände: »jagdlied« (1985), »kommt zeit« (1988), »wintergrün« (1991) und »grund genug« (1995).

STEFANA SABIN geboren 1955 in Bukarest, ist Kulturjournalistin in Frankfurt am Main. Sie hat mehrere Anthologien zeitgenössischer Prosa herausgegeben und biographische Monographien zu klassischen Autoren der Moderne veröffentlicht.

ROLF SCHNEIDER geboren 1932 in Chemnitz, lebt in Schöneiche bei Berlin. Er veröffentlichte unter anderem: »Brücken und Gitter« (1965), »Die Tage in W.« (1965), »Pilzomelette und andere Nekrologe«

(1974), »Die Reise nach Jaroslaw« (1975) und »November« (1979) sowie »Leben in Wien« (1994).

RENATE SCHOSTACK geboren 1938 in Pforzheim, ist seit 1969 Redakteurin der »Frankfurter Allgemeinen Zeitung«. Sie lebt jetzt in München. Sie veröffentlichte die Romane »Zwei Arten zu lieben« (1977) und »Niedere Gangarten« (1991), die Erzählungen »Hände weg von meinem Regenbogen« (1979), die Prosabände »Heiratsversuche oder die Einschiffung nach Cythera« (1985) und »Wer liebt, hat recht« (1994).

HANS JOACHIM SCHRIMPF geboren 1927 in Mülheim an der Ruhr, ist emeritierter Professor für Neugermanistik an der Ruhr-Universität Bochum. Er veröffentlichte unter anderem: »Das Weltbild des späten Goethe« (1956), »Der Schriftsteller als öffentliche Person« (1977), »Komödie und Lustspiel« (1978) und »Karl Philipp Moritz« (1980).

GERHARD SCHULZ geboren 1928 in Löbau/Sachsen, ist emeritierter Professor für Deutsche Sprache und Literatur an der University of Melbourne. Er veröffentlichte unter anderem: »Novalis« (1969), »Arno Holz« (1974), »Die deutsche Literatur zwischen Französischer Revolution und Restauration« (2 Bde., 1983/1989) und »Romantik« (1996).

EGON SCHWARZ geboren 1922 in Wien, lehrt Deutsche Literatur an der Washington University in St. Louis (USA). Er veröffentlichte unter anderem: »Joseph von Eichendorff« (1969), »Das verschluckte Schluchzen – Poesie und Politik bei Rainer Maria Rilke« (1972), »Keine Zeit für Eichendorff: Chronik unfreiwilliger Wanderjahre« (1979) und »Dichtung, Kritik, Geschichte: Essays zur Literatur 1900 bis 1930« (1983).

WULF SEGEBRECHT geboren 1935 in Neuruppin, ist Professor für Neue deutsche Literaturwissenschaft an der Universität Bamberg. Er veröffentlichte zuletzt: »Was sollen Germanisten lesen? Ein Vorschlag« (1994), »Heterogenität und Integration. Studien zu Leben, Werk und Wirkung E.T.A. Hoffmanns« (1996) und das »Fundbuch der Gedichtinterpretationen« (1997).

HILDE SPIEL geboren 1911 in Wien, wo sie 1990 starb. Sie war von 1963 bis 1984 Wiener Kulturkorrespondentin der »Frankfurter Allgemeinen Zeitung«. Hauptwerke: »Fanny von Arnstein oder die Emanzipation« (1962), »Glanz und Untergang. Wien 1866 bis 1938« (1987), »Die hellen und die finsteren Zeiten« (1989), »Welche Welt ist meine Welt« (1990) und »Die Dämonie der Gemütlichkeit« (1991).

HAJO STEINERT geboren 1952 in Goslar, ist Leiter der Literaturredaktion beim Deutschlandfunk in Köln und schreibt Literaturkritiken für »Die Zeit«. Er veröffentlichte unter anderem: »Das Schreiben über den Tod. Von Thomas Bernhards ›Verstörung‹ zur Erzählprosa der siebziger Jahre« (1984).

HANS HEINZ STUCKENSCHMIDT geboren 1901 in Straßburg, starb 1988 in Berlin. Er war Professor an der Technischen Universität Berlin und Musikkritiker der »Frankfurter Allgemeinen Zeitung«. Unter anderem veröffentlichte er die Monographien »Ferruccio Busoni« (1967) und »Schönberg – Leben, Umwelt, Welt« (1974) sowie die Bücher »Die Musik eines halben Jahrhunderts. Essays und Kritik 1925-1975« (1976), »Zum Hören geboren« (1979) und »Schöpfer klassischer Musik« (1983).

JÜRGEN THEOBALDY geboren 1944 in Straßburg, lebt in Bern. Er veröffentlichte unter anderem die Gedichtbände »Blaue Flecken« (1974), »Zweiter Klasse« (1976), »Die Sommertour« (1983) und »Der Nachtbildsammler« (1992) sowie den Roman »Sonntags Kino« (1978) und die Erzählungen »Das Festival im Hof« (1985).

ERICH TRUNZ geboren 1905 in Königsberg, war von 1957-1970 Professor für deutsche Literaturgeschichte an der Universität Kiel 1957-1970. Er gab Goethes Werke heraus (»Hamburger Ausgabe«) und veröffentlichte die Monographie »Ein Tag aus Goethes Leben« (1990).

GERT UEDING geboren 1942 in Bunzlau, ist Professor für Allgemeine Rhetorik an der Universität Tübingen. Er veröffentlichte unter anderem »Schillers Rhetorik« (1971), »Wilhelm Busch« (1977), »Klassik und Romantik« (1987), »Friedrich Schiller« (1990), »Jean Paul« (1993) und »Klassische Rhetorik« (1995).

LUDWIG VÖLKER geboren 1938 in Stuttgart, ist Professor für Neuere Deutsche Literatur an der Westfälischen Wilhelms-Universität Münster. Er veröffentlichte unter anderem »Langeweile. Untersuchungen zur Vorgeschichte eines literarischen Motivs« (1975), »Muse Melancholie – Therapeutikum Poesie. Studien zum Melancholie-Problem in der deutschen Lyrik von Hölty bis Benn« (1978) und »Gottfried Benn. Sprache – Form – Wirklichkeit« (1990).

PETER WAPNEWSKI geboren 1922 in Kiel, ist emeritierter Professor der Germanistik und Gründungsrektor des Wissenschaftskollegs zu Berlin. Er veröffentlichte vor allem mediävistische Arbeiten und überdies »Der traurige Gott. Richard Wagner in seinen Helden« (1978), sowie

»Zumutungen; Essays zur Literatur des 20. Jahrhunderts« (1979). Außerdem »Zuschreibungen. Gesammelte Schriften (1994)« und »Weißt Du wie das wird …? Richard Wagner. Der Ring der Nibelungen« (1995).

HARALD WEINRICH geboren 1927 in Wismar, ist Professor für Deutsch als Fremdsprache an der Universität München. Er veröffentlichte unter anderem: »Tempus – Besprochene und erzählte Welt« (1964), »Linguistik der Lüge« (1966), »Sprache in Texten« (1976) und »Wege der Sprachkultur« (1985).

ULRICH WEINZIERL geboren 1954 in Wien, ist seit 1987 Feuilleton-Redakteur der »Frankfurter Allgemeinen Zeitung« für Österreich. Er veröffentlichte unter anderem Monographien über Carl Seelig (1982), Alfred Polgar (1985) und Arthur Schnitzler (1994).

BENNO VON WIESE geboren 1903 in Frankfurt am Main, starb 1987 in München. Er lehrte Deutsche Literatur an der Universität Bonn. Er veröffentlichte unter anderem: »Der Mensch in der Dichtung« (1958), »Friedrich Schiller« (1959), »Zwischen Utopie und Wirklichkeit« (1963) und »Literatur für Leser« (1971) sowie die Autobiographie »Ich erzähle mein Leben« (1982).

HUBERT WINKELS geboren 1955 in Gohr (zwischen Düsseldorf und Köln), ist Literaturredakteur beim Deutschlandfunk in Köln. Er veröffentlichte unter anderem: »Ausnahmezustand. Erzählungen« (1988), »Einschnitte. Zur Literatur der 80er Jahre« (1989), »Freistil. Kurze Prosa« (1993), »Leselust und Bildermacht. Über Literatur, Fernsehen und Neue Medien« (1997).

GABRIELE WOHMANN geboren 1932 in Darmstadt, lebt dort. Sie veröffentlichte neun Gedichtbände, zuletzt »Das könnte ich sein« (1989). Ihre neuesten Prosabücher sind die Erzählungsbände »Das Salz, bitte!« (1992), »Alles an seinem Ort« (1992), »Erzählen Sie mir was vom Jenseits« (1994), »Wäre wunderbar. Am liebsten sofort« (1994) und die Romane »Bitte nicht sterben« (1993) und »Aber das war noch nicht das Schlimmste« (1995).

ALPHABETISCHES VERZEICHNIS
DER GEDICHTÜBERSCHRIFTEN
UND -ANFÄNGE

QUELLENVERZEICHNIS

ILSE AICHINGER 1921 in Wien geboren.
Briefwechsel, S. 427. Gebirgsrand, S. 431. Schneeleute, S. 435. Widmung, S. 439. Winter gemalt, S. 443. Aus: Ilse Aichinger, Verschenkter Rat. S. Fischer Verlag GmbH, Frankfurt am Main 1978.

ROSE AUSLÄNDER 1907 in Czernowitz geboren, 1988 in Düsseldorf gestorben.
Jerusalem, S. 335. Paul Celans Grab, S. 343. Aus: Rose Ausländer, Im Aschenregen die Spur deines Namens. Gedichte und Prosa 1976. S. Fischer Verlag GmbH, Frankfurt am Main 1984.
Mein Venedig, S. 339. Aus: Rose Ausländer, Mein Venedig versinkt nicht. Gedichte. S. Fischer Verlag GmbH, Frankfurt am Main 1982.
Salzburg, S. 347. Aus: Rose Ausländer, Südlich wartet ein wärmeres Land/Festtag in Manhattan. Pfaffenweiler Presse, Pfaffenweiler 1982.

INGEBORG BACHMANN 1926 in Klagenfurt geboren, 1973 in Rom gestorben.
Alle Tage, S. 483. An die Sonne, S. 487. Aus: Ingeborg Bachmann, Sämtliche Gedichte. © Piper Verlag, München, 4. Aufl. 1995.
Anrufung des Großen Bären, S. 493. Böhmen liegt am Meer, S. 503. Die gestundete Zeit, S. 509. Eine Art Verlust, S. 513. Fort mit dem Schnee, S. 519. Harlem, S. 523. Hinter der Wand, S. 527. Mein Vogel, S. 531. Reklame, S. 537. Römisches Nachtbild, S. 541. Wahrlich, S. 545. Aus: Ingeborg Bachmann, Werke Band I. © Piper Verlag GmbH, München 1978.
Aria I. (Im Gewitter der Rosen), S. 499. Aus: Hans Werner Henze, Nachtstücke und Arien. Mit Genehmigung des Verlages Schott Musik International, Mainz.

ILONA BODDEN 1940 in Hildesheim geboren, 1985 in Hamburg gestorben.
Epitaph, S. 695. Aus: Ilona Bodden, Erinnerung an einen Obelisken. Delp'sche Verlagsbuchhandlung. München 1974. Abdruck mit freundlicher Genehmigung von Elisabeth Rausch-Zimmer.

ELISABETH BORCHERS 1926 in Homberg am Niederrhein geboren, lebt in Frankfurt am Main.

Das Begräbnis in Bollschweil, S. 549. Die große Chance, S. 553. Von einer Stadt, S. 565. Aus: Gedichte. Ausgewählt von Jürgen Becker. Suhrkamp Verlag Frankfurt am Main 1976.
Herbst, S. 557. Ich betrete nicht, S. 561. Aus: Elisabeth Borchers, Wer lebt. Gedichte. Suhrkamp Verlag Frankfurt am Main 1986.

ERIKA BURKART 1922 in Aarau geboren, lebt in Althäusern/Argau.
Flocke um Flocke, S. 451. Aus: Erika Burkart, Die Transparenz der Scherben. Artemis Verlag, Zürich 1980. Abdruck mit freundlicher Genehmigung der Autorin.

CHRISTINE BUSTA 1915 in Wien geboren, 1987 dort gestorben.
Am Rande, S. 403. Aus: Christine Busta, Unterwegs zu älteren Feuern. Gedichte. © Otto Müller Verlag, Salzburg 1965.
Signale, S. 407. Aus: Christine Busta, Salzgärten. © Otto Müller Verlag, Salzburg 1975.

RESI CHROMIK 1943 in Liegnitz geboren, lebt in Kiel.
Christian, S. 711. Aus: Resi Chromik, Unterwegs. Gedichte. Verlag Dieter Broschat, Hohenwestedt 1990.

HILDE DOMIN 1912 in Köln geboren, lebt in Heidelberg.
Alternative, S. 351. Bitte, S. 355. Brennende Stadt (Beirut), S. 359. Kleine Buchstaben, S. 363. Köln, S. 367. Linke Kopfhälfte, S. 371. Rückzug, S. 375. Tokaidoexpress, S. 379. Wer es könnte, S. 383. Aus: Hilde Domin, Gesammelte Gedichte, S. Fischer Verlag GmbH, Frankfurt am Main 1987.

ULRIKE DRAESNER 1962 geboren in München, lebt in Berlin.
schnabelheim, S. 823. Aus: Ulrike Draesner, gedächtnisschleifen. Gedichte. Suhrkamp Verlag Frankfurt am Main 1995.

ANNETTE VON DROSTE-HÜLSHOFF 1797 in Schloß Hülshoff bei Münster geboren, 1848 in Meersburg/ Bodensee gestorben.
Am Turme, S. 63. An ***, S. 69. An meine Mutter, S. 73. Auf hohem Felsen lieg' ich hier, S. 77. Das Spiegelbild, S. 83. Die Steppe, S. 89. Die Taxuswand, S. 93. Guten Willens Ungeschick, S. 99. Im Grase, S. 105. Locke nicht, S. 111. Aus: Annette von Droste-Hülshoff, Sämtliche Werke in zwei Bänden. Herausgegeben von Bodo Plachta und Winfried Woesler. Band 1: Gedichte. Deutscher Klassiker Verlag Frankfurt am Main 1994.

ELFRIEDE GERSTL 1932 in Wien geboren, lebt dort.
Wer ist denn schon bei sich, S. 613. Aus: Elfriede Gerstl, Wiener Mischung. Texte aus vielen Jahren. Gedichte und Prosa. Verlag Droschl/ edition neue texte, Linz–Graz 1982.

CATHARINA REGINA VON GREIFFENBERG 1633 in Schloß Seyssenegg in Niederösterreich geboren, 1694 in Nürnberg gestorben.

Über das unaussprechliche Heilige Geistes-Eingeben, S. 41. Aus: Catharina Regina von Greiffenberg, Gedichte. Ausgewählt, Nachwort und herausgegeben von Hubert Gersch. Henssel Verlag, Berlin.

KAROLINE VON GÜNDERODE 1780 in Karlsruhe geboren, 1806 in Winkel am Rhein gestorben.

Der Kuß im Traume, S. 51. Der Luftschiffer, S. 55. Die Töne, S. 59. Aus: Karoline von Günderode, Gedichte. Herausgegeben und mit einem Nachwort versehen von Franz Josef Görtz. Insel Verlag Frankfurt am Main 1985.

ULLA HAHN 1946 im Sauerland geboren, lebt in Hamburg.

Anständiges Sonett, S. 731. Ars Poetica, S. 735. Blinde Flecken, S. 743. Für einen Flieger, S. 755. Mit Haut und Haar, S. 771. Winterlied, S. 783. Gibt es eine weibliche Ästhetik, S. 759. Aus: Ulla Hahn, Herz über Kopf. Gedichte. © 1981 Deutsche Verlags-Anstalt GmbH, Stuttgart.

Endlich, S. 747. Katzenmahlzeit, S. 763. Mitteilungen der Mutter, S. 775. Nach Jahr und Tag, S. 779. Aus: Ulla Hahn, Spielende. Gedichte. © 1983 Deutsche Verlags-Anstalt GmbH, Stuttgart.

Lied der Amsel, S. 767. Aus: Ulla Hahn, Epikurs Garten. Gedichte. © 1995 Deutsche Verlags-Anstalt GmbH, Stuttgart 1995.

Ballade vom Schriftsteller, S. 739. Für, S. 751. Aus: Ulla Hahn, Galileo und zwei Frauen. Gedichte. © 1997 Deutsche Verlags-Anstalt GmbH, Stuttgart.

MARGARETE HANNSMANN 1921 in Heidenheim/Württemberg geboren, lebt in Stuttgart.

Pfad in Eftalu, S. 447. Aus: Margarete Hannsmann, Drachmentage. Gedichte mit Original-Graphiken von Ulrich Erben. © Verlag Eremiten-Presse, Düsseldorf 1986.

LIOBA HAPPEL 1957 in Aschaffenburg geboren, lebt in der Schweiz.

Ich sah im Abendrot, S. 809. Aus: Lioba Happel, Grüne Nachmittage. Gedichte. Suhrkamp Verlag Frankfurt am Main 1989.

KERSTIN HENSEL 1961 in Karl-Marx-Stadt (Chemnitz) geboren, lebt in Berlin.

Vita, S. 819. Aus: Kerstin Hensel, Angestaut. Aus meinem Sudelbuch. Mitteldeutscher Verlag, Halle 1993. Abdruck mit freundlicher Genehmigung der Autorin.

RICARDA HUCH 1864 in Braunschweig geboren, 1947 in Schönberg gestorben.

Nicht alle Schmerzen, S. 133. Uralter Worte kundig, S. 137. Wiegen-
lied, S. 141. Wo hast du all die Schönheit hergenommen, S. 147. Aus:
Ricarda Huch, Werke, Band 5, herausgegeben von Wilhelm Emrich.
Verlag Kiepenheuer & Witsch Köln 1991.

MASCHA KALÉKO 1912 in Schidlow/Polen geboren, 1975 in Zürich ge-
storben.
Großstadtliebe, S. 387. Aus: Mascha Kaléko. Verse für Zeitgenossen.
Herausgegeben und mit einem Nachwort versehen von Gisela Zoch-
Westphal. Rowohlt Verlag, Reinbek bei Hamburg 1995. Copyright
Gisela Zoch-Westphal, Zürich.
Im Exil, S. 393. Aus: Das himmelgraue Poesie-Album der Mascha Ka-
léko. Illustriert von Bele Bachem. arani-Verlag GmbH, Berlin 1979.
Copyright Gisela Zoch-Westphal, Zürich.
Kleine Havel-Ansichtskarte, S. 397. Aus: Mascha Kaléko, Das lyrische
Stenogrammheft. Rowohlt Taschenbuch Verlag GmbH, Reinbek
1956. Copyright Gisela Zoch-Westphal.

ANNA LOUISA KARSCH 1722 zwischen Züllichau und Crossen geboren,
1791 in Berlin gestorben.
An den Domherrn von Rochow, S. 45. Aus: Deutsche Dichterinnen
vom 16. Jahrhundert bis zur Gegenwart. Herausgegeben und eingelei-
tet von Gisela Brinker-Gabler. S. Fischer Verlag GmbH, Frankfurt am
Main 1978.

MARIE LUISE KASCHNITZ 1901 in Karlsruhe geboren, 1974 in Rom ge-
storben.
Dein Schweigen, S. 297. Ein Gedicht, S. 311. Aus: Marie Luise Kasch-
nitz, Dein Schweigen – meine Stimme. Gedichte 1958-1961. © 1962
Claassen Verlag Hamburg und Düsseldorf (jetzt Hildesheim).
Die Gärten, S. 301. Vögel, S. 331. Aus: Marie Luise Kaschnitz, Gesam-
melte Werke in sieben Bänden. Herausgegeben von Christian Büttrich
und Norbert Miller. Fünfter Band: Die Gedichte. Insel Verlag Frank-
furt am Main 1985.
Die Katze, S. 305. Hiroshima, S. 319. Aus: Marie Luise Kaschnitz,
Neue Gedichte. © 1957 Claassen Verlag, Hamburg (jetzt Hildesheim).
Juni, S. 323. Aus: Marie Luise Kaschnitz, Gedichte. © 1947 Claassen
Verlag, Hamburg (jetzt Hildesheim).
Nicht gesagt, S. 327. Aus: Marie Luise Kaschnitz, Ein Wort weiter.
Gedichte. © 1965 Claassen Verlag, Hamburg und Düsseldorf (jetzt
Hildesheim).

FRIEDERIKE KEMPNER 1836 in Opatow/Posen geboren, 1904 in Friederikenhof bei Reichthal/Breslau gestorben.

Frohe Stunden, S. 129. Aus: Friederike Kempner, Ausgewählte Gedichte. Sanssouci Verlag, Zürich 1972.

SARAH KIRSCH 1935 geboren in Limlingerode/Harz.

Am Walfjord, S. 617. Aus: Sarah Kirsch, Erlkönigs Tochter. Gedichte. © Deutsche Verlags-Anstalt GmbH, Stuttgart 1992.

Bei den Stiefmütterchen, S. 627. Eine Schlehe im Mund, S. 653. Aus: Sarah Kirsch, Landaufenthalt. Verlag Langewiesche-Brandt, Ebenhausen 1969/1977.

Die Luft riecht schon nach Schnee, S. 639. Einäugig, S. 649. Im Juni, S. 661. Aus: Sarah Kirsch, Rückenwind. Gedichte. Verlag Langewiesche-Brandt, Ebenhausen bei München 1977.

Beginn der Zerstörung, S. 623. Erdreich, S. 657. Naturschutzgebiet, S. 677. Reisezehrung, S. 681. Aus: Sarah Kirsch, Erdreich. Gedichte. © Deutsche Verlags-Anstalt GmbH, Stuttgart 1982.

Klosterruine Dshwari, S. 665. Nachricht aus Lesbos, S. 673. Aus: Sarah Kirsch, Zaubersprüche. Verlag Langewiesche-Brandt, Ebenhausen bei München 1974.

Die Verdammung, S. 643. Die Heide, S. 635. Aus: Sarah Kirsch, Katzenleben. Gedichte. © Deutsche Verlags-Anstalt GmbH, Stuttgart 1984.

Der Süden, S. 631. Aus: Sarah Kirsch. Hundert Gedichte. Verlag Langewiesche-Brandt. Ebenhausen bei München 1993.

Moorland, S. 669. Aus: Sarah Kirsch, Katzenleben. © 1984 Deutsche Verlags-Anstalt GmbH, Stuttgart.

KARIN KIWUS 1942 in Berlin geboren, lebt dort.

Im ersten Licht, S. 699. Aus: Karin Kiwus, Von beiden Seiten der Gegenwart. Gedichte. Suhrkamp Verlag Frankfurt am Main 1976.

Kleine Erinnerung an den Fortschritt, S. 703. Straight Flush, S. 707. Aus: Karin Kiwus, Das Chinesische Examen. Gedichte. Suhrkamp Verlag Frankfurt am Main 1992.

BARBARA KÖHLER 1959 geboren, lebt in Duisburg.

Guten Tag, S. 815. Aus: Barbara Köhler, Blue Box. Gedichte. Suhrkamp Verlag Frankfurt am Main 1995.

GERTRUD KOLMAR 1894 in Berlin geboren, 1943 gestorben.

Abschied, S. 229. Die Fahrende, S. 245. An der Grenze, S. 235. Die gelbe Schlange, S. 239. Die Kröte, S. 249. Die Verlassene, S. 255. Ein grünes Kleid, S. 259. Zueignung, S. 263. Aus: Gertrud Kolmar, Das lyrische Werk. © 1960 Kösel-Verlag, München. Alle Rechte bei und vorbehalten durch Suhrkamp Verlag Frankfurt am Main.

HERTHA KRÄFTNER 1928 geboren in Wien, 1951 dort gestorben.

Abends, S. 589. Aus: Hertha Kräftner, Das blaue Licht. Lyrik und Prosa. Nachwort von Peter Härting. Herausgegeben von Otto Breicha und Andreas Okopenko. Hermann Luchterhand Verlag, Darmstadt und Neuwied 1981.

»Anna«, sagt der Mann, S. 593. Aus: Hertha Kräftner, Das Werk. Gedichte, Skizzen, Tagebücher. Ausgewählt von Otto Breicha und Andreas Okopenko. Bearbeitet von Günter Unger. edition roetzer, Eisenstadt 1978.

Dorfabend, S. 597. Aus: Deutsche Dichterinnen vom 16. Jahrhundert bis zur Gegenwart. Herausgegeben und eingeleitet von Gisela Brinker-Gabler. S. Fischer Verlag, Frankfurt am Main 1978.

Abdruck der Gedichte mit freundlicher Genehmigung des Burgenländischen PEN-Clubs.

URSULA KRECHEL 1947 in Trier geboren, lebt in Frankfurt am Main.

Episode am Ende, S. 787. Aus: Ursula Krechel, Ungezürnt. Gedichte, Lieder, Lesezeichen. Suhrkamp Verlag Frankfurt am Main 1997.

ELISABETH LANGGÄSSER 1899 in Alzey geboren, 1950 in Rheinzabern gestorben.

Daphne an der Sonnenwende, S. 269. Frühjahr 1946, S. 275. Vorfrühlingswald, S. 281. Winterwende, S. 285. Aus: Elisabeth Langgässer, Gesammelte Werke. Gedichte. © 1959 Claassen Verlag GmbH, Hamburg (jetzt Hildesheim).

ELSE LASKER-SCHÜLER 1869 in Elberfeld geboren, 1945 in Jerusalem gestorben.

Die Verscheuchte, S. 151. Ein alter Tibetteppich, S. 155. Ein Liebeslied, S. 159. Giselheer dem Tiger, S. 163. Hingabe, S. 167. In meinem Schoße, S. 171. Jakob, S. 175. Klein Sterbelied, S. 179. Man muß so müde sein, S. 183. Mein blaues Klavier, S. 187. Pharao und Joseph, S. 191. Aus: Else Lasker-Schüler, Werke und Briefe. Band 1: Gedichte. Text. Herausgegeben von Norbert Oellers und Karl Jürgen Skrodzki. Jüdischer Verlag im Suhrkamp Verlag Frankfurt am Main 1996.

CHRISTINE LAVANT 1915 in Groß-Edling/Kärnten geboren, 1973 in Wolfsberg/Kärnten gestorben.

Seit heute, aber für immer, S. 411. Aus: Christine Lavant, Der Pfauenschrei. Gedichte. © Otto Müller Verlag, Salzburg 1962.

Wie gut, S. 415. Kreuzzertretung, S. 419. Aus: Christine Lavant, Die Bettlerschale. Gedichte. © Otto Müller Verlag, Salzburg 1956.

GERTRUD VON LE FORT 1876 in Minden/Westfalen geboren, 1971 in Oberstdorf gestorben.

Deutsches Leid, S. 195. Aus: Gertrud von le Fort, Gedichte. Insel-Verlag Wiesbaden 1950.

PAULA LUDWIG 1900 in Altenstadt/Feldkirch geboren, 1974 in Darmstadt gestorben.

Nicht mehr mit Blumen, S. 291. Aus: Paula Ludwig, Gedichte. Gesamtausgabe. Herausgegeben von Christiane Peter und Kristian Wachinger. Verlag Langewiesche-Brandt, Ebenhausen bei München 1986.

REBECCA LUTTER 1930 in Stolp/Pommern geboren, lebt in Bonn.

Mein Platz, S. 601. Aus: Rebecca Lutter, Die Taube ruft morgens den Regen. Gedichte. Gilles & Francke Verlag, Duisburg 1984.

FRIEDERIKE MAYRÖCKER 1924 in Wien geboren, lebt dort.

an eine Mohnblume mitten in der Stadt, S. 471. Aus: Friederike Mayröcker, Winterglück. Gedichte 1981-1985. Suhrkamp Verlag Frankfurt am Main 1986.

schwarzer titel, S. 475. zugeschüttetes gesicht, S. 479. Aus: Friederike Mayröcker, Notizen auf einem Kamel. Gedichte. Suhrkamp Verlag Frankfurt am Main 1996.

SELMA MEERBAUM-EISINGER 1924 in Czernowitz geboren, 1942 gestorben.

Spaziergang, S. 467. Aus: Selma Meerbaum-Eisinger, Ich bin in Sehnsucht eingehüllt. Gedichte eines jüdischen Mädchens an seinen Freund. Herausgegeben und eingeleitet von Jürgen Serke. © Hoffmann und Campe Verlag, Hamburg 1980.

DAGMAR NICK 1926 in Breslau geboren, lebt in München.

Hybris, S. 569. Aus: Dagmar Nick, In den Ellipsen des Mondes. Gedichte 1945-1959. Rimbaud-Verlag, Aachen 1994. Abdruck mit freundlicher Genehmigung der Autorin.

Treibjagd, S. 573. Aus: Dagmar Nick, Gezählte Tage. Rimbaud-Verlag, Aachen 1992. Abdruck mit freundlicher Genehmigung der Autorin.

CHRISTINE NÖSTLINGER 1936 in Wien geboren, lebt dort.

Auszählreime, S. 689. Aus: Überall und neben dir. Herausgegeben von Hans-Joachim Gelberg. 1986 Beltz Verlag, Weinheim und Basel. Programm Beltz & Gelberg, Weinheim.

HELGA M. NOVAK 1935 geboren in Berlin.
  Tschechow nach Sachalin, S. 685. Aus: Helga M. Novak, Legende
  Transsib. © Schöffling & Co. Verlagsbuchhandlung GmbH, Frank-
  furt am Main.
BRIGITTE OLESCHINSKI 1955 geboren in Köln.
  Wie eng, wie leicht: ein Tankflügel, S. 803. Aus: Brigitte Oleschinski,
  Your Passport is not Guilty. Gedichte. Copyright © 1997 Rowohlt
  Verlag GmbH, Reinbek 1997.
CHRISTA REINIG 1926 in Berlin geboren, lebt in München.
  der enkel trinkt, S. 577. Robinson, S. 585. Aus: Christa Reinig, Sämt-
  liche Gedichte. © Verlag Eremiten-Presse, Düsseldorf 1984.
  Die Prüfung des Lächlers, S. 581. Aus: Christa Reinig, Die Steine von
  Finisterre. Gedichte. Mit Graphiken von Günther Dimmer. © Verlag
  Eremiten-Presse, Düsseldorf 1974.
FRIEDERIKE ROTH 1948 in Sindelfingen geboren, lebt in Stuttgart.
  Auf und nirgends an, S. 791. Aus: Friederike Roth, Tollkirschenhoch-
  zeit. Hermann Luchterhand Verlag, Darmstadt und Neuwied 1978.
  Abdruck mit freundlicher Genehmigung der Autorin.
  Mimosen, S. 795. Wir beide, S. 799. Aus: Friederike Roth, Schattige
  Gärten. Gedichte. Suhrkamp Verlag Frankfurt am Main 1987.
DORIS RUNGE 1943 in Karow/Mecklenburg geboren, lebt in Cismar.
  ich, S. 715. Aus: Doris Runge, grund genug. Gedichte. © Deutsche
  Verlags-Anstalt, Stuttgart 1995.
  ikarus, S. 719. venedig, S. 727. Aus: Doris Runge, Jagdlied. Gedichte.
  © Deutsche Verlags-Anstalt GmbH, Stuttgart 1985.
  mit blick auf den kölner dom, S. 723. Aus: Doris Runge, Wintergrün.
  Gedichte. © Deutsche Verlags-Anstalt GmbH, Stuttgart 1991.
NELLY SACHS 1891 in Berlin geboren, 1970 in Stockholm gestorben.
  Gebet für den toten Bräutigam, S. 209. Aus: Nelly Sachs, Suche nach
  Lebenden. Gedichte. Suhrkamp Verlag Frankfurt am Main. Neuauf-
  lage 1988.
  Völker der Erde, S. 213. Wenn nicht dein Brunnen, S. 221. Aus: Fahrt
  ins Staublose. Die Gedichte der Nelly Sachs. Suhrkamp Verlag Frank-
  furt am Main 1961.
  Weiß im Krankenhauspark, S. 217. Aus: Nelly Sachs. Fahrt ins Staub-
  lose. Gedichte. Suhrkamp Verlag Frankfurt am Main 1991.
  Wer aber leerte den Sand aus euren Schuhen? S. 225. Aus: Nelly Sachs,
  Gedichte. Ausgewählt und mit einem Nachwort versehen von Hilde
  Domin. Suhrkamp Verlag Frankfurt am Main 1977.

SIBYLLA SCHWARZ 1621 in Greifswald geboren, 1638 dort gestorben.
ISt Lieb ein Feur, S. 33. LIebe schon der Götter nicht, S. 37. Aus: Gedichte des Barock. Herausgegeben von Ulrich Maché und Volker Meid. Reclam Verlag, Stuttgart 1980.

INA SEIDEL 1885 in Halle geboren, 1974 in Zell/Oberbayern gestorben.
Trost, S. 205. Aus: Ina Seidel, Gedichte. © 1955 Deutsche Verlags-Anstalt GmbH, Stuttgart.

EVA STRITTMATTER 1930 in Neuruppin geboren.
Der Amsel, S. 607. Aus: Eva Strittmatter, Die eine Rose überwältigt alles. Gedichte. © Aufbau-Verlag Berlin und Weimar 1977.

REGINA ULLMANN 1884 geboren in St. Gallen, 1961 in München gestorben.
Alles ist sein ..., S. 199. Aus: Regina Ullmann, Erzählungen, Prosastücke, Gedichte. Zwei Bände. Herausgegeben von Friedhelm Kemp. Carl Hanser Verlag, München 1978.

SILJA WALTER 1919 geboren in Zürich, lebt bei Zürich.
Tänzerin, S. 423. Aus: Silja Walter, Gedichte. © 1950 Verlags AG Die Arche, Zürich.

MATHILDE WESENDONK 1828 in Elberfeld geboren, 1902 in Traunblick gestorben.
Im Treibhaus, S. 123. Nach: Richard Wagner, Fünf Gedichte von Mathilde Wesendonk. Für Frauenstimme und Klavier. Musikverlag. C.F. Peters, Frankfurt am Main.

MARIANNE VON WILLEMER 1784 geboren in Österreich, 1860 gestorben.
Ach, um deine feuchten Schwingen, S. 115. Suleika, S. 119. Aus: Marianne und Johann Jakob Willemer: Briefwechsel mit Goethe. Dokumente, Lebens-Chronik, Erläuterungen. Herausgegeben von Hans-J. Weitz. Insel Verlag Frankfurt am Main 1965.

EVA ZELLER 1923 in Eberswalde bei Berlin geboren, lebt in Heidelberg.
Das Kind in dem ich stak, S. 457. Zu guter Letzt, S. 461. Aus: Eva Zeller, Stellprobe. Gedichte. © 1989 Deutsche Verlags-Anstalt GmbH, Stuttgart.

UNBEKANNTE DICHTERIN 12. Jahrhundert.
Dû bist mîn, S. 29. Aus: Des Minnesangs Frühling. Unter Benutzung der Ausgaben von Karl Lachmann und Moritz Haupt, Friedrich Vogt und Karl von Kraus. Herausgegeben von Hugo Moser und Helmut Tervooren. Band 1: Texte. S. Hirzel Verlag, Stuttgart 1988.